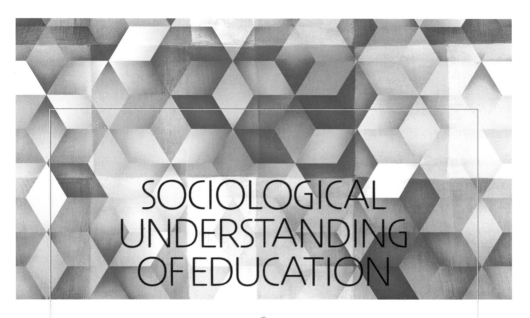

SOCIOLOGICAL
UNDERSTANDING
OF EDUCATION

6판

교육의 사회학적 이해

| 김천기 저 |

학지사

6판 머리말

"남이 한 번에 능(能)하거든 나는 백 번을 하며, 남이 열 번에 능(能)하거든 나는
천 번을 한다."

─『중용(中庸)』─

혁신중학교의 워크숍 자리에서 한 젊은 교사는 질문 시간에 이렇게 토로하였다.
"대학에서 교직과목으로 교육사회학을 배울 때는 교육불평등의 현실을 실감하지
못하였다. 그런데 가정 형편이 곤란하여 제대로 공부를 하지 못하는 아이들을 학교
현장에서 만나면서 교사에게 교육사회학 공부가 왜 필요한지를 알게 되었다. 교사
가 되어 다시 관심을 갖고 교육사회학을 공부하고 있으며, 가정 형편이 어려운 아이
들이 학교에서 소외되지 않도록 교육을 어떻게 해야 하는지 그 방향을 찾아가고 있
다." 또 얼마 전, 혁신초등학교의 교사인 한 선생님이 학교에 출근하여 보니, 책상에
자신이 잘 알고 있는 『교육의 사회학적 이해』 책이 놓여 있어서 깜짝 놀랐는데, 알고
보니 교장선생님이 혁신학교를 잘 실천하기 위해서 읽어 나가 보자며 놓아둔 것이
었다고 한다.

학교현장의 많은 교사는 교육사회학 공부를 통해서 제자리에만 머물렀던 자신이
한 걸음 더 나아갈 수 있었고, 자신이 가지고 있었던 잘못된 시각을 고칠 수 있는 계
기가 되었다고 말한다. 지금 일어나고 있는 교육문제에 대해 다양한 비판적 시각을
갖게 되었고, 어떤 이유로 현재의 교육적 현상이 일어나는지를 이해하게 되었다고
한다. 교직생활에 고민이 많은 교사에게 교육사회학 공부가 조금이나마 도움을 줄
수 있다는 사실에 교육사회학자로서 보람을 느낀다.

이 책은 1998년 처음 출판된 이래, 기대치 않게 많은 성원과 호평을 받았다. 책의
내용이 단편적으로 나열된 것이 아니라 논리적이어서 읽기에 재미있고 깊이 사유

할 수 있도록 해 준다는 평이 많았고, 새로운 내용과 최신의 연구결과를 담고 있어서 신선하다는 평도 있었다. 감동적인 서신을 보내 주신 서울의 대학강사 선생님, 교직에 대한 꿈과 열정을 되찾게 되었다는 학교현장의 선생님도 계셨다. 지면을 빌려 모든 독자에게 감사를 드린다.

2023년 새해, 새 개정판을 내게 되었다. 이번 개정판에서는 지난 5판 개정에 이어 충분히 다루지 못한 내용을 더욱 보완하였고, 한국 사회의 변화에 맞추어 최신 자료로 업데이트하였다. 여전히 미완의 느낌이 남아 있지만, 독자들이 더 쉽게 이해할 수 있도록 문장을 다듬고 내용의 부족함을 채우게 되어 마음이 한결 가볍다. 이 책에서 충분히 다루지 못한 공교육의 대안, 사회양극화의 현실에서 공교육을 어떻게 바꿔 나가야 하는가는 이 책의 후속작인 『세상의 모든 아이를 위한 민주주의와 교육』(학지사, 2020)에 담겨 있다.

이번에 6판이 나오기까지 많은 분에게 빚을 지고 있다. 무엇보다 교육사회학 분야 학자들의 고된 연구 성과물이 없었다면, 이 책은 나오지 못했을 것이다. 동료연구자들의 저서와 논문은 나에게 많은 공부가 되었다. 그런 점에서 교육사회학 분야의 모든 연구자에게 경의를 표하며, 다시 한번 감사를 전하고 싶다. 학생들은 이 책을 공부하며 의문이 드는 점들을 끊임없이 질문해 주었고, 그 순간 자신의 생각을 표현하려고 애쓰는 학생들의 말과 생각 속에 들어가 그들이 진정으로 말하려 하는 것이 무엇인가를 보다 명료한 언어로 확인해 가는 수업의 과정은 이 책에 생명을 불어넣어 주었다. 주저함을 떨치고 자신의 생각을 표현하고 피드백을 받으며 밝아지는 학생들의 얼굴을 보며, 공감적 의사소통이 무엇인지를 느꼈다.

1998년 첫 판이 나온 이후 2023년 6판 개정판이 이렇게 나오기까지 20여 년의 세월을 되돌아보니, 그때는 미처 깨닫지 못했지만 모든 것이 하나님의 은혜의 경륜이었음을 깨닫게 된다. 만물이 새로워지는 아침마다 말씀으로 생각을 바로잡아 주시고 부족한 나에게 지혜와 힘을 더하신 분, '새 일을 나타내시며' '독수리의 날개 치며 올라감' 같이 나를 이끌어 올려 주신 하나님께 감사를 드리지 않을 수 없다. 그분이 하시는 일의 깊이는 헤아릴 길이 없다. 우리 역사 속에서 희망을 잃을 때도 눈을 높이 들어 보게 하신다. "내 길은 너희 길과 달라서 하늘이 땅에서 높음 같이 내 길은 너희 길보다 높으며 내 생각은 너희 생각보다 높으니라."

이 책이 나올 수 있도록 출판을 허락해 주신 학지사 김진환 사장님과 교정에서 편집·디자인까지 세심하게 신경을 써 주신 편집부 이영민 선생님에게도 감사를 드린다.

2023년 3월
김천기

차례

◉ 6판 머리말 _ 3

 제1장 현실교육 어떻게 이해할 것인가 • 11

 제2장 사회화의 선발 • 23

1. 기능주의 _ 25
2. 사회화 _ 28
3. 선발 _ 34
4. 기능주의의 퇴조와 신기능주의의 부상 _ 38

제3장 불평등 재생산 • 41

1. 갈등 이론 _ 43
2. 마르크스적 재생산 이론 _ 46
3. 재생산 이론 평가 _ 53
4. 사회 영역–사회적 행동 이론: 자본주의와 민주주의의 갈등 탐색 _ 54

제4장 능력의 사회적 구성 • 63

1. 능력과 IQ _ 65
2. 학교에서의 능력 형성 _ 70
3. 학업성취의 결정요인들 _ 72
4. 대학입학전형과 '능력'의 정의 _ 84
5. 학생부종합전형에서 중시하는 '능력' _ 87

제5장 교육의 기회균등과 교육평등 • 93

1. 교육평등의 원리 _ 95
2. 교육평등과 교육정책 _ 101
3. 학업성취와 교육기회 분배의 불평등 _ 105
4. 평등교육과 엘리트 교육의 대립 _ 115
5. 교육평등의 원리와 고교평준화 논쟁 _ 119
6. 평준화제도의 불평등성 논쟁 _ 122

제6장 사회불평등과 교육 • 127

1. 사회불평등에 대한 관점 _ 129
2. 교육과 사회이동 _ 132
3. 사회이동의 개념과 명제 _ 134
4. 교육의 효과에 관한 기능론적 연구 _ 137
5. 교육과 사회이동에 대한 갈등론적 관점 _ 145
6. 교육의 사회불평등 재생산 효과: 국내 연구 _ 148
7. 사회양극화와 교육 _ 153
8. 사회양극화 해소를 위한 교육정책 _ 160

■ 제7장 **학교에서의 사회적 상호작용 • 165**

1. 내부자적 관점 _ 167

2. 교사와 학생 간의 상호작용 _ 171

3. 학생의 적응양식 _ 175

4. 교사의 생존전략과 방어적 수업 _ 179

5. 낙인과 상호작용 _ 182

6. 학교규율과 시험 _ 186

■ 제8장 **교육과정사회학 • 193**

1. 교육과정사회학의 발전 _ 195

2. 지식사회학 _ 197

3. 교육과정사회학과 잠재적 교육과정 _ 199

4. 문화재생산 이론 _ 205

5. 학교지식과 문화적 헤게모니 _ 216

6. 수준별 교육과정 논쟁 _ 222

■ 제9장 **국가, 시민사회와 교육통제 • 229**

1. 국가이론 _ 231

2. 국가와 교육통제 _ 234

3. 관료적 통제에서 교육거버넌스로 _ 238

4. 교육의 민주화: 시민사회의 참여 _ 243

제10 장 한국교육체제의 성격 • 253

1. 교육개혁의 정치적 · 교육사상적 맥락 _ 256

2. 새로운 교육이념의 모호성 _ 258

3. 이원적 학교체제로서의 6–3–3제와 교육기회균등 이데올로기 _ 261

4. 교육과정 개혁과 교육과정 트랙 _ 266

5. 정치사회화를 위한 교과서 내용 통제 _ 269

제11 장 신자유주의와 교육개혁 • 275

1. 신자유주의란 무엇인가 _ 277

2. 시장논리, 학교의 장에 적합한가 _ 281

3. 한국 교육의 신자유주의화의 성격과 의미 _ 288

4. 신자유주의적 교육정책의 예 _ 292

제12 장 공교육의 대안적 접근 • 303

1. 낭만주의: 대안학교와 학습조직망 _ 305

2. 신마르크스주의: 경제와 교육의 민주화 실현 _ 307

3. 신자유주의 교육개혁의 타파 _ 310

4. 포스트모더니즘: 교육의 다양화와 특수성 _ 314

5. 생태주의: 상생의 교육 _ 318

◉ 참고문헌 _ 321

◉ 찾아보기 _ 345

제1장

현실교육, 어떻게 이해할 것인가

우리는 학교가 자동적으로 마음을 자유롭게 해 주고 인류 진보의 대의명분에 봉사한다는 순진한
신념을 완전히 버려야 한다. 사실, 우리는 학교가 어떤 대의명분에도 봉사할 수 있음을 알고 있
다. 학교는 자유뿐만 아니라 독재에도 봉사할 수 있으며, 진리뿐만 아니라 거짓에도, 평화뿐만 아
니라 전쟁에도, 생명뿐만 아니라 죽음에도 봉사할 수 있다. 지난 역사의 과정에서 교육은 인간이
만든 모든 목적과 주의에 봉사해 왔다.

−조지 카운츠(G. Counts),
『학교가 감히 새로운 사회질서를 세울 것인가?
(Dare the School Build a New Social Order?)』−

교육사회학은 교육학의 그 어느 분야보다 교육현실에 더욱 관심을 둔다. 교육이상(理想)이 무엇인가도 중요하지만, 교육현실이 어떠한가를 제대로 알아야한다. 그렇지 못하고서 교육이상을 논한다면 그것은 교육현실과는 무관한 관념적 유희일 뿐이어서 교육현실에 뿌리내리기 어렵다. 모든 교육이상은 반드시 교육현실과의 관계 속에서 논의되어야 한다.

교육현실을 이해하는 데는 폭넓은 교육학적 안목과 사회학적인 안목이 필요하다. 그 두 가지 안목을 동시에 접목하고 통합시켜 주는 학문이 교육사회학이라 할 수 있다. 교육사회학은 학교교육이 사회와의 상호 관련성 속에서 이루어지고 있음을 전제한다.

실제로 한 사회 속에서 학교가 행하고 있는 교육을 이해하기 위해서는 그 사회의 성격을 알지 않으면 안 된다. 그 사회를 알지 못하고서 교육을 이해한다는 것은 불가능하다. 예를 들어, 미국이나 영국의 교육을 이해하기 위해서는 그 사회가 어떤 사회인가를 먼저 탐구해야 한다. 그 사회의 역사적 · 문화적 특성은 어떠한가, 그리고 정치 · 경제적 성격은 무엇인가를 알아야 한다. 왜냐하면, 교육은 그 사회의 역사적, 문화적, 정치 · 경제적 성격을 어떤 방식으로든 반영하게 되어 있기 때문이다. 물론 현대와 같이 모든 국가가 서로 영향을 주고받는 국제화 시대에서는 한 사회의 교육을 이해하기 위하여 그 사회뿐만 아니라 그 사회에 영향을 주는 국제적 관계도 고려해야 한다. 특히 중심부 국가의 주위를 둘러싸고 있는 주변부 국가는 더욱더 그렇다.

그리고 사회마다 이루어지는 교육이 다르지만, 거의 모든 사회에서 산업주의를 경제적 기반으로 삼는다는 점에서 비슷한 구조적 특징을 발전시키게 된다 (Gumbert, 1988). 따라서 그 사회의 이데올로기, 사회구조, 역사적 배경과는 상관없이 교육체제에 공통점이 많다. 물론 교육이 산업주의적 요구에 완전하게 종속되지는 않기 때문에 사회 나름의 특징을 갖는다는 것을 간과해서는 안 된다.

교육과 사회와의 관계를 해석하고 이해하는 관점은 다양하다. 대개 기능주의 이론, 갈등이론, 해석학 등 세 흐름으로 나눈다.

이 가운데 교육에 대한 사회적 안목을 지배해 왔던 전통적 패러다임은 기능주의였다. 기능주의 패러다임은 기존 사회의 구조 및 이데올로기를 문제시하지 않고 '탈

정치적' 입장에서 교육을 이해하고자 하였다. 그 결과, 자본주의 계급구조의 필요에 따라 형성되어 온 교육 변화의 제 측면마저도 민주적 개혁으로 잘못 해석했다는 비판을 받기도 한다. 기능주의 패러다임의 보수적 성향은 교육이론이 20세기 초 과학으로서의 학문적 정당성을 확보하기 위해 자연과학과 같은 '실증주의적 합리성(positivistic rationality)'에 크게 의존하면서 더욱 굳어졌다고 할 수 있다(Giroux, 1981).

그러나 1970년대 이후 학교교육에 대한 전통적인 이해와는 다른 새로운 비판적 해석이 제기되었다. 곧 학교교육이 정치적, 경제적, 인종적 불평등과 남녀의 불평등을 어떻게 부추기고 또 그 불평등의 수혜자들이라고 할 수 있는 지배집단들이 어떻게 형성·변화시켜 왔는가 그리고 현재에도 지배집단들의 이익에 맞추어 어떤 방식으로 기능하고 있는가 하는 그 모든 과정의 심층구조를 이 비판적 해석에서는 밝혀내고자 하였다.

이러한 비판적 해석은 기존의 기능론적 관점과는 근본적으로 다르므로 교육사회학에서의 '패러다임적 변화(paradigmic shift)'라고 평가되기도 한다(Feinberg, 1983). 패러다임은 과학철학자 토마스 쿤(T. Kuhn)이 만들어 낸 용어로 일정한 과학자 공동체를 지배하는 일련의 사유유형인데, 과학자에게 무엇을 강조할 것이고, 어떤 대상을 탐구할 것이며, 어떤 질문을 할 것이고, 어떤 검증기준을 적용할 것인가를 안내해 준다. 따라서 교육 이해에서 패러다임이 전환되었다는 것은 사회와 교육에 대한 사유유형이 달라지고, 다른 개념과 분석도구가 사용되며, 문제제기도 달라진다는 것이다.

예를 들면, 우리가 1980년대에 목격하였듯이 보수적 교육관료가 인식하는 교육현실과 전교조 교사들이 인식하는 교육현실은 매우 다르다는 것을 알 수 있다. 교육을 사회계급적·정치적 맥락과 동떨어진 중립적이고 순수한 활동이라고 보는 사람들은 교육을 복잡한 사회관계 속에서 파악하려는 사람들이 '이단적'으로 보일 것이다. 이것은 교육현실을 서로 다른 패러다임에서 보기 때문이다.

교육 인식의 패러다임적 전환을 가져온 데 영향을 준 이론은 갈등이론이라 할 수 있다. 흔히 갈등이론이라 하면 색안경을 끼고 바라보는 경향이 있는데, 합의이론과 갈등이론은 이미 고대부터 시작된 것임을 알 필요가 있다. 앞으로 합의이론과 갈등이론이 무엇인가를 자세히 살펴보겠지만, 여기서 잠깐 언급하고자 한다.

현대에서 기능주의이론으로 불리는 합의이론은 기존의 사회질서 안정에 관심을 두고 있으며, 그 안정이 사회규범과 가치에 대한 사회구성원들의 합의에 따라 가능하다고 본다. 한편, 갈등이론은 사회와 역사란 정체된 것이 아니라 끊임없이 변화되는 것이며, 그 변화의 원인은 사회의 갈등이라고 본다. 플라톤(Plato)은 사회의 갈등과 변화는 사악한 것으로, 역사와 사회의 정지된 상태는 선한 것으로 보았다. 사회변화의 정체에 대한 플라톤의 갈망은 그로 하여금 영원히 변하지 않는 형이상학적 이데아의 세계를 그리게 했다(Popper, 1963).

합의이론과 갈등이론의 역사를 보면, 고대 그리스의 플라톤과 아리스토텔레스(Aristotele) 간에 합의이론과 갈등이론의 차이가 있었고, 철학사를 통해서는 아퀴나스(T. Aquinas)와 오거스틴(Augustine), 홉스(T. Hobbes)와 마키아벨리(N. Machiavelli), 루소(J. Rousseau)와 로크(J. Locke)가 각각 합의이론과 갈등이론으로 맞섰다. 나중에 사회학에서 이 합의 갈등 논쟁에 가담했는데, 콩트(A. Comte)와 마르크스(K. Marx), 뒤르켐(E. Durkheim)과 짐멜(G. Simmel), 파슨스(T. Parsons)와 다렌도르프(R. Dahrendorf)의 논쟁이 그것이다(Ritzer, 1988).

그런데 오랫동안 교육이론(특히 과거의 교육사회학)을 지배한 것은 합의이론, 특히 파슨스의 합의이론이었고, 이것이 사회과학에서 주류적·정통적 입장을 차지했다. 사실, 파슨스의 합의이론을 사회학의 정통으로 만든 것은 그 이론의 강점 때문이기도 하지만, 그 이론을 뒷받침하고 있는 미국 사회의 이데올로기와 권력관계도 작용했음을 부정할 수 없다.

합의이론에 입각해 있던 교육이론에 새롭고 강력한 도전을 한 것이 갈등이론, 특히 마르크스적 전통의 갈등이론으로, 교육에서는 소위 '불평등 재생산 이론'이라고 하는 것이다. 이 이론은 현재 교육사회학 이론에서 매우 큰 비중을 차지하고 있다. 이 이론의 전통에 속하는 학자의 수효는 적다고 볼 수 있지만, 그들의 영향력은 주류적 학자들의 영향력에 못지않다.

미국에서 재생산 이론의 관점에 따라 교육사를 분석한 효시로는 MIT 교수인 보울즈(S. Bowles)와 하버드 대학교 교수인 긴티스(H. Gintis)의 연구를 들 수 있다. 보울즈와 긴티스는 저서 『자본주의 미국에서의 교육(Schooling in Capitalist America)』(1976)에서 마르크스주의의 상부-하부구조 모델을 이론적 모델로 사용하면서 상당히 기계적인 결정주의적 해석의 입장을 취했다. 이들의 결정론적 해석에 따르면, 학교교육의 역할은 어디까지나 생산 영역의 필요(노동력과 생산관계의 재생산)로 결정된다. 따라서 자본주의 교육체제의 개혁은 생산 영역의 요구 범주를 벗어날 수가 없다는 것이다. 한 예로, 요즈음 대학이 기업에서 필요로 하는 사람을 길러 내지 못한다는 비판이 기업 쪽에서 흘러나오기도 하는데, 이것은 대학교육이 기업에서 요구하는 대로 이루어져야 한다는 것을 당연하게 전제하고 있기 때문이다. 사실, 대학으로서도 졸업생을 고용할 힘을 가진 기업의 요구를 무시하기가 어렵다.

그러나 결정론적 관점은 상당한 맹점을 안고 있다(Collins, 2009). 흔히 구조주의적 시각에서는 구조 속에 있는 인간들과 개인의 역할 및 행동을 매우 수동적으로 보듯이, 보울즈와 긴티스의 결정론적 관점 역시 교사들을 매우 수동적인 역할 수행자로 파악하였다. 그러나 단순히 수동적인 역할만 하는 것이 아니라 불평등한 계급관계의 재생산을 극복하기 위해서 행동하는 것도 바로 교사들이다. 또한 결정론적 관점에서 주장하듯이 문화전수기관인 대학교나 중등학교가 자본의 요구에 직접 반응하는 것은 아니다. 학교와 자본 간에는 문화라는 매개변인이 작용하기 때문이다.

여기서 생각해 볼 것은 과연 자본의 교육 지배가 바람직한 현상인가 하는 것이다. 어떤 사람들은 자본주의 사회에서는 교육도 자본이 요구하는 대로 아이들을 길러 내야 한다고 주장하기도 한다. 그러나 미국의 교육철학자 존 듀이(J. Dewey)는 이러한 생각에 단호하게 반대하였다.

듀이(Dewey, 1916)는 그의 저서 『민주주의와 교육(Democracy & Education)』에서 그 제목이 시사하는 것처럼 교육을 자본주의와 연계시킨 것이 아니라 민주주의와 연계시켰다. 듀이는 학교를 '민주적 공공 영역'으로 발전시켜야 한다고 생각하였다. 그리하여 아이들이 학교에서 민주적인 공동체적 삶을 경험하며 시민정신과 공감적 소통능력을 배우도록 해야 한다고 역설하였다(김천기, 2020).

보울즈와 긴티스는 마르크스적 관점에서 자본주의 사회의 교육을 비판하면서도 평등주의 교육과 전인교육을 중시하는 듀이의 '자유주의적 교육'을 이상적인 교육으로 받아들인다.[1] 하지만 보울즈와 긴티스가 보기에 듀이가 주장하는 자유주의적

---

1) 보울즈와 긴티스는 듀이의 교육론을 민주주의 교육론으로 기술하지 않고, 자유주의 교육론으로 표현한다. 듀이가 주장하는 자유주의 교육(자기실현의 자유, 개인인성, 사회적 지성의 가치를 중시하는 교육)과 공동의 삶으로서의 민주주의 교육의 관계에 대해서는 김천기(2020)의 저서 『세상의 모든 아이를 위한 민주주의와 교육』 참고.

교육은 자본주의 사회에서는 실현 불가능하다. 자본주의 사회에는 '평등주의 교육'과 '전인교육'의 실현을 불가능하게 하는 구조적 한계가 엄존하고 있다. 평등주의적 교육이란 사회에서 냉혹하게 나타나는 자연적 · 사회적 · 역사적 불평등을 극복해 내는 교육을 말한다. 그리고 전인교육이란 한 인간으로서 가지는 인지적 · 정서적 · 비판적 · 심미적 능력 등을 발달시키는 교육을 말한다. 이러한 전인적 교육에는 민주적 공동체에 효과적으로 참여하며 자신의 삶을 결정할 수 있는 인지적 · 사회적 능력의 발달이 포함된다.

보울즈와 긴티스에 따르면, 자본주의 사회에서 교육은 자유주의적 교육목표(개개인의 성장과 사회평등화)와는 모순되게 사회의 불평등을 해결하기보다는 재생산하며, 개인의 발달을 촉진하기보다는 억압하는 힘으로 작용한다. 이들은 자유주의적 교육개혁의 실패가 실질적으로 학교교육의 기능을 규정하고 있는 자본주의 경제구조에서 기인한다고 본다. 즉, 자유주의 교육의 실현에 장애가 되는 것은 바로 자본주의 경제에서의 권위주의적 권력과 통제의 구조라는 것이다. 이와 같은 견해의 근저에는 자유주의 교육이 근본적으로 자본주의와 대립, 모순된다는 인식이 깔려 있다.

호건(Hogan, 1979)이나 카리어(Karier, 1976) 등의 교육사가들은 자유주의 교육과 자본주의 관계에 대한 보울즈와 긴티스의 기술이 정확하지 못하다고 비판한다. 이들은 자유주의적 교육목표와 자본주의적 학교교육은 모순적 관계가 아니며, 자유주의 교육이론이 오히려 자본주의 체제 유지에 기여했음을 역설한다.

이들은 다양한 자유주의 철학을 모두 동일한 철학으로 간주한다. 하지만, 자유주의는 보수적(자유방임적) 자유주의와 진보적 자유주의로 구분되어야 한다(Dewey, 2000). 보울즈와 긴티스가 지지했던 철학은 듀이의 진보적 자유주의이며, 불평등한 자본주의체제를 정당화하는 보수적 자유주의가 아니다. 예를 들어, '교육의 기회균등'이라는 보수적 자유주의 담론[2]에 대해 생각해 보자. 이 담론 속에서는 비록 가난한 가정의 학생일지라도 지적 능력만 있으면 좋은 대학에 들어가고 졸업 후 좋은 직장을 얻어 사회적 상층이동을 할 수 있다는 것, 이것이 바로 '교육의 기회균등'의 효과라고 이야기된다. 가난한 집의 자녀가 명문대에 수석 입학을 했다는 드문 사례가

---

2) 보수적 기회균등의 담론은 '결과의 불평등'을 당연하게 받아들인다. 그러나 롤즈(J. Rawls)는 결과의 불평등은 차등의 원칙에 의해 조정되어야 한다고 주장한다(차등의 원칙에 대해서는 제5장 참고).

신문·방송에 보도되기도 하는데, 사람들은 그것을 '개천에서 용이 나게 하는' 교육의 평등화 효과라고 믿는다. 그러나 그러한 사례가 교육의 기회균등의 보편적 효과인지, 아니면 교육의 기회균등 신화를 믿게 하는 예외적 효과인지는 생각해 볼 필요가 있다. 미국에서는 교육의 기회균등 담론이 사회적 불평등을 정당화하는 이데올로기적 구실을 했다는 비판이 제기되기도 했다(Sandel, 2020).

그리고 사회불평등 개선을 학교교육을 통해서 이룩하자는 보수적 자유주의 담론은, 사회경제적 불평등은 학교교육만이 아니라 사회적 계획(social planning)을 통해서도 줄일 수 있음에도 사회적 계획을 도외시하며, 사회경제적 불평등을 악화시키기도 한다(Greene, 1978). 이 담론에서는 소수집단과 노동집단 학생들이 학교에서 실패하면, 학교가 학생들의 실패를 어떻게 체계적으로 조장하는가에 대해서는 아무런 비판도 없이 그 실패를 순전히 학생들 본인의 능력 탓으로만 돌리고 만다는 것이다.

무엇보다 문제는, 보수적 자유주의 담론에서 학교교육은 경제적 성공과 개인의 상층이동을 위한 격렬한 경쟁의 장으로밖에 규정되지 않는다는 것이다. 학교교육을 통해 학생들이 무엇을 배우든 그것만 숙달하면 성공한다는 식의 생각을 받아들이면, 학교에서 학생들이 무엇을 배우고 경험하는가에 대해서는 구태여 관심을 둘 필요가 없어진다(실제 격리조직의 성격을 띤 학교조직의 감시와 처벌 기능, 교육과정 등은 관심 밖이다). 현재 한국의 입시경쟁교육이 바로 그렇다. 각자도생의 입시경쟁교육에서 학생들은 각자 자신의 이익과 자기만족만을 추구하는 것을 당연하게 여기게 되고, 그에 따라 계급의 장벽을 넘어선 공동의 삶을 살아갈 수 있는 민주시민 능력을 함양할 기회를 갖지 못하게 된다(Aronowitz & Giroux, 1985; 김천기, 2020).

최근 보울즈와 긴티스는 자신들의 재생산 이론을 수정하고, 새로운 관점을 발전시키고 있다. 이는 그들의 저서인 『자본주의 미국에서의 교육』이 발간된 이래 끊임없이 받아 온 비판의 내용을 반영하고 있기도 한 것이다. 보울즈와 긴티스의 새로운 저서인 『민주주의와 자본주의(Democracy and Capitalism)』(1986)에서 따르면, 학교교육은 '자본주의적 생산 영역'뿐만 아니라 '자유민주적 국가 영역'과도 구조적 연관성을 맺고 있다. 이에 따라, 학교교육은 그 역할에서 상호 모순되는 요구에 직면하게 된다. 즉, 학교교육은 단순히 불평등하고 위계적인 생산관계의 재생산 기능만 수행하는 것이 아니라, 다른 한편으로는 종속집단의 경제적 기회를 확대하고 민주적 원리를 확대하는 기능도 수행한다. 이러한 보울즈와 긴티스의 관점은 1980년대 이후 서구사회의 변화를 이해하는 데도 도움을 준다.

여기서 우리는 1980년대 이후 사회경제적 환경의 변화와 더불어 서구 사회(특히 영미 국가)의 교육에 일어났던 일대 혁신에 주목할 필요가 있다. 그것은 신자유주의에 따른 전반적인 교육체제의 개혁이다. 개인주의, 시장의 효율성, 시장의 자유를 강조하는 신자유주의는 서구사회에서 교육을 포함한 사회 전 영역의 개혁 논리가 되었다. 한국교육 역시 신자유주의적 세계화의 추세 속에서 예외가 아니다. 한국 정부가 개혁의 용어로 사용하는 '작은 정부' '시장원리' '정부 규제 완화' '소비자 주권'도 모두 이 신자유주의 담론체계에서 빌려 온 것이다.

이제 교육을 말하는 데 있어 신자유주의의 시장논리를 빼놓을 수 없다. 기존의 교육사회학에서는 기능주의와 갈등이론 그리고 해석학과 지식사회학 정도만 다루면 되었지만, 이제는 신자유주의를 다루지 않을 수 없게 되었다.

신자유주의자들의 주장은 국가의 공공 영역에 속하던 학교교육의 위치를 사적(시장경제) 영역으로 이동시키자는 것이다. 학교교육도 사적인 상품의 교환으로 보아야 한다는 것이다. 이 신자유주의자들의 주장에 따르면 학교도 시장경쟁 논리에 따라야 하며, 교사는 시장의 상인들처럼 자신의 교육상품을 팔기 위해 경쟁해야 한다. 상인들은 돈을 벌기 위해 시장에서 얼마나 애쓰는가! 그런데 교사들은 무사안일하기 그지없다. 가만히 있어도 고객이 주어지고, 고객이 무엇을 요구하든 상관없이 구태의연하게 자기 식대로만 가르치고 있는 실정이다. 이런 '나태한' 교사들에게 강한 자극을 주기 위해서는 교사들을 '시장판'으로 끌어들여야 한다. 학생들을 상대로 장사를 잘해서 돈을 벌어들이지 못하면 시장에서 '퇴출'해야 한다. 이것이 신자유주의의 시장논리이다.

교사와 학생의 만남은 교육상품을 사고파는 '장사꾼'과 '소비자'의 만남일 뿐이다. 그 이상 만남의 의미는 없다. 부버(M. Buber)가 말하는 '나와 너'의 인격적 만남이 아니라 '나와 그것'의 수단적 만남일 뿐이다(김천기, 2020). 서로 다 자신의 이익을 얻기 위한 수단으로 학교라는 '장터'에서 만날 뿐이다. 교사는 돈을 벌기 위해 가르치는 것이고, 학생은 자기가 필요로 하는 것을 배우기 위해 수업료를 내는 것이다.

교육과 관련하여 생각할 점은 그 시장에서의 '교환'은 인간성장을 목표로 하는 주체들 간의 상호작용이라는 점이다. 그리고 그 교환은 교사와 학생이라는 특정한 사회적 관계를 형성한다. 그런데 신자유주의에서는 이러한 사회적 관계를 완전히 익명적이고 이기적인 관계로 변질시킨다. 과연 교사는 학생의 행복에 특별히 관심을 둘 필요가 없는가? 학생의 가정환경이 어떠한가에 대해 알 필요가 없는가? 우리 아이들을 위한 교육에서 이런 사회적 관계를 원하는가? 신자유주의의 시장논리에 대해서는 앞으로 더 상세하게 다룰 것이다.

이렇게 현실교육과 관련하여 교육사회학의 이론적 논의의 흐름을 개략적으로 살펴보았다. 교육사회학에서의 다양한 이론적 논의는 구체적으로 다음의 여섯 가지 주제에 초점이 모인다. 첫째, 교육이란 무엇인가? 둘째, 누가 학교에 가는가? 셋째, 학생들은 학교생활을 어떻게 하고 있는가? 넷째, 학교에서는 무엇을 가르치는가? 다섯째, 누가 학교교육을 통제하는가? 여섯째, 교육은 어떻게 변화되어야 하는가? 이 책은 이 여섯 가지 주제로 구성되어 있다.

첫 번째 주제로는 교육의 사회적 성격, 기능, 역할을 다룬다. 기능주의이론과 갈등이론에서 설명하는 교육의 사회적 기능은 각기 다르다. 기능주의는 사회를 유지하는 데 필요한 교육의 기능으로서 사회화와 공정한 선발기능을 중시한다. 반면, 갈등이론에서는 학교교육의 기능이 자본주의 사회에서 불평등한 계급관계를 재생산하는 것이라고 비판한다. 제2장과 제3장에서 이를 구체적으로 다룬다.

두 번째 주제로는 교육의 기회균등과 교육평등 및 사회이동과 사회불평등을 다룬다. 기능주의이론에서는 교육의 기회균등과 교육을 통한 사회이동을 주장하는 반면, 갈등이론에서는 교육이 사회불평등을 정당화한다는 것을 부각시킨다. 이에 대해서는 제5장과 제6장에서 살펴볼 것이다. 한편, 교육불평등과 사회불평등을 논하기에 앞서 '능력'이 무엇인가가 매우 중요하므로 이에 대해서는 제4장에서 따로 다룰 것이다.

세 번째 주제로는 학생들의 학교생활과 교사와 학생의 상호작용 등을 다룬다. 상호작용에 대한 현상학적 관점을 알아보고, 범주화에 따른 상호작용, 학생들의 적응양식, 낙인과 상호작용, 학교규율과 시험 등을 살펴본다. 이에 관한 것은 제7장에서 자세하게 살펴볼 것이다.

네 번째 주제로는 교육과정사회학을 다룬다. 교육과정사회학의 중요한 이론적 틀은 해석학과 지식사회학이다. 여기서는 교육과정과 불평등, 교육과정과 이데올로기 등의 문제에 초점을 둔다. 이에 대해서는 제8장에서 살펴본다.

 다섯 번째 주제로는 학교교육과 국가, 시민사회와의 관련성을 다룬다. 여기에서는 국가의 성격에 대한 논의가 매우 중요한데, 다원론적·계급적 관점 등이 다루어진다. 특히 최근 중요한 쟁점으로 두드러지고 있는 관료적 통제와 시장통제 그리고 시민사회의 참여 등을 다룬다. 이에 대해서는 제9장에서 자세하게 살펴볼 것이다.

 여섯 번째 주제로는 교육개혁을 다룬다. 교육개혁 주제에서는 먼저 한국교육체제의 성격(제10장)을 파악해 본다. 그런 다음 제10장까지 여러 가지 주제를 공부하면서 모이는 교육문제를 어떻게 개혁을 통해 해결할 수 있을 것인지를 생각해 본다. 제11장에서는 최근까지 우리나라뿐만 아니라 세계 주요국 교육개혁의 기조가 되었던 신자유주의의 시장논리가 교육문제를 해결할 수 있는지를 살펴본다. 제12장에서는 공교육 개혁을 위한 다양한 대안적 접근을 종합적으로 살펴본다.

제2장 ▶

사회화와 선발

사회는 생물학적인 삶을 통하여 존속하는 것에 못지않게 전수(傳授) 과정을 통하여 존속한다. …… 한 집단에서 이루어지는 교육은 어떤 것이든 구성원들을 사회화하는 경향이 있지만, 그 사회화의 질과 가치는 그 집단의 (행동과 사고 및 감정의) 습관과 목적에 따라 다르다. 여기서 우리는 다시 한 번 특정한 사회생활 방식의 가치를 평가할 기준이 필요하다는 것을 알게 된다.

−존 듀이(J. Dewey),
『민주주의와 교육(Democracy and Education)』−

한 사회 속에서 학교교육이 수행하고 있는 사회적 기능은 무엇일까? 아이들이 학교에서 교육을 받지 않는다고 상상해 보자. 아이들은 어떻게 될까? 그리고 사회는 제대로 유지되고 발전할 수 있을까? 물론 옛날처럼 학교 대신 가정에서 교육을 전적으로 다 떠맡을 수도 있지만, 아무래도 가정교육은 한계가 있다.

기능주의이론에서는 학교가 수행하는 기능 중 어린아이들을 사회로 인도하는 사회화와 유능한 인재를 선발하는 선발기능이 가장 중요하다고 본다. 이 장에서는 사회화와 선발기능이 무엇인지를 자세히 살펴볼 것이며, 이에 앞서 기능주의란 무엇이고 왜 사회화와 선발을 중요한 기능으로 보는지에 대해서 알아보기로 한다.

1. 기능주의

기능주의이론은 현상 유지, 사회질서, 합의, 사회적 통합에 관심이 있으며, '어떻게 사회의 유지와 존속이 가능한가?'에 대해 체계적인 설명을 제공한다. 이 이론은 프랑스의 콩트(A. Comte)와 뒤르켐(E. Durkheim)이 선구적으로 개척하였고, 후에 미국의 파슨스(T. Parsons)가 체계적으로 발전시켰다.

근대적 모습의 기능주의이론의 발전은 인류학자들의 연구로부터 강한 영향을 받았다. 예를 들어, 래드클리프 브라운(R. Brown)과 말리노프스키(B. Malinowski)는 사회의 목적이 사회질서와 사회 안정의 유지이며, 사회의 여러 부분의 기능과 그 기능들의 조직된 방식(사회구조)이 사회 질서와 안정을 유지하려 한다고 주장하였다. 이 관점은 구조기능주의(structural functionalism)라고 불리는데, 아직도 영향력이 매우 크다(Coulson & Riddell, 1993). 이러한 구조기능주의가 더욱 세련되게 발전한 것이 규범적 기능주의(normative functionalism)이다. 규범적 기능주의는 질서 유지나 평형상태(equilibrium: 기계학에서 빌려 온 유추)는 사회 속의 다수 사람이 공유하는 공동의 가치와 규범에 따라 성취된다는 생각에 근거한다. 이 관점은 구조보다는 규범을 강조하고 있기 때문에 규범적 기능주의라고 불리게 되었다. 이 관점은 많은 미국과 영국 사회학자들 사이에 인기를 끌고 있다(Coulson & Riddell, 1993). 대표적 이론가는 탈코트 파슨스(T. Parsons)이다.

기능주의 사회학자들은 사회의 제도나 관습이 어떻게 사회 전체를 유지하는 데 기여하는가에 대한 분석을 생물학적인 또는 기계적인 유추를 통해서 제공한다. 생물학적인 유추에서는 사회를 인체나 유기체에 비유한다. 인간의 생존은 인체를 구성하고 있는 여러 기관(예를 들어, 심장, 위장 등)이 각기 맡은 기능을 협동적으로 수행함으로써 가능하다. 이와 비슷하게 사회의 제도나 관습도 제각기 맡은 독특한 기능을 수행함으로써 사회의 존속이 가능한 것이다. 따라서 어떤 사회제도나 풍습을 이해하려면 그것이 전체로서의 사회체제를 유지ㆍ존속시키기 위해 수행하고 있는 역할을 살펴보아야 한다는 것이다.

기계적인 유추에서는 사회를 시계와 같은 기계로 비유한다(Coulson & Riddell, 1993). 시계 유추에서 출발하는 가장 중요한 논점은 시계가 그 부품들의 총합 이상이라는 것이다. 여러분이 이 책을 읽고 있을 때 손에 시계를 가지고 있다면, 그것을 분해해 볼 수 있다. 모든 부품을 다시 모아서 손에 쥐어 보자. 여러분은 하나의 시계가 아닌 부품들의 덩어리를 가지고 있다. 하나의 시계는 단지 그 부품들의 총합이 아니라, 부품들의 총합에 부품들이 한데 모여 서로 관계 맺고 조직되는 방식이 더해진 것이다. 마찬가지로 사회는 그 안의 사람들 총합 이상의 것이다. 사회는 사람들뿐만 아니라 서로 관련되고 조직되는 방식, 즉 사회구조인 것이다. 그렇다면 사회 속에서 이루어지는 일은 사회구성원들이 서로 관련된 방식을 이해함으로써 설명될 수 있다.

그러나 기능주의에서 사용하는 기계 유추에는 오류가 있다. 다시 시계 유추를 예로 들어 보자. 시계의 부품과 부품의 집단들은 시계구조 안에서 정확히 규정된 작동을 한다. 시계는 특정 목적(시간 표시)에 맞게 고안된 것이다. 시계의 부품 작동에는 조금의 편차도 있을 수 없다. 왜냐하면 작동하도록 만들어진 대로 정확히 작동하지 않는다면, 그것들은 결함을 가진 것이기 때문이다. 이때 우리는 그 시계가 고장났다고 말한다. 사회학적으로 이것을 '병리적 현상'이라고 부른다(Coulson & Riddell, 1993).

여기서 우리가 생각해야 할 것은 사회는 기계가 아니라는 사실이다. 사회는 시계와는 달리, 외부적 창조자도 없고 외부적으로 규정된 어떠한 목적도 없다. 사회는 상호 교섭하는 구조의 부분(사람)에 따라 창조된다. 외부적 창조자와 목적이 없으므로 사회가 가지는 또는 가져야만 하는 목적에 관해 구조 속의 인간집단이 취하는 견해는 갈등을 일으키기 쉽다. 그렇지만 이에 대해 우리는 사람들이나 '설계'에 잘못이 있다고 말하지는 못한다. 물론 시계의 경우와 같이 사회를 설계하는 것이 이론적으로 가능하며, 사회는 설계되어야만 한다고 생각하는 사람들도 있다. 그러나 일반적으로 말하자면, 지금까지 인간이 살아온 사회를 설계한 사람은 아무도 없었다. 그러므로 목적을 위해 설계된 시계의 부품과는 달리, 사람과 집단 그리고 기관은 '잘 들어맞지' 않을 수도 있다. 시계에서와는 달리, 집단 간의 이해 갈등은 (시계에서는 있을 수 없지만) 사회구조의 부분이 될 수 있다.

기능주의적 관점에서 볼 때 학교는 사회의 한 부분(제도)으로 전체 사회를 유지시키는 책임과 기능을 담당하고 있다. 그 기능은 무엇인가? 그것을 어떻게 확인할 수 있는가? 머턴(Merton, 1967)에 따르면, 사회적 기능(function)과 개인들의 동기(motives)는 다르다. 기능이란 사회체제에 적응하기 위한 가시적 결과이다. 예를 들어, 부모가 아이를 학교에 보내는 동기는 학교가 자신의 아이를 유모처럼 돌봐 주기 때문일 수도 있다. 하지만 이것이 학교의 기능이 될 수는 없다. 물론 이 예에서 보는 것과 같이 동기와 기능이 확연하게 구분되는 것은 아니다. 그리고 '적응 기능이 무엇인가를 어떻게 사람들이 깨달을 수 있을까?' 하는 의문도 든다(머턴은 사람이 깨닫지 못하는 기능을 '잠재적 기능'이라 부른다. 사회제도를 분석해 보면 잠재적 기능을 알 수 있다고 한다).

기능주의에 따르면, 학교교육의 사회적 기능은 전체 사회에 대한 적응체제적 기능으로 전체 사회의 유지에 기여한다. 이 기능은 다음 두 가지로 파악된다.

① 새로운 세대에게 기존 사회의 생활양식과 가치 및 규범을 전수하는 사회화 기능이다.
② 재능 있는 사람을 분류하고 선발하여 적재적소에 배치하는 선발기능이다.

이러한 두 가지 기능은 한 사회의 연속성을 보존하고 유지하는 데 아주 필수적인 기능이라 할 수 있다. 다음에서는 사회화와 선발기능이 어떻게 이루어지는가를 자세히 살펴보고자 한다.

2. 사회화

1) 사회화란 무엇인가

사회화란 생물학적 존재로서의 개개인이 사회적 관계 속에서 자아와 인성을 형성하는 과정이라고 할 수 있다.[1] 사회화 개념에는 기존 사회의 문화를 내면화하고 적절한 사회적 행동을 학습한다는 의미가 함축되어 있다. 그래서 보통 사회화가 덜 된 사람이라는 말에는 사회성이 부족하여 사회집단이 요구하는 가치관이나 행동양식, 감정 표현법을 제대로 갖추지 못한 사람이라는 부정적인 의미가 담겨 있다.

사회적 차원에서 보면, 사회화로서의 교육은 사회의 존속을 위해서 필요하다. 듀이(Dewey, 1966)는 이런 측면에서 다음과 같이 교육의 필요성을 역설하였다. "사회집단을 구성하고 있는 각각의 성원이 태어나서 죽는다는 이 원초적이고 불가피한 사실이 교육의 필연성 또는 필요성을 규정한다." 만일 사회구성원이 바뀌지 않는다고 한다면 사회화로서 교육이 그리 필요하지 않다. 하지만 사람은 태어나서 죽을 수밖에 없고 계속하여 세대가 바뀌기 때문에, 성인세대가 새로운 세대에게 대를 이을 수 있도록 교육하는 것은 불가피하다. 따라서 교육은 사회생활을 위한 준비를 아직 갖추지 못한 어린 세대에 대한 성인세대의 영향력 행사라는 뒤르켐(Durkheim, 1985)의 말은 사회화로서의 교육의 본질을 잘 파악한 것이다. 뒤르켐은 교육을 성인세대의 일방적인 영향력 행사라고 했지만, 교육은 기존의 사회구성원과 새로운 구성원을 연결해 주는 구실을 한다고 볼 수 있다. 교육이 없이는 기존 성원과 새로운 다른 성원을 연결시켜 줄 수가 없는 것이다.

----

1) 상징적 상호작용론의 학자인 쿨리(C. Cooley)는 '거울에 비친 자아(looking glass self)'라는 개념을 통해 자아가 어떻게 형성되는가를 밝혔다. 그에 따르면, 자아는 고립된 자아가 아니라 사람들과의 상호작용 속에서 형성되어 간다. 즉, 타인이 자신에게 거울 역할을 하며, 타인에게 비치는 자신의 모습을 통해 자아를 형성해 간다는 것이다. 쿨리가 말하는 거울 속의 자아는 남을 의식하는 '사회적 자아(social self)'이다. 왜 쿨리는 사회적 자아를 중시했을까? 쿨리가 살던 시대를 생각해 보면 이해가 쉽다. 1900년대 초 미국은 자본주의적 산업화가 급속도로 추진되면서 과거의 이기적인 자아보다는 상호 협동적인 자아를 중시하게 되었다. 자신만을 아는 이기적 자아가 아니라 타인을 의식하는 타인지향적인 자아가 중요하게 여겨졌고, 이러한 분위기에서 거울에 비친 자아의 개념이 나오게 되었다(Wexler, 1983).

사회존속을 위한 사회화의 불가피성을 주장할 때 흔히 사회화된 사람과 사회화되지 못한 사람이 동시에 존재한다는 것이 전제된다. 일반적으로 사회화된 사람은 성숙한 성인이고, 사회화되지 못한 사람은 미성숙한 아이들이다. 아이들은 미성숙한 존재로 성인의 기준을 받아들여야 할 수동적 존재라고 여겨진다. 그래서 사회화란 성인의 주도로 일방적으로 이루어지는 교육의 과정이라 생각하기 쉽다.

이런 관점에서 보면, 사회화로서의 교육은 사회활동의 표준적인 형식에 맞게 동화시키는 주입, 주형으로 인식된다. 붕어빵처럼 일정한 틀 속에 부어 넣고 구워 내는 것으로 생각하기 쉽다는 뜻이다. 그런데 성인의 이념과 가치를 이렇게 붕어빵 구워 내듯 아이의 머릿속에 집어넣어 자기 것으로 받아들이도록 하는 것을 교육이라 부를 수 있을 것인가? 교육은 세뇌가 아니다. 우리는 사회화로서 교육을 정의할 때 이 점을 유의해야 한다. 성인이 자신의 이상과 가치를 전수한다고 해서 그것을 주입해야 한다고 생각하는 것은 잘못된 것이다. 그리고 아이들 역시 성장하면서 수동적으로 받아들이지 않는다. 가정과 학교에서 가르치는 것을 무조건 수용하여 순응하는 학생들은 별로 없다. 아이들도 자아정체감이 형성되면서 주체적으로 취사선택해서 받아들인다. 이 점은 사회적 상호작용론에 잘 나타나 있다.

상호작용이론가인 미드(Mead, 1934)는 사회적 상호작용을 통한 자아발달을 사회화의 핵심으로 생각한다. 미드에 따르면, 사회화된 인간이라고 해서 사회에서 타인들이 하라는 대로 피동적 · 수동적으로 행동하는 꼭두각시는 아니다. 미드는 'I'와 'Me'의 개념을 나누어 생각한다. 언어를 배우고 사회의 규범을 받아들이는 사회화된 개인의 자아에도 사회적으로 형성된 사회적인 자아(Me)만 있는 것이 아니라, 사회의 기대에도 불구하고 스스로 결정하는 능동적이고 주체적인 자아(I)가 있다고 본다.

이처럼 어른의 삶의 표준에 맞추어 아이들을 동화시키는 것이 사회화이며, 교육이라고 생각하는 것은 잘못된 것이다. 듀이(Dewey, 1966: 84)는 이런 잘못에 대해 다음과 같이 지적한다. "동화가 목적이기 때문에 아이가 가지고 있는 특이하게 개인적인 요소는 생각해 볼 가치가 없는 것으로 배척되거나, 비행 또는 무법의 원천으로 간주한다. 여기서 동화라는 것은 획일성을 뜻하는 것으로 생각되고, 따라서 이 경우는 새로운 것에 대한 무관심, 진보에 대한 혐오, 불확실성과 미지의 것에 대한 공포를 의도적으로 조장하는 결과를 초래한다." 교육이 동화라고 한다면, 교육에서 아이들의 다양한 사고와 개성 신장은 억제될 수밖에 없다.

　교육사회학에서 이론적으로 사회화 기능을 중시한 학자는 뒤르켐이다. 그가 사회화를 부각시키는 데는 그럴 만한 사회적 배경이 자리 잡고 있었다. 사회화의 중요성을 강조한다는 것은 그만큼 사회성원을 기존의 사회에 통합하는 것이 중요한 사회문제였다는 것을 시사한다.

　산업화와 복잡한 분업화가 빠르게 진행되던 당시 근대사회에서 사람들이 어떻게 협력하고 유대를 형성할 수 있도록 할 것인가가 뒤르켐의 시대적 고민이었다. 뒤르켐(Durkheim, 2013)은 정상적인 상호의존적이고 협력적 노동분업 상태에서는 새로운 도덕과 결속력이 나오게 되지만, 그 정상적인 상태에 이르기까지에는 과도기적인 아노미 상태에 놓여 있다고 생각하였다.

　아노미적 상태란 분업상의 (그리고 계약상의) 관계가 평등하고 공정하지 못한 상태에서 갑의 을에 대한 횡포, 착취, 차별, 무시, 배제 등 온갖 형태의 '갑질'이 일어나는 상태이다. 예를 들어, 노사 간의 상호 갈등과 대립, 대기업의 하청업자에 대한 착취 등은 아노미적 상태이다. 정상적인 노동분업 상태는 어떤 상태인가? 새로운 도덕적 질서가 노동분업관계를 규율하는 상태이다. "개인의 이기주의를 제어하고 노동자의 가슴에 공동의 연대감을 부양하며 강자의 법칙이 산업과 상업 영역에서 무지막지하게 적용되는 것을 막는"(김태수, 2008: 294) 도덕적 질서를 의미한다. 그러한 도덕적 질서는 개인의 존엄성을 높이는 '도덕주의적 개인주의'라 불린다.

　뒤르켐의 시대뿐만 아니라 현대사회도 과도기적 아노미 상태에서 벗어나지 못하고 있다. 오늘날 무한경쟁과 적자생존을 최고의 가치로 신봉하는 신자유주의 사회에서 길러 내는 반(反)공동체적이고 이기적이고 탐욕적인 인간의 모습은 뒤르켐이 보기에 사회화되지 않은 아노미적 상태의 인간의 모습이다(김천기, 2017). 이기적이고 탐욕적인 인간에게는 도덕적인 집합의식의 지속적인 '리필'이 필요한 것이며, 그것이 오늘날 신자유주의사회에 필요한 사회화라고 말할 수 있다.

　사회구성원들이 사회적 유대감을 갖도록 하기 위해서 학교교육은 어떻게 해야 하는가? 이것이 사회화와 관련된 학교교육의 과제이다. 뒤르켐은 사회화 과정을 통해 한 사회의 공통적인 감성과 신념인 집합의식을 새로운 세대에 내면화하는 것이 필요하다고 생각하였다. 뒤르켐은 이를 '보편적 사회화'라 불렀다.

　그런데 이러한 뒤르켐의 사회화론은 공통의 이념과 가치를 가정하고 있는데, 실제 공통의 이념과 가치가 존재하는가 하는 의문이 제기된다. 과연 성인 누구나 받아들이는 보편적인 가치와 규범이 존재하는 걸까? 사회구성원 집단 간의 차이는 없는 걸까? 또한 성인의 규범은 정전(正典)처럼 받아들여야 하고, 아이들이 스스로 형성해 가는 가치와 규범은 무시할 수 있는 것인가?

뒤르켐의 생각과는 달리 보편적이고 공통적인 이상과 가치가 존재하지 않는다고 한다면 어떤 일이 일어날까? 교육이 사회화라는 명분으로 한 사회의 지배집단의 가치와 이념을 전수해 주는 일이 생겨날 것이다. 사회를 지배하는 권력집단의 이념과 가치가 보편적 사회화라는 이름으로 아이들에게 보편적인 것으로 가르쳐질 수 있다는 것이다.

따라서 실제 공통의 이념과 가치가 존재하는가, 그리고 그것에 대한 사회구성원 간의 합의가 이루어졌는가를 확인하는 일이 매우 중요하다. 듀이(Dewey, 1966)는 한 사회의 공통의 이념과 가치가 존재하는가를 판단하는 데 중요한 두 가지 기준을 제시하였는데, 이 기준은 바로 민주주의에서 도출된다. 첫째, '사회구성원들이 상호 간에 다양한 관심을 공유하고 있는가?', 둘째, '자유롭고 평등한 상호교섭이 이루어지고 있는가?'이다. 사회가 계급으로 분리되어 지배계급, 중간계급, 노동계급이 상호 경험하는 것이 다르고 관심사도 다르다고 한다면, 공통의 가치라는 것이 존재하기 어렵다. 그리고 계급과 인종이 다르다는 이유로 상호 간에 상호교섭이 이루어지지 않고, 상호 배타적으로 자신의 집단만의 관심사를 추구한다면 공통의 신념과 가치를 합의해서 도출해 낼 수 없다.

한편, 뒤르켐의 사회화이론에서 말하는 '사회'는 무엇을 의미하는가 하는 의문 또한 제기된다. '사회'의 의미가 명료하지 않으면, 뒤르켐이 말하는 사회화의 성격이 모호해진다. 뒤르켐이 말하는 사회는 도덕적 의미의 사회이다. 즉, 각 개인이 획일적 집단의식에서 벗어나 자유로운 발달을 이룰 수 있는 사회요, 최상의 존재로 성장할 수 있는 사회이며, 모든 사람이 성장할 수 있는 자원을 나누어 가질 수 있는 도덕적 사회를 의미한다. 뒤르켐이 말하는 도덕적 사회는 협동적이고 의사소통적인 공동체 개념에 가깝다(김천기, 2017). 그 사회는 이해타산과 무한경쟁의 시장으로 바뀐 신자유주의적 사회를 의미하지 않는다. 이해타산과 영리를 목적으로 하는 교환관계로 변질된 사회는 이미 뒤르켐이 말한 의미의 사회다운 사회가 아니다(박영신, 2007). '도덕적인 의사소통적 공동체 사회'와 '시장 중심적 사회'를 구분하지 않고 양자를 혼동하여 사용하게 되면, 매우 왜곡된 사회화론을 만들어 낼 수 있다. 뒤르켐이 말한 의미의 사회화는 교환관계로 변질된 시장 중심적 사회를 재생산하는 것이 아니라, 협동적이고 도덕적인 공동체를 형성하는 데 기여하는 사회화이다.

결국, 사회화를 논할 때 중요한 것은 사회화하는 표준이 되는 '사회'가 어떤 사회인가 하는 것이다. 이는 사회화의 질과 가치가 어떠한가를 물어보아야 한다는 말이다. 듀이(Dewey, 1966)가 지적한 것처럼 "한 집단에서 이루어지는 교육은 어떤 것이든 그 구성원들을 사회화하는 경향이 있지만, 그 사회화의 질과 가치는 그 집단의 (행동과 사고 및 감정의) 습관과 목적에 따라 다르다." 만약 이런 점을 고려하지 않는다면, 사회화로서의 교육은 기존의 좋지 못한 (비민주적) 사회를 영속화하는 구실을 할 수 있다. 사회화에서 중요한 쟁점은 현 사회의 표준을 유지해 나갈 것인가, 아니면 변화될 사회의 이상(민주적 사회)을 사회화할 것인가 하는 점이다. 사회화를 어떤 사회 표준에 따라 할 것인가에 따라 교육의 목적과 방법은 달라지는 것이다.

2) 역할사회화

분업화되고 전문화된 현대사회에서 더욱 중시되는 사회화는 역할사회화이다. 미국의 사회학자 파슨스(T. Parsons)는 사회가 분화되고 전문화됨에 따라 '역할사회화'가 매우 중요함을 역설하였다. 역할사회화는 뒤르켐이 말하는 '특수사회화', 즉 특수한 직업환경이 요구하는 사회화와 비슷하다. 역할사회화란 어떤 역할에 필요한 규범과 가치, 태도 등을 사회화하는 것을 말한다. 예를 들어, 교사가 될 사람에게는 교사로서 갖추어야 할 규범과 가치 등을 내면화하도록 하지 않으면 안 된다.

사회화 기능은 미래의 역할 수행을 위해 필요한 개개인의 잠재능력을 도야·계발하는 실천적 활동으로 요약될 수 있다. 실천적 활동에는 두 가지 구성요인이 있다. 사회적 가치의 학습과 사회구조 속에서의 역할수행 학습이 그것이다. 개인의 잠재능력도 두 가지 요인으로 구성되어 있는데, 그 하나는 개개인의 역할활동에서 과업을 수행해 내는 기술이고, 다른 하나는 역할기대에 부응해서 행동할 수 있는 능력이다. 예를 들어, 의사에게는 환자를 치료하는 일을 수행할 수 있는 의학적 지식과 기술이 요구될 뿐만 아니라, 환자들을 위해 책임감을 가지고 일을 수행하는 능력이 요구된다(Blackledge & Hunt, 1993: 79에서 재인용).

파슨스가 말하는 역할사회화를 이해하기 위해서는 그가 생각하는 사회의 구성체계에 대해 이해할 필요가 있다. 그를 따르면, 사회는 문화체계(공유된 가치, 규범 등), 사회체계(사회적 역할), 인성체계(동기, 욕구)로 구성되어 있으며, 이 세 가지 체계는 상호 밀접한 관계를 지니고 있다. 파슨스는 사회화를 사회적 가치와 규범이 개인의 인성구조 속에 내면화되는 과정으로 본다. 이러한 과정을 통해 형성되는 인성을 바탕으로 역할기대를 할 수 있게 된다.

역할기대는 개인적 요구의 수행이다. 만약에 개인이 기대되는 역할을 수행하지 못하면 다른 사람들로부터 비난을 면치 못한다. 사람들이 바라는 것은 다른 사람으로부터 인정받고 존경받는 것이다. 이런 관점에서 인간은 타인의 승인을 추구한다고 할 수 있으며, 사회의 가치와 규범을 실현하고 역할기대에 부응하는 행동을 함으로써 인정받고자 하는 욕구를 충족시킬 수 있다.

이러한 사회적 과정을 통하여 사회적 가치는 지속성을 가지며 적합한 역할이 수행되고 사회질서와 사회적 안정이 유지된다. 여기에서 교육이 수행하는 사회화 기능은 매우 중요한데, 이것은 파슨스(Parsons, 1959)의 논문「사회체제로서의 학급(The School Class as a Social System)」에 잘 제시되어 있다. 이 연구에서 제기하는 질문도 역할사회화(그리고 선발)에 관한 것이다. 그 질문은 '학생들이 미래에 성인으로서 해야 할 역할을 성공적으로 수행하기 위한 태도와 능력을 내면화하는 기능을 학급이 어떻게 수행하고 있는가?'이다.

여기서 한 가지 생각해 볼 것은 '어떤 사람의 기대가 역할을 규정하는가?' 하는 것이다. 예를 들어, 교사의 역할에 대해 생각해 보자. 학교 안에서 교사가 어떻게 행동해야 한다고 생각하는가? 학교장, 동료교사, 학생, 학부모, 장학사, 사범대학 교수들은 교사의 역할을 어떻게 생각하는가? 그들의 생각이 일치할 것인가? 이들은 교사에 대해 특별한 기대를 갖지만, 그 기대들에 대해 일치가 가능한가? 여러 연구는 그 일치가 실제적으로는 이루어지기 어렵다고 보고한다. 우리는 그 예로 전교조('전국교직원노동조합'의 약칭) 교사들 자신이 스스로에 대해서 기대하는 교사 역할과 학교장, 교육관료가 기대하는 역할은 상당한 차이가 있다는 것을 알고 있다. 그러면 교사는 누구의 기대에 맞추어 역할을 해야 하는가?

쿨슨과 리델(Coulson & Riddell, 1993)에 따르면, 누구의 기대가 교사의 역할을 규정하느냐 하는 것은 권력관계에 달려 있다. 교육 권력관계에서 교육관료나 학교장의 기대가 실제로 가장 강력하게 교사의 역할을 규정한다. 이렇게 보면 역할사회화란 특수 환경이 요구하는 방식이 아니라 특정 권력관계가 요구하는 방식에 따라 이루어진다고 할 수 있다.

어떤 지위의 특정한 개인의 역할은 그 자신의 학습된 기대와 다른 기대를 가지는 타인이 가하는 압력 간의 상호작용에 의존한다. 이 상호작용은 역시 타인이 그에게 행사하는 힘(권력)에 의존하며, 그것은 권력관계가 변화함에 따라 계속적으로 변하게 된다.

3. 선발

교육에서 중요한 또 하나의 기능은 사회적 선발이다. 선발기능의 중요성을 강조한 기능이론가는 파슨스이다. 파슨스는 사회가 분화되고 전문화됨에 따라 역할사회화가 매우 중요함을 주장하였다. 이와 동시에 파슨스(Parsons, 1959)는 역할을 담당할 인재를 선발하여 적재적소에 배치하는 일이 교육의 중요한 기능임을 강조하였다.

앞에서 언급했듯이 사회계층은 사회의 존속과 발전에 따른 기능상의 필요성에 기인한 것이다. 사회계층 구조에서 어떤 지위에 있는 사람들은 그 지위에 따른 역할을 기대받는데, 이러한 역할은 기능상의 중요성 정도에서 많은 차이가 있다. 사회의 존속과 발전은 역할에 맞는 자질과 능력을 갖춘 사람들을 어떻게 선발하여 지위를 배분하는가와 관련되어 있다.

산업화 이전의 사회에서는 특정 계급 출신자만이 그러한 자질과 능력을 갖추고 있는 것으로 간주하였다. 따라서 그러한 사회에서는 사람을 특별히 선발할 필요가 없었다. 그러나 산업사회에서는 그렇지 않다. 산업사회에서 자질과 능력은 신분과 관계없이 모든 사람에게 있으며, 따라서 오로지 능력과 자질에 따라 선발해 지위를 분배하는 일이 매우 필요하다. 학교는 바로 이러한 기능을 담당하는 사회제도라 할 수 있다.

학교는 선발과 분배의 기능을 담당한 제도로서 두 가지 상반되는 역할을 수행하지 않으면 안 된다. 첫째, 사람들의 능력과 자질에 따라 적절한 선발과 분배가 이루어질 수 있도록 그리고 될 수 있는 한 많은 사람이 보다 높은 지위를 획득하기 위해 경쟁하도록 동기를 부여해야 한다. 이러한 동기적인 측면을 가열과정이라 부른다. 둘째, 가열과정과는 반대로 높은 지위를 차지하고자 하는 높은 포부를 냉각하는 역할을 수행해야 한다. 상대적 희소성을 가지고 있는 상층 지위에 오르려는 사람이 많으므로 적절한 수준으로 이들의 열망에 찬물을 끼얹을 필요가 있다.

호퍼(Hopper, 1977)는 학교의 선발기능이 사회이동에 대한 열망을 어떻게 조정하는가를 분석하였다. 호퍼에 따르면, 선발과정에서는 다음의 네 가지 문제를 생각해 보아야 한다.

- 어떻게 선발하는가?
- 언제 선발하는가?
- 누가 선발되는가?
- 왜 선발되는가?

첫째, '어떻게 선발하는가'는 선발형식을 묻는 것이다. 즉, 어느 정도 중앙집권화와 표준화가 되어 있느냐 하는 것이다. 둘째, '언제 선발하는가'는 선발시기를 묻는 것이다. 즉, 중등학교 단계에서 선발하느냐 대학 단계에서 선발하느냐 하는 것이다. 셋째, '누가 선발되는가'는 선발대상을 묻는 것이다. 소수정예냐, 아니면 최소한의 자격을 갖춘 모든 아이냐 하는 것이다. 마지막으로, '왜 선발되는가'는 선발기준을 묻는 것이다. 선발기준이 집단주의(사회의 이익)냐, 개인주의(개인의 자아실현)냐 하는 것이다.

호퍼의 선발유형은 각 나라의 교육체제를 비교하는 데 활용될 수 있다. 김신일(1993)은 우리나라의 선발방식을, ① 중앙집권과 표준화, ② 만기선발, ③ 대상의 보편주의, ④ 기준의 개인주의로 정리한다.

그러면 선발유형과 사회이동 열망과의 관련성은 어떻게 될까? 선발시기와의 관계만 살펴보면 다음과 같다. 호퍼에 따르면, 선발이 조기에 이루어지면(조기선발) 중상위계층의 사회이동 열망을 가열시키기는 쉽지만, 이들 중상위계층의 열망을 냉각시키는 일은 어려워진다. 이와는 대조적으로 하위계층의 사회이동 열망을 가열시키기가 어려워진다. 한편, 선발이 늦게 이루어지면(만기선발), 상위계층의 사회이동 열망을 냉각시키기는 쉽지만 하위계층의 열망을 냉각시키기는 어려워진다. 왜 그럴까?

학생선발이 조기에 이루어지면, 중상류층의 아이들은 이미 풍부한 문화적 · 교육적 경험을 가졌기 때문에 선발과정에서 유리하다. 하지만 하류층의 아이들은 그렇지 못하기 때문에 불리하다. 반면에 학생선발이 늦을수록 하류층의 아이들도 선발될 수 있는 시간적 여유를 갖게 되므로 선발과정에서 유리해진다. 그러나 중상류층의 아이들은 그 이점이 감소한다.

호퍼는 사회이동의 열망과 냉각의 문제를 이데올로기 문제와 관련지어 분석하였다. 후원이동과 엘리트지향 이데올로기는 중상위계층의 열망을 높이고, 경쟁이동과 평등주의 이데올로기는 하위계층의 이동 열망을 높인다. 여기서 말하는 '후원이동(sponsored mobility)'과 '경쟁이동(contest mobility)'은 본래 터너(R. Turner)가 사용했던 개념으로, 후원이동이란 영국에서처럼 기존의 엘리트의 후원하에 소수 학생을 조기에 선발하여 엘리트로 키워 내는 것을 말한다. 경쟁이동은 미국에서처럼 많은 학생이 공개경쟁을 거치도록 하여 경주의 최종단계에서 선발하는 것을 말한다.

한편, 학교의 선발기능이 가지는 부정적 효과에 대한 비판도 제기된다. 학교의 선발기능이 강화되면 될수록 그만큼 학력주의적 사회질서의 지배가 더욱 굳어지면서 여러 가지 문제점이 파생된다(天野郁夫, 1992).

첫째, 사람들은 학력(學歷)을 중시한다. 특정 학교 졸업자가 조직 내 승진에서 부당하게 유리한 기회를 점하는 경우가 많다. 특정 학교 졸업자들은 조직 내에서 배타적인 집단, 즉 '학벌'을 만들고 특권적 지위의 독점을 꾀하기도 한다. 이는 일본에서 강하게 나타나고 있는데, 정도의 차이가 있지만 한국도 마찬가지이다. 이런 문제가 바로 입시지옥의 근원이라 할 수 있다. 입시경쟁은 기본적으로 대학의 수용 능력이 크게 부족해서 생기는 것이 아니라 진학희망자들이 일류학교에 들어가고자 하는 열망이 크기 때문에 생기는 것이다. 일류학교 졸업장을 지녀야만 특권적 지위를 누릴 수 있기 때문이다.

둘째, 사람들은 학교를 학력(學歷) 취득의 장으로 인식한다. 본래 교육적 의미에서 시험은 학습목표달성도를 확인하여 교수학습의 과정을 돕고 개선하기 위한 것이다. 그리고 졸업증서는 일정한 교육과정을 수료했다는 것을 증명하는 것에 불과하다. 하지만 실제에 있어서는 학력(學力)시험은 오직 선발수단으로 사용되고, 또

졸업장의 취득은 학생이 교육을 통하여 무엇을 습득하는가와 별 관계없이 그것 자체가 목적이 되었다. 학력시험이 선발수단으로만 이용될 때 교육은 학생 개개인의 성장과는 거리가 멀어진다.

셋째, 학교에 다니는 모든 학생은 교육제도 안에서 행해지는 선발과정에 자신의 의지와 상관없이 참여할 수밖에 없다. 예를 들어, 대학에 가고 싶은 학생은 물론이고 대학에 가고 싶지 않은 학생이라 할지라도 입시경쟁에 뛰어들 수밖에 없도록 내몰린다. 초·중등교육과정을 거치는 동안 학생들은 늘 시험을 통해 평가받으며, 최종적으로 대학 입시경쟁에 참여하게 되는데, 대학 선발과정에서 많은 학생이 탈락하기도 한다. 이러한 과정을 뻔히 알면서도 학생들은 자신에게 주어진 상급학교 진학의 기회 등을 쉽게 저버리지 못한다. 기회를 아예 접으면 자신의 미래가 암담해지기 때문이다. 따라서 학생들에게는 선택의 여지가 없다. 이것이 '기회의 덫'이다(Brown et al., 2013). 이 딜레마 상황을 다음 비유는 잘 표현하고 있다. "모든 이가 까치발로 서면 누구도 더 잘 볼 수 없다. 그러나 당신만 까치발을 안 들면 아예 볼 기회조차 사라진다."(Brown et al., 2013: 226)

넷째, 학력주의적 편견과 차별이 생겨난다. 학력 수준이 높은 사람은 대체적으로 학력이 낮은 사람에 대해 편견과 차별의식을 가지고 있다. 사람들은 인종주의와 성차별주의를 도덕적으로 잘못된 것이라고 반대하기도 하지만, 저학력자에 대한 편견과 차별에 대해서는 문제의식을 갖지 못하며, '그러면 어때?'라며 편견과 차별을 당연한 것으로 간주한다(Sandel, 2020: 160). 저학력자에 대한 편견과 차별은 인종적 편견이나 차별과는 달리 사회적 비난을 받지 않고 면책되는 "최후의 면책적 편견"(Sandel, 2020)이 되었다. 영국, 네델란드, 벨기에에서 실시된 설문조사 결과에 따르면, 무슬림이나 빈곤층, 비만한 사람에 대해서보다 대학졸업을 못한 집단에 대해서 대학졸업자들의 차별의식이 더 높다(Kuppens et al., 2018). 태생적으로 어떤 인종에 속하는가는 개인의 선택과 책임이 아니지만, 학력 수준은 개인의 책임이라고 믿기 때문이다. 미국의 고학력자 역시 흑인집단이나 노동계급집단에 대해서보다 학력 수준이 낮은 집단에 대해서 더 부정적인 태도를 보인다(Kuppens et al., 2018). 학력주의는 학력이 높은 수준의 사람에게도 부정적인 영향을 준다. "나는 능력이 뛰어나서 성공한 것"이라는 자기도취적 승자의 오만을 갖게 한다(Sandel, 2020).

4. 기능주의의 퇴조와 신기능주의의 부상

오랫동안 기능주의이론은 특히 미국의 사회학계에서 지배적 이론으로 그 위치가 확고했지만, 1960년대 이후 그 한계가 명백해짐에 따라 위상이 약해지기 시작했다(Giddens, 2003). 무엇보다 이론이 객관적이지 못하고 과학적이지도 못하다는 비판이다. 기능주의는 기존의 사회제도를 정당화시켜 주는 이데올로기라는 것이다. 예를 들어, 노예제도도 전체 사회의 유지라는 명목으로 정당화될 수 있다(그러나 전체 사회의 유지에 필요하다고 누가 판단하는가?). 또한 파슨스와 같은 많은 기능주의 이론가는 분화와 갈등을 유발하는 여러 요인을 무시하고 사회적 응집력을 가져오는 요인만을 강조한다.

더욱이 사회의 '필요'와 '목적'과 같은 개념은 단지 인간에게 적용될 때만 이해될 수 있음에도, 기능주의자들은 마치 사회가 유기체처럼 '필요'와 '목적'을 가진듯한 착각에 빠진다. 이는 그 유추에 깊이 말려들어 그것이 유추라는 것을 잊어버리고 사회가 실제로 유기체인 듯 믿기 때문이다. 필요를 느낀다면 사회구성원이 필요를 느끼는 것이지, 사회 자체가 유기체처럼 필요를 느끼는 것은 아니다. 우리가 종종 '사회의 필요에 따라서'라는 말을 쓰지만, 엄격하게 말해 사회가 필요를 느끼는 것이 아니라 사회구성원 또는 사회집단이 느끼는 것이다. 기든스(Giddens, 1977: 110)는 다음과 같이 지적하고 있다. "사회체제란 유기체와 는 달리 그 자신의 생존을 위해 어떤 필요나 관심을 갖지 않는다. 그리고 이 '필요' 개념이란 체제적 필요가 행위자의 욕구를 전제로 한다는 것이 인정되지 않는다면 잘못 쓰이고 있는 것이다." 사회의 필요라는 말은 실제 그 필요를 요구하는 행위자 또는 사회집단의 이해관계를 감추고 있는 셈이다.

알렉산더와 콜로미(Alexander & Colomy, 1990) 등은 기능주의의 근본적인 결점을 극복하고자 신기능주의를 새로운 분화이론의 형태로 발전시켰다. 여기서 '분화'란 파슨스가 사용했던 의미, 즉 사회체계 내의 어떤 단위나 구조가 사회체계에 대한 기능적 중요성과 특성에서 차이가 나는 둘 이상의 단위나 구조로 나뉘는 것을 지칭한다. 파슨스적인 진화론적 분화이론에서는 제도의 전문화(예를 들어, 인문계 학교와 실업계 학교의 분화 및 전문화)와 연관지어 계열 분화를 효율성(산업사회의 효율성) 측면에서 긍정적으로 강조했지만, 신기능주의에서는 새로운 패턴의 역변화, 분화의 부정적 측면, '사회적 필요' 대신에 집단갈등과 권력 등을 강조한다. 또한 파슨스의 낙관적 분화개념을 비판적 근대성의 개념으로 대치한다(Morrow & Torres, 1995).

새로운 분화이론적 관점에서 교육을 분석한 대표적 연구로는 스멜서(Smelser, 1990)의 연구와 로우드(Rhoades, 1990)의 연구를 들 수 있다. 파슨스의 제자였던 스멜서는 사회적 분화이론을 재평가하기 위해 학교교육의 분화과정을 분석하였다. 그는 기능이론에서의 합의의 통념을 거부하고, 기능이론에서 뭉뚱그려 다루었던 인구의 요소를 집단별(종교집단 등의 원시적인 집단과 계급, 지위 등의 기능적인 집단)로 세분화하였으며, 분화된 제도가 더 효율적이라는 가정을 거부하였다. 그는 정당화 체제들이 서로 경쟁하고, 원시집단(primordial group) 및 기능집단들도 서로 경쟁한다면 '새로운 교육구조의 창출 또한 집단갈등의 맥락에서 정치적 승리, 타협 또는 패배'임을 지적하였다. 또한 교육사를 주변 환경의 변화에 대한 기능적인 적응의 측면에서 보기보다는 사회세력 간의 밀고 당기는 투쟁의 과정으로 이해해야 한다고 밝혔다.

로우드(Rhoades, 1990) 역시 1960년부터 1980년까지 미국, 프랑스, 스웨덴, 영국 등 네 나라의 대학체제를 비교·분석하면서 파슨스적 분화이론이 대학의 다른 패턴(예를 들어, 학문중심 엘리트대학과는 다른 직업교육중심대학이라는 패턴)을 설명하는 데 적절하지 못함을 밝혔다. 분화이론은 전통적으로 분화의 효과(effects, 예를 들어, 학문중심 엘리트대학과 직업교육중심 대학으로 분화된 효과)에 초점을 두었지만, 분화의 원인(causes, 학문중심 엘리트대학과 직업교육중심 대학으로 분화된 원인)에 관해서는 관심을 기울이지 못했다는 것이다. 대학의 분화과정이 국가와 사회집단의 보이는 손이 아니라 '보이지 않는 손'(시장)에 의해 주도된 것처럼 다루어졌다. 로우드는 사회적 분화를 설명하는 데 '행위자(agency)'를 반드시 고려해야 함을 지적한다. 이러한 지적은 기능주의에 대한 비판을 수용한 기능주의이론의 새로운 변화를 나타낸다.

토론주제

역할사회화의 문제

나는 이 같은 현상을 시장적 성격이라고 불러 왔다. 왜냐하면 그것은 인간 자신을 상품으로 그리고 인간의 가치를 '사용가치'로서가 아닌 '교환가치'로 보는 경험에 바탕을 두기 때문이다. 인간의 존재는 '퍼스널리티 시장(personality market)'에 내던져진 상품이 되어 버렸다. 평가의 원칙은 퍼스널리티 시장에서나 상품시장에서나 모두 마찬가지이다. 전자는 팔려고 내놓은 것이 인간의 퍼스널리티이고, 후자는 상품이다. 그런데 이 두 가지 경우도 그 가치는 교환가치에 따라 정해지며 '사용가치'는 필요조건이기는 하나, 충분조건은 아니기 때문이다. 성공에 대한 필요조건으로서 한편으로는 인간의 자질과 숙련도 그리고 다른 한편으로는 퍼스널리티가 차지하는 비중이 경우에 따라 변하는 것은 사실이지만 '퍼스널리티 요소(personality factor)'가 항상 결정적인 역할을 한다. 성공은 대부분의 경우 시장에서 자신을 얼마나 잘 팔 수 있는가, 자신의 퍼스널리티를 사람들에게 얼마나 잘 알리는가, 자신을 얼마나 멋지게 '포장'하는가 등에 따라 좌우된다. 어떤 형태의 퍼스널리티가 요청되는가 하는 것은 어느 정도까지는 선택하는 특수한 분야의 직업에 좌우된다. 증권업자, 세일즈맨, 비서, 철도원, 대학교수, 호텔지배인들은 각각 다른 사람 됨됨이가 요청된다. 이들 직업이 모두 서로 다르지만 한 가지 공통적으로 충족되어야 할 조건은 바로 그 직업이 요구하는 사람 됨됨이이다.

-E. Fromm (1978), 『소유냐 삶이냐(To have or to be)』-

• 역할사회화에서는 어떤 인성을 요구하는가? 시장적 인성에 대한 프롬의 비판을 파슨스가 논하는 '역할사회화'에 적용한다면 어떤 이야기를 할 수 있게 되는가?

조기선발제도

조기선발제도에 대해 어떻게 생각하는가? 조기선발제도는 영재를 조기에 선발하여 재능을 집중적으로 키우기 위해 필요하다는 주장이 있다. EBS 지식채널 〈좁은 문, 그리고 사과 소년〉을 보고, 조기선발제도에 대해 어떻게 생각하는지 자신의 생각을 정리해 보자.

제3장 ▶

불평등 재생산

현 사회의 산업구조는 과거의 어느 사회와 마찬가지로 모든 면에서 불평등을 나타내고 있다. 진
보적인 교육의 목적은 불공평한 특권이나 박탈을 영속시키는(재생산) 데 있는 것이 아니라, 그것
을 바로잡는 일에 참여하는 데 있다. 사회통제라는 것이 개인 활동을 계급의 권위에 종속시키는
것이라고 생각하는 한, 산업을 위한 교육은 현상 유지의 목적에 봉사하게 될 위험성이 있다.

−존 듀이(J. Dewey),
『민주주의와 교육(Democracy and Education)』−

기능주의이론에서 말하는 사회화와 선발기능은 정당하며 아무런 문제가 없는가? 갈등이론에서는 사회화와 선발기능에 대해서 매우 다른 해석과 설명을 한다. 그것은 자본주의의 불평등한 계급체제를 재생산하기 위한 사회화요, 선발이라는 것이다. 이 장에서는 이에 대해서 자세히 살펴보고자 한다.

1. 갈등이론

기능주의에서는 기본적인 사회이념, 가치, 신념에 대한 사회구성원 간의 합의를 전제하고 있다. 그러나 갈등이론에서는 사회이념, 가치, 신념에 대한 사회구성원 간, 사회집단 간의 합의를 부정한다. 설령 합의된 것으로 여겨지는 것이 있다고 하더라도, 그것은 조작된 합의에 불과하다. 사회집단은 상반된 사회이념이나 가치를 지향하고 있어 합의가 어려우며, 서로 대립하고 갈등을 빚는다.

사회집단 간의 갈등을 중시하는 관점을 갈등론적 관점이라 한다. 갈등론적 관점의 이론은 하나가 아니라 다양하다. 갈등이론은 여러 흐름에 따라 갈등의 근원을 다르게 파악한다. 예를 들어, 마르크스적 갈등이론에서는 계급 간의 갈등을 모든 사회집단의 갈등의 원천이라 보지만, 베버적 갈등이론에서는 부와 권력 및 지위를 둘러싼 집단 간의 갈등을 중시한다.

사회계급들이 서로 대립, 갈등관계에 있을 때 어떻게 사회질서가 유지되는가? 마르크스 이론이 이 질문에 답하는 것을 살펴보자. 계급을 편의상 X 계급과 Y 계급으로 나누어서 설명해 보자. 만일 X 계급이 권력에서 우위를 점하는 집단이라면, X 계급은 Y 계급을 자신의 지배에 종속시키려 한다. 이것은 두 가지 수단을 통해서 성취된다. 하나는 억압적인 힘의 행사를 통해 복종케 하는 것이고, 다른 하나는 X 계급의 가치와 규범을 Y 계급에게 심어 주어 X 계급의 가치와 규범을 보편적인 것으로 받아들이도록 만드는 것이다. 여기서 X 계급은 지배계급, Y 계급은 피지배계급이 된다(Coulson & Riddell, 1993). 이에 대해서 보다 구체적인 설명을 제공해 주는 알튀세르(L. Althusser)의 이론을 살펴볼 필요가 있다.

알튀세르(Althusser, 1971)에 따르면, 국가는 법원, 경찰이나 군대조직을 통하여 억압적인 힘을 독점하고 있는데, 이와 같은 국가기구를 통해 피지배계급을 강제하며, 기존의 계급질서에 대한 침해가 있을 때는 언제든지 탄압을 가한다. 그러나 한편 억압적인 힘은 커다란 희생을 수반한다. 어느 국가든 경찰력과 군사력만 가지고 지배하려고 하면 막대한 희생을 치를 수밖에 없다. 게다가 억압이 지배계급에 대한 반항을 막는다는 점에서는 상당히 효과적이지만, 지배계급의 이익을 옹호하도록 하는 데 있어서는 효과적이지 못하다. 따라서 억압적인 힘의 효용성은 한정되어 있다.

지배체제의 안정을 위해서는 지배계급의 이익을 위해 봉사하는 피지배계급의 자발적 복종이 따라 주어야 한다. 그렇다면 자발적 복종을 어떻게 얻어 낼 수 있을까? 피지배계급이 지배계급의 가치와 규범을 내면화하고 공유하면 이것이 가능해진다. 말하자면, '허위의식(이데올로기)'을 심어 주는 것이 지배체제를 유지하는 데 중요한 요소가 된다. 이러한 역할을 하는 것이 이데올로기적 국가기구이다. 이데올로기적 국가기구에는 신문, 라디오, 텔레비전과 같은 의사소통제도, 예술이나 문학과 같은 문화제도 그리고 종교, 가족, 학교가 포함된다. 이러한 국가기구를 통해서 피지배계급의 구성원은 지배계급의 가치와 규범을 내면화하고 공유하게 된다. 여기서 피지배계급에 대한 '헤게모니(주도권)'가 창출된다.

헤게모니는 역사적 실례를 들어 생각해 보면 이해하기가 쉽다. 중세 유럽사회가 붕괴하면서 새롭게 부상한 계급은 수공업자, 금융업자, 상인계급이었다. 이들 계급은 자신의 이익을 보호하기 위해 새로운 규범을 만들어 영주들과 전통적인 성직자 집단이 지탱하던 낡은 규범에 대항하였다. 이들 부르주아 계급의 새로운 규범은 모든 사람의 이익을 보장하는 '보편적인 원리'로서 선전된다. 만일 그 규범이 자신의 계급만을 위한 편협한 이익을 충족시키기 위한 것이라면 모든 사람의 지지를 받기 어렵다. 따라서 보편적 원리로서 규범을 선전하는 것이 광범위한 대중의 지지를 얻는 데 훌륭한 전술이 된다(Feinberg & Soltis, 1985).

이 보편적 원리를 능력주의 원리라고 생각해 보자. 근대사회에서는 신이 각 개인의 운명을 결정짓고 지위를 부여해 준다는 중세사회의 관념 대신에, 재능이 사람의 사회적 · 경제적 지위를 결정해야 한다는 규범이 모든 사람에게 보편적인 규범으로 받아들여졌다. 그런데 이 능력주의라는 것은 신흥 부르주아 계급의 계급투쟁 무기로 사용되기도 하였다. 처음에는 신흥 지배계급이 자신에게 규정지어진 삶의 위치를 벗어나는 수단으로 사용하였고, 나중에는 신흥 지배계급으로 하여금 자신의 이익을 유지할 수 있게 하는 데 사용되었으며, 피지배계급들에는 동등한 처우를 요구할 수 있게 해 주는 수단으로 사용되었다(Feinberg & Soltis, 1985).

미국의 역사를 보면, 비록 정부건립자들이 노예소유자와 대자산가로서 공동의 이해관계가 있었지만, 이들이 천명한 '생명, 자유, 행복 추구'라는 원리가 특수한 계급만의 이해관계를 충족시키기 위한 것만은 아니었다. 이 원리는 또한 전제군주의 지나친 과세나 임의적인 법 제정 등에 대항하여 모든 사람의 지위를 향상시키려는 보편적인 권리로 인식되었다. 이것은 아주 훌륭한 전술이라 할 수 있다. 사회의 많은 불만세력의 지지를 얻어 낼 수 있었기 때문이다. 한편, 그것은 궁극적으로 새로운 질서와 그 질서 속에서 새롭게 부상하는 지배계급마저도 평가할 수 있는 일련의 새로운 준거를 창출하는 데 도움을 주었다.

그러나 100년이 채 못 되어 미국에서는 노예전쟁이 일어났으며, 오늘날에도 많은 흑인, 다른 소수집단 그리고 여성에게 자유와 평등은 여전히 쟁취하기 힘든 목표로 남아 있다. 소수집단의 자녀들은 인종적인 차별과 불이익을 당하고 있고, 여성들은 단지 여성이라는 이유 때문에 여러 가지 부당한 대우를 받고 있다. 이런 점에 비추어 볼 때 현대사회가 성취적 특성에 따른 보상을 하고 있다는 기능론자들의 주장은 설득력을 잃는다. 인종적 · 성적 차별은 산업사회의 발전에 따라서 저절로 없어지는 것이 아니라 민중들의 정치적 행위나 저항, 파업 등과 같은 행동을 통해서 시정되어 왔다.

학교교육의 기능과 관련하여 중요한 것은 바로 지배집단의 신념과 가치를 종속계급에게 보편적인 가치로 내면화하는 기능이다. 다시 말해서, 학교교육은 지배집단의 이념과 가치를 합의된 보편적인 이념과 가치로 내면화하여 지배와 피지배관계를 유지시켜 주는 기능을 한다. 마르크스적 관점에서는 지배와 종속의 관계를 유지시켜 주고 여러 세대에 걸쳐 영속화하는 기능을 학교교육이 담당하고 있음을 주장한다. 이처럼 계급불평등 구조를 사회적으로 재생산하여 현존 지배체제를 영속화하는 기능을 재생산 기능이라 하는데, 이러한 재생산 기능을 다루는 이론을 재생산 이론이라 부른다.

2. 마르크스적 재생산 이론

마르크스적 관점에서 자본주의 사회에서의 교육의 재생산 기능을 체계적으로 연구한 대표적 학자는 보울즈와 긴티스(Bowles & Gintis, 1976)이다. 이들의 연구는 제2차 세계대전 이후 미국 교육의 기조를 형성했던 자유주의적 교육개혁이 왜 실패했는가를 규명하는 데 그 목적이 있었다. 이들은 자유주의적 교육개혁의 실패가 실질적으로 학교교육의 기능을 규정하고 있는 자본주의 경제구조에서 기인하였다고 보았다. 이 같은 견해의 기저에는 자유주의 교육이 근본적으로 자본주의와 대립, 모순된다는 인식이 깔려 있다. 이들은 교육역사학자인 캘러한(Callahan)과 마찬가지로 "20세기의 교육사는 진보주의의 역사가 아니라 비즈니스 가치를 학교에 부과한 역사이며, 자본주의 체제의 권위와 특권의 피라미드를 반영하는 사회적 관계를 학교에 부과한 역사"라고 단정한다(Bowles & Gintis, 1976: 44). 보울즈와 긴티스는 정치 영역에서 국가의 억압과 지배가 문제가 되는 것과 마찬가지로, 경제 영역에서 자본의 권위와 특권 그리고 자본의 억압과 지배도 문제가 된다고 보았다.

호건(Hogan, 1979)이나 카리어(Karier, 1976)와 같은 '수정주의적' 학자들은 자유주의 교육과 자본주의 관계에 대한 보울즈와 긴티스의 기술이 정확하지 못하다고 비판한다. 자유주의적 교육목표와 자본주의적 학교교육은 모순적 관계가 아니라, 자유주의 교육이론은 자본주의 체제 유지에 기여했음을 역설한다.

보울즈와 긴티스는 자유주의이론들이 이데올로기적인 면에서 모두 동질적이라고 보지 않고 그 안에는 상당한 차이가 있다고 본다. 이들은 자유주의적 교육이론을 두 가지로 나누고 있다. 하나는 듀이와 그 추종자들로 대표되는 '민주적 학파'이며, 다른 하나는 기능주의 사회학과 신고전경제학으로 대표되는 '기술-능력주의적 학파'이다. 이는 자유주의 학파 내의 다른 두 흐름을 '진보주의적 자유주의'와 '보수주의적 자유주의'로 나누는 학자들(예컨대, Church, 1976; Wexler, 1976)의 주장과 일치하는 것이다. 말하자면, 진보주의적 자유주의는 민주적 학파에 해당하며, 보수주의적 자유주의는 기술-능력주의적 학파에 해당한다. 수정주의 학자들은 이렇게 구분할 만한 뚜렷한 근거가 없다고 비판하지만, 자유주의의 흐름에서 역사적으로 보수적인 경향을 띤 이론가들이 있는 반면에, 더욱 진보주의적인 경향을 띤 이론가들도 있음을 부인하기 어렵다. 만일 자본주의체제 유지에 부합된 자유주의 교육론이 있다면, 그것은 바로 기술-능력주의적 학파의 이론이다.

자유주의적 교육개혁가들이 추진한 교육개혁은 듀이의 교육이론에 입각한 것으로, 첫째는 교육의 통합적 기능, 둘째는 교육의 사회평등화 기능, 셋째는 교육의 전인적 발달 기능(developmental function)이다. 보울즈와 긴티스는 교육의 세 기능 가운데 학생들을 사회의 일원으로 사회체제 속에 통합시키는 기능인 통합적 기능은 성공적이었지만, 나머지 두 기능은 실패했다고 결론짓는다. 하지만 교육의 사회평등화 기능의 성패 여부에 대해서는 특히 상반된 연구결과들이 제시되고 있어 뚜렷한 결론을 내리기가 어렵다(이에 관해서는 제6장에서 자세히 다룰 것이다).

보울즈와 긴티스는 교육의 사회평등화와 전인적 발달기능이 실패한 근본적 원인을 교육제도에서 찾지 않고 자본주의적 경제구조 자체에서 찾고 있다. 이들은 그 실패 원인에 대한 자신들의 접근방식을 다음과 같이 표현하고 있다. "요컨대, 미국 교육에 대한 우리의 접근방식은 교육개혁 운동이 바로 경제 영역의 재산과 권력의 기본적 구조를 문제로 삼지 못함으로써 실패할 수밖에 없었다는 것을 시사한다." (Bowles & Gintis, 1976: 14)

보울즈와 긴티스가 자본주의 교육을 분석하기 위해 채택한 이론적 틀은 하부-상부구조라는 고전적인 마르크스주의 모델이다. 이들의 경제결정론적 해석에 따르면, 경제적 하부(생산력과 생산관계)는 상부구조를 결정한다. 교육체제는 상부구조에 속하며, 따라서 경제적 하부의 요구를 반영하게 된다.

보울즈와 긴티스는 마르크스적 이론의 틀에 따라서 학교교육의 기능을 다음 두 가지로 파악한다. 첫째, 자본주의적 계급관계의 모순과 긴장을 완화시켜 줌으로써 계급구조와 불평등을 정당화한다. 둘째, 작업수행에 맞는 인지적·사회적 기능과 동기구조를 갖춘 '인간자본'을 만들어 낸다. 즉, 교육은 생산 능력을 갖춘 미래 노동자를 길러 낸다. 이 두 가지 기능을 학교가 어떻게 수행하는가에 대해서 보다 상세하게 살펴보자.

1) 불평등의 정당화

학교는 경제적 성공이 능력과 적절한 교육으로 가능하다는 확신을 가지게 함으로써 계급구조와 불평등을 정당화하고 합법화한다.

불평등한 계급관계는 기회균등과 능력주의 이데올로기에 따라 정당화된다. 여기서 기능주의에서 강조하는 선발의 기능을 다시 살펴보자. 선발은 '능력'에 따라 이루어지고, 선발된 인재는 적재적소에 배치되며, 그 역할에 따라 차등적인 보상이 주어진다. 차등적 보상의 결과는 필연적으로 불평등을 낳는다(Davis & Moore, 1945). 이 같은 불평등은 사회 유지의 필요상 필연적이며 능력의 차이에 따라서 생기는 것이므로 누구나 수용하게 된다.

여기서 중요한 것은 선발기능을 맡고 있는 학교교육이 바로 사회불평등을 정당화하는 중요한 기능을 하고 있다는 사실이다. 능력주의를 표방하는 사회에서 학교는 능력에 따라서 선발을 하고 지위를 배분한다고 여겨지기 때문에 그것의 정당성은 의심을 받지 않는다.

보울즈와 긴티스(Bowles & Gintis, 1976)는 자신들의 연구에서 IQ 수치에 근거한 능력을 가지고 경제적 성공을 설명할 수 없다는 것을 밝혀 주고 있다. IQ에 근거한 능력주의는 현실적으로 존재하지 않는다. 개인의 학교교육 연한의 균등화 경향과 수입의 평등화 사이에는 아무런 의미 있는 관계가 없다. 이를 더 풀어서 설명해 보

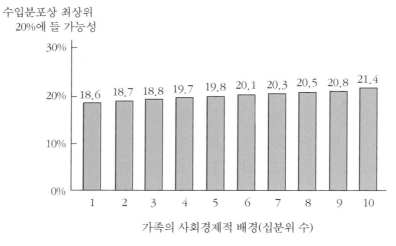

주: 사회경제적 배경이 다르더라도 IQ가 같을 경우, 한 사람이 수입분포상 최상위 20%에 들 가능성의
   측정치를 보여 준다.

그림 3-1 IQ가 같은 경우 가상적인 경제적 성공의 가능성

출처: Bowles & Gintis (1976).

자. 교육수준이 '능력(IQ)'에 따라 거의 결정된다고 가정한다. 따라서 IQ가 비슷한 사람들은 출신계급과는 상관없이 교육수준이 비슷해야 한다. 그리고 교육수준에 따라 경제적 성공이 결정된다면, IQ가 비슷한 사람들은 출신계급과 상관없이 경제적으로 성공할 가능성이 비슷해야 할 것이다. 그러나 실제는 그렇지 않다는 말이다.

젠슨(Jensen, 1969)과 같은 심리학자는 사회경제적 불평등이란 IQ의 불평등에서 비롯된다고 주장한다. 이 주장을 들어 보면 일리가 있는 것 같다. 젠슨은 SES(socio-economic status; 사회경제적 지위)가 높은 사람들의 자녀가 경제적으로 성공할 가능성이 높다는 것은 인정한다. 하지만 실제에서는 SES가 경제적 성공에 영향을 준 것이 아니라, IQ가 영향을 준 것이다. 구체적으로 말하자면, SES가 높은 집단이 성공할 가능성이 높은 것은 다른 이유가 있는 것이 아니고 이 집단의 IQ가 높기 때문이라는 것이다. 즉, SES가 높은 집단은 IQ가 높고, 따라서 SES가 높은 집단은 경제적 성공 가능성이 높다. 그러므로 SES가 아니라 IQ에 기초한 능력주의가 실제로 불평등을 초래한다는 말이다. 예컨대, 흑인집단이 경제적으로 잘 살지 못하는 이유는 흑인집단이 IQ가 낮기 때문이다.

젠슨의 이러한 주장은 타당한가? 여러분은 어떻게 생각하는가? 여러분은 젠슨의 주장이 틀렸다고 생각한다면, 어떻게 반론을 제기해 보겠는가?

보울즈와 긴티스는 젠슨의 주장이 잘못되었다고 반박한다. 이들은 어떻게 반론을 펼칠까? 보울즈와 긴티스의 반론의 논리는 이렇다. SES와 관계없이 IQ에 따라 사회경제적 성공이 결정되는 것이 사실이라고 가정하자. 그렇다면 누구든지 SES는 다르더라도 IQ만 같다면 사회경제적 성공과 보상은 같아야 한다([그림 3-1] 참고). 그러나 실제 통계 자료를 분석해 보면 전혀 그렇지 못하다([그림 3-2], [그림 3-3] 참고). 보울즈와 긴티스는 이러한 실증적 분석을 근거로 경제적 보상과 사회적 혜택의 분배에서 능력(IQ)이 중요한 것이 아니라 아직도 사회계급과 같은 귀속적 요인이 크게 작용하고 있다고 주장한다.

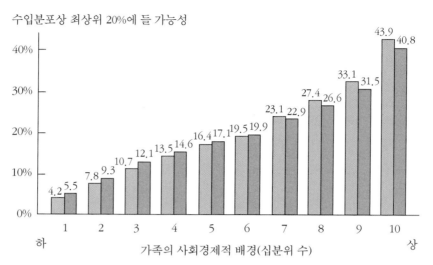

주: 각 쌍의 왼쪽 막대는 사회경제적 지위에 따라 한 남자가 수입분포상 최상위 20%에 들 가능성의 측정치를 나타낸다. 오른쪽 막대는 성인 모두 평균 정도의 어린 시절 IQ를 지녔을 경우, 한 남자가 수입분포상 최상위에 들 가능성의 측정치를 보여 준다.

그림 3-2 IQ가 비슷하고 SES가 다를 경우 경제적 성공의 가능성

출처: Bowles & Gintis (1976).

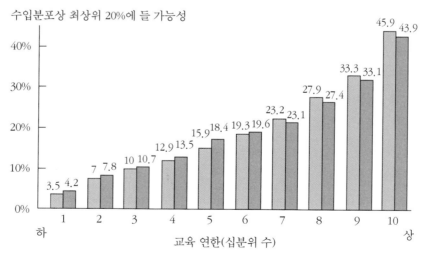

주: 각 쌍의 왼쪽 막대는 교육 연한에 따라 한 남자가 수입분포상 최상위 20%에 들 가능성의 측정치를 나타낸다. 오른쪽 막대는 성인 모두 평균 정도의 성인 IQ검사 점수를 얻었을 경우, 한 남자가 수입분포상 최상위에 들 가능성의 측정치를 보여 준다.

그림 3-3 IQ가 비슷하고 교육 연한이 다를 경우 경제적 성공의 가능성

출처: Bowles & Gintis (1976).

2) 순응적인 노동자 양성

학교는 계급지배 체제와 노동시장에 잘 적응할 수 있도록 학생들을 사회화시킨다. 어떻게 보면, 보울즈와 긴티스가 말하는 노동자 양성 기능은 기능주의자들이 말하는 사회화, 특히 역할사회화와 크게 다르지 않다. 그러면 기능주의자와 보울즈와 긴티스 간의 차이점은 무엇인가?

이해를 쉽게 하기 위해 다음 두 학자의 말을 비교하여 그 차이점을 살펴보자. 기능론적 입장의 이규호(1974)는 자신의 유명한 저서『사람됨의 뜻』의 제12장에서, 역할습득이란 "사회구조 안에서의 그의 위치의 기계적인 배치를 익히는 것이다."라고 풀이하고 있다. 말하자면, 효율적인 노동자가 되려면 기존의 사회구조 안에서 주어지는 위치의 역할을 익혀야 한다는 것이다.

한편, 보울즈는 학교의 노동자 양성이란 "사회적 위계에 내재한 불평등한 위치(slot) 속으로 학생들을 배당시키는" 기능임을 비판한다(Bowles, 1991: 77). 여기서 보울즈와 긴티스는 노동자의 생산을 자본주의적 사회관계, 계급관계 재생산의 차원에서 보고 있다. 즉, 학생들을 자본주의적 계급구조에 적응·순응시키는 것을 학교교육의 노동자 양성의 핵심과제로 파악하고 있다. 결국 보울즈와 긴티스가 기능론자와 다른 점은 바로 단순한 역할사회화론의 관심영역 밖에 있던 노동자 양성의 계급 재생산 측면을 다룬다는 점이다.

그러면 학교가 위계적인 분업구조에 맞게 노동자를 어떻게 양성하는가를 알아보자. 보울즈와 긴티스는 '대응원리(correspondence principle)'를 통해 이를 설명한다. "교육체제는 젊은이를 경제체제로 통합시키는데, 이는 교육체제의 사회적 관계와 생산의 사회적 관계의 대응을 통해서 이루어진다고 우리는 믿는다."(Bowles & Gintis, 1976: 131)

대응원리는 생산작업장의 사회적 관계가 학교에서의 인간관계를 지배하는 사회적 관계와 그 형식에서 일치·대응한다는 것을 보여 준다. 다시 말해서, 노동자가 위계적 분업구조 속에서 경험하는 불평등하고 억압적인 사회적 관계가 학교교육 속에도 그대로 반영되어 있음을 나타낸다. 대응이론에서 중요한 점은 교육의 내용이 아니라 학교에서의 교사와 학생의 사회적 관계를 통해 생산현장의 규범과 인성 특성이 암암리에 가르쳐진다는 것이다. 그런 의미에서 학교의 명시적 교육과정보다 잠재적 교육과정이 생산의 사회적 관계의 재생산에서 근본적으로 더 중요한 기능을 수행하고 있는 것이다.

여기서 중요한 것은 이 사회화 과정은 대상에 따라 차별적으로 이루어진다는 점이다. 생산작업장에서 단순노동자에게는 규칙 준수가 무엇보다 강조되고, 중간층에게는 직접적인 감독이 없이도 업무를 수행할 수 있는 능력이 강조되는 한편, 보다 높은 층에게는 기업규범의 내면화가 강조된다. 이처럼 생산작업장 속의 위계적 위치에 필요한 태도와 인성 특성이 각기 다르므로 이에 상응하는 사회화가 학교에서도 차별적으로 이루어진다.

보울즈와 긴티스에 따르면, 교육수준에 따라 그리고 동일한 학교 내에서도 계열(실업계/인문계)에 따라 차별적으로 사회화가 이루어진다. 예컨대, 실업계 고등학생은 상사의 지시에 충실하게 따르고 시간을 잘 지키고 규칙을 준수하며 기계적인 작업방식에 적응하는 법을 배우는 반면, 대학생, 특히 명문 4년제 대학의 학생은 리더십을 발휘하고 창조적으로 사고하고 상당한 자율성을 가지고 선택하며 외적 규율보다는 내면적 기준에 따라 행동하는 법을 중점적으로 배운다.

그런데 우리의 관심을 더욱 끄는 것은 학교교육에서 이루어지는 차별적 사회화가 부분적으로 학생집단의 사회계급을 반영하고 있다는 보울즈와 긴티스의 주장이다. 그리고 이 차별적 사회화는 가정에서도 일어난다.

> 학교 간 또는 학교 내에서 일어나는 사회적 관계의 차이는 부분적으로 학생의 사회적 배경과 미래의 경제적 지위를 반영한다. 흑인이나 소수민족이 집중되어 있는 학교는 열등한 직업지위의 특성을 반영하여 억압적이고, 임의적이고, 혼란스러운 내부 질서와 강압적인 권위구조를 지니고 있으며, 발전 가능성이 지극히 제한되어 있다. 노동자 계급의 자녀가 집중되어 있는 학교에서는 행동 통제와 규칙의 준수를 중시한 반면, 부유한 교외 지역의 학교에서는 학생의 활발한 참여와 선택이 허용되며 직접적인 감독이 적고 통제 규범의 내면화에 중점을 둔 가치체계를 중시한다.
>
> 의식의 재생산은 생산의 사회적 관계와 가족의 사회적 관계가 대응될 때 (이러한 대응은 사회적 분업에 참여한 부모의 노동경험에서 크게 영향을 받음) 용이해진다. 가정은 그 자손에게 노동세계의 객관적 성격에 맞는 의식을 재생산할 뿐 아니라, 기존의 경제적 지위에 상응하는 경제적 지위를 준비시키는 경향이 있다. (Bowles & Gintis, 1976: 132, 143)

보울즈와 긴티스는 학생의 사회계급에 따라 학교 행정가와 교사들이 갖는 교육목표나 기대 및 관심이 달라지는 데서 차별적 사회화가 생겨난다고 본다. 그리고 가정에서 차별적 사회화가 일어나는 것은 부모들이 직장의 위계관계에서 겪는 경험과 관련이 있다. 말하자면, 부모들은 다양한 종류의 권위관계를 받아들이고 그 가운데서 일하기 때문에 이것이 자녀의 양육방식에도 그대로 반영된다고 보는 것이다.

보울즈와 긴티스는 대응원리를 통해 자본주의의 계급구조 속에서 불평등의 세대적 재생산이 어떻게 이루어지는가를 밝혀 주고 있다. 학생들은 각자의 사회경제적 배경에 따라 가정과 학교에서 차별적 사회화 과정을 거쳐 위계적 위치를 채우게 된다.

또한 이들은 대응원리를 통해 학교교육에서 학생들의 전인적인 성장이 이루어질 수 없는 구조적 원인을 설명한다. 즉, 생산의 사회적 관계가 억압적이고 권위주의적이기 때문에 학교는 전인적 성장을 가능케 해 주는 민주적인 사회적 관계를 담아낼 수 없다는 것이다.

부연하자면, 억압적이고 권위주의적인 학교교육이 학생의 자율성과 자유로운 성장을 저해한다고 보았던 자유주의 개혁가들은 새로운 '자유학교 운동(free-school movement; 일종의 열린학교 운동임)'을 추진하여 민주적이고 자유스러운 사회적 관계를 학급 속에 정착시키고자 하였다. 이들은 학교가 억압적이고 권위주의적인 원인을 교사와 교장의 비합리적 사고와 무사안일 또는 자질 부족에서 찾았던 것이다(Merelman, 1980; Silberman, 1970). 그러나 자유학교 운동은 결국 실패하고 말았는데, 보울즈와 긴티스가 보기에 그 실패의 원인은 자본주의 사회의 구조적인 한계에 있다는 것이다. 즉, 학교교육이 자본주의적 구조 속에서 억압적이고 권위주의적인 사회적 관계를 담은 잠재적 교육과정을 가르치게 되어 있다는 구조적 한계이다. 요컨대, 보울즈와 긴티스는 자본주의하의노동의 구조적 조직이 비교육적이기 때문에 학교교육도 비교육적일 수밖에 없다는 것이다.

3. 재생산 이론 평가

보울즈와 긴티스의 재생산 이론을 어떻게 평가할 것인가? 자유주의적 교육개혁의 실패 원인을 경제적 구조 측면에서 심층적으로 분석했다는 점이 뛰어난 성과로 평가받는다. 문화적 재생산 이론을 소개하는 책에서 김기석(1991: 51) 역시 보울즈와 긴티스의 재생산 이론에 대해서 이렇게 평하고 있다. "(재생산 이론은) 종래 교육사회학 연구의 전통에서 보여 준 피상적인 문제현상의 정확한 기술과 분석 및 통계적 추정에 머물지 않고, 문제현상을 창출한다고 여겨지는 근본적이고 심층적인 사회구조와 관련시켜 설명하고 있다는 점에서 괄목할 만한 업적을 이룩하였다." 아로노위츠와 지루(Aronowitz & Giroux, 1985) 역시 보울즈와 긴티스가 대응원리를 통해 계급과 권력이 어떻게 학교의 사회적 관계에 영향을 미치는가를 밝혀 주었다는 점에서 높이 평가한다.

그러나 보울즈와 긴티스의 재생산 이론은 여러 측면에서 비판을 받기도 하였다. 기능론적 입장에서 나오는 비판을 보면, ① 학교교육이 전통사회의 신분세습제도를 약화시키고 능력주의적 사회이동을 가능하게 해 준 공헌을 전적으로 부정한다는 것, ② 사회 갈등을 지나치게 강조한 나머지, 교육이 사회적 결속력을 높이고 공동체적 의식을 높이는 데 기여한 점을 과소평가한다는 것, ③ 교육선발의 불평등 요소를 너무 강조함으로써 교육을 통한 능력과 재능의 선발을 인정하지 않으며, 사회적 상승이동에 기여한 학교교육의 공헌을 무시하는 경향이 있다는 것이다(이종각, 1995).

한편, 다양한 갈등론적 입장에서 나오는 비판을 보면, ① 학생들의 의식이 재생산 과정을 통하여 수동적으로 형성된다는 면만 주목하여 학생들이 재생산 과정에 대해 적극적으로 저항하고 있다는 사실을 놓치고 있다는 것(Giroux, 1983), ② 학교에서 전수되는 문화를 통해 자본주의적 계급관계가 어떻게 재생산되고 있는가에 대한 고찰이 결여되어 있다는 것(Apple, 1982), ③ 학교가 계급관계의 재생산을 정당화한다는 주장은 결과적으로 기존 계급질서의 논리를 아이러니컬하게도 지지해 준다는 것이다(Apple, 1982).

4. 사회 영역-사회적 행동 이론: 자본주의와 민주주의의 갈등 탐색

보울즈와 긴티스(Bowles & Gintis, 1986)는 종래의 자신들의 마르크스적 재생산 이론이 가지는 한계를 인식하여 이를 극복하기 위한 새로운 개념적 틀(conceptual framework)을 형성했다. 이 개념적인 틀의 특징을 이해하기 위해 먼저 이 개념적 틀이 대응이론에 내재되어 있던 어떤 문제를 해결하기 위한 일환으로 형성되었는지를 살펴보자. 여기서 대응이론의 문제에 대한 인식에서 출발한 카노이와 레빈 (Carnoy & Levin, 1985: 3)의 문제제기가 도움이 된다. "우리의 견해로는, 이제 우리가 해결해야 할 문제는 어떻게 학교가 자본주의 사회의 불평등한 계급관계를 재생산하면서도 동시에 학생들이 장차 일하게 될 노동현장보다 더 민주적이고 평등한 제도인가 하는 것이다."

이 문제제기에 대한 답을 찾는 데 카노이와 레빈이 취하는 입장은 학교가 구조적으로 경제 영역뿐만 아니라 정치 영역과도 연결되어 있어 근본적으로 모순되는 위치에 처해 있다는 것이다. 카노이와 레빈의 이 같은 기본 전제를 보울즈와 긴티스도 같이한다. 보울즈(Bowles, 1991)와 긴티스는 이 모순을 '자본주의와 민주주의의 모순' 또는 '재산권'과 '인권'의 모순으로 파악하고 있고, 이 모순이 학교교육의 모순적 역할을 만들어 내는 요인이라고 본다.

이제 보울즈와 긴티스가 말하는 인권과 재산권 간의 모순의 의미를 파악하기 위해 이들의 새로운 개념적인 틀로 돌아가자. 먼저 지적할 것은 이 개념적인 틀은 마르크스적 하부-상부 틀과는 근본적으로 다르다는 것이다. 이들의 새로운 개념적인 틀에서 "사회구성체는 경제적 '하부' 위에 사회적 레벨들이 꼭대기까지 연속적으로 쌓여 이루어지는 것이라기보다는 오히려 사회적 행동을 내포한 사회 제 영역이 구조적으로 집합되어 있는 총체"로서 다루어진다(Bowles, 1991: 82). 여기에서 두 가지 중요한 개념은 '영역(sites)'과 '행동(practices)'이다. 사회 영역이란 "사회생활 가운데 특정한 사회적 관계나 구조에 따라 특징지어지는 응집력 있는 영역"을 의미한다. 이들은, ① 자유민주적 형태의 국가 영역, ② 가부장적 가족 영역, ③ 자본주의 경제 영역과 같은 세 가지 사회 영역을 들고 있다. 각 영역의 특징은 다음과 같이 규정된다.

> 자본주의 경제 영역은 생산수단의 사유재산화, 시장교환, 임금노동, 생산과 투자에 대한 자본가의 통제가 그 특징이라고 할 수 있다. 한편, 자유민주국가의 특징은 보편적인 선거권과 일반적인 시민의 자유가 주어지는 데 있으며, 가부장적 가족은 혈연, 성, 연령 관계에 기초해 있다는 데 그 특징이 있다. (Bowles, 1991: 82)

우리가 주의 깊게 볼 것은 보울즈와 긴티스는 각 영역을 규정할 때 게임의 규칙개념(기능의 개념이 아니라)을 사용하였다는 점이다. 예를 들어, 경제의 성격을 '자본주의'로 결정짓는 것은 게임 규칙의 성격이다. 게임의 규칙이란 각 사회 영역 안에서 일어나는 사회적 행동들, 즉 생산적(appropriative) · 정치적 · 문화적 · 분배적 행동에의 참여 규칙을 말한다(Bowles & Gintis, 1986: 98). 예를 들면, 자본주의 경제는 국가 영역이나 가족 영역과는 다른 참여의 규칙을 가지고 있으며, 그 규칙은 독특한 재산권 형태에 따라 규정된다. 이에 관해서는 나중에 권리의 개념에서 살펴보기로 하고, 먼저 사회적 행동의 의미를 살펴보자.

여기서 사회적 행동이란 사회현실에 변화(또는 안정)를 가져오기 위한 개인, 집단, 계급의 사회적 개입을 말한다. 생산적 행동은 자연세계의 부분을 변형시키는 노동이고, 정치적 행동은 사회적 관계의 규칙을 변화시키며, 문화적 행동은 사회적 담론(discourse)의 도구를 바꾸는 것이고, 분배적 행동은 권력과 수입, 사회적 특권의 분배형태를 바꾸는 것이다.

그런데 보울즈와 긴티스는 생산적 행동, 정치적 행동, 문화적 행동, 분배적 행동이 각 사회 영역에서 모두 일어나고 있다고 본다. 이 점은 우리의 일반적인 생각(자유주의적 사회이론에 입각한)과는 다르기 때문에 선뜻 이해하기가 쉽지 않다. 말하자면, 우리는 통상적으로 특정한 사회적 행동은 특정한 사회 영역에서만 일어난다고 생각한다. 즉, 생산적 행동과 분배적 행동은 경제 영역에서 일어나고, 정치적 행동은 국가 영역에서, 문화적 행동은 가족이나 교회 등에서 일어난다고 보는 것이다. 그러나 보울즈와 긴티스는 생산, 분배, 정치, 문화가 각 사회 영역의 독특한 활동이라고 보지 않는다(Bowles & Gintis, 1986: 100–101).

여기서 이런 반문을 던질 수도 있다. 보울즈와 긴티스가 사회구성체를 네 가지 사회적 행동을 포괄하는 사회 제 영역의 구조적 연계(articulation)로 이론화하는 목적이 무엇인가? 그리고 이 사회구성체론은 마르크스적 사회구성체론과 어떻게 다른가? 이에 대해서는 점차 설명해 나가겠지만 우선 그 핵심만 간단히 말하자면, 보울즈와 긴티스는 종래의 마르크스적 또는 자유주의적 권력 개념이나 사회구조의 개념과는 다른 권력, 사회구조의 개념을 제시하고, 자유민주적 자본주의 체제에서 제 권리의 모순과 사회변혁의 역동성을 밝히려는 데 그 목적이 있다(Bowles & Gintis, 1986: 94).

보울즈와 긴티스의 권력개념은 사회구조 이론 및 사회적 행동 이론과 연관되어 있다. 말하자면, 인간의 행동이 사회구조에 따라 크게 규제받는다는 사회구조론을 받아들이면서도 이들은 인간의 행동을 규제하는 구조 자체가 또한 인간 행동의 결과라는 것을 강조한다. 이런 권력개념은 지배이론을 수용하는 동시에 구조의 변화론—지배에 대한 집단적인 저항—을 담고 있는 것이다.

사회 각 영역은 독특한 권력구조를 가지고 있다. 말하자면, 국가와 같은 하나의 권력구조만 있는 것이 아니다. 경제 영역도 독특한 권력구조를 가지고 있고, 가족 영역 또한 마찬가지이다. 이런 생각은 푸코(Foucault, 1980: 92)의 "권력은 어디에나 있다."라는 권력의 편재론적 생각과 비슷하다. 이렇게 볼 때 각 사회 영역은 지배와 복종의 독특한 관계를 형성하고 있다. 예를 들면, 경제 영역에서는 재산권의 행사를 통해서, 가족 영역에서는 가부장권 행사를 통해서, 국가 영역에서는 강제력의 독점을 통해서 지배와 복종의 관계가 이루어진다.

이는 권력의 지배적 측면이다. 하지만 보울즈와 긴티스에 따르면, 지배가 권력의 모든 것이 아니다. 사회적 행동을 통해 발휘되는 권력의 다른 측면이 있다. 말하자면, 사회적 행동, 특히 정치적 행동을 통해서 권력구조에 변화를 가져올 수 있는 측면이 있다. 앞에서 이미 보았듯이, 정치적 행동은 세 사회 영역 모두에서 일어날 수 있다. 이를테면, 정치적 행동은 국가의 규칙을 바꾸는 데 한정되는 것이 아니라, 가족 영역에서 남녀의 지배–복종을 규정하는 규칙을 바꿀 수 있다.

지금까지 권력의 양 측면이 각 사회 영역에서 개별적으로 어떻게 행사되는가를 살펴보았다. 그런데 우리가 여기에서 주의할 점은 각 사회 영역의 독특한 권력형태가 서로 분리되어 행사되는 것이 아니라는 점이다. 왜냐하면 각 사회 영역들은 각기 독립 혹은 고립되어 있는 것이 아니고 상호작용의 관계를 가지기 때문이다. 따라서 사회 전체의 틀 속에서 여러 권력형태가 상호 연관을 가지며 이루어지는 것으로 이해하는 것이 필요하다. 그래야만 우리는 여러 형태의 권력이 어떻게 상호 보완적이면서도 상호 충돌하는가를 이해할 수 있고, 그러면서 지배의 제 구조가 어떻게 강화 또는 그 반대로 약화되고 변혁되는가를 알 수 있다(Bowles & Gintis, 1986).

보울즈와 긴티스는 사회 영역들 간의 상호작용을 두 가지 원리로 파악하고 있다. 그 하나는 '구조적 제약(structural delimitation)'이며, 다른 하나는 '사회적 행동의 전이(transportation of practices)'이다. 이들에 따르면 구조적 제약이란 다음과 같다.

한 사회의 영역이 주위의 영역과 맺는 바로 그 성격에 따라 그 자체의 영역의 발전이 제한을 받는다는 것을 말한다. 사회적 행동의 전이는 집단들이 투쟁을 벌일 때 이 투쟁이 일어나는 사회 영역의 특징적인 사회적 행동에만 의존하는 것이 아니라, 어떤 상황에서는 타 사회 영역의 특징적인 사회적 행동들을 자신의 영역 속에 옮겨 오는 것을 의미한다. (Bowles, 1991: 85)

이 원리들을 쉽게 이해하기 위해서 예를 들어 보자. 먼저 구조적 제약의 원리의 한 예로 자본주의 경제와 교육 간의 관계를 생각해 보기로 하자. 학생(또는 학부모)은 학교교육을 기본적으로 자본주의 경제체제하에서 경제적으로 성공하기 위한 도구적 수단으로 보기 때문에 그리고 노동시장이 경제적 성공의 요건을 결정하기 때문에 학교는 노동시장, 크게는 경제의 요구—사회적 관계의 재생산—에 맞출 수밖에 없고, 그것은 결국 교육체제의 변화를 구조적으로 한정 짓는다. 이 같은 교육에 대한 경제의 구조적 제한은 바로 대응원리를 연상케 한다.

그러나 우리가 주목할 점은 교육이 단지 자본주의 경제의 요구에만 부응하는 것은 아니라는 점이다. 교육은 국가 영역에 속하기 때문에 국가의 요구에도 부응해야 한다. 여기서 보울즈와 긴티스는 국가를 자본의 이익을 실현하는 도구로 보는 계급론적 시각을 받아들이지 않는다. 국가는 자본의 요구뿐만 아니라 일반 대중의 정치적 권리와 요구도 반영해야 하는 모순의 장이라 본다(Bowles, 1991: 83). 이를테면, 시민으로서 남녀가 가지는 평등한 권리가 국가의 정치 영역에서 보장되는 한 학교교육에서도 남녀평등교육을 정치적으로 보장하지 않으면 안 된다.

앞의 두 가지 예에서 우리가 알 수 있는 것은 구조적 제약이 상호 모순될 수 있다는 점이다. 후자의 예에서 보면, 분명히 국가의 정치 영역과 학교교육에서는 남녀평등이 보장되지만 자본주의 경제 영역에서는 남녀평등이 제대로 이루어지고 있지 못하다. 사실, 자본주의 생산의 위계적 관계는 여성이 남성에게 종속됨으로써 가능했기 때문이다(Bowles, 1991). 현재 남녀평등의식의 고조로 볼 때 자본주의 경제 영역에서 남성과 여성의 불평등한 관계는 정당성을 상실할 수밖에 없다.

다음에는 사회적 행동의 전이원리를 우선 자본주의 생산 영역과 교육과의 관계 속에서 찾아보자. 이것은 자본주의 생산 영역의 사회적 행동을 교육체제 안에 수용한 경우이다. 교육사적으로 가장 대표적인 사례로는 20세기 초 진보주의 개혁기간

동안 교육체제의 재조직화와 통제모델로 기업의 조직과 통제방식을 모방한 경우이다. 결과적으로 교육행정 전문가에게 학교 통제권이 실질적으로 넘어가고 노동계급과 소수민족집단은 교육 결정에 참여할 수 없게 되어 버린 것은 널리 알려진 사실이다(Callahan, 1962; Katz, 1971; Tyack, 1974).

사회적 행동의 전이의 예는 국가의 정치 영역과 교육과의 관계에서도 찾아볼 수 있다. 이 경우는 앞에서 본 사회적 행동의 전이 경우와는 모순적인 형태를 띤다. 교육의 민주화를 위해서 학교 밖에서 거론되는 민주적인 용어들, 예컨대 '학생의 권리'라든가, '지역사회의 학교 통제'라는 용어들을 적극 수용하는 경우이다(Bowles, 1991).

앞의 두 원리에서 우리가 크게 주목할 점은 사회 제 영역 간의 상호관계가 매우 모순적인 형태로 나타난다는 사실이다. 말하자면, 사회 제 영역 간의 상호작용은 재생산 효과가 있기도 하지만, 한편으로는 "다른 사회 영역들의 사회적 과정의 재생산을 크게 약화시켜 버리는 모순적 양상을 가져올 수도 있다."라는 사실이다(Bowles, 1991: 86). 바로 이 점이 보울즈와 긴티스의 포스트 마르크스 이론의 통찰이라 할 수 있을 것이다.

그러면 사회 제 영역 간의 상호작용이 어떻게 해서 모순성을 띠게 되는가? 바꿔 말하면, 어떻게 사회 제 영역이 하나의 '모순된 총체(contradictory totality)'로서 연결될 수밖에 없는가? 보울즈와 긴티스는 각 사회 영역, 곧 국가 영역과 경제 영역을 특징짓는 권리의 개념으로 이를 설명하고 있다. 이는 종래의 마르크스적인 설명체계를 벗어나는 것이다.

사회 모순을 어떻게 권리의 개념으로 설명할 수 있는가? 우리가 이해하고 있듯이, 국가 영역에서 정치적 행동을 하는 데 행사되는 권리는 평등한 인권 또는 시민권이다. 하지만 경제 영역에서의 정치적 행동은 재산권 행사를 통해 가능하다. 전통적인 자유주의이론에 의하면, 인권과 재산권은 상호 모순되는 것이 아니라 오히려 조화를 이룬다. 그러나 보울즈와 긴티스는 인권과 재산권의 '논리(logic)'는 상호 모순이 되며, 사실 자본주의 질서에 근본적인 위협을 가하는 것은 사회주의가 아니라 인권의 확대 적용이라고 주장한다(Bowles & Gintis, 1986). 그리고 사회 모순은 바로 인권과 재산권의 모순과 갈등에서 비롯된다고 주장한다.

(민주주의와 자본주의 합성어인) '민주적 자본주의'는 조화롭고 상호 후원적인 제도임을 시사하고 있고, 각기 사회생활의 독특한 영역에서 일종의 자유를 촉진함을 시사하고 있다. 그러나…… 자본주의와 민주주의는 상호 보완적인 체제가 아니다. 오히려 전체 사회의 역사적 발전과 인간 발달의 과정을 아주 대조적으로 규제하는 규칙이다. 즉, 자본주의는 재산권에 바탕을 둔 경제적 특권의 우위성으로 특징지어질 수 있으며, 민주주의는 자유의 우위성을 주장하고 인권 행사에 바탕을 둔 민주적 책무성을 강조한다.

(Bowles & Gintis, 1986: 5)

보울즈와 긴티스의 논의에서 중요한 것은 각 권리의 헤게모니 투쟁 과정에서 자유민주주의 형태의 국가가 어떤 역할을 하느냐 하는 것이다. 앞에서 언급한 것처럼, 이들은 계급적인 시각과는 달리 국가를 단순히 자본 지배의 도구로 생각하지 않는다. 국가를 '모순적 총체'로 본다. 말하자면, 국가는 인권의 요구와 재산권의 요구 간의 갈등 또는 모순 속에 들어 있다. 우선 자본가는 자본축적 과정에 국가가 적극 참여해 달라고 요구하고, 노동자는 시장원리에 따라 지배되었던 결정들을 국가가 떠맡아 인권의 논리를 적용해 줄 것을 요구한다. 이것은 자신의 인권이 일관성 있게 자신의 삶의 모든 영역에 적용되지 못했다는 자각에서 비롯된다. 이 점이 보울즈와 긴티스의 포스트 마르크스 이론이 갖는 정치적 통찰이다(Freeman-Moir, Scott, & Lauder, 1988). 또한 이들의 국가이론이 시사하는 것은 국가 영역에서의 진보적인 변화는 자본주의적 생산 영역에 진보적인 변화를 가져올 수 있는 조건을 만들어 줄 수 있다는 것이다(Apple, 1988).

이제 우리의 관심은 국가가 재산권과 인권의 갈등 또는 모순의 장이라 한다면, 국가 영역에 속하는 교육은 어떤 역할을 수행하게 되는가이다. 여기서 쉽게 도달되는 결론은 교육 역시 모순적 입장에 처할 수밖에 없다는 것이다. 보울즈와 긴티스는 이에 대해 다음과 같이 말하고 있다.

선진자본주의 교육체제의 모순의 핵은 사회 전체 속에서 교육이 차지하는 위치의 두 가지 측면에 엄존해 있다. 첫째, 교육은 일반적으로 국가 영역의 하위 체제를 구성하고 있고, 그에 따라서 직접 시민에게 부여되는 권리의 지배를 받게 된다. 둘째, 교육은 자본주의 생산과정의 정치적 구조의 재생산에서 핵심적 역할을 하며, 이것은 재산권 측면에서 정당화된다. 이처럼 교육은 선진자본주의의 제 사회 영역 간의 모순적 연계 속에 직접적으로 내포되어 있으며, 재산/시민이라는 양분법의 측면에서 표현된다. (Bowles, 1991: 94)

   이처럼 교육체제 자체가 처한 모순적 위치로 말미암아 교육은 민주적 역할을 수행하는 동시에 재생산 역할을 수행해야 하는 모순에 빠져 있다. 이 점은 복지국가 하에서 학교교육이 가지는 모순적인 성격에 대한 최근의 일련의 연구(Brosio, 1991; Carnoy & Levin, 1985; Shapiro, 1988, 1990)에서 다시금 확인되고 있다.

토론주제

교육의 선발기능에 대하여

교육시스템은 외견상으로 중립적인 사회적 분류를 학력상의 분류로 변형하고, 지식과 기능 면에서 일면적으로 경험되는 위계구조가 아니라 본성에 기초한 전체적인 위계구조로 경험되는 위계구조를 수립함으로써 사회적 가치는 개인적 가치와 동일시되고 학력상의 위엄은 인간으로서의 위엄과 동일시된다.

—P. Bourdieu (1995), 『구별짓기(La distinction)』—

이 말은 교육의 선발기능을 통해 상중하의 계급적 분류가 학력상의 분류로 변형된다는 뜻이다. 이는 대체적으로 출신계급이 높은 아이들의 학력이 우수하고, 그렇지 못한 아이들은 학력이 낮은 예에서 찾아볼 수 있다. 그리고 사회계급상의 분류는 외견상 학력상의 분류에 의거하여 구성된 것처럼 인식되고, 또한 그렇게 구성된 사회계급적 분류가 다시 자녀들의 교육과정에서는 교육적 분류로 전환된다는 뜻이다. 그리고 학력상의 위계구조가 교과서 지식의 습득 정도에 따른 것임에도 마치 그것이 인간의 본성, 인간성에 기초한 위계구조인 것처럼 간주되어 결국에는 학력상의 위엄이 인간으로서의 위엄과 동일시된다는 것이다. 그리하여 높은 학력, 일류학벌을 가진 사람은 곧 인간적인 탁월함과 취향, 교양 등의 높은 문화적 수준을 가진 것처럼 오인된다.

• 교육이 선발기능을 통해 계급적 분류를 학력상의 분류로, 학력상의 분류를 인간성의 분류로 변형시킨다는 견해에 대해 어떻게 생각하는가? 한국 현실에도 맞는 이야기라고 생각되는가?

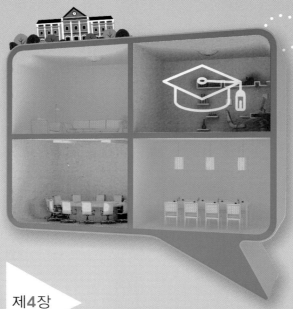

제**4**장

능력의 사회적 구성

학교적 분류는 완곡어법화된 분류, 즉 자연화되고 절대화된 사회적 분류로서의 계급적 차이를 자연적 차이('지능'의 차이, '천부적 재능'의 차이)로 변화시키는 하나의 연금술, 하나의 검열을 거친 사회적 분류이다. …… 학교적 분류는 학문이라는 비준을 거쳐 합법화된 사회적 차별을 이루어낸다. 바로 거기에 심리학의 역할이 있는 것이며, 심리학은 학교시스템을 강화하는 데 기여한다.

–피에르 부르디외(P. Bourdieu),
『사회학의 문제들(Questions de Sociologie)』–

교육불평등과 사회불평등의 논의에서 핵심적 개념은 '능력'이라 할 수 있다. 왜냐하면 능력 차이에 따라 교육불평등과 사회불평등이 정당화될 수 있다고 믿기 때문이다. 그래서 능력과 관계없이 평준화된 학교에서 교육을 받도록 하는 것은 '능력에 따라 균등하게 교육을 받을 권리를 가진다'는 헌법적 권리를 침해하는 것이라는 제법 그럴듯한 주장도 나온다.

그러면 능력이란 도대체 무엇인가? '능력주의(meritocracy)' 이념을 표방하는 서구 사회에서는 무엇을 능력이라고 규정하는가? 교육현장에서 개인의 능력을 나타내는 것은 학업성취도이며, 학업성취도는 '지능+노력'에 의해 결정된다고 믿고 있는 교육자들이 많다. 하지만 지능은 무엇이고, 노력하고자 하는 동기는 어떻게 생겨나는가? 우리는 이와 같은 일련의 의문을 가지게 된다. 이런 의문들에 대한 답을 얻기 위해서는 다양한 심리학적 연구결과를 참고해야 한다. 여기서는 교육심리학적 의문이 아니라, 사회적으로 규정하고 있는 능력이라는 것이 무엇인가, 그것이 어떻게 대학선발과 교육정책에 반영되고 있는가 하는 교육사회학적 의문에 관심을 둔다. 말하자면, 능력에 대해 어떤 암묵적인 가정을 가지고 학생들을 선발하고, 교육정책을 수립하는가를 밝히는 것이 필요하다는 것이다. 이에 관한 연구가 앞으로 기대된다.

이 장에서는 먼저 IQ를 규정짓는 IQ검사의 성격을 살펴보고, 학업성취에 영향을 주는 요인들을 알아본다. 그리고 대학선발에서 능력이 무엇으로 규정되는지에 대해 살펴본다. 특히 학생부종합전형 실시에 따라 이는 중요한 문제가 되었다.

1. 능력과 IQ

1) IQ검사의 사회적 성격

지능검사는 1900년에 프랑스 비네(Binet)가 최초로 제작하여 사용되었지만, 주로 미국에서 발전되었다. 1916년 당시 스탠퍼드 대학교 교수였던 터만(L. Terman)은 스탠퍼드-비네 척도를 만들어 냈으며, 1년 후에 하버드 대학교의 예커스(Yerkes)와 함께 알파-베타 집단검사(알파검사는 읽고 쓸 수 있는 사람을 위한 것이며, 베타검사는 문맹인을 위한 것임)를 발표했다(Gumbert & Spring, 1974).

현재 미국은 지능검사에 있어서 세계 최고의 생산국이자 소비국이라 할 수 있다. 왜 특히 미국에서 이토록 지능검사가 지속해서 사용되었을까? 그 이유에 대해서는 각기 다른 해석이 있다.

기능주의적 관점에서 지능검사는 현대사회에서 능력을 평가하고 지위를 배분하는 데 보편적인 기준으로 이용되기 때문이라고 본다. 지능검사를 통해 지능을 객관적으로 확인할 수 있고, 각 개인의 능력에 맞는 교육을 제공하며, 능력에 부합된 직업적 책임을 부여할 수 있다는 것이다.

기능주의적 설명과는 달리 갈등론적 관점에서는 지능검사가 사회경제적 불평등을 영속화하고 정당화하는 메커니즘으로 개발되었다고 본다. 예를 들어, 카민(Kamin, 1974)에 따르면, 미국에서 처음 IQ검사가 개발되어 시행될 때의 주관심은 이민자들 그리고 노동계급의 선천적인 열등한 능력을 증명하려는 것이었다. 실직과 빈곤, 범죄는 바로 열등한 능력의 소산이며, 바로 열등한 능력이 교육적·직업적 실패를 운명 짓는다는 것이었다.

미국의 심리학자들 가운데, 특히 고다드(H. Goddard), 터먼(L. Terman), 손다이크(E. Thorndike)는 개인의 능력차 개념을 발전시키는 데 중요한 역할을 하였다. 이들은 일반 대중의 지적 열등성과 엘리트 집단의 지적 우월성에 대한 신념을 가지고 있었다. 고다드(Goddard)는 "7억 또는 8억 5천만이나 되는 대중이 만사를 자기들의 손에 쥔다는 것은 심히 우려해야 될 일이다."라고 걱정하면서 '우수한 지능'을 가진 '400만 명'이 일반 대중을 지도해야 한다고 주장하였다(Karier, Violas, & Spring, 1975).

손다이크(Thorndike) 역시 이러한 신념을 가지고 있었고, 개인차(능력차)에 관한 연구를 카네기재단의 지원을 받아 수행하였다. 개인차에 관한 과학적 연구를 통해 개인의 능력의 특성을 밝혀 줄 수 있으며, 사회개혁의 원리를 제공해 줄 수 있다고 생각하였다.

실제 손다이크의 개인차 개념은 능력의 우월성과 열등성을 구분하여 개인들을 차등적으로 취급하는 데 활용되었다. 학생의 선택 자유의 범위는 심리학적 한계에 따라 결정되었다. 능력의 개인차에 따라 교육과정은 차등화되었고, 학생들은 능력에 따라 실업계와 인문계로 진학하도록 이끌어졌다. 능력에 맞는 사회적 삶을 살아가도록 하는 데는 이러한 교육과정이 필수적이라 여겨졌다.

손다이크의 개인차 연구에 대해 비판적인 평가를 하는 마크스(Marks, 1980)는 개인의 능력차는 단순히 개인의 특성을 기술하는 개념이라기보다는 당시의 특정한 사회적 맥락 속에서 만들어진 산물로, 사회질서를 정당화하고 나아가 자본주의를 정당화하는 이데올로기적 기능을 했다는 것이다. 따라서 개인의 지적능력의 특성에 초점을 둘 것이 아니라 개인차를 정의하는 사람이 누구이고, 개인차는 어떻게 정의되며, 그 정의의 사회적 함의는 무엇인가를 밝히는 데 관심을 가져야 한다고 주장한다.

지금도 일부 심리학자들은 사회에서 성공하는 집단과 그렇지 못한 집단을 결정하는 요인이 IQ라는 신념을 표출하기도 한다. 예를 들어, 헤른스타인과 머레이(Hernstein & Murray, 1994)가 그렇게 생각하고 있고, 젠슨과 기타 학자들도 여기에 동조한다. 헤른스타인과 머레이는 보이지 않는 손이 트림(인재)은 상층부에 떠오르게 하고, 찌꺼기(둔재)는 하층부에 가라앉게 한다고 주장한다.

사회불평등을 논할 때 실제 IQ가 유전적 영향을 받느냐, 환경의 영향을 받느냐 하는 논쟁은 별로 의미가 없다. 실제 연구들(Bowles & Gintis, 1976; Goleman, 1996; Sternberg, 1997)은 IQ가 사회적 성공을 결정하는 요인이라는 데 부정적이다. 물론 변호사, 의사, 기업가, 대학교수 등 상류계급의 인사들은 일용근로자, 가정부, 청소부 등과 같은 하류계급의 사람들보다 더 높은 IQ를 가지고 있다. 그래서 높은 IQ는 지능만 측정하는 것이 아니라 직업의 성공도를 측정하는 기준이 되었다. 하지만 그렇다고 IQ가 성공의 원인일 수는 없다. 인과관계와 상관관계를 혼동해서는 안 된다. IQ는 성공을 결정하는 요인들 가운데 고려할 수 있는 요인이기는 하나, 절대적 요인은 아니다. 성공을 결정하는 요소 중에서 IQ가 차지하는 비율은 기껏해야 10%이고, 나머지 90%는 다른 요소들에 기인한다(Sternberg, 1997). 보울즈와 긴티스는 이미 오래전에 자신들의 연구에서 경제적인 성공을 IQ 수치에 근거한 능력을 가지고 성공을 설명할 수 없다는 것을 밝혀내었다. 골먼(Goleman, 1996)은 IQ보다 감성적으로 우수한 사람들이 사회에서 성공한다고 주장하기도 한다.

2) 지능검사의 폐해

지능검사는 타당한 것인가? 지능검사 문제를 내는 사람이나 출판하는 사람은 문제를 어떻게 구성하는가? 지능검사는 대개 두 가지 방식으로 구성된다.

한 가지 방법은 학교에서 성공한 학생들을 주의 깊게 관찰한 다음 성공할 가능성이 높은 학생과 가장 낮은 학생을 구분하는 방식으로 문제를 내거나, 나이든 학생이 나이 어린 학생보다 더 정확하게 대답할 것 같은 문제를 선택하는 것이다. 이런 방법의 난점은 검사내용이 학교에서 공부한 내용을 중심으로 구성될 수밖에 없다는 점이다. 이러한 지능검사는 학습된 지식으로부터 순수한 지능을 분리해 내지 못한다.

다른 방법은 지능이론을 바탕으로 문제를 만들어 내는 방법이다. 그러나 대개 지능검사 출판사는 지능검사가 복잡한 지능이론에 구속되기 때문에 지능이론을 꺼린다.

지능검사는 학생들에게 대단히 낯선 것이어서 지능검사 도구에 쉽게 적응하지 못한다. 이와 관련하여 메한의 해석학적 연구가 시사해 주는 점이 크다. 메한(Mehan, 1973)은 어떤 검사에서의 '잘못된' 대답이 다른 기준으로 판단해 볼 때 얼마나 '올바른' 대답이며 논리적인 사고인가 하는 증거를 제시했다. 예를 들어, 4~6세 아동을 위한 검사에서 새, 코끼리, 개 중에서 날아다닐 수 있는 동물을 선택하라는 질문을 했다. 많은 아동이 새는 물론이고 코끼리를 선택했다. 그 이유는 그림의 코끼리가 덤보(Dumbo; 월트 디즈니에 나오는 날 수 있는 코끼리)와 같은 모습이었기 때문이다. 메한의 주장은 "틀린 답임을 보여 주는 점수가 아동의 합리적 사고능력의 부족을 증명하지 못하며, 그것은 단지 출제자가 기대했던 것과는 다른 대답을 제시했다는 것을 증명할 뿐이다."(1973: 250)라고 하였다. 이는 능력과 같은 개인적 특성은 인정되든 인정되지 않든 간에 항상 사회적 맥락의 일부를 나타낸다는 것을 주장하는 것이다.

보다 더 큰 문제는 검사결과가 어떻게 활용되는가이다. IQ검사를 하면 점수에 따라 딱지가 붙는다. 테스트 게임에서 진 학생들에게는 '저능아'라는 꼬리표가 붙는 것이다. 그것은 어떤 효과가 있는가? 저능아 딱지가 붙은 학생들에게는 많은 것을 요구하지 않는다. 교사의 기대치가 낮아진 것이다. 학생은 낮은 기대치에 부응하게 되어 부정적인 자성예언(self-fulfilling prophecy)이 이루어진다.

미국의 초등학교를 대상으로 한 실험이 이러한 사실을 입증해 준다. 한 심리학자가 담임교사들에게 그 학급 학생들의 IQ를 알려 주었다. 그런데 이 IQ 실험은 근거가 없는 완전한 가짜이고 그냥 점수를 준 것이다. 교사들은 IQ점수가 높은 학생들 대부분을 좋은 학생이라고 평가하고, IQ점수가 낮은 학생들의 60% 이상은 나쁜 학생들이라 평가하였다. 교사들은 교사 스스로 지능이 높다고 생각하는 학생들에게 더 많은 관심을 가졌고, 지능이 낮다고 생각하는 학생들에게는 관심이 줄어들었다. 그 결과는 어떻게 되었는가? 교사들이 기대가 높고 관심이 많았던 학생들의 성적은 실제적으로 향상되었는데, 그 기대효과는 저학년과 하위계층 학생들에게 더 뚜렷하였다(Rosenthal & Jacobson, 1968).

지능이론가인 스턴버그는 성공지능의 개발에 가장 큰 걸림돌이 되는 것은 권위 있는 인물들의 부정적인 기대치라고 지적한다. 가령 교사, 행정관, 부모, 고용주 등 권위 있는 인물들이 낮은 기대치를 가지고 있으면, 그들은 해당 개인으로부터 대부분 그런 낮은 기대치밖에 얻어 내지 못한다. 이런 낮은 기대치의 첫 과정은 학교에서 시작되는데, 대부분의 경우 학교에서 끝나지 않고 그 이후의 사회생활에까지 연결된다. 학업성적이 나쁘다는 사실이 곧 인생의 꽉 막힌 차선으로 들어서는 통행권이 되어 버린다. 이렇게 볼 때 우리를 파멸의 구렁텅이로 몰아넣는 것은 낮은 IQ 그 자체가 아니라, 그것이 불러일으키는 부정적인 기대치라고 할 수 있다(Sternberg, 1997).

교사들이 자신들의 학생들이 공부를 못한다고 IQ가 낮은 '멍청이'라 낙인을 찍는 자체가 이미 교사 스스로 아이들을 멍청이로 만들어 가는 일을 하고 있는 셈이다. 다음의 말은 새겨 볼 만하다.

> 자신이 가르치는 학생들이 바보라고 불평하는 선생님을 믿지 말라. 이는 선생님들 자신만의 생각일 뿐이다. 다른 사람의 지능을 믿는 사람은 다른 사람의 지능을 만들어 내고 생겨나게 한다. 학생들의 지능을 의심하고 무시하는 교사는 학생들의 지능을 무력하게 만들며, 더 나아가 그 학생들의 지능을 파괴한다.

IQ검사나 기타 심리검사의 낮은 점수가 야기하는 부정적인 기대치에 도전할 줄 아는 사람이 스턴버그(Sternberg, 1997)가 말하는 '성공지능'이 높은 사람이다.

지능검사의 가장 큰 문제는 인간이 선천적으로 불평등하다는 낡아 빠진 도식을 위장하는 과학이 될 위험을 안고 있다는 점이다. IQ에 따라 능력불평등, 사회불평등이 생겨난다고 하는 낡아 빠진 신화를 비신화화해야 할 것이다.

2. 학교에서의 능력 형성

1) 능력형성 이론

능력형성 이론은 능력을 이해하는 데 새로운 관점을 제시해 준다. 능력형성 이론에 따르면, 지적 능력의 관념도 사회화된다. 교사나 학생이 가지고 있는 지적 능력의 개념은 사회화된 것이다. 이를테면, '개인의 능력 수준은 다양하다' 'IQ는 타고나고 초등학교 연령이면 대개 고착된다.' '아이들이 초등학교에 들어갈 때 학부모는 아이들의 능력을 과대평가하나, 점차적으로 정확한 판단을 하게 된다.' 등이다. 또는 '학교에 들어갈 때 이미 아이들은 내재적인 능력 수준을 가지고 있으며, 그 능력 수준은 정상분포를 그린다.' 하는 것 등이다. 초등학교 저학년 단계에서 학생들은 지적으로 성숙하고, 교사로부터 피드백을 받는데, 이것은 학생들로 하여금 자신들에게 내재되어 있는 능력에 대해서 인식하도록 한다.

사회불평등을 정당화하는 데 능력 차이가 이용되기 때문에 대중적인 문화는 그러한 관념을 쉽게 받아들인다. 그러나 학급에서 실제 아이들의 능력관념이 형성되는데, 그 능력의 관념은 학급의 구조적 맥락에서 형성된다. 가장 쉽게 생각해 보자면, 같은 아이라도 학교와 학급에 따라 다르게 능력이 형성될 수 있다. 이것이 심슨과 로젠홀츠(Simpson & Rosenholtz, 1986)가 말하는 '능력형성 이론(ability formation theory)'이다.

능력형성 이론에 따르면, 학급에서 수행하는 과제와 평가방식에 따라 학생들의 지적 능력의 형성 차원이 달라진다. 과제수행과 평가가 일차원적인 교실에서의 지적 능력은 단일한 것으로 형성된다. 교실에서 학생들의 수행 과제가 모두 똑같고 평가도 똑같다. 그리고 똑같은 단일한 평가결과인 점수에 따라 학생들은 능력이 서열화된다.

반면, 다차원적 학급에서는 학생들의 수행 과제와 평가가 다양하기 때문에 아이들의 능력 형성도 일차원적으로 서열화되지 않는다. 과제수행능력이 과제의 특성에 따라 다르기 때문에 학생에 따라 어떤 과제에서는 잘하지만 다른 과제에서는 잘하지 못할 수도 있다. 따라서 학생의 능력을 동료 학생들과 교사들이 높거나 낮다고 간단하게 평가하지 못한다. 그리고 학생도 자신의 능력 수준에 대한 지각도 다양해진다.

학급의 차원이 단일차원인 학급조직에서는 다음과 같은 현상이 일어난다.

• 학습자에 따라 과제가 다양하지 않고, 교수방법이 다양하지 못하다.
• 능력집단 편성을 하거나 전체 학급 교수를 할 때는 학생들 간의 비교의 강도가 커지고 학생들을 서열화한다.
• 학생들이 무엇을 언제 할 것인가에 대해 선택을 할 수 있는 자율성이 낮다. 따라서 긍정적으로 자기능력을 지각하는 일에 맞는 것을 선택할 수 없다.
• 학년이 올라가면서 평가의 빈도, 평가의 가시성, 평가의 비교 가능성, 평가의 획일성이 점차 높아진다. 점수는 학급에서의 능력을 상징적으로 나타낸다.

2) 평가방식

우리는 학교에서 능력이 어떻게 형성되는가를 살필 때 학업성취가 어떻게 측정되는지에 관심을 기울여야 한다. 학업성취 측정도구의 타당성에 대한 의문을 가져야 하고, 학업성취의 차이가 교과지식에 대한 특정한 교수 접근방식에 따라 어떻게 만들어지는지 그리고 학업성취가 테스트되는 방식에 따라 어떻게 만들어지는지를 검토해야 한다. 테스트의 구조와 내용이 학업성취 결과의 패턴을 어떻게 바꾸어 놓을 수 있는지를 검토해야 한다(Gipps & Murphy, 1994).

집단 간의 학업성취의 차이는 테스트 자체의 불공평성에 기인할 수도 있다. 즉, 집단이나 학생 개인이 똑같은 수준의 지식을 가지고 있을 수도 있는데, 테스트가 어느 집단에게 불리하게 되어 있기 때문에 제대로 자신의 지식을 충분히 보여 줄 수 없다. 또는 테스트 자체는 공평하지만, 학습기회의 차이 때문에 실제적인 학업성취의 차이가 생길 수도 있다.

그리고 교수 접근방식이 관리적 접근인가 치료적 접근인가 혹은 자유교육적 접근인가에 따라 성취의 의미가 다르고 학업성취 차이가 달라질 수도 있다(Fenstermacher & Soltis, 1994). 이를테면, 관리적 접근에서는 전통적인 교과에서의 학습시간을 효과적으로 관리하는 것을 중시하고, 치료적 관점에서는 인격적인 성장 및 자아실현을 중시하며, 자유교육적 접근에서는 정신도야를 중시하는 데, 각 접근방식에 따라 학생들의 성취 의미가 달라지고 성취도가 달라진다.

깁스와 머피(Gipps & Murphy, 1994)는 테스트에, ① 누구의 지식이 평가되며 성취와 동일시되는가, ② 평가의 형태와 내용, 유형이 각기 다른 집단에 적절한가, ③ 학생의 문화가 학생의 테스트 반응을 어떻게 매개하는가 등과 같은 의문을 제기해야 함을 밝히고 있다. 이러한 문제의식은 앞으로 공부할 교육과정사회학과 같은 맥락이다.

3. 학업성취의 결정요인들

학업성취는 학생 개인의 잠재적 능력과 노력에 따라 결정된다는 것이 일반적인 생각이다. 그러나 상식적으로 생각하듯 개인의 지능과 노력으로만 결정되는 것은 아니다. 학업성취에 영향을 주는 요인은 여러 가지이다.[1] 예를 들어, 한길이라는 학생은 영어 성적이 좋기 때문에 교사는 한길이의 지능이 높다고 말한다. 그러나 한길이가 학교에서 성공할 수 있었던 조건은 여러 가지일 수 있다. 이를테면, 방학 때 미국에서 지내면서 영어를 배울 수 있거나, 아버지나 어머니가 영어를 잘하는 분일 수도 있다. 또 한길이에게 특별한 동기가 있을 수 있다. 즉, 장래 외교관이 되겠다든가, 외국어를 잘하는 사람이 되겠다든가 하는 등의 동기가 있을 수 있는 것이다. 학교생활의 성공은 장래포부와 희망과도 연관이 있다. 한편으로는 영어선생님을 개인적으로 좋아하기 때문에 영어를 더 열심히 잘할 수도 있다.

학업성취에서 지적 능력 못지않게 중요시되는 요인은 학습동기와 의지이다. 교과학습에서 높은 성취를 이루고자 하는 동기와 의지가 없이는 능력이라는 것은 제 힘을 발휘하지 못한다. 즉, 아무리 능력이 있어도 스스로 높은 성취를 이루고자 하는 동기와 의지가 없으면 능력이란 별 의미가 없다. 그래서 학업성취의 중요한 요인

---

1) 아이의 학업능력은 수많은 특성(변인)의 관계망이다. 능력은 '모든 관여적 특성 간의 관계구조'에 따라 규정되어야 한다. 하지만 능력에 대한 지배적 담론에서는 능력에 관여하는 모든 특성을 증발시켜 버리고 남은 증류수(개인의 지적 능력)가 능력처럼 규정되고 있다.

으로 동기와 의지가 강조된다. 그리고 낮은 학업성취도를 보이는 학생들은 실제 능력이 없어서가 아니라, 자신이 가지고 있는 능력에 대해서 자신감이 없기 때문에 그렇기도 하다. 자신의 능력을 효율적으로 사용할 수 있다는 신념과 기대가 약한 학생들은 자신의 능력과는 상관없이 학업성취도가 낮아진다.

학생들의 학업성취의 동기와 의지는 학생들의 가치와 규범과 관련되어 있다. 학생들이 공부를 잘해야 할 필요성이나 그 가치를 별로 느끼지 못한다면, 구태여 높은 성취를 이루고자 하는 동기나 의지가 생겨나지 않을 것이다. 여기서 우리가 주목할 점은, 공부 잘하는 것에 특히 가치를 두는 계층은 중류층이라는 사실이다. 즉, 높은 학업성취를 달성하는 것이 가치 있다는 가치관과 높은 학업성취를 이루어야 한다는 규범은 특히 중류층에게서 강하게 나타난다. 학업성취와 관련된 사회학적 연구(안관수, 2001)를 보면, 높은 학업성취의 동기를 가질 수 있는 조건은 노동자 계층이 아닌 중류계층의 가치관, 규범과 관련되어 있다.

교육사회학자들은 학업성취에 영향을 주는 학교 내외의 다양한 요인을 지적한다. 최근 교육개혁에서는 학업성취 결정요인으로 학생요인보다는 학교의 내적 요인에 관심을 두고 있다. 예컨대 미국의 'OTL(opportunity-to-learn)' 표준(standards) 운동에서는 학교의 내적 요인에 관심을 갖는다. 이 운동은 다양한 배경을 가진 학생들에게 동등한 교육기회를 제공하기 위해 학습기회 기준을 정하여 모든 학생이 도달할 수 있도록 하자는 것이다(Dougherty, 1996). OTL에서는 학교의 내적 요인, 특히 기술적 요인에 관심을 갖는다. 예를 들어, ① 우수한 교사, 교육과정, 교수자료, 교수매체, 도서관, 실험실 확보, ② 학습을 위한 안전한 환경, ③ 비차별적인 교육과정과 교수방법 등이다.

그러나 이 운동은 학교 내적 요인 가운데 교사의 기대 풍토, 교육과정과 교수차등화 요인을 고려하지 못하고 있고, 학교 외적 요인에는 관심을 가지지 않는다는 비판을 받는다. 학교 외적 요인으로는 사회경제적 배경요인인 교육과 직업에 대한 포부, 언어, 문화자본 등을 들 수 있다.

다음에서는 학교 내적 요인으로는 교사요인을, 학교 외적 요인으로는 학생의 문화적 요인을 중심으로 살펴보기로 하자.

1) 교사기대

학생의 성공과 실패를 설명하는 모든 유형에서 교사가 핵심적 요소라는 것을 보여 주려는 연구들이 있다. 로젠탈과 제이콥슨(Rosenthal & Jacobson, 1968)은 '피그말리온' 연구를 통해 교사의 기대가 학습자의 학업성취에 영향을 준다고 밝혔다. 물론 교사기대가 학생에게 미치는 영향이 일방적인 것은 아니며, 교사기대에 학생도 영향을 주는 상호작용적인 것이라고 보아야 한다.

그러면 교사기대는 무엇을 통해서 형성되는가? 퍼셀(Persell, 1977)은 다음의 네 가지 변인을 든다.

- 교사의 인성 특성
- 사회 및 학교 내부에서의 사회적 편견
- 지능이나 문화실조와 같은 교육적 개념과 신념들
- 능력별 집단 편성과 같은 교육구조

한편, 두섹과 조셉(Dusek & Joseph, 1983)은 다음의 다섯 가지 변인을 든다.

- 외모
- 점수 누가기록
- 사회계층과 인종
- 학급 내에서의 행동
- 형(누이)의 성적

이들의 변인 분석에는 나타나 있지 않지만, 학급의 사회심리적 분위기도 교사기대에 영향을 주기도 한다(Schultz, 1983). 즉, 학급에 따라 달리 나타나는 학급분위기(예: 인간관계, 정돈된 분위기, 성취분위기 등)에서 교사기대는 다르게 형성된다.

교사의 기대는 수업과정에서 다르게 전달된다. 예를 들어, 교사의 기대가 낮은 학생들에게는 다음과 같은 수업행동이 나타난다.

- 학생의 대답에 대한 칭찬이 줄어든다.
- 학생이 받는 수업의 양이 줄어든다.
- 교사가 다루는 내용이 줄어든다.
- 교사의 반응기회가 줄어든다(이름을 부르는 횟수, 질문의 정도 등).
- 학구적 내용이 줄어든다.
- 학생들을 따뜻하게 수용하는 정도가 줄어든다.
- 비언어적 단서가 줄어든다(눈 마주침, 웃음, 신체적 접촉 등).
- 격려와 지지가 줄어든다.
- 교사의 보조와 자발적인 도움이 줄어든다.
- 학생의 응답을 기다리는 시간이 줄어든다.
- 높은 수준의 학력평가가 줄어든다.
- 학생이 시험문제를 풀 수 있도록 도와주는 열의가 줄어든다.
- 평가결과에 대한 피드백이 줄어든다.
- 교사의 역할이 비학구적인 경향을 띤다.
- 부정적인 표현 횟수가 늘어난다.
- 훈육방법이 거칠어지고 벌에 의존하는 경향이 커진다.

교사의 기대에 대해 학생들의 반응은 똑같지 않다. 학생들이 교사의 기대에 영향을 어느 정도 받느냐는 '의미 있는 타인'으로서 학생들에게 얼마나 중요한 존재인가에 달려 있다. 그러나 어쨌든 학생의 학습에 대한 교사의 기대 영향은 상당하다고 보아야 한다. 무엇보다도 중요한 사실은 학생은 교사기대의 높고 낮음에 따라 자기능력에 대한 정보를 얻으며, 자신의 성취기대를 수정한다는 점이다.

2) 계급과 언어

사회언어적 연구는 노동계급 학생의 학업실패의 원인을 '능력'이 아니라 언어적 측면에서 설명해 준다. 이 방면에 뛰어난 연구를 수행한 교육사회학자는 번스타인이다. 번스타인(Bernstein, 1986)은 출신계급에 따라 언어를 사용하는 방식이 차이가 나는 현실에 주목하였다. 번스타인에 따르면, 다양한 출신배경의 어린이들은 사회화 과정을 통해 사용하는 어법이 달라지는데, 이것이 이들의 학업성취에 영향을 끼치기도 한다. 번스타인(Bernstein, 1986)이 든 예를 들어 보자.

중간계급의 어린이와 노동계급의 어린이들에게 어떤 줄거리를 연상시키는 네 장의 그림을 보여 주고, 어린이들로 하여금 그 줄거리를 이야기하도록 했다. 첫 번째 장면은 소년 몇 명이 축구하는 모습을 담고 있었고, 두 번째 장면은 소년들이 가지고 놀던 축구공이 어떤 집의 유리창을 깨고 들어갔다. 세 번째 그림에서는 한 여자가 깨진 유리창을 통해 아이들을 내다보고 있었고, 한 남자는 험악한 몸짓을 하고 있었다. 그리고 네 번째 그림에서는 아이들이 도망치고 있었다.

두 집단 간의 반응은 다음과 같다.

- 첫 번째 이야기: 몇 명의 아이들이 축구를 하고 있는데, 그중 한 아이가 찬 공이 유리창을 깨고 들어갔다. 유리창이 깨지자 아이들은 그것을 바라보고 있다. 이때 한 남자가 그 집에서 나와서 아이들이 유리창을 깼다고 고함을 치자 아이들은 달아나고 주인 아주머니는 창문 밖을 내다보며 아이들을 책망한다.
- 두 번째 이야기: 그들이 축구를 하고 있었다. 그가 그것을 찼다. 그것이 날아가서 유리창을 깼다. 그것을 보고 있는데, 그가 나와서 그것을 깼다고 그들에게 고함을 질러서 그들은 달아나고, 그 여자는 밖을 내다보며 그들을 책망한다.

첫 번째 이야기에서 독자는 그 이야기의 대본이 된 네 장의 그림을 볼 필요가 없지만, 두 번째 이야기의 경우는 그 의미를 이해하기 위해서는 원래의 그림이 필요하다. 첫 번째 이야기는 그것이 발생한 맥락에서 비교적 자유로운 반면, 두 번째 이야기는 그 맥락에 보다 밀접하게 묶여 있다. 결과적으로 두 번째 이야기 속의 의미들은 암시적인 반면, 첫 번째 이야기 속의 이야기들은 명시적이다.

두 번째 이야기에서 노동계급의 어린이들이 사용하는 어법은 '제한적 어법(restricted code)'이다. 이것은 말하는 사람이 독자에게 이미 이해할 것을 기대하여 진술하지 않은, 많은 가정을 함축하는 언어구사 방법으로서 노동계급 지역사회의 문화적 배경이 어법에 스며든 경우이다. 노동계급은 가족, 이웃과 밀접하게 관련된 문화 속에서 살아가는데, 이 속에서 가치나 규범은 당연한 것으로 수용되어 언어로 표현되지 않는다.

이와는 대조적으로, 첫 번째 이야기에서 중류계급의 어린이들이 사용하는 어법은 '정교한 어법(elaborated code)'으로, 이것은 특정한 상황의 요구에 적합하도록 개별화된 언어 표현법이다. 이 어린이들은 추상적인 논리를 훨씬 쉽게 일반화하고 표현할 수 있다. 그리고 이 어린이들의 어머니들은 아동들을 통제할 때 그 이유와 원리를 자주 설명한다. 예를 들어, 하류계급의 어머니들은 아이들이 알사탕을 너무 많이 먹으려고 할 때 "얘, 넌 알사탕을 더 먹으면 안 돼."라고 말해 버리는 데 비해, 중류계급의 어머니들은 알사탕을 너무 많이 먹으면 건강과 치아상태가 나빠지기 때문이라는 설명을 곁들이는 경향이 있다는 것이다.

번스타인(Bernstein, 1986)은 정교한 어법을 습득한 어린이는 제한적 어법을 습득한 어린이보다 공식적인 교육내용이 요구하는 상황에 훨씬 더 잘 적응할 수 있다고 설명한다. 그렇다고 이것이 하류계급 어린이들이 구사하는 언어능력이 '열등한' 유형이라든지, 이들이 사용하는 어법이 무엇인가 '결손'된 어법임을 의미하지 않는다. 오히려 이들이 사용하는 언어방식이 학업과 관련된 문화와 상충하는 데 문제가 있는 것이다. 정교한 어법에 익숙한 중류계급 출신의 어린이들은 학교교육에 훨씬 쉽게 적응한다.

번스타인의 연구는 노동계급 출신의 학생들이 왜 학교에서 '열등생'이 되는가를 이해하는 데 도움을 줄 수 있다. 그러나 번스타인 자신은 부정하지만 사회언어적 연구는 문화결핍 이론과 비슷하게 비춰진다. 즉, 노동계급의 아이를 교육시키지 못한 학교의 책임이 아이와 가족의 결함으로 돌려지는 것처럼 보인다.

로젠(Rosen, 1974)은 번스타인의 연구를 세밀하게 분석하면서, "사회언어학적 명제가 노동계급 경험의 방대한 영역, 노동의 장에서의 착취, 그 착취에 대한 반응들보다는 가정에 더 관심을 기울임으로써 언어사용에 대한 정치적 투쟁의 잠재적 영향력에 무관심하다."라고 지적한다.

번스타인의 입장을 이해하는 데 '중국의 지식계급'에 대한 막스 베버의 연구는 시사하는 점이 크다(Karabel & Halsey, 1977). 특정한 역사적 시점에서 지배적인 사회집단이 교육에서 가치 있는 것을 결정할 힘을 가지고 있다면, 종속적 사회집단은 지배집단이 설정한 기준에 따르면 무엇인가 결손되어 있는 것으로 나타나게 된다. 예를 들어, 중국의 경우 공산혁명 이후 무산계급과 소농계급의 문화적 이상이 중국교육체계를 지배하게 되면서 이념적 적색정신이나, 육체노동에 참여하려는 협동성과 적극성 같은 인성적 특성을 증진시키지 못하는 문화적 배경을 가진 유산계급 어린이들은 중국 학교의 지배적인 가치체계에 따르면 '문화적으로 결손'된 것이다.

미국의 사회언어학자인 라보프(Labov, 1969)의 연구는 문화결핍 이론을 반박하는 데 많이 인용되는 연구이다. 라보프는 흑인 빈민지역에 직접 들어가 흑인들의 일상 언어를 수집·분석하였다. 그의 관심은 '미국 흑인들의 영어가 비표준영어인가?', 즉 틀린 영어인가 하는 문제에 대답하는 것이었다. 그는 흑인들이 영어의 유창함이나 어휘의 수에서 백인에 뒤떨어지지 않으며, 백인 영어와 다른 독특한 문법체계를 가지고 있음을 확인하였다. 그는 자신의 연구결과에 근거하여 흑인 영어가 비표준영어로 판정되는 것이 부당하다고 주장하였다.

라보프의 연구가 학업성취 격차를 이해하는 데 주는 시사점은 무엇인가? 학업성취 격차를 문화적 결핍으로 해석하면 안 된다는 것이다. 노동계급과 흑인 소수민족 집단의 언어는 지배계급의 언어에 비해 결코 뒤떨어지는 것이 아니며, 이들 집단의 아이들의 학업성취도가 상대적으로 낮은 이유는 자신의 언어가 학교에서는 표준언어로 인정을 받지 못하기 때문이다. 학교에서 인정하는 표준언어는 지배집단의 언어이기 때문에 지배집단의 아이들은 상대적으로 학습과정에서 유리할 수밖에 없다.

라보프의 관점으로 번스타인의 연구결과를 재해석하자면, 노동계급의 학생들이 학습과정에서 난관에 부닥치고 학업성적이 낮은 이유는, 학습장면에서 교사들이 그 학생들의 언어코드가 교사 자신들의 언어코드와 다르다는 사실을 제대로 인식하지 못하고 언어코드의 차이를 충분히 배려하지 못하기 때문이다(오욱환, 2003). 따라서 교사들이 이질적인 문화를 가진 학생들의 문화에 대한 상상력과 이해심을 갖고 문화의 차이를 배려한다면 이 학생들의 학업성취 실패를 상당히 막을 수 있다는 주장도 제기된다(오욱환, 2003).

3) 문화자본

교수처치에서 핵심적 개념인 'ATI'는 학습할 지식과 학습자가 이미 가지고 있는 정보와의 친숙성을 높이는 교수기법의 중요성을 시사해 준다(한범숙, 1996). 이러한 학습심리학적 개념에 기초해서 문화자본을 설명하자면, 학습할 지식 문화와 학습자의 문화와의 친화성이 매우 중요하다는 것이다. 친화성이 높으면 높을수록 학생들의 정보처리가 더욱 쉽고 빨라질 것이다. 반대로 친화성이 낮으면 낮을수록 학생들의 정보처리는 더욱 어려워진다.

그러면 학교에서 가르치는 문화에 가장 친숙한 학생들은 어떤 학생들인가? 부르디외(Bourdieu, 1974)에 따르면, 중상류계급 출신의 학생들이다. 왜냐하면 학교에서 가르치는 문화는 바로 중상류계급의 문화이기 때문이다. 따라서 이 학생들은 학력경쟁에서 절대적으로 유리한 입장에 서게 된다. 이와는 대조적으로 하류계급 출신의 학생들은 절대적으로 불리한 입장에 서게 된다. 부르디외(Bourdieu, 1974: 39)는 다음과 같이 말하고 있다. "엘리트의 문화는 학교의 문화에 가깝기 때문에 중하류계급(농업과 산업 노동자) 출신의 아이들은 교양이 풍부한 계급 출신의 아이들에게 이미 주어져 있는 것―스타일, 취향, 위트 등―을 획득하려면 노력을 많이 해야 한다."

부르디외에 따르면, 학교는 중상류계급의 문화를 보편적인 것으로 취급하고, 모든 아이가 똑같이 그 문화에 동화되어 온 것으로 간주한다. 그러면서 학교는 이미 그러한 문화를 다룰 수 있는 사회적 · 언어적 능력을 획득한 아이들을 선호한다.[2] 여기서 부르디외는 문화를 경제자본처럼 '자본'으로 보아야 한다고 주장한다. 자본주의 사회에서는 자본이 모든 사람에게 균등하게 분배되어 있지 않다. 따라서 자본을 많이 소유하고 있거나 상속받은 사람이 그렇지 못한 사람에 비해 성공할 수 있는 가능성이 훨씬 높다고 할 수 있다. 문화자본에서도 마찬가지이다. 문화자본이 모든 사람에게 균등하게 배분되어 있는 것은 아니다. 따라서 문화자본을 많이 가지고 있는 아이들은 학교에서 높은 학력을 '약속'받는다.

이렇게 볼 때 학교에서 누가 성공하고 실패하는가를 이해하기 위해서는 학교에서 전수하는 문화의 계급성을 분석하는 것이 필수적이다.[3] 학교에서 가르치는 문

---

[2] 학생들이 가정에서 습득한 문화자본은 교사들과의 원활한 의사소통을 돕는데, 교사들도 이 학생들에게 더 많은 관심과 애정을 쏟게 된다(Lareau, 1987).

[3] 학업성적을 단지 '능력+노력'으로 보는 심리학적 견해는 학업성적을 제대로 설명하지 못한다. 학생들의 학업능력은 어디에서 나온 것이며, 학업성적은 무엇의 결과물일까? 학업성적은 단순히 학업능력과 노력의 산물인가? 그것이 맞다면 능력과 노력의 정도가 똑같은 아이들은 경제적 · 문화적 자본이 빈약한 집에서 성장하든 부유한 집에서 성장하든 똑같은 학업성적이 나와야 한다. 아이의 학업성적이 단순히 아이의 능력과 노력의 산물이 아니라는 것을 학부모들은 너무도 잘 알고 있다. 능력 있는 학부모들은 자녀의 학업성적을 올리기 위해서 많은 교육적 후원과 투자를 아끼지 않고 있다. 이런 점에서 학력을 '문화자본 교육적 투자'로 보는 부르디외의 사회학적 설명이 더 설득력이 높다.

화는 사회불평등 구조를 그대로 반영하는 것으로, 학업실패는 바로 사회불평등의 산물로 보아야 한다.

최근의 한 문화기술적 연구(Lareau, 1987)는 문화자본이 초등학교 현장에서 어떻게 요구되고 있는가를 밝혀 주고 있다. 중상위계층의 자녀들이 다니는 학교나 노동계층의 자녀들이 다니는 학교 모두 학부모에게 자녀들의 교육에 여러 가지 방식으로 참여해 줄 것을 요구하고 있다. 예를 들면, 부모들이 모두 아이의 과제를 도와줄 수 있는 적절한 지식과 교육적 '기술'을 가지고 있으리라는 가정하에 아이 혼자서는 해낼 수 없는 숙제를 내준다.[4] 학교에서 요구하는 문화자본을 가지고 있는 중상류계급 부모들은 자녀들의 과제를 잘 도와줄 수 있지만, 문화자본을 가지고 있지 못한 노동계급 부모들은 그렇게 해 줄 수 없다(사실 노동계급 부모들은 맞벌이를 하고 있기 때문에 과제를 도와줄 시간도 없다). 과제 말고도 부모들에게 학교교육에 참여해 주기를 요구하는 경우가 많이 있는데, 이 경우에서도 중상류계급 부모와 노동계급 부모는 큰 차이를 보인다. 이는 결국 중상류계급 학생과 노동계급 학생의 학업성취에서 큰 차이를 가져오게 만든다.

4) 사회자본

사회자본이란 사회적 네트워크, 관계망 속에 이득을 창출할 수 있는 자원이 있음을 가리키는 말이다. 여기서 자본의 개념은 사회 행위자인 개인(또는 지역사회)이 자원을 투자하고 이득을 얻는다는 뜻을 내포하고 있다(김천기, 2004). 교육적 맥락에서 사회자본의 개념을 명료하게 발전시킨 콜먼(Coleman & Hoffer, 1987)은 기본적으로 가정 내 사회자본을 매우 중시하였다. 가정 내 사회자본은 부모와 자녀 간의 상호관계, 상호작용 속에 내재된 자원을 말한다. 학업성취와 관련하여 보자면, 자녀의 학습을 진작시키기 위한 자녀와의 대화, 칭찬과 격려, 학습 분위기 조성, 학습동기를 촉진하는 가족 내 규범과 신념체계와 목표의식 등이 아이의 학업성취를 높일 수 있

---

4) 여기서 문화자본은 '과제를 도와줄 수 있는 지식과 교육적 기술'이다. 하지만 '학교교육에 대한 참여'는 사회자본에 가깝다. 문화자본과 관련된 연구들을 보면, 대체적으로 '고급문화에 대한 관심과 참여' '고급문화 활동 참여와 독서습관' '고급문화 취향과 인지적 능력(독서습관 등)'등이 문화자본을 나타낸다. 그에 비해 '학교와의 접촉' '부모의 관여와 격려, 관심, 대화 정도' 등은 사회자본을 나타낸다.

으리라는 것은 충분히 짐작해 볼 수 있다.[5]

그렇다면 학업성취를 높일 수 있는 부모의 관심, 지원 등이 사회자본인가? 여기서 우리가 생각해 보아야 할 것은, 부모의 관심, 지원 등을 구태여 사회자본이란 개념 속에 포괄할 필요가 있는가 하는 것이다. 일반적으로 생각해 보면, 부모가 아이의 학습에 관심을 가지고 여러 형태의 지원을 한다고 해도, 중요한 것은 아이가 그것을 적극적으로 수용하느냐 하는 것이다. 아이가 부모를 신뢰하고 상호 소통할 수 있는 유대관계를 가지고 있지 않으면, 부모의 관심과 지원은 별다른 효과를 가지기 어렵다. 이런 점에서 부모가 제공하는 학습지원뿐만 아니라 부모와 아이 간의 신뢰와 유대 자체도 사회자본인 것이다.

또 하나 생각해 볼 것은, 학습에 대한 관심과 지원이 계급에 따라 달라지지 않을까 하는 것이다. 아무래도 중상류층 부모가 아이의 학습에 보이는 정도의 관심과 지원을 하류층 부모들이 가지기는 어렵기 때문이다. 실제로 강영혜 등(2005)의 연구에 따르면, 특히 초등학교에 다니는 아이에 대한 부모의 학습지원에 계급 간 격차가 나타나고 있다. 예를 들어, "교과서 내용을 직접 가르친다." "학교공부와 숙제를 확인해 준다." "학교 준비물을 챙겨 준다."에서 의미 있는 차이가 있다. 그리고 자녀교육 기대수준에서도 부모의 교육수준에 따른 차이가 확인되고 있다.

그런데 이 연구결과와 상반되어 보이는 또 하나의 연구가 있다. 김경근(2000)의 연구는 부모의 경제력과 교육수준과는 별개로 학업성취에 영향을 주는 가정 내 요인이 있는 것으로 밝히고 있는데, 바로 가족 내 사회자본이다. 특히 아이에게 부모가 기대하는 교육수준, 학습활동에 대한 지원 등은 부모의 사회경제적 지위와는 독립적으로 아동의 학업성취에 영향을 발휘한다. 말하자면, 부모의 교육수준이나 경제력이 낮다 해도, 아이들의 학습활동에 관심을 가지고 기대를 가지며 학습활동을 지원해 줄 때, 아이들의 학업성취는 높아질 수 있다는 것이다.

---

5) 모든 사회자본이 학생의 사회경제적 지위에 따른 학업성취 격차를 완화시켜 주는 것은 아니다. 예를 들어, 부모의 학교관여와 같은 사회자본은 중학생들의 학업성취 격차를 완화시켜 주지만, 학교의 자원 활용은 사회경제적 지위가 높은 중학생에게 더 유리하게 작용하고 그렇지 못한 중학생에게는 불리하게 작용한다. 또한 가정의 관계적 사회자본(부모의 감독, 관심, 밀착)이 사회경제적 지위가 낮은 중학생들의 학업성취 향상을 유의미하게 지원해 줄 것으로 기대되지만, 부모의 양육태도에 따라 불리하게 작용하기도 한다(한세리, 김안나, 2018).

김경근(2000)의 연구결과는 콜먼의 주장이 우리 사회에서도 타당함을 보여 준다. 콜먼이 가정 내 사회자본을 특히 중요하게 생각한 이유는 경제적 자본과 인적 자본이 가정의 사회경제적 배경에 따라 차등적으로 존재하기 때문이다. 가정의 사회경제적 수준이 높다는 것은 경제적 자본과 인적 자본이 많다는 것을 의미한다. 따라서 가정의 사회경제적 수준이 높은 아이들은 가정의 영향으로 학업성취가 높게 나타난다. 반면에 사회경제적 수준이 낮은 아이들은 학업성취가 낮게 나타난다. 콜먼은 이러한 불평등 여건을 개선할 수 있는 길을 사회자본에서 찾았다.

만일 김경근(2000)의 연구결과대로 사회자본이 부모의 경제력과 교육수준과는 독립적으로 학업성취에 영향을 줄 수 있다면, 난마처럼 얽힌 교육불평등을 조금이라도 해소하는 데 기여할 수 있을 것이다. 하지만 가정 내 사회자본이 부모의 사회경제적 지위와 무관하게 형성될 수 있는 것인가에 대한 의문은 여전히 남기 때문에 이에 대한 후속 연구가 필요하다.

5) 학업성취와 경제자본, 사회자본, 문화자본의 관계에 대한 경험적 연구

앞에서 우리는 학업성취에 영향을 주는 가정의 사회경제적 배경 요인 가운데 문화자본과 사회자본을 따로 다루었다. 그렇다면 가정의 문화자본과 사회자본이 다 함께 학업성취에는 어떻게 영향을 줄까? 이것은 매우 궁금한 사항이 아닐 수 없다. 백병부와 김경근(2007)의 연구는 이 점을 밝혀 주고 있다. 이 학자들은 수능 및 내신 성적과 경제자본, 사회자본, 문화자본의 관계를 분석하였는데, 경제자본은 내신성적에 비해 수능성적에 영향을 더 주는 것으로 밝혀졌다. 학생의 문화자본과 사회자본은 수능성적과 내신성적 모두에 대해 상대적으로 큰 효과를 가지는 것으로 나타났다. 특히 사회자본은 수능 및 내신 성적 모두에서 유의미한 직접효과를 가지지는 못했지만, 다양한 간접경로를 통해서 사교육의 효과를 능가할 정도의 비교적 큰 전체효과를 가지는 것으로 나타났다.

여기서 문화자본을 측정하기 위한 지표에 주목할 필요가 있다. 연구자들은 학생의 문화자본을 고급문화활동이 아니라 독서 관련 활동(문학과 교양서적)을 통해 측정하였다. 왜 미술관, 박물관, 고전음악회, 오페라공연 관람 등의 고급문화활동은 문화자본에서 제외되었을까? 문화자본과 학업성취에 대한 선행연구(김경근, 변수용, 2007)를 보면, 미술관이나 음악회 공연에 가는 것과 같은 문화활동이 학업성취에 부정적인 영향을 주는 것으로 나타났기 때문이다. 연구자들은 이것을 의외의 결과라고 하지만, 입시에 시달리는 학생들에게 문화활동은 오히려 교과공부시간만 축나게 한다는 점에서 충분히 예견될 수 있는 결과이다.

그런데 문화자본을 독서 관련 활동으로 한정시키면, 사실 문화자본이라는 개념의 힘은 상당 부분 약해질 뿐만 아니라 연구 자체의 의의도 떨어진다. 문화자본이라는 개념에서 고급문화향유를 뺀다면 문화자본 개념에서 남는 것은 무엇인가? 문화자본이라는 개념을 사용하지 않더라도 독서활동이 학업성취(특히 국어교과)에 긍정적인 영향을 미치리라는 것은 구태여 연구를 하지 않아도 다 아는 것이다. 연구에서 지표로 구체화되어 사용되는 문화자본의 개념에 대해서 확실히 할 필요가 있다.

아이들의 문화활동은 초등학교나 그 이전 단계에서 이루어지고 있으며, 단순히 미술관이나 음악회를 가는 것이 아니라, 아이들이 자신의 가정배경 속에서 얼마나 정통적 문화에 친숙한가 하는 것이 중요하다. 한국 사회 속에서 자본으로 가치가 있는 문화활동이나 문화적 교양은 가정에서 형성된 아비투스(habitus)의 존재를 전제한 것이다. 심미적 아비투스가 몸에 배어 있을 때, 문화활동이나 문화실천은 그 사람의 취향을 나타낸다고 볼 수 있다.

아이들이 박물관이나 미술관을 단순히 몇 번 방문한다고 해서 그것이 아이들의 문화적 취향을 드러내고 그들의 문화자본을 말해 주는 것은 아니다. 미술관이나 고전음악회를 가는 것은 문화적 실천이라고 할 수는 있지만, 이러한 문화적 실천이 곧 고급문화에 대한 취향을 나타내는 것만은 아니다. 문화적 실천이 고급문화에 대한 진실한 취향을 가지고 있다는 객관화된 증거는 아니다. 취향은 없어도 고급문화에 대한 '공허한 선의'에서 단순히 미술관이나 고전음악회를 갈 수도 있는 것이다. 그리고 반대로 문화적 취향을 가지고 있다고 해도 한국의 입시현실에서 문화적 실천을 할 시간적 여유가 없기 때문에 미술관이나 고전음악회를 찾아가는 것은 어렵다. 그러나 그렇다고 해서 이들이 문화적 취향이 없다고 말할 수는 없는 것이다.

한국 사회에서 박물관과 미술관을 찾아가는 것이 정통적인 문화적 실천으로 인식되는가도 중요하다. 문화자본의 지표로 사용되는 박물관, 미술관 관람 자체가 문화적 자본이 아니다. 그렇게 생각한다면 그것은 크나큰 오류이다. 문화자본은 속성적 개념이 아니라 관계적 개념이다. 마치 박물관, 미술관 관람 행위 자체의 속성에 문화자본이 들어 있는 것처럼 생각하는 것은 문화자본의 개념을 기본적으로 잘못 이해한 것이다. 겉보기에 부르주아지 문화실천으로 보이는 똑같은 문화적 활동, 실천을 한다 해도 만일 쁘띠부르주아지가 한다면, 그 순간 그것은 정통적인 문화실천에서 멀어지는 것이다. 골프가 본래 상류계급의 스포츠라고 해도 일반대중이 똑같이 골프를 한다면, 그것은 이미 상류층의 스포츠가 아니라 보편화된 대중적 스포츠로 그 성격이 변화되는 것과 마찬가지이다. 이것은 골프를 하는 사람들의 분포와 관련되어 판단되는 문화적 실천인 것이다.

한국 사회 속에서 자본으로 가치가 있는 문화활동이나 문화적 교양은 가정에서 형성된 심미적·학구적 아비투스의 존재를 전제한 것이다. 이러한 아비투스가 몸에 배어 있을 때, 문화활동이나 취향 등은 자연스럽게 형성되는 것이며, 단순히 형식적인 문화활동 여부가 문화자본을 나타낸다고 보기는 어렵다. 그런 이유로 아이들의 심미적·학구적 아비투스가 문화자본(언어, 신체적 성향, 취향)이 될 때, 그것은 단순히 필답고사방식의 학업성취보다는 통합논술, 구술시험에서 월등한 효과를 발휘할지 모른다.[6]

4. 대학입학전형과 '능력'의 정의

우리나라 대학입시에서는 학업성취도에 근거하여 학생을 선발하는 것이 공정한 선발방식이라고 여겨지고 있다. 하지만 시험성적만을 학생의 메리트(merit)로 규정하지 않는 대학입학제도도 있다. 미국의 '빅 스리(Big Three)' 대학인 하버드 대학교, 예일 대학교, 프린스턴 대학교의 입학제도가 그러하다. 빅 스리 대학은 단순히 학자, 지식인, 교사, 법률가, 과학자를 양성하는 대학이 아니라는 인식이 강하다. 전통적으로 빅 스리 대학은 미국의 전인적인 신사계급, 나아가 정치·경제 지도자를 양

---

6) 이와 관련된 최근의 연구로는 김영화(2012)의 연구를 들 수 있다. 김영화의 연구결과에 의하면, 문화자본을 가장 많이 보유한 계급이 구술시험에서 매우 유리하다. 구술시험에서는 학생의 달변, 자신감, 문화적 역량의 표출, 계급을 드러내는 언어구사, 태도, 몸짓, 복장, 외모, 몸가짐을 통해 주는 인상이 중요하다. 이는 대학 입학사정관전형에서 실시되는 구술시험과도 연관하여 생각해 볼 문제이다.

성하는 대학이다. 따라서 지도자로서의 고상한 품성과 리더십이라는 문화적 자질을 갖추고 있는가가 매우 중요한 선발조건이 된다. 이러한 선발목표와 선발기준을 담고 있는 선발방식을 '비능력주의 선발모델'이라고 부른다(Karabel, 2010). 미국 빅 스리 대학의 입학사정관제는 바로 이러한 비능력주의 선발모델에서 나온 것이다.

미국 빅 스리 대학이 비능력주의 모델을 전통적으로 채택해 온 이유는 대학교육의 목표가 전인적 신사계급의 양성에 있었기도 하지만, 무엇보다 빅 스리 대학의 이익을 확실하게 보장해 줄 수 있는 방법이었기 때문이다. 그렇다면 비능력주의 선발모델이 빅 스리의 이익을 어떻게 보장해 주었는가? 비능력주의 선발모델은 성적은 매우 우수하지만 품격이 떨어진다고 인식된 학생집단(특정 인종집단 · 계급집단)을 배제하면서, 상류층 자제와 동문자제, 일류사립예비학교 출신을 뽑을 수 있게 해 주었다. 이들 출신을 자신들 대학의 학생으로 받아들임으로써 대학은 든든한 재정적 후원자를 확보할 수 있었고, 특별한 홍보 없이도 평판을 높일 발판을 마련할 수 있었던 것이다(Karabel, 2010). 비능력주의 선발방식은 그야말로 일석이조의 효과를 가져다주는 것이었다.

비능력주의 선발모델에서의 전인적 자질 평가가 어떻게 상류층과 동문자제, 일류사립학교 출신에게 유리하게 작용하는 것일까? 전인적 자질 평가의 본질을 분명히 규명할 필요가 있다. 빅 스리 대학의 '전인적 인간'이라는 개념은 우리가 일반적으로 생각하는 개념과 다르다. 빅 스리 대학에서 정의하는 '전인적 인간'은 미국 사회의 프로테스탄트 백인상류층 신사계급을 일컫는 것이었다. 말하자면, 전인적 인간은 계급적 실체가 없는 추상적 개념이 아니라 신사계급이라는 실체에 근거하고 있는 것이다. 그리고 전인적 요소인 품격과 인성, 리더십도 상류층 문화에 의해서 규정되는 특정한 것임에 유의해야 한다.

비능력주의 선발모델은 사회적 배제의 원리로 작용했다는 점에 주목할 필요가 있다. 현실적으로 미국 전역의 고등학교 학생을 대상으로 전인적 인간을 뽑는다는 것은 거의 불가능에 가깝다. 어떻게 소수의 입학사정관이 학생 수십만 명의 인성과 품격을 다 확인하고 평가할 수 있겠는가? 사실, 전인적 인간의 모범이 될 만한 집단이 존재했기 때문에 전인적 인재를 뽑는 것이 현실성을 가질 수 있었던 것이다. 그렇다면 전인적 인간의 모범이 되는 학생집단은 어떤 집단이었는가? 바로 일류사립예비학교 출신 학생이다. 이들 학생은 성적이 가장 우수한 집단은 아니다. 품격과 지도력이 뛰어나고, 또한 대학이 선호하는 백인의 모범적인 체격과 체육 특기를 가지고 있었다. 이처럼 구체적인 실체가 있었기 때문에 전인적 인간 선발에서 입학사정관이 많은 어려움을 겪지 않아도 되었다. 상류층과 동문자제, 일류사립학교 출신 중에서 선발하면 되었기 때문이다.

1950년대 후반 구소련 스푸트니크(Sputnik) 위성 발사의 충격 속에서도 빅 스리 대학은 비학문적인 자질인 성품, 인성, 지도력을 메리트로 인정하는 비능력주의 모델을 바꾸지 않은 채 학문적인 자질을 메리트로 추가하는 정도였다. 물론 이는 과학기술을 중시하는 시대적 · 국가적 요청에 부응하기 위한 것이기도 하였지만, 계급적으로는 지배계급의 변동에 따른 것이기도 하였다. 빅 스리의 전통적 지지 세력인 구 엘리트 신사계급과의 유대관계가 다소 약해지고, 새로 부상한 계급, 즉 엘리트 전문직 계급과의 새로운 유대관계가 형성되기 시작하였기 때문이다(Karabel, 2010). 엘리트 전문직 계급은 옛 상류층 계급이 가진 부는 결여하고 있지만, 문화자본이 풍부한 계급이었다. 빅 스리로 가는 통로로서 경제자본이 여전히 중요하지만, 문화자본도 매우 중요한 요소가 된 것이다. 이에 따라 빅스리 대학의 입학기회가 옛 상류층 계급과 새로운 엘리트 전문직 계급 간에 일부 재분배되는 현상이 일어났다. 하지만 중간계급과 노동계급 · 빈곤계급에 있어 빅 스리 대학 입학기회는 별다른 변화가 없었다. 이들이 빅 스리 대학에 들어가기 위해서는 사회적 포용의 원칙, 다양성의 원칙에 의존할 수밖에 없었다.

대학의 입학전형에서 무엇을 '메리트'로 인정하느냐는 한 나라의 국가정책과 문화적 이상, 계급적 이해관계에 달려 있다. '유리한 삶의 조건'이라는 사회적 정황(사회적으로 성공할 가능성)을 메리트로 인정할 수도 있으며, 이와는 반대로 '불리한 삶의 조건'이라는 사회적 정황을 메리트로도 인정할 수 있다. 유리한 삶의 조건은 상류층과 엘리트 집단의 메리트이며, 불리한 삶의 조건은 소수민족집단과 노동계급 · 빈곤계급의 메리트이다. 불리한 삶의 조건을 메리트로 인정하는 입학제도의 예가 바로 '차별수정조치(affirmative action policy)'이다.

5. 학생부종합전형에서 중시하는 '능력'

우리나라 대학입학전형에서는 무엇을 메리트로 인정하는가? 입시제도의 변천사를 보면 대학입학전형에서 획기적인 변곡점을 이룬 시기는 2009년이며 이때 입학사정관제 도입으로 비교과 영역이 전형에 반영되기 시작하였다. 입학사정관제를 통해 성적만으로 파악할 수 없는 잠재적 능력을 평가하자는 취지였다.

입학 전형에서 비교과활동(자율 · 동아리 · 봉사 · 진로 활동 등)이 중시된 것은 메리트의 정의에 대한 모종의 변화를 암시한다([그림 4-1] 참고). 입학사정관제도입 이전에 내신성적은 고등학교에서 어떻게 성실하게 공부를 해 왔는가를 보여 주는 지표로 인식되었지만, 그것은 사실 대학에서 학업을 수행할 수 있는가를 평가하는 중요한 요소이기도 하였다. 입학사정관제 전형으로 달라진 점은 내신 성적의 반영비율이 떨어졌다는 사실이다. 서울대학교 입학전형에서 내신 성적의 중요도가 떨어졌다는 것은 그동안 내신성적 절대평가에서 유리한 위치에 있던 일반고 학생들에게 불리해지고, 자사고와 특목고 학생들에게 유리한 방식으로 메리트의 변화가 일어났다는 것을 의미한다. 이명박 정부의 입학사정관제는 김대중 · 노무현 정부의 3불 정책기조(본고사 불허, 기여 입학제 불허, 출신 고교에 따라 다른 가중치를 부여하는 고교 등급제 불허)에서 벗어나 서울대학교가 자유롭게 대학이 원하는 우수한 강남 3구 공

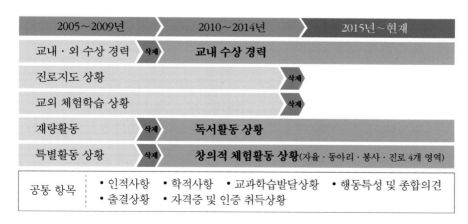

그림 4-1 학생생활기록부 비교과 내용 변천 과정

출처: 한겨레신문(2016. 4. 15.). 금수저 입시 벗어나려면…3포가 필요하다.

립학교, 특목고·자사고 학생을 더 많이 선발할 수 있게 하는 절묘한 전형방법이었
으며, 그 결과 대학입학전형이 기득권층에게 유리한 게임이 되었다는 것을 부정하
기 어렵다.[7] 이는 입학사정관전형 이후 특목고·자사고 학생의 서울대학교 입학률
의 추이를 확인해 보면 알 수 있다.

한겨레신문의 '불평등 입시 보고서'(한겨레신문, 2016. 3. 17.)가 2013~2016학년
도 서울대학교 합격자 현황을 분석한 결과, 특목고·자율형사립고 출신의 비중이
2013학년도 42.0%에서 2016학년도 49.1%로 크게 늘어난 것으로 나타났다. 이런
계층 쏠림 현상의 배경에 이명박 정부 때부터 급격히 늘기 시작한 수시모집(입학사
정관전형)과 박근혜 정부의 '학생부종합전형'이 있다는 비판이 제기되고 있다.

이명박 정부의 입학사정관전형이 박근혜 정부에서는 학생부종합전형으로 바뀌
었지만, 비교과활동을 중시하는 데는 별 차이가 없다. 학생부종합전형은 비교과활
동(동아리활동·봉사활동·진로활동 등)를 중심으로 교과, 자기소개서, 교사추천서,
면접 등을 종합적으로 평가하는 전형으로 비교과활동은 부모의 사회경제적 조건이

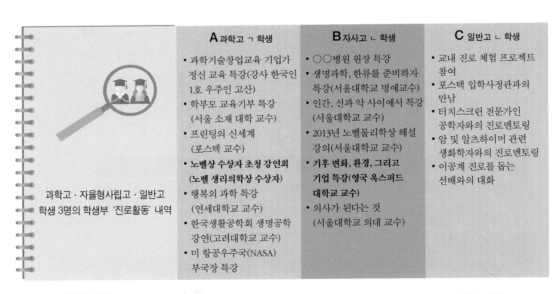

A 과학고 ㄱ 학생	B 자사고 ㄴ 학생	C 일반고 ㄴ 학생
• 과학기술창업교육 기업가 정신 교육 특강(강사 한국인 1호 우주인 고산)	• ○○병원 원장 특강	• 교내 진로 체험 프로젝트 참여
• 학부모 교육기부 특강 (서울 소재 대학 교수)	• 생명과학, 한류를 준비하자 특강(서울대학교 명예교수)	• 포스텍 입학사정관과의 만남
• 프린팅의 신세계 (포스텍 교수)	• 인간, 선과 악 사이에서 특강 (서울대학교 교수)	• 터치스크린 전문가인 공학자와의 진로멘토링
• **노벨상 수상자 초청 강연회 (노벨 생리의학상 수상자)**	• 2013년 노벨물리학상 해설 강의(서울대학교 교수)	• 암 및 알츠하이머 관련 생화학자와의 진로멘토링
• 행복의 과학 특강 (연세대학교 교수)	• **기후 변화, 환경, 그리고 기업 특강(영국 옥스퍼드 대학교 교수)**	• 이공계 진로를 돕는 선배와의 대화
• 한국생활공학회 생명공학 강연(고려대학교 교수)	• 의사가 된다는 것 (서울대학교 의대 교수)	
• 미 항공우주국(NASA) 부국장 특강		

과학고·자율형사립고·일반고 학생 3명의 학생부 '진로활동' 내역

그림 4-2 학생부종합전형 대비 특목고·자사고·강남 3구 일반학교의 학생부 진로활동 내역

출처: 한겨레신문(2016. 3. 20.). 학생부 전형, 현실은 '학생배경 전형'.

---

7) 이명박 정부의 작품인 입학사정관전형이 실시되던 해가 2009년이며, 이명박 정부가 자사고 확대를 강행하
던 해도 2009년이다. 이것은 우연의 일치였을까?

나 출신학교, 사교육 등에 의해 좌우될 위험성이 크고 학부모와 학생의 입시부담을 높인다는 비판의 목소리도 크다.

실제 학교에 따라 학생에게 제공해 줄 수 있는 프로그램의 질이나 양도 큰 차이가 나는 것으로 알려져 있다. 특히 고소득계층 출신 학생이 많은 강남 3구 일반고나 특목고ㆍ자사고는 여타 일반고에서는 따라 하기 힘든 프로그램을 제공한다([그림 4-2] 참고).

강남구에 있는 일반고에서 이루어졌던 교내 비교과활동을 보자(한겨레신문, 2016. 3. 20.).

> 강남구에 있는 일반고인 ○○고는 교수 등 전문가와 함께 연구를 수행하고 소논문을 쓰는 과제연구(Research and Education: R & E) 프로그램을 '교내 비교과활동'으로 운영한다. 연구를 지도해 줄 전문가들을 구하는 데 큰 힘이 들지 않는다. 재학생 학부모나 동문 가운데 섭외할 수 있기 때문이다. ○○고는 매년 학기 초 '대학, 정부기관 및 기업체 등에서 근무하며 전문가적 역량을 가지신 학부모'를 모집하는 가정통신문을 보낸다. 지난해에는 17명의 전문직 종사자들이 지도교수로 참여해 '빅데이터 분석 사례 연구' '폐암 진단을 위한 흉부 시티(CT)에서 대사증후군 여부 예측' 등의 주제를 학생들과 연구했다. 이런 활동은 '교내활동'이기 때문에 학생부의 '세부능력ㆍ특기사항'에 학생의 학업 능력을 뒷받침하기 위한 소재로 활용할 수 있다. 과제연구는 학생부에 기록될 경우 수시모집 '학생부 종합전형'에서 좋은 평가를 받는다고 수험생들이 믿고 있는 '고급 스펙' 가운데 하나이다.

이러한 현실을 감안하면, 학생부종합전형은 '비교과 스펙'을 사교육을 통해 준비할 수 있는 자사고ㆍ특목고 출신 학생들에게 유리한 '금수저 전형'으로 전락했다는 비판도 설득력이 있다(한겨레신문. 2016. 4. 15.). 대학입학전형에 중시하는 메리트의 변화가 어떤 계급집단의 문화적 이상과 이익을 더욱 강력하게 반영하게 되는지 지켜보아야 할 일이다.

📖 토론주제

아이의 능력은 SAT 점수인가?

미 대입 주요 전형요소

- 내신(절대평가, 교사에게 평가권을 줌)
- 표준화된 시험 점수(SAT 혹은 ACT)
- 비교과(봉사 · 학생회장 · 지역사회활동 경력 등을 명문사립대에서 주요하게 반영)
- 인터뷰(아이비리그 등 소수 대학만 실시)

미국 대학 입시에서 한국의 수능격인 대학수학능력평가시험인 SAT의 비중이 갈수록 주는 것으로 나타났다.

『New York Times』는 31일 "『US News & World Report』가 선정한 미국의 100대 교양학부 대학 가운데 4분의 1 이상이 이미 SAT 점수 제출 의무화 제도를 폐지했으며, 다른 대학들도 빠른 속도로 이 대열에 가세하고 있다."라고 보도했다. 신문을 보면, 최근 몇 달 새 조지 메이슨, 프로비던스, 호바트 윌리엄 스미스 대학 등이 SAT 점수 제출을 선택 사항으로 바꿨다. 주립대인 텍사스 대학교는 텍사스주 고교에서 내신 10%에 드는 학생들은 SAT 점수를 제출하지 않아도 바로 입학할 수 있도록 했다.

미국의 대입은 내신과 한국의 수능 같은 표준화된 시험, 비교과성적 등 세 가지 요소가 주축을 이룬다. 표준화된 시험에는 SAT와 ACT가 있다. 미대학들이 표준화 점수의 비중을 줄이는 것은 '실력은 있지만 가난한 계층 자녀들의 명문대 입학 길을 열어 준다.'라는 1930년 SAT 도입 당시의 취지가 급격히 바래고 있기 때문이다. 로런스 대학의 스티브 시버슨 입학담당 학장은 "지금 SAT 고득점자 대부분이 시험에 충분히 대비할 수 있는 부잣집 자녀들이며, 빈부에 따른 점수 차가 커지고 있다."라고 점수 제출 의무화를 폐지한 배경을 설명했다.

『로스앤젤레스 타임스』도 최근 사설을 통해 "학생들이 고가의 과외로 단기간에 과목당 200점 이상 점수를 끌어올리고 있다."라며 "대입에서 SAT 비중을 줄여야 한다."라고 주장했다. 2001년 이 시험 점수를 선택요소로 돌린 마운트 홀리오크 대학의 제인 비 브라운 부총장은 "학생들이 시간과 돈을 시험 준비가 아니라, 음악이나 글쓰기, 봉사활동 등에 사용할 수 있기를 바란다."고 말했다.

－한겨레신문(2006. 12. 14.). 100대 학부대학 25% SAT 점수제출 폐지

"부잣집 아이 과외 고득점 빈곤층 입학문턱 높아져"－

- SAT 점수는 아이의 어떤 능력을 나타내는가? 과외를 통해 SAT 점수를 높일 수 있다는 것은 무엇을 의미하는가?
- 우리나라 수능점수에 대해서도 비슷하게 이야기할 수 있는가? 미국의 경우와 어떤 차이점이 있는가? 어떤 교육적·사회적 처방이 필요하다고 생각되는가?

제5장

교육의 기회균등과 교육평등

이러한 결과는 자존감(self-respect)이라는 중요한 기본 가치를 고려해야 한다는 것과 질서정연한 사회는 사회적 결합체들의 사회적 통합체라는 사실을 주목할 경우 더욱 명백해진다. 따라서 당연히 자신의 가치에 대한 확신감은 최소 수혜자에게도 요구되어야 하며, 또한 이것은…… 정의가 허용하는 불평등의 정도를 제한하게 된다. 그래서 예를 들면, 교육에 대한 재원의 할당은 숙련된 생산 능력으로 평가되는 효과에 따라서가 아니라 최소 수혜자를 포함한 시민들의 개인적·사회적 생활을 윤택하게 하는 그 가치에 따라서 이루어져야 한다.

−존 롤스(J. Rawls),
『정의론(A Theory of Justice)』−

교육의 기회균등이란 무엇이고, 교육평등이란 무엇인가? 왜 모든 학생에게 교육평등이 보장되어야 하는가? 때로는 학교에서 학생들을 '능력 차'라는 구실로 차별하는 것도 마다치 않는다. 그러면서도 그것이 교육평등이라고 주장하기도 한다. 교육평등이라는 이름으로 교육불평등이 자행되고 있는 것이다.

이 장에서는 교육평등이란 무엇인가를 살펴보고, 교육평등화 정책과 관련된 쟁점들을 검토해 보기로 하자.

1. 교육평등의 원리

교육평등이 무엇인가를 다양한 원리에 비추어 여러 가지로 논의해 볼 수 있다. 여기서는 자연적 자유체제의 원리, 공정한 기회균등의 원리, 최대이익의 원리, 인간존중의 원리, 민주적 평등주의 원리 등을 중심으로 살펴보자(Strike, 1989; Rawls, 2003).

1) 자연적 자유체제의 원리

자연적 자유체제에서 기회균등은 "능력 있는 자에게는 누구에게나 기회가 주어진다."라는 원리로 해석된다(Rawls, 2003). 말하자면, 누구에게나 기회는 열려 있으니, 능력만 있으면 성공할 수 있다는 주장이다. 실패하는 것은 능력이 없기 때문이므로 사회를 탓할 것이 아니라 자신의 능력을 탓해야 한다는 것이다. 이는 보울즈와 긴티스(Bowles & Gintis, 1976)가 비판했던 'IQ-ism'의 주장과 비슷하다. 능력이 있는 자들에게는 그에 맞는 교육을 제공해야지, 능력 없는 자에게까지 똑같은 교육을 제공하는 것은 기회균등에 어긋난다고 본다.

자연적 자유체제의 원리에 대해 어떻게 생각하는가? 자연적 자유체체 원리의 한 가지 분명한 맹점은, 천부적 재능과 능력이 사회적 여건과 행운 또는 불운 등 우연적 변수들에 따라 계발되거나 실현되지 못하는 현실을 전혀 고려하지 못한다는 점이다(Rawls, 2003). 즉, 타고난 사회적 지위 등의 가정환경에 따라 재능과 능력이 실현되지 못하거나 불리하게 사용될 수 있다는 점을 도외시하고 있다. 능력이 동일하면 동일하게, 다르면 다르게 취급하는 것이 평등이라는 '동일성의 원리'도 자연적 자유체제의 원리를 벗어나지 못한다.

2) 공정한 기회균등의 원리

공정한 기회균등의 원리는 자연적 자유체제에 '공정성'을 덧붙인 원리이다. 단지 형식적 의미에서만 기회가 개방되어서는 안 되고 모든 사람이 사회적 지위를 획득할 수 있도록 공정한 기회가 주어져야 한다는 것이다. 여기서 공정한 기회란 사람들이 자신이 처한 사회적 계급의 영향을 받지 않고 타고난 재능과 능력을 충분히 다 계발할 기회를 의미한다. 따라서 "동일한 수준의 재능과 능력을 갖춘 사람들로서 그것을 사용할 동일한 의향을 가진 사람들은 사회 체제 내에서의 그들의 최초의 지위와 관계없이 동일한 성공의 전망을 가져야 한다."라는 입장을 견지한다(Rawls, 2003: 120).

공정한 기회균등의 원리는 사회적 우연성(가정의 계급적 위치)의 영향을 감소시키는 작용을 하는 장점이 있다. 하지만 이 원리는 능력과 재능의 천부적 요소에 따라 부나 소득의 분배가 결정되는 것을 허용하고 있다는 비판을 받는다.

롤스의 비판에 대해 의아하게 생각할 사람들도 있을 것이다. 계급적인 영향을 받지 않은 채 오로지 능력과 재능에 따라 부나 소득의 분배가 결정되도록 하는 것은 능력주의 사회의 가장 이상적인 모습이 아닌가? 왜 그것이 문제인가? 그 이유는 무엇인가? 롤스는 다음과 같이 주장한다. "소득과 부의 분배가 역사적·사회적 행운에 따라서 이루어지는 것을 허용할 이유가 없는 것과 마찬가지로 천부적 우연성(재능, 능력)에 따라서 소득과 부의 분배가 이루어지는 것도 허용할 이유가 없다."(Rawls, 2003: 121) 이에 동의하는가? 이에 대해서 다음과 같은 반문도 나올 수 있다.

물론 천부적 우연성 자체에 따라 부의 분배가 이루어지는 것은 부정의하다. 하지만 실제에 있어서는, 사람들이 천부적으로 주어진 능력만으로 어떤 사회적 지위를 획득하는 것만은 아니기 때문에, 단순히 천부적 우연성에 따라 부의 분배가 이루어진다고 말할 수 없다. 사람들이 자신의 능력을 계발하기 위해 남들이 놀 때 놀지 않고 애쓰고 노력하며, 투자하는 것만큼은 천부적 우연성의 요소가 아니지 않은가?

롤스가 주장하는 것처럼 단순히 천부적 우연성으로 사회적 지위가 얻어질 수 있는 것은 아니다. 이에 대한 롤스의 대답은 무엇인가?

> 천부적 능력이 계발되고 성숙하는 정도는 모든 종류의 사회적 여건과 사회계급의 영향을 받는다. 노력하고 힘쓰며 일반적인 의미에서 가치 있는 존재가 되고자 하는 의욕 그 자체까지도 행복한 가정 및 사회적 여건에 의존한다. (Rawls, 2003: 121)

3) 최대이익의 원리

최대이익의 원리는, 우리가 선택을 할 때 최대 다수의 사람에게 최대의 행복, 혹은 최대의 이익이 돌아가게끔 결정해야 한다는 것이다(Strike, 1989). 그러한 결정이 최선이면서 가장 정당한 것이다. 이는 공리주의적 원리로 '만족의 최대 순수 잔여량'을 달성하는 것이 정의의 원칙이 된다. 따라서 최대이익의 원리에 따르면, 우리의 행위가 도덕적인가 아닌가에 대한 판단은 그 결과에 달려 있다. 최선의 행위란 최선의 결과가 따르는 행위임을 의미한다.

그러나 이 원리는 무엇을 이익 혹은 행복으로 볼 수 있느냐에 대해서는 직접적으로 말해 주는 것이 없다. 사람들이 어떤 욕구가 충족될 때 행복해지는가 하는 것은 차후의 문제이다. 이 원리는 단지 우리가 행복이 무엇인지를 안다면 최선의 결정은 행복이라는 결과를 극대화하는 결정이라는 점을 말해 줄 뿐이다. 따라서 공리주의 원리에 따라 사회제도를 만들 때 중요한 것은 만족의 최대 총량을 달성하도록 하는 것이며, 만족의 원천이나 성격에 대해서는 묻지 않고 단지 그 만족이 행복의 총량에 어떤 영향을 미치게 될지에 대한 것만 문제 삼으면 된다(Strike, 1989).

4) 인간존중의 원리

인간존중의 원리는 우리가 도덕적 행위자인 인간들의 동등한 가치를 존중하는 방식으로 행동할 것을 요구한다. 이 원리의 핵심은 성경에 나오는 황금률("네가 대접받고 싶은 대로 남을 대접하라.")에 잘 나타나 있다.

우리가 다른 사람들로부터 대접받기를 기대하는 것과 같이 그들을 대접할 의무가 있다. 인간존중의 원리는 다음 세 가지의 부수적인 생각을 포함하고 있다고 볼 수 있다(Strike, 1989).

첫째, 인간존중의 원리는 다른 사람을 수단이 아닌 목적으로 대할 것을 요구한다. 이는 우리 자신의 목적을 성취시키기 위한 수단으로 다른 사람을 대해서는 안 된다는 것을 의미한다. 우리는 다른 사람의 목적도 물론 존중해야 한다. 우리 자신의 행복에 기여하는 면에서만 가치 있는 존재, 즉 단순한 대상으로 다른 사람을 대할 수는 없다. 우리는 그들의 행복도 물론 고려해야 한다. 인간을 목적에 기여하는 수단으로 취급해서는 안 된다는 생각이 바로 이것이다.

둘째, 인간을 수단이 아닌 목적으로 취급한다는 것이 무엇을 의미하는가를 고찰하려고 할 때 우리는 인간이 자유롭고 이성적인 도덕적 행위자라는 사실을 가장 중요하게 여겨야 한다. 무엇보다도 이 말은 다른 사람의 선택의 자유를 존중해야 한다는 것을 의미한다. 그리고 우리가 동의하지 않더라도 다른 사람의 선택을 존중해야 한다는 뜻이다. 더 나아가 우리는 다른 사람이 책임 있는 결정을 내릴 수 있도록 도와주는 데 최우선 순위를 두어야 한다는 것을 의미한다. 그러므로 인간이 자유로운 도덕적 행위자로서 스스로 책임 있게 행동할 수 있도록 도와주는 정보와 교육을 접할 기회가 중요하다.

셋째, 비록 인간들이 각각 다르기는 하지만 도덕적 행위자로서의 인간은 동등한 가치를 지닌다. 이는 인간의 능력이나 역량을 동등하게 보아야 한다는 것을 의미하는 것이 아니다. 또한 인간들 간의 적절한 차이가 그들을 어떻게 대할 것인가를 결정하는 데 고려될 수 없다는 것을 의미하지도 않는다. 예컨대, 더 열심히 일하고 더 많이 공헌했기 때문에 어떤 사람에게는 다른 사람보다 더 많은 봉급을 지불하는 것이 동등한 존중의 정신에 위배되는 것은 아니다.

인간이 도덕적 행위자로서 동등한 가치를 지닌다는 것은 똑같은 기본 권리를 가지고 있고 동등한 가치의 이해관계를 가진다는 것을 의미한다. 모든 사람은 타고난 능력에 상관없이 동등한 기회를 가질 권리가 있다. 민주주의 선거에서 모든 사람은 각각 하나의 투표권이 있고, 각자의 투표권은 다른 모든 투표권과 동일한 가치를 지닌다. 누구도 자신의 행복이 다른 사람의 행복 이상으로 중요한 것처럼 행동할 자격은 없다. 인간으로서 모든 사람은 동등한 가치를 지닌다.

5) 민주적 평등주의의 원칙

민주적 평등주의는 롤스(Rawls, 2003)가 주장하는 것으로, '공정한 기회균등+차등의 원칙'으로 표현될 수 있다. 여기서 보면 자유주의적 기회균등의 원리에 차등의 원칙을 결합시킨 것이 민주적 평등주의임을 알 수 있다. 따라서 차등의 원칙이 롤스의 민주적 평등주의에서 가장 특징적인 요소라 할 수 있다.

차등의 원칙에서 '차등'이란 분배에서 균등적인 분배가 아니라 차등적 분배를 한다는 의미를 내포한다. 그렇다면 '차등이란 평등의 원칙과 다른 것이 아닌가? 불평등을 정당화하는 것은 아닌가?' 하는 의문이 일어날 수 있다. 차등의 원칙은 분명히 불평등이 정당할 수 있으며, 그것은 공정한 기회균등의 원칙에 더하여 다음의 조건들을 충족시킬 경우에 한한다.

첫째, 이 원칙은 모든 이익이 평등하게 분배되도록 요구하지는 않지만 불평등은 결과적으로 모든 사람에게 이득이 될 경우에만 인정되어야 함을 요구한다. 적은 몫을 받은 사람이 그들이 평등한 분배를 받았을 때보다 오히려 더 풍족해지는 경우에만 불평등이 정당화될 수 있다는 것이다. 다른 사람들의 복지를 위하여 어떤 사람의 복지를 희생하는 그런 불평등은 허용되지 않는다.

둘째, 이 원칙은 특히 사회적으로 가장 불리한 입장에 있는 사람들의 필요에 부응할 것을 요구한다. 이 원리는 불리한 사람들에게 이익이 되는 방식으로 자원을 분배해야 함을 요구한다. 사회 전체의 복지는 평균적으로 증대되었지만 결과적으로 불리한 사람들이 더 궁핍해졌다면, 그러한 방식으로 자원을 분배해서는 안 된다. 사회정의의 시금석은 사회 전체의 평균 복지에 있는 것이 아니라, 가장 불리한 입장에 있는 사람들의 복지에 있는 셈이다.

셋째, 이 원칙은 모든 사람이 평등하게 살아야 한다는 것이 아니라, 어떤 사람이 다른 사람의 희생으로 잘 살게 되는 것을 금지하는 것이다. 그리하여 불리한 입장에 있는 사람들을 포함하여 모든 사람에게 이득이 될 때만 자원분배의 불평 등이 인정된다.

요컨대 차등의 원칙은 능력의 차이를 없애는 것이 아니라 그 차이를 사회공동체 전체와 뛰어난 능력을 타고나지 못한 사람들의 이익을 위해 쓰이도록 하는 것이다. 즉, 능력과 재능이 있는 사람은 지속적으로 자신의 능력과 재능을 계발하고 발휘하도록 하되, 그 능력과 재능으로 얻어 낸 성과와 이익은 공동체 전체로 돌아가게 하는 것이다.

> 누구든 간에 천부적으로 보다 유리한 처지에 있는 자는 아주 불리한 처지에 있는 자
> 의 여건을 향상시켜 준다는 조건 아래서만 그들의 행운으로부터 이득을 볼 수 있다. 천
> 부적으로 혜택을 받은 자는 그들이 재능을 더 많이 타고났다는 바로 그 이유만으로는 이
> 득을 볼 수 없으며 훈련비와 교육비를 감당해야 하고 불운한 자도 또한 도울 수 있으며
> 자기의 자질을 사용해야 한다. 아무도 자신의 보다 큰 천부적 능력이나 공적을 사회에
> 있어서 보다 유리한 출발지점으로 이용할 자격이 없다. (Rawls, 2004: 101-102)

샌델(Sandel, 2010: 219)이 간명하게 표현한 바와 같이, "가장 빠른 주자에게 족쇄
를 채우지 말고 최선을 다해 달리게 하라. 단, 우승은 그만의 것이 아니라 재능이 부
족한 사람들과 함께 나누어야 한다는 점을 미리 알려 준다". 이것이 롤스가 주장하
는 차등 원칙의 요지이다.

롤스의 차등의 원칙은, 행운의 결과로 얻는 것은 공동체나 불우한 이웃과 나눠야
한다는 주장으로 복지시스템의 근간이 된다. 이러한 차등의 원칙에 기반을 둔 평등
주의 이론이 '행운평등주의'[1]이다. 행운평등주의는 능력이 뛰어난 자의 '오만'과 능
력이 결여된 자의 '굴욕'에 기름을 붓는 격이라는 비판에 직면한다(Sandel, 2020). 불
우한 사람은 결국 천부적 재능과 매력이 결여된 사람이라는 낙인을 찍는 결과를 초
래한다는 것이다.

기본적으로 롤스의 차등의 원칙 자체에 대해 두 가지 비판이 나올 수 있다.[2] 어떻

---

1) 법철학자 로널드 드워킨(Ronald Dworkin)이 대표적인 행운평등주의(luck egalitarianism) 사상가로 알려
져 있다. 드워킨은 자원평등론에서 사람들이 삶에서 이용할 수 있는 자원의 분배적 평등을 실현하기 위해
선택과 운을 구별한다. 그는 정치공동체의 구성원의 인성(personality)이 반영된 선택운(option luck)의
결과는 개인이 책임져야 하지만, 여건(circumstances)으로 인한 비선택운(brute luck)의 불평등은 부당하
며 보상을 요구할 수 있다고 주장한다(김주현, 김현철, 2019).
2) 롤스의 정의론에 대한 비판은 여러 가지가 있지만, 그중에서 롤스의 정의론이 현실적으로 실현이 어렵
다는 센(Sen, 2009)의 비판은 주목할 만하다. 완벽한 정의론은 현실의 불평등을 감소시키는 데 도움이
안 된다는 것이다. 롤스는 정의에 기반을 둔 제도를 강조하고 있지만, 사람들의 행동은 상호호혜와 박애
정신으로 움직이지 않는다는 점을 지적한다. 스티글리츠(Stiglitz, 2013)의 『불평등의 대가(The Price of
Inequality)』는 정의롭지 않은 불평등한 미국 자본사회의 모습을 잘 드러내고 있지만, 스티글리츠의 비판
의 저변에는 롤스의 차등 원칙이 강하게 풍겨져 온다.

게 불평등이 모든 사람의 이익을 향상시킬 수 있는가? 그리고 최소 수혜자에게 사소한 이득을 주는 대신에 무한히 큰 불평등을 허용할 수도 있지 않은가? 최소 수혜자에게 1원어치의 이득이라도 향상시켜 주는 것이라면, 최대 수혜자의 이익은 얼마가 되든 정당화되는 것이 아닌가? 여기서 상세한 논의는 할 수 없지만 롤스가 정의론에서 분명히 하는 것은 최대 수혜자의 상위 기대치가 과도하게 높아서는 안 되며, 또 그 상위 기대치가 공정한 기회균등의 원칙을 침해해서는 안 된다는 것이다. 그에 따르면, 차등의 원칙은 최소 수혜자의 이익은 '극대화의 원리'에 따라야 하며, '사회적 최소치'가 분명하게 정해져야 하고, 불평등의 정당성 여부는 노동자 계층의 상황이 정말로 개선되는가에 따라서만 판명된다.

2. 교육평등과 교육정책

다음에서는 실제 교육정책에서 교육평등 원리가 어떻게 해석 · 적용되는가를 살펴보기로 한다. 이어서 다루게 될 콜먼(Coleman, 1966)의 연구는 대표적인 교육평등 연구라 할 수 있다. 콜먼의 교육평등관은 무엇인지 살펴보자.

1) 콜먼의 연구보고서

서구사회에서는 제2차 세계대전 이후, 특히 1960년대에 이르러 불평등에 대한 사회적 관심이 크게 확산되었다. 미국에서는 1960년대에 사회운동이 활발히 일어나면서 인권의 중요성에 대한 인식이 확산되었고 불평등과 빈곤을 퇴치하기 위한 '전쟁'이 선언되었다. 이러한 상황에서 교육불평등이 뜨거운 사회적 이슈가 되었고, 교육불평등의 해소가 빈곤과 불평등의 문제를 해결하기 위한 정책의 주 목표가 되었다.

교육불평등에 대한 대표적 연구서인 콜먼의『교육기회의 평등(Equality of Educational Opportunity)』(Coleman et al., 1966)도 빈곤의 문제를 교육을 통해 해결해 보려는 미국의회와 행정부의 의지로 수행된 연구이다. 이 연구보고서는 인종이나 계층의 차이 때문에 교육기회가 어떻게 달라지는가에 대한 일반적인 가정을 검증한 것이다. 정책 입안가들은 백인학교와 흑인학교 간의 특성에 차이가 있고, 이러한 차이가 두 집단 간의 학업성취도의 차이를 가져올 것이라 예상하였다. 그러나 콜먼의 연구결과는 학교 간의 특성(교육자원의 분배)이 거의 비슷하고, 학교의 교육여건이 학업성취도에 큰 영향을 주지 않는 것으로 나타났다. 불우한 계층집단의 학업실패 원인은 학교에 있는 것이 아니라 학생의 가정환경에 있다는 결론이었다.

이에 따라 불우한 계층의 교육기회를 실질적으로 보장해 주기 위한 교육정책을 수립하였는데, 그것이 바로 '보상교육(compensatory education)' 정책이다. 만일 콜먼의 연구결과처럼 사회집단 간의 학업성취도의 차이가 학교 간 교육여건(educational facilities)의 차이에서 비롯되는 것이 아니라 가정의 문화결손과 또래집단의 영향에 기인한다면, 학교는 오히려 가정의 결손을 보상해 주는 교육을 하지 않으면 안 된다. 이를 통해 사회집단 간의 교육결과의 평등을 이루어 내어야 한다(Church, 1976).

콜먼의 연구의 의의는 교육평등에서 개인보다는 집단의 중요성을 강조하면서 교육평등에 대한 관점을 기회의 평등에서 결과의 평등으로 한 차원 높였다는 점을 들 수 있다(Coleman, 1968). 결과의 평등에 따라서 아이들이 학교에 갈 기회를 제공받는 것만으로는 충분치 않으며, 각 사회집단 간 교육결과의 불평등을 해소하기 위하여 학교가 적극 관여할 것이 요청된다. 특히 집단을 강조하고 결과의 평등을 요구하는 데는 흑인과 여성 및 그 외 하위집단도 전체 인구에 대한 그들의 인구비에 비례해서 성공해야 한다는 의미가 내포되어 있다.

이후 콜먼에 대한 비판적인 논의가 많이 쏟아져 나왔고, 학교가 오히려 학업실패의 '공장'이라는 비판적 연구(Rist, 1973)도 나왔다. 콜먼의 연구에서 발견된 것을 보면 소수민족과 다수민족 아이들 간의 학업성취도의 차이는 학교에 머무는 기간이 길어질수록 더욱 확대되고 있다. 이는 바로 학교가 불우한 계층의 열등한 학업결과를 더욱 고착시키고 강화하는 경향이 있음을 보여 주는 것이다(Karabel & Halsey, 1977).

2) 교육결과 평등론의 한계

교육평등, 특히 교육결과의 평등 여부를 집단 간의 수량적인 차이로만 따지는 것은 무엇인가 부족하다. 교육받는 결과를 성적이라는 수치만으로 따질 수 있는 것인가? 질적인 측면에서도 논의해야 한다. 예를 들어, 흑백 간의 학교 분리나 학교에서 일어나는 인종차별주의는 교육불평등의 사례이며, 사회정의에도 어긋난다. 또한 학교에서 학생들에게 분배하는 교육과정 지식의 계급적 편향성도 교육평등에 위배된다(Secada, 1989).

그리고 학생들의 다양한 능력을 무시하고 획일적으로 똑같은 교육을 받아야 하고, 그 결과인 성적이 모든 학생집단 간에 같아야 한다는 주장도 문제라 할 수 있다. 각 학생의 재능과 흥미가 다르다면 이들의 교육 또한 달라야 하며, 그들의 교육결과를 똑같이 평가할 수는 없다. 복합지능 이론가인 가드너(H. Gardner)는 다음과 같이 주장하고 있다.

> 교육이 해 줄 수 있는 유일하고도 가장 중요한 공헌은 아이로 하여금 자기의 재능에 가장 잘 어울리고 능력을 충분히 발휘할 수 있고 만족을 느낄 수 있는 분야를 향해 나아가도록 도와주는 것이다. 그동안 우리는 잘못된 길을 걸어왔다. 그와 같은 편협한 기준에 맞느냐 안 맞느냐 하는 것으로 모든 학생을 평가하고 있다. 이제는 아이들의 순위를 매기는 일은 그만두고, 그들의 다양한 능력과 재능을 발견하여 개발시켜 줄 시기이다. 성공에 이르는 길은 수만 가지가 있는 법이며, 얼마든지 많은 다양한 능력을 통해 우리는 그곳에 이를 수 있다. (Golman, 1996: 84에서 재인용)

3) 교육결과의 평등론에 대한 보수적 반론

교육결과의 평등론에 대한 보수적 반론은 각기 다른 문화적·인종적·성적 집단 간의 학업성취에서의 차이는 교육평등의 원리에 어긋나지 않으며, 다른 요인이 집단 간의 학업성취 격차를 가져온다는 것이다. 이 반론은 두 가지 이론으로 나누어 볼 수 있다.

첫째, 지능결핍 이론이다. 이 이론에 따르면, 집단 간의 교육결과 격차는 인종, 성, 사회계급 등의 요인이 아니라 지적 능력 요인에 따른 것이다. 지적 능력요인은 천부적인 능력 차이에서 비롯되는 것이기 때문에 보상교육 프로그램이 지능의 차이를 줄일 수 없다. 보상교육 프로그램은 단지 환경적인 요인만을 변화시킬 수 있다. 젠슨(Jensen, 1969) 등의 심리학자는 흑인집단이 지능검사에서 백인이나 동양계 아동을 비롯한 다른 집단보다 일관되게 낮은 평균점수를 얻기 때문에 이러한 집단들의 구성원들 사이에는 유전적인 명확한 지적 능력의 차이가 있다고 주장하였다. 젠슨은 학업성취와 사회적 보상의 차이는 지적 능력의 차이에서 비롯되는 것이며, 이러한 차이가 기회균등의 원리에 어긋나고 있다는 증거는 아니라고 주장한다.

이러한 지능결핍 이론은 여러 가지 근거에서 비판을 받는다. 예컨대, 저조한 학업성취나 IQ가 생득적이라는 것은 그릇된 지능 이해이다. 교육내용이 중위계층 이상의 학생들에게 유리하게 편향되어 있으며, IQ검사의 내용 또한 문화적 편향과 이미 학습된 것이 상당히 들어 있다는 사실을 외면하고 있다.

둘째, 문화결핍 이론이다. 문화결핍론자들은 IQ검사를 통해 측정된 지능은 집단 간의 학업성취 수준의 차이를 적절하게 설명해 주지 못한다고 주장한다. 이 견해를 뒷받침하기 위해 문화결핍론자들은 IQ를 상당히 의미 있게 높이는 데 성공했던 여러 연구를 지적한다. 이들은 IQ보다 동기적 요인이 성취와 보상의 차이를 설명하는 데 훨씬 중요하다고 주장한다. 동기적 요인은 가정생활과 문화요인과 밀접한 관련을 맺고 있는 것으로 보인다(Feinberg & Soltis, 1985).

밴필드(Banfield, 1970) 등의 문화결핍론자에 따르면, 어떤 사람의 동기수준이 높거나 낮다고 하는 것은 공간과 시간을 개념화하고, 자기 자신을 먼 미래와 더 넓은 공동체 속에 투사할 수 있으며, 미래의 목적을 위하여 현재의 모든 것을 다 집중시킬 수 있는 능력의 여부로 결정된다. 이러한 능력의 차이는 바로 계급 문화의 특징에서 찾아볼 수 있다. 예를 들어, 중간계급은 그러한 계급문화적 특징을 많이 가지고 있고, 노동계급은 그렇지 못하고 찰나적인 인생을 살며 오직 지금 여기서의 삶만을 추구한다. 문화결핍론자들은 이 계급문화 속에 뿌리박힌 행동유형을 바꾼다는 것은 거의 불가능하다고 믿기 때문에 보상교육 프로그램에 대해 별로 기대를 하지 않는다.[3] 문화결핍 이론은 문화의 상대성을 무시한 백인문화 중심적인 이론이며, 또한 미래에 대해 절망적일 수밖에 없게 만드는 불평등한 사회구조를 간과하고 있다는 비판을 받는다.

---

3) 보상교육에 대해서 문화결핍 이론 간에 차이가 있음에 유의해야 한다(Feinberg & Soltis, 1985). 예를 들어, 밴필드의 문화결핍론은 보상교육 프로그램에 대해서 비판적인데, 그는 계급문화적인 결핍 요소를 어떤 교육 프로그램으로도 보충하거나 보상하기 어렵다고 생각하였다. 국내의 연구(김경년, 2011)에 따르면, 가정환경 결손이 학습태도와 학업성취도에 부정적인 영향을 미치지만 가정환경의 부정적 영향은 학교에서 시행하는 학습부진아 '구제' 프로그램에 의해 조절될 수 있다.

3. 학업성취와 교육기회 분배의 불평등

1) 학업성취의 불평등

초 · 중등학교의 학업성취도는 사회계층과 지역에 따라 현저히 다르게 나타나고 있다. 우선 아버지의 소득수준(5분위) 순위별 학업성취도 격차를 보면, 성적 상위 25% 이상인 경우가 44.29%, 34.91%, 27.94%, 18.89%, 9.72%로 나타났다(류방란, 2006). 소득수준 1분위는 5분위에 비해 상위 25%의 점수를 받을 가능성이 4.5배가량 높다. 이것은 고등학교 성적을 비교한 것으로, 초등학교에 비해 고등학교로 올라갈수록 소득수준 간의 격차가 커지는 것으로 나타난다. 아버지의 직업별 학업성취도 격차를 보면, 고등학교 성적 상위 25% 이상인 경우가 41.19%(상위공무원, 전문직), 32.93%(준전문직, 사무직), 21.50%(서비스, 판매근로, 기능직), 11.39%(농어업, 단순노무직)로 나타났다(류방란, 2006). 상위공무원, 전문직 직업의 아버지를 둔 학생들이 농어업, 단순노무직의 직업을 둔 학생들에 비해 상위 25%의 점수를 받을 가능성이 3.6배가량 높다. 아버지의 학력별 성적분포를 보면, 4년제 대학 졸업 이상인 경우 자녀의 성적이 상위 25% 이상에 들 가능성은 중학교 졸업 이하에 비해 4.9배가량 높다. 한편, 지역별로 보면 고등학교 성적 상위 25% 이상인 경우가 30.69%(서울시), 37.15%(광역시), 27.29%(중소 도시), 7.15%(읍면)로 나타났다.

이러한 연구결과는 김경근(2005)의 연구에서도 확인된다. 김경근의 연구에 따르면, 계층(아버지의 학력과 직업, 소득)과 수학능력시험 점수(언어, 수리, 외국어 영역) 간의 관계를 보면 매우 뚜렷한 정적 상관관계가 있다. 예를 들어, 아버지의 학력이 중졸 이하인 학생들과 대학원 이상인 학생들 사이에는 평균 50점 가까운 점수의 차이가 나타났다. 가계소득별로 보면 월 소득 200만 원 이하 가구 자녀의 점수는 평균 287.6점이고, 500만 원을 초과한 가구의 경우는 317.58점으로서 30점의 차이가 있다. 한편, 지역별로 보면 대도시 학생들은 중소도시 및 읍면지역 학생들보다 높은 성취도를 보이고 있는데, 예를 들어 광역시 학생들은 평균 310.31점으로 서울시 학생들(303.49점)보다 더 우수한 성적을 보이고 있는 반면, 읍면지역 학생들은 평균 269.69점으로 여타 지역에 비해 현저하게 낮게 나타났다.

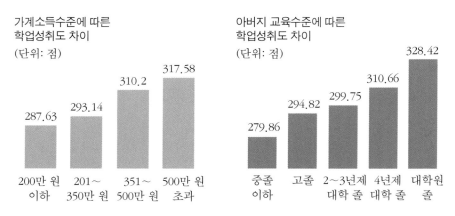

그림 5-1 계층에 따른 학업성취도 차이

출처: 김경근(2005). 한국사회 교육격차의 실태 및 결정요인.

2) 고등학교 유형별 교육기회 분배

고등학교의 경우 1990년 88.0%, 2001년 89.9%, 2017년 93. 8 %, 2021년 96.1%의 매우 높은 진학률을 보이고 있다(한국교육개발원, 2006; e-나라 지표, "취학률과 진학률"). 그러나 고등학교의 계열(일반계열, 실업계열)이 다르고, 특목고(과학고와 외국어고)와 자율형 사립고('자사고') 등 '특수고[4]'가 생겨나면서 고등학교 유형이 '수직적 다양화' 현상을 보이고 있다.

가정배경에 따른 유형별 고등학교 진학 기회를 살펴보면(고형일 외, 2005), 아버지의 직업지위가 낮을수록 전문계 고등학교로 진학하는 비율이 높다. 고위 임원직 및 관리자, 전문가와 준전문가 및 사무직의 경우 실업계 고교 진학률의 20% 미만의 분포를 보이는 데 비해, 나머지 직업집단의 경우는 30~40%대에 분포하고 있다. 특히 부모의 직업이 농업 및 어업 숙련 근로자의 경우, 실업계고등학교 진학률이 43.7%로 다른 직업집단에 비해 훨씬 높다.

부모의 직업에 따른 특목고 진학률을 보면, 아버지의 직업이 상위직일 경우 자녀의 특목고 진학률은 8.47%, 일반계 고등학교 진학률은 75.4%인 데 비해, 하위직일 경우 특목고 진학률은 1%, 일반계 고등학교 진학률은 67.6%이다(류방란, 김성식,

---

4) '특수고'는 특목고, 영재고, 국제고를 포괄하는 용어로 편의상 사용하는 용어이다.

2006). 한편, 자율형 사립고에 진학한 학생의 학부모의 학력과 소득수준을 보면, 학교에 따라 차이가 있지만 대체적으로 중류층 이상이다(고형일 외, 2005). 부모의 소득수준을 보면, 직원 자녀를 위해 설립된 광양제철고등학교와 포항제철고등학교의 수준은 상산고등학교(평균 월수입 586만 원), 해운대고등학교(578만 원)보다 낮다. 특히 민족사관고등학교 학부모의 경우는 평균 수입이 687만 원이며, 월수입 200만 원 이하는 1.2%인 데 비해 700만 원 이상은 35.4%에 이르며, 학부모의 학력은 반수가 대학원 졸업 이상이다. 민족사관고등학교 학부모의 거주지역을 보면, 2007학년도 합격자 155명의 45.2%인 70명이 서울시 강남구(22명)와 양천구(12명), 경기도 성남시(19명), 고양시(17명) 출신이었다(한겨레신문, 2006. 12. 26.).

3) 대학서열화에 따른 교육기회 분배의 불평등

1977년에 2년제 대학 포함 대학진학률은 17.8%였으나, 1990년에는 37.7%, 2001년에는 83.7%로 매우 가파른 진학률 증가를 보였다. 2011년 이후에는 70% 이하의 감소된 진학률(2017년 67.6%)을 보였으며, 2021년에는 71.5%의 진학률을 보이고 있다(한국교육개발원, 2006; e-나라 지표, "취학률과 진학률").

특히 1980년대는 대학진학률 변동에서 중요한 시기이다. 당시 졸업 정원보다 30%가량 신입생을 더 뽑았던 대학졸업정원제가 실시되면서 대학정원이 크게 확대되었다.[5] 이에 따라 하위계층에게도 일정 부분 대학교육기회가 늘어나기는 하였지만, 입학기회는 대개 중소도시의 소위 이류, 삼류 대학에 한정되어 있었다(한만길, 1993). 반면, 중상류층은 주로 서울 또는 대도시에 소재한 '명문대학'의 교육기회를 거의 독점하다시피 하였다. 중·상류층에게 명문대학교육기회가 집중적으로 분배되는 이유는 산업화 과정에서 부의 축적에 성공한 자영 판매직 및 자영 서비스 종사자 등의 상대적으로 큰 교육적 포부와 이를 뒷받침할 수 있는 경제력에 힘입었던 것으로 설명되기도 한다(김영화, 1993). 이는 산업화 과정에서 새로운 계급구조의 형성

---

5) 졸업정원제와 별도로 대학입학정원이 확대되고 2년제 대학이던 방송통신대학에 학사과정이 개설되었다. 2년제이던 교육대학은 1984년까지 4년제로 개편되었다. 그 결과, 1980년 61만 1,000여 명 선이던 대학생 수는 5년 뒤인 1985년에는 136만 6,000여 명으로 수직상승했다(News 1뉴스, 2015. 1. 17.).

과 계급 분화가 곧 교육불평등의 고착화 현상을 촉진하고 있음을 보여 주고 있는 것이다.

한국노동연구원의 '고등교육 기회에 있어서 사회계층별 불평등의 분석'에 따르면, 부모의 교육수준과 지위, 소득이 높을수록 자녀의 대학진학률도 높다(강영혜 외, 2005에서 재인용). 특히 대학이 서열화되면서 상위권 대학의 진학이 더욱 중요해졌고, 그러면서 상위권 대학에 진학하는 학생들의 배경적 특징도 두드러지게 나타나고 있다. 서울대학교 진학률의 차이를 보면, 고소득층 가정 자녀의 서울대학교 입학 비율이 일반 가정 자녀에 비해 1985년에는 1.3배에 불과하였으나 2000년에는 16.8배로 늘어났고, 고소득직군(일반 회사의 간부 포함) 아버지의 자녀 입학률은 다른 직군의 입학률보다 20배가 높으며(김광억 외, 2004), 해가 갈수록 그 격차가 더욱 확대되는 추세이다. 2007년 서울대학교 신입생들의 가구소득 수준을 보면, 소득수준 상위 10%에 들어가는 신입생은 전체의 39.8%이고, 상위 20%에 속하는 가구의 학생은 전체의 61.4%에 달하였다. 반면, 정부의 생계지원을 받는 기초생활수급자는 조사 대상 1,463명 중 단 25명에 불과하였다(손우정, 2007). 'SKY'(서울대학교·고려대학교·연세대학교) 신입생 중 고소득층 자녀 비율은 매년 증가 추세이다. 'SKY' 신입생 중 부모의 월 소득이 9분위(949만 원) 이상인 고소득 가정 출신은 2017년 41.4%에서 2018년 51.4%, 2019년 53.3%를 거쳐 2020년 55.1%까지 늘었다(세계일보, 2021. 5. 19). 서울대학교는 고소득 가정 출신 신입생 비율이 2017년 43.4%에서 2020년 62.9%로 3년 새 19.5%포인트 높아졌다. 의대와 로스쿨은 고소득층 자녀 비율이 특히 높다. 2020년 '의대·로스쿨 신입생 소득분위별 국가장학금 신청 현황'에 따르면 전국 40개 의대 신입생의 52.4%가 고소득층이었고, 전국 25개 로스쿨은 51.4%가 고소득층인 것으로 나타났다. 특히 SKY 대학은 의대 신입생 중 고소득층 74.1%, 로스쿨은 58.3%에 달했다(세계일보, 2021. 5. 19.).

한편, 2011~2013학년도 서울지역 고등학교 유형별 서울대학교 진학률을 보면, 외고, 국제고, 과학고, 영재고 등 서울 '특수고' 출신이 2011학년도 28.1%, 2012학년도 28.1%, 2013학년도 28.5%로 높은 수준을 꾸준히 유지했다(스카이데일리, 2013). 서울대학교의 2014년 최초합격 기준 합격 비율은 서울시 일반고의 경우 100명당 0.6명인 데 비해, 서울시 외고의 경우 100명당 10명, 과학고의 경우 100명당 41명으로 각각 일반고의 무려 15~65배에 다다랐다. 또한 2005년에서 2014년까지 10년 추세를 보면, 이들 '특수고'는 '입학 확률'이 늘었는 데 비해 일반고는 점점 줄어든 추세를 보여 특수고와 일반고의 격차가 점점 더 벌어졌다(김세직, 2014). 가구소득수준이 높아짐에 따라 특수고 진학률이 높아지며, 그것이 그대로 이어져 특수고의 서울대학교 합격 비율이 높아지는 것으로 나타났다(김세직, 2014). 여기에는 교육의 "마태복음효과"가 작용한 것으로 보인다(오현석 외, 2010).[6]

　일반고 출신 중에서도 이른바 "서울부자특구"라 불리는 강남 3구 일반고의 강세는 여전하다. 서울 소재 일반고 출신 정시 합격자 중 강남 3구 출신은 2011학년도 54.3%, 2012학년도 57.7%, 2013학년도 70.1%로 나타났다. 수시모집도 강남 3구 학생들의 합격비율이 서울시 다른 구보다 높았다. 2013학년도 수시일반전형에서 일반고 출신 서울대 합격자 비율이 가장 높은 지역은 강남구 69명(24%), 서초구 43명(15%), 송파구 33명(11.5%)으로 서울특구가 50.5%를 차지하였다. 2002~2011년의 10년 기간을 보면, 특목고와 강남 3구 일반고가 전국 합격자 대비 2002년에 55.2%, 2011년에 65.7%를 차지하였다(김희삼, 2015). '2021학년도 서울 자치구별 일반고 서울대학교 합격자' 자료에 따르면, 서울대학교에 합격한 서울지역 일반고 출신 학생 중 강남구 소재 학교 출신이 도봉구 소재 학교 출신의 50배가 넘었다. 강남구의 학생이 도봉구보다 3배가량 많은 점을 고려하면 강남구 출신 서울대 합격률은 압도적으로 높았다. '강남 3구(강남·서초·송파)'로 확대해도 상황은 비슷하다. 서울지역 일반고 출신 서울대학교 합격자의 약 40%는 강남 3구 출신이었다(세계일보, 2021. 5. 19.).

　이와 같이 특수고 학생과 서울부자특구 일반고 학생의 서울대학교 합격률이 높은 것은 사교육 의존도의 심화에 따른 가정의 경제적 배경의 영향력이 큰 데서 비롯된 것으로 분석되고 있다. 경제학자인 김세직(2014)의 분석결과에 따르면, 구별 평균 아파트 매매가와 구별 서울대학교 합격 확률은 강한 선형관계를 나타내었다. 또한 서울시 구별 사설 학원 수와 서울대학교 합격 확률 역시 강한 선형관계를 보였다.

　전체적으로 종합해 보면, 부모의 학력, 지위, 소득이 높을수록 자녀의 서울대학교 진학률이 높고, 특히 특수고 출신과 강남 3구 일반고 출신이 매우 높은 서울대학교

---

6) "마태복음효과"란 기회의 누적이득효과를 의미한다. 특수고–서울대로 이어지는 기회의 누적이득효과는 오현석 등(2010)의 연구에서 상세히 다루고 있다.

진학률을 보이고 있다. 이는 사회경제적 계층에 따른 고등교육기회의 양적·질적 불평등 현상을 상징적으로 보여 주는 것이라고 할 수 있다.

그러면 SES가 낮은 집단은 어떤 대학을 선택하고 있는 것일까? 한 연구(강충서, 윤민종, 2018)에 따르면, SES가 높은 집단에 비해 SES가 낮은 집단에서 '언더매칭(undermatching)' 현상(자신의 수능성적이나 내신성적보다 낮은 대학을 선택하는 현상)이 보다 빈번하게 나타나고 있다.[7] 특히 SES 가장 낮은 집단에서 언더매칭 비율은 최상위 집단에 비해 약 2.4배에서 3.2배 높은 것으로 나타났다. 이 연구는 SES와 언더매칭의 연관성이 학생, 학교, 지역사회 배경변인을 통제한 두 개의 코호트(cohort)분석에서 모두 일관되게 나타났음을 밝히고 있다. 특히 부모의 사회경제적 지위와 대학 평판 수준에 따른 언더매칭 비율을 보면, 상위권 대학에 진학할 수 있는 학생들 중 SES가 낮은 학생들의 언더매칭 비율이 가장 높은 것으로 나타났다. 상위권 대학 진학이 예상되는 학생들 중 SES가 가장 낮은 집단은 최상위 집단에 비해 언더매칭이 될 승산이 약 6.6배에서 7.7배 정도 높은 것으로 나타났다. 이 연구결과는 앞서 살펴본 바와 같은 사회경제적 지위에 따른 고등교육 기회의 불평등한 배분이 언더매칭으로 인해 강화될 수 있다는 점을 시사한다. 즉, SES가 낮은 집단은 수능성적이나 내신성적 획득에 있어서도 불리할 뿐만 아니라 동일한 성적을 갖추었더라도 상위권 대학 입학 과정에서 언더매칭에 따른 불평등을 경험하게 된다는 것이다(강충서, 윤민종, 2018).

4) 학업성취와 기회 분배, 공정한가?

사회계급이 높으면 학업성취도가 높아지고 서울대학교 입학 기회가 높아지는 이유는 무엇인가? 자연적 자유체제 원리(시장자유주의 원리)의 관점에서는, '사교육 특구(강남 3구)' 일반고 학생들의 서울대학교 진학률 상승, 그리고 외고, 국제고, 과학고, 영재고 등 서울 특수고 출신들의 서울대학교 진학률 상승 자체는 아무런 공정성

---

7) 이 연구의 모집단은 2004년 전국 고등학교 3학년 인문계 일반 고등학교 학생과, 2004년 전국 중학교 3학년 학생 중 2008년에 대학에 입학한 고등학생이다. 후자의 경우 일반 고등학교 뿐만 아니라 특수목적 고등학교와 자율형 사립고등학교 학생을 포함하고 있다(강충서, 윤민종, 2018).

문제를 야기하지 않는다. 2000년대 이후 소득불평등이 크게 심화되고, 그에 따라 서울대학교 입학률에서도 계층 간 격차가 더 커지고 있다는 사실이 실증적으로 입증되고 있다 해도(김희삼, 2015), 그것이 하등의 문제가 될 이유가 없다. 이 관점에서 보면, 서울 사교육 특구의 진학률 상승은, 모두에게 똑같이 주어진 교육의 기회를 활용할 수 있는 능력과 노력의 정도에 따라 결과가 달라진 것뿐이다.

　이런 주장이 과연 타당한가? 그 주장대로 한다면, 아이들이 계층배경과 관계 없이 비슷한 능력과 재능을 타고났다면, 성공할 가능성이 똑같아야 한다. 그러나 현실은 그렇지 못하다. '입에 금수저를 물고' 태어난 아이들이 절대적으로 유리한 위치에서 출발한다. 애초에 출발선이 다르다면 모든 사람에게 경기에 참여할 기회를 준다고 하더라도 그 경기가 공정한 것은 아니다. 비유하자면 '금수저'를 물고 태어난 아이에게 유리하도록 한쪽으로 기울어진 경기장에서 경기를 하는 것과 같다. 밀러 주니어(McNamee & Miller Jr., 2015: 17)는 다음과 같이 말하고 있다.

　　우리 사회가 진정한 능력 시스템을 토대로 돌아가려면 모두가 '똑같은 지점'에서 출발해야 한다. 하지만 현재 우리가 펼치고 있는 삶의 레이스는 세대가 바뀔 때마다 판을 다시 짜서 모두가 똑같은 출발점에서 새롭게 시작하는 '개인 경주'가 아니라, 부모로부터 '인생 출발점'이라는 배턴을 물려받는 '릴레이 경주'가 되어 버렸다. 세대가 바뀔 때 '배턴'을 어떻게 넘겨주느냐가 자녀의 삶에 지대한 영향을 미친다. 세대 간 릴레이 경주에서 부유한 부모를 둔 사람들은 처음부터 결승점에서 혹은 결승점 근처에서 출발하는 반면, 가난한 부모를 둔 사람들은 다른 사람들보다 한참 뒤에서 출발한다. 애초에 출발점에서부터 차이가 나는 것이다. 태어나면서 시작된 이러한 차이는 살아가면서 점점 더 누적되어 교육, 직업, 소득, 부의 측면에서 격차를 더 벌리면서 심각한 불평등으로 이어진다.

　한국 사회의 현실을 보면, 아이들이 보다 유리한 지점에서 출발할 수 있도록 학부모들 간에 치열한 경쟁이 벌어지고 있는데, 이것이 이른바 '교육열'이며, '선행학습'으로 나타나고 있다(오욱환, 2008). 능력주의가 아니라 이른바 학부모주의(parentocracy)[8]가 아이들의 경기를 주도하고 있는 형국이다. '대학교육기회의 능력주의 구조'에 대한 실증적 연구결과(김미란, 2004)가 밝히고 있듯이, 일류대 입시에서 '능력주의'가 제대로 작동하지 않고 있다. 특히 서울 출신 학생들의 경우 "아버지의 직업이 전문관리직이고 부모의 학력이 고학력이라는 계층요인이 일류대학의 진학기회에 유의미한 영향"을 미치고 있다(김미란, 2004: 14-15).

그럼에도 자연적 자유체제의 관점은 개인의 능력과 노력만으로 성공을 이룰 수 있다는 일종의 '마술쇼'를 부리고 있다. 마치 솜씨 좋은 마술사처럼 관객들의 눈길이 자신이 원하지 않는 것[계급적 요인(가정배경의 영향)이 아이의 능력 형성 속으로 들어가는 장면]에는 쏠리지 않고, 자신이 원하는 것(아이의 능력이 성적으로 나오는 장면)에만 쏠리게 하는 재주를 부리고 있다.[9]

자연적 자유체제 원리의 크나큰 맹점은 천부적 재능과 능력이 사회적 여건과 행운 또는 불운 등 우연적 변수들에 따라 계발되거나 실현되지 못하는 현실을 전혀 고려하지 못한다는 점이다(Rawls, 2004). 즉, 가정환경 때문에 재능과 능력이 실현되지 못하거나 불리하게 사용될 수 있다는 점이 도외시된다.

공정성의 관점에서뿐만 아니라 인적 자본의 측면에서 보더라도 일부 지역과 계층에 국한된 인재풀은 국가적 인재 활용의 효율성을 떨어뜨린다(김세직, 2014). 앞서 살펴본 바와 같이 고교 유형별·지역별로 서울대학교 진학률에서 큰 격차가 나는 것은, 대학입학전형에서 부모의 경제력과 큰 상관없이 학생 본인의 잠재력과 노력으로 결정되는 '진짜 인적 자본'을 평가하는 선별기능이 약화된 데 원인이 있다(김세직, 2014). 따라서 김세직(2014)의 연구에 따르면, 서울대학교 입학생만이 뛰어난 인적자본이라고 단정하기 어렵다. 전국 일반고 학생 중에 진짜 인적 자본이 뛰어난 학생의 수는 '특수고' 학생의 네 배에 달할 것으로 추정되므로, 인재풀을 모든 지역과 계층으로 넓혀서 이들을 찾아내어 교육을 하는 것이 경제의 효율성과 생산성 그리

---

8) 'parentocracy'는 '학부모주의'로 번역되고 있는데, 학부모주의의 의미가 명료하지는 않다. 영어 단어의 뜻('parent'+democracy의 'ocracy')을 생각하는 것이 이해하는 데 더 도움이 된다. 'parentocracy'는 자녀의 교육에 미치는 부모의 영향력이 막대함을 의미한다. 오욱환(2008: 112)은 학부모주의를 "경제적·문화적·사회적 자본에서 우위에 있는 부모들이 집요한 소원(所願)과 효율적 전략으로 자녀의 성적, 학력, 학벌에 결정적인 영향을 행사하려는 성향"으로 정의한다. 최근에는 사회가 고령화되면서 조부모가 손자·손녀의 교육에 경제적으로 도움을 주는 방식으로 손자·손녀에게 미치는 영향이 커지면서 '조부모 효과(grandparents effects)'라는 새로운 용어가 생겨나고 있다(Chan & Boliver, 2013).

9) 마술쇼 비유는 스티글리츠(Stiglitz, 2013: 555)의 『불평등의 대가』에서 나오는 비유로 교육 영역에 맞게 재구성한 것이다.

고 성장을 위해 중요하다는 주장이 제기된다(김세직, 2014).

5) 대학 입학 기회의 공정성 제고 방안

서울대학교 합격자 구성비에서의 지역별·계급별 불균형이 교육을 통해 자신의 특권을 대물림하려는 특권층 계급의 노력의 결과라고 한다면, 계급 재생산에 서울대학교의 입학제도가 일정 부분 기여하고 있다고 해도 지나친 말은 아니다. 그럼에도 기회 배분을 결정하는 서울대학교의 입학전형 자체의 공정성에 대해서는 사회적으로 별다른 의문이 제기되지 않고 있다. 그리고 대학 자체도 계급 재생산 현상을 시정하려는 별다른 노력을 보이지 않고 있다.[10] 마치 공정한 잣대로 기회 배분이 이루어지고 있으니 그로 인해 야기된 불평등한 결과는 어찌할 수 없다는 태도이다. 앞으로도 오랫동안 서울대학교의 불평등 재생산 기능은 시정될 가능성이 없어 보인다.

지역 간·계급 간 입학 불균형을 시정하기 위해서는 기회배분의 측면에서 대학들의 입학전형의 공정성 모델의 특징과 한계를 파악하고 그 개선 방안을 탐구해야 한다. 이를 위해서는 먼저 대안적 공정성 모델을 마련하고, 이를 근거로 대학들의 입학전형의 공정성을 평가하고, 대학의 입학전형이 어떻게 바뀌어야 하는지를 모색하지 않으면 안 된다.

대안적 공정성 모델은 어떻게 만들 수 있을까? 어떤 이론적 근거에 입각해서 공정성 모델을 구상할 수 있을까? 한 가지 방법으로 앞서 살펴본 기회평등의 공정성과 메리트 논의를 종합해 보면, 메리트 유형과 기회평등의 공정성 여부의 결합방식에 따라 네 가지 유형의 공정성 모델을 만들어 낼 수 있다. 그 모델은 (I) 능력주의+공정한 기회평등, (II) 능력주의+형식적 기회균등, (III) 비능력주의+형식적 기회균등, (IV) 비능력주의+공정한 기회평등이다. 여기에서 '능력주의'는 성적 중심의 학

[10] 지역균형전형의 경우 그 취지에 맞게 전형이 이루어지고 있지 못하고 있고, 그 적은 몫마저도 해마다 줄어들고 있다. 2013년에는 지역균형 선발인원을 779명에서 692명으로 줄였다. 2013년까지 3년 사이 100명 가량이 감소한 것으로 나타났다. 게다가 지역균형선발제도를 통해 서울대에 입학한 일반고 출신 학생 중 강남 3구(강남구·서초구·송파구) 학생 비중은 2013년 21.7%에서 2014년 24.1%, 2015년 30.7%로 매년 높아지고 있는 것으로 드러났다[국회의원 유기홍 국정조사자료 '2013~2015학년도 지역별·고교유형별·전형별 서울대 신입생 현황'과 경향신문(2014. 7. 9.). 사설 "공교육에 절망을 안겨주는 서울대 입시" 참고].

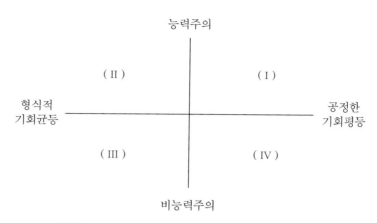

그림 5-2   메리트 유형과 기회평등의 공정성 여부의 조합

출처: 김천기(2015).

업능력 제일주의이며, '비능력주의'는 학업능력 한 가지보다는 전인적 자질을 중시
한다는 의미의 비능력주의이다([그림 5-2] 참고).

입학전형에서 공정성을 제고하기 위한 방법은 두 가지가 있다. 예를 들어, 모델
(Ⅱ) 능력주의+형식적 기회균등이 모델(Ⅰ) 능력주의+공정한 기회평등으로 이동하
는 첫 번째 방법과 모델(Ⅲ) 비능력주의+형식적 기회균등 모델이 모델(Ⅳ) 비능력
주의+공정한 기회평등으로 이동하는 두 번째 방법이 있다. 첫 번째 방법으로는 다
양성을 높이기 위해 내신성적을 메리트로 재정의함으로써 쿼터제를 유지하는 방법
이 있다. 일부 미국 대학들은 학생집단 구성의 다양화를 위해 능력주의를 'SAT 성적
에 입각한 능력주의'에서 '내신 성적에 입각한 능력주의'로 전환을 시도하고 있는데,
이는 모델(Ⅱ)에서 모델(Ⅰ)로 이동하는 방법이다. 예를 들어, 텍사스의 공립대학들
은 'Top X percent' 정책을 채택하고 있으며, 내신이 상위 10%에 드는 학생들은 SAT
점수를 제출하지 않아도 바로 입학할 수 있도록 하고 있다(Clark, Madaus, & Shore,
2005). 모델(Ⅲ)에서 모델(Ⅳ)로 이동하는 하나의 방법은 비능력주의에 의거, 지역·
계급적 배경의 불리함과 역경 극복을 메리트로 정의하고 불리한 계층 출신 학생에
게 일정한 할당비율로 입학기회를 제공하는 방법이다. 비능력주의를 표방했던 빅
스리 대학의 차별수정조치(Affirmative action policy)가 그것이다.

차별수정조치는 학업능력이나 전인적 자질이 성장배경의 제약으로 인해 충분
히 계발되지 못한 불리한 집단에게 '보상'을 하는 측면이 있기 때문에 그런 면에서

차등의 원칙에 부합된다. 차등의 원칙은 보상의 원칙을 담고 있기 때문이다. 롤스 (Rawls, 2004: 151)에 의하면, "이것[보상의 원칙]은 부당한 불평등은 보상을 요구한 다는 원칙으로서 출생이나 천부적 재능의 불평등은 부당하며, 이러한 불평등은 어 떤 식으로든 보상되어야 한다는 것이다."

미국 사회에서 차별수정조치는 끊임없이 역차별 비판과 위헌논란에 휩싸였다는 점에서(염철현, 2006) 차별수정조치가 대안적 공정성 모델(IV)의 적절한 예가 될 수 있는가에 대한 의문이 제기될 수 있다. 역차별 비판의 핵심은 뛰어난 자격이 없는데 도 소수민족 출신이라는 이유로 입학의 혜택을 주는 것은 인종편견이며, 오로지 개 인적인 메리트에 근거해서 평가해야 한다는 것이다.[11] 차별수정조치가 공정성 실 현의 한 방법이 될 수 있는가의 여부는 우리가 어떤 대안적 공정성 모델을 채택하는 가에 달려 있다. 롤스(J. Rawls)의 공정한 기회평등 원리는 기회 제공에 있어 개인의 유리한 성장배경의 영향을 배제하자는 것이지만, 입학전형에서 성장배경의 유리함 을 배제하기 어렵다면, 성장배경의 불리함을 고려하는 것도 공정성을 제고할 수 있 는 한 방법이 될 수 있다.

4. 평등교육과 엘리트 교육의 대립

콜먼(Coleman, 1966, 1968)의 교육결과 평등 관점에서 하위계층 출신 학생의 교육 결과를 중상류층 출신 학생의 교육결과와 비슷하게 끌어올리는 것이 교육의 평등 에 부합된다면, 하위계층 출신의 학생들에게 교육자원의 투입을 차등적으로 더 많 이 해야 한다.

그러나 이에 대한 반대도 만만치 않다. 국가의 발전을 위해서는 성적이 우수한 학 생들을 위한 교육에 집중적 투자가 필요하지 않은가? 여기서 교육의 수월성은 우수

---

11) 빅 스리 대학의 역사에서 백인상류층 지원자(동문자제, 예비학교출신자 등)에게 낮은 성적기준으로 입학 을 허용했던 것이 평등의 원칙에 위배됨에도 '역차별'이라는 비판이 없었던 이유는 무엇이었을까? 백인 주류사회에서 그것은 당연한 것으로 여겨졌던 것은 아니었을까? 기득권층이 얻는 큰 혜택은 당연하고, 소외계층이 얻는 작은 혜택은 불공정하다고 주장하는 의식은 자기중심적 편향성에서 나오는 것이다.

아를 위한 교육, 소위 '엘리트 교육'으로 좁게 규정된다.[12] 교육평등을 주장하다 보면 우수아의 교육은 도외시되지 않는가? 소수의 우수집단에게 투자하는 것이 투자의 효과성 측면에서 훨씬 낮지 않은가? 이것이 소위 엘리트 교육을 내세우는 사람들의 주장이다. 그리고 이들은 엘리트 교육이 오히려 교육평등의 원리에도 맞다고 주장한다.

> 교육의 수월성은 실적주의를 바탕으로 한 진정한 의미의 기회균등 이념과 맥락을 같이하는 개념이다. 우리 사회에서 능력이나 자격에 상관없이 똑같은 혜택을 부여하는 것이 평등인 것처럼 잘못 인식하고 있는 것이다. 본래 평등이란 구성원 개개인에게 공정하게 경쟁하고 그 결과에 상응하는 혜택을 받을 수 있는 기회가 균등하게 제공됨을 의미한다. 자유민주주의 이념하에서는 절대적인 평등이 아니라 상대적인 평등이 중요하며, 동등하지 않은 것을 동등하게 취급하는 것은 오히려 불평등에 해당한다. (교육개혁심의회, 1987: 15-16)

'수월성 교육(엘리트 교육)'을 지지하는 교육개혁심의회(제5공화국 대통령 자문기구)는 사회문제화된 빈익빈 부익부의 심각한 불평등과 위화감에 대한 사회적 비판과 우려를 오히려 평등에 대한 잘못된 인식에서 비롯된 것으로 보고 있다. 그러나 우리 사회의 불평등을 능력주의 사회의 필연적 현상으로 보는 교육개혁 심의회의 관점은 크게 잘못되어 있다. 마치 우리 사회에 공정한 경쟁이 이루어질 수 있는 조건이 이미 다 갖추어져 있는 것처럼 착각하고 있다. 앞에서도 지적했듯이, 공정한 경쟁을 할 수 있는 평등교육이 제공되지 못한 것이 우리 현실이다.

그리고 마치 평등 이념을 교육에 잘못 적용하여 그동안 평준화의 방향을 추구한 나머지 능력에 맞는 교육을 등한시한 것처럼 주장하고 있다. 말하자면, 평등교육에 지나치게 치중한 나머지 교육의 질적 수준 향상을 위해 학교 간의 경쟁을 조장하는 체제가 미약했다는 것이다(교육개혁심의회, 1987). 교육개혁심의회에서는 우리 교육이 얼마나 경쟁적이기를 바라는가? 이미 학교는 비인간적인 무한정의 입시경쟁에

---

12) 학생들의 인지구조의 조직화가 수월성 교육이라는 인지심리학적 입장과 비교해 볼 필요가 있다(제4장 참고).

매달려 있고, 그와 같은 입시경쟁은 우리 교육 전체를 황폐화의 위기로 몰아넣고 있다는 것을 잊고 있는 것 같다(정범모, 1991).

교육개혁심의회는 능력 차의 논거로 '적성과 능력 본위'의 학생 선발제도와 교육제도를 확립할 것을 제안하였다. 말하자면, 능력 있는 학생과 능력 없는 학생을 분리하여 교육시키는 체제를 갖추자는 것이다. 이러한 체제가 바로 교육평등의 원리에 부합된다고 주장한다.

이를테면, 수월성 교육을 실현하기 위한 방안으로 제시된 월반과 속진제의 교육학적 논리를 살펴보자.

> 중등학교의 평준화 정책으로 교육현장에서는 개인차가 심한 이질집단 속에서 평균 수준의 학생을 중심으로 한 획일적인 교육을 실시함으로써 그들의 능력을 충분히 발휘할 기회를 주지 못하고 있는 실정이다. 따라서 학제운영에서는 개인의 잠재능력과 특수한 재능을 조속히 찾아내어 이를 신장할 수 있도록 다각적인 교육정책을 마련하여 추진할 필요가 있다. 그러므로 우수학생을 조기에 발굴하여 개인의 능력에 적합한 교육을 실시하기 위하여 월반제를 도입해야 한다. (교육개혁심의회, 1987: 50)

이 논리에 따르면, 우리나라 교육은 평균 수준의 학생을 중심으로 한 획일적인 평등주의 교육이었고, 그 결과 우수학생들은 자신들의 능력을 충분히 발휘할 교육기회를 가지지 못했다는 것이다. 과연 그런가? 정범모(1989: 205)는 그런 주장이 교육현실에 부합되지 않음을 밝히고 있다. "그동안 그리고 지금도 우리 교육정책은 사회불평등을 조장하는 요소가 많았다. 어느 정도는 다 고루 잘 살도록 하는 것이 교육정책의 한 원칙이었다면 그것은 실패였고, 엘리트만 계속 능력신장이 되고 더 잘 살게 되기를 원했다면 그것은 성공이었다." 그렇다면 수월성 교육을 실시하는 목적은 엘리트의 능력신장만을 가속화하기 위한 것이며, 이것은 궁극적으로 엘리트의 '출세주의'를 돕기 위한 교육제도라는 비판을 받게 된다.

월반제 도입 논리의 핵심은 지적 우수학생을 조기에 발굴하며 개인의 능력에 맞는 교육을 해야 한다는 것이다. 이 월반제는 소수의 엘리트 학생들을 위한 제도이다. 대다수의 학생은 관심 밖이다. 엘리트 교육론의 문제점에 대해서 정범모(1989: 191-192)는 다음과 같이 말하고 있다.

이 사회에는 엘리트가 필요하다고 강조하는 말이 많다. 그래서 엘리트 후보자들이 갈 수 있는 일류학교, 일류대학, 천재학교도 있어야 한다. 엘리트와 우민을 섞어 놓으면 엘리트가 썩는다. 그러나 이런 주장들은 거의 전부 기존 엘리트층에서 나오는 말이라는 것도 우리는 알고 있다. 사회와 역사에서 지도자, 엘리트, 지배층의 역할이 의외로 그렇게 큰 것이 아닌지도 모른다는 생각을 할 수 있다. 엘리트의 역할은 20%도 아니고 10%나 될까 말까이고, 도리어 국민의 역할이 80%, 아니 90%일지도 모른다. 이것은 옛날과 같은 단순한 사회가 아니라, 현대처럼 복잡하고 다양하고 변화무상한 사회에서는 더 그럴 가능성이 있다.

한편, 능력차의 문제를 우리는 단순하게 받아들여서는 안 된다. 그리고 개인차에 적합한 교육이 월반제에 따른 교육인가도 재고해 보아야 한다. 학교에서 능력 차는 곧 성적의 차를 말한다. 성적이란 무엇인가? 이미 많은 교육사회학연구가 밝혀낸 것같이 학생의 학업성취도는 학교 내외의 복합적 요인들의 영향을 받는다(제4장 참고). 그런데 월반제를 주장하는 능력주의자들은 마치 성적의 차이가 개인의 생득적인 능력과 노력의 차이에서 비롯되는 것으로 착각하고 있다. 정범모(1989: 194)는 능력주의자들이 간과하고 있는 점을 다음과 같이 지적하고 있다.

> 극단의 능력주의자들이 말하듯, 우리는 능력불평등의 기원이 소질의 탓, 의지의 탓, 자신의 탓만은 아니라는 것 그리고 능력불평등이 사회정책, 교육정책 여하에 따라 크게 상향적으로 좁혀질 수 있다는 것을 깊게 새겨들을 만하다. 능력주의의 심각한 문제점은 그것이 그렇지 않아도 이 나라의 출세주의를 더 거세게 부채질한다는 데 있다.

여기서 수월성 교육은 엘리트 교육을 신봉하는 엘리트 계층의 요구를 정당화하는 논리이며, 정범모의 말처럼 그러한 요구의 저변에는 그 계층의 '출세주의'가 깔려 있는 것이다. 말하자면, 교육을 자기 계층의 이익을 위해 이용하고 있고 이를 국가경쟁력 강화라는 이름으로 합리화하고 있다는 비판을 받기도 한다.

다음에는 교육평등의 원리를 평준화와 관련하여 생각해 보기로 하자.

5. 교육평등의 원리와 고교평준화 논쟁

고교평준화 폐지를 주장하는 쪽에서 내세우는 원리는 최대이익의 원리이다. 최대이익의 원리에서 보면, 평준화 제도는 지역의 인재를 양성한다는 점에서는 비효율적이다. 공부를 잘하는 아이와 못하는 아이를 뒤섞어서 가르치면 공부를 잘하는 아이를 망치게 된다. 우수아들을 따로 분리해서 동질집단을 구성하면 인재 양성에 효율적이다. 그리고 그렇게 하는 것이 지역사회의 전체 이익을 극대화할 수 있지 않은가? 쉽게 생각하면, 우수학생보다는 우수하지 않은 학생을 다소 희생시키는 것이 지역 전체에 득이 되지 않겠는가 하는 것이다.

평준화를 찬성하는 쪽에서 내세울 수 있는 원리는 '인간존중의 원리'이다. 인간은 누구나 동등한 가치와 존엄을 가지고 있다. 공부 못하는 학생도 잘하는 학생과 마찬가지로 동등하게 존중되어야 한다. 전체 사회의 이익에 보탬이 된다면 공부 못하는 학생은 잘하는 학생을 위하여 희생되어야 하는가? 이류, 삼류인생으로 전락하는 희생, 그것은 인간존중의 관점에서 불평등한 대우이다. 공리주의적인 최대이익의 원리는 사회 전체의 평균 공리를 극대화하는 것에만 관심이 있으므로 다른 개인이나 집단을 착취하고 희생하는 것을 정당화할 수 있으며, 이것은 최대이익의 원리문제로 지적된다.

현재의 불평등한 대우가 정당화되려면 불이익과 희생을 당하는 학생에게 나중에는 더 큰 혜택이 돌아간다는 것이 보장되어야 한다. 이것이 롤스(Rawls, 2003)가 말하는 '차등의 원칙'이다. 다시 말해서, 현재 불이익을 받는 학생이 현재 평등한 대우를 받을 때보다 나중에 더 풍족하게 보상과 혜택을 받을 수 있을 때만이 불평등한 대우는 정당화될 수 있다. 비록 어떤 사람이 능력이 낮더라도 다른 사람의 성공이나 전체 사회의 이익을 극대화하기 위한 희생물로 이용되어서는 안 된다.

그런데 차등의 원칙을 주장하면서도 평준화제도를 반대하는 학자도 있다. 어떻게 그런 반대의 논리가 나올 수 있을까? 그 논리는 이러하다. 즉, 우수한 인재들이 교육제도의 최대 수혜자가 될 때 환원해 줄 수 있는 이익을 불우한 계층이 얻어 낼 수 없도록 만드는 제도가 평준화제도이며, 이는 차등의 원칙에 어긋난다는 것이다 (허병기, 1989). 이런 논리대로라면, '자사고'도 차등의 원칙에 부합된다. 이것은 차등의 원칙을 낙수효과론으로 해석하는 데서 우러나오는 논리이다. 경제학에서 낙수효과론이란 대기업과 부유층 소득이 늘어나면 투자가 촉진되어 경기가 부양되며, 이로 말미암아 저소득층에도 혜택이 돌아가 소득 양극화가 해소된다는 주장이다. 다시 말해서, '부자의 돈주머니를 두둑하게 해 주어라! 그리하면 모두가 잘살게된다.'라는 주장이다. 똑같은 원리로, '우수한 인재들에게 더 많은 투자를 하라! 그들이 교육제도의 최대 수혜자가 되게 하라! 그러면 전체 사회가 발전하고 그 결과로 불우한 계층의 삶도 나아질 것이다.'는 차등의 원칙에 대한 낙수효과론적 해석이다. 낙수효과론적 해석은 최소 수혜자를 위한 것처럼 말하고 있지만, 내용에 있어서는 최대이익 원리에 가깝다. 낙수효과론적 해석에는 차등의 원칙, 즉 최대 수혜자의 상위 기대치가 과도하게 높아서는 안 되며, 또 그 상위 기대치가 공정한 기회평등의 원칙을 침해해서는 안 된다는 원칙이 담겨 있지 않다.

낙수효과론적 관점은 우수한 인재만이 사회에 기여할 수 있는 것처럼 전제하고 있다. 흔히 천재 한 명이 다른 만 명을 먹여 살린다는 주장이 있지만, 만 명은 놀고 먹는 무임승차자가 아니라 사회 속에서 나름대로 자신의 일을 하며 사회에 기여를 한 만큼 자신의 보수를 받는다는 점을 도외시한다. 천재 한 명의 기여를 폄하하는 것이 아니라, 천재의 역할만을 지나치게 과대평가해서는 안 되며 만 명의 역할과 기여도 정당하게 평가해야 한다는 것이다(Stiglitz, 2013). 협동적 분업체제 속에서 만 명의 역할이 없이 천재 한 명의 역할만으로 소기의 성과가 발휘되기 어렵다. 경제학자 스티글리츠(Stiglitz, 2013)가 말했듯이, 천재 한 사람의 기여와 과거 수많은 세대와 천재가 아닌 나머지 사람들의 기여를 정확히 분리해 낼 수 없다. 여기서 논점은 소수의 천재만을 키우는 식의 엘리트 교육이 아니라 모두가 차별받지 않고 각자의 방식으로 사회에 기여할 수 있도록 능력을 계발할 기회를 공정하게 부여하는 것이 차등의 원칙에 부합된다는 것이다.

우수한 인재들의 능력이 장차 전체 사회와 최소 수혜자에게 이익이 돌아가게끔 하는 차등의 원칙이 실현되려면, 첫째, 우수한 인재들이 상호 이익의 원칙인 호혜성의 정신, 둘째, 우수한 인재들이 차등의 원칙에 입각한 박애의 정신, 즉 "보다 못한 처지에 있는 타인들에게 이익이 되지 않는 한 더 큰 이익을 가질 것을 원하지 않는다는 관념"(Rawls, 2003: 157)을 충족해야 한다. 그런데 낙수효과론적 해석에서는 우수한 인재들이 상호호혜성과 박애의 정신을 가지고 있다는 경험적 근거를 제시하지 못한 상태에서 '최소 수혜자에게 기여할 수 있는 이익'이라는 말은 공허하다. 우수한 인재들이 어떻게 상호호혜성과 박애의 정신을 갖도록 할 수 있는지에 대한 아무런 고려도 하지 않고, 우수한 인재들이 최소 수혜자의 복지에 당연히 기여할 수 있으리라 단정하기 어렵다.

롤스가 말한 바대로, "어떻게 당사자들이 그러한 합의사항을 지킬 수 있는지를 알 수 있으며, 그것에 대해 충분히 확신을 가지겠는가?"(Rawls, 2004: 245) "지능과 활력이 정의감이나 의무감에 의해 규제되지 않으면 그것은 단지 타인들의 합법적인 요구를 침해하는 능력을 증대해 줄 뿐이다."(Rawls, 2004: 564) 우리 사회의 우수한 인재들이 정의감이나 의무감에 의해 규제되고 있는 것일까?[13] 우수한 인재들이 사회 전체의 상생발전에 당연히 기여할 것이라고 기대할 만한가?(김천기, 2015)

또한 낙수효과론적 관점에서는 우수학생을 한 학교로 모아 교육하는 것이 효과적이라는 전제를 깔고 있다. 하지만 그러한 전제를 뒷받침하는 명확한 교육학적 근거가 있는 것도 아니다. 오히려 우수학생의 그룹에 속하지 못하는 학생들은 부정적인 자아개념 때문에 더욱 학업성취도가 떨어져 전체적으로 교육의 효율성도 오히려 떨어진다(김천기, 1995, 1999). 인재를 여러 특성화된 학교에서 분산하여 다양하게 교육하는 것이 다양한 경험을 쌓는 인재를 양성한다는 측면에서 더 나을 수 있다.

무엇보다 평준화 해제론에서 말하는 최대이익의 원리를 교육에 적용하는 데는 교육의 본질상 문제가 있다. 교육은 인간의 성장 및 행복과 관련되어 있기 때문이다. 최대이익의 원리를 주장하는 관점에서는 모든 청소년의 지적·정서적·도덕적 성장보다 일부 우수한 학생의 능력 계발과 그에 따른 전체적인 이익의 추구를 중요하게 생각한다. 일부 우수한 학생 이외의 대다수 학생의 전인적 성장에는 특별히 관심을 기울이지 않는다. 그 결과, 제대로 성장할 기회를 보장받지 못한 대다수 학생

---

13) 강준만(2009: 316)은 "한국 상류층을 대표하는 SKY 출신들에게 노블레스 오블리주가 없다는 데에 만인이 동의한다."라고 주장한다. 서울대학교 교수인 전상인(강준만, 2009에서 재인용) 역시 이렇게 지적하고 있다. "대한민국의 상류층은…… 노블레스 오블리주 정신의 숨은 기능에도 무지했다. 한국적 근대화 모델의 수혜자로서 그들은 낙오집단이나 소외계층에 더 많이 베풀어야 했다. 이를 게을리한 대가로 그들은 국민적 적대감을 자초했고, 기득권을 지키고 빼앗는 과정에서 이념갈등은 필요 이상으로 첨예화되었다." 오늘날 명문대 학생 역시 사람들이 대학진학 시의 수능점수와 학벌이 낮다는 이유로 사회경제적으로 차별받는 데 찬성하는 것이 우리 현실이다(오찬호, 2013).

의 희생은 나중에 어떻게 보상받을 수 있을까?

과연 어느 쪽의 주장이 타당한가? 평준화 정책을 예로 들었지만, 교육정책에서 최대이익의 원리, 인간존중의 원리, 차등의 원칙 등에 비추어 다양하게 생각해 볼 수 있다.

6. 평준화제도의 불평등성 논쟁

평준화의 불평등성 논란을 사회적으로 촉발시킨 계기는 서울대학교 사회과학연구원의 연구결과 발표(김광억 외, 2004)였다고 볼 수 있다. 이 연구보고서는 8학군의 고소득층, 전문직 계층의 자녀들이 서울대학교를 '독식'하고 있는 반면에 서울대학교에 들어가는 저소득층 비율이 극히 낮은 것에 대해 우려를 표한다. 저소득층이 서울대학교에 조금이라도 들어와야 계층상승을 할 수 있을 터인데, 현실은 그러지 못하니 뭔가 정책적인 조치가 이루어져야 하지 않겠냐는 주장이다. 여기까지는 대체적으로 공감할 수 있는 주장이다. 그런데 이 보고서의 문제는 저소득층의 서울대학교 진학률 저조를 엉뚱하게 평준화 탓으로 돌린다는 데 있다. 저소득층의 학력이 낮아지고, 저소득층의 서울대학교 진학률을 저조하게 만든 '주범'이 평준화인가? 진정 비평준화가 되면 서울대학교에 들어가는 저소득층 비율이 높아진다고 믿는 것일까?

황수연과 이동직(2000)은 평준화 지역인 서울시의 경우 학군획정과 계층별 분화가 맞물려 있음을 지적하고, 강북의 저소득층 학생들은 평준화 제도 때문에 교육여건이 좋은 학교에 진학하기가 훨씬 어려워졌다고 주장한다. 평준화가 기본적으로 거주지 중심 배정을 택하고 있기 때문에 거주지 간 사회경제적 불평등이 클 때, 교육불평등을 야기할 수 있다는 비판은 상당한 설득력을 가지고 있다. 하지만 실제적으로 거주지 배정이 교육불평등을 야기하고 있는지는 불분명하다. 왜냐하면 거주지별로 학교의 교육여건에 차이가 있는지, 또한 그것이 학업성취도와 상위권 대학 진학률에 차이를 가져오는지의 여부는 논쟁의 여지가 많기 때문이다(성기선, 2003). 그리고 거주지 배정이 특히 저소득층에게 불이익을 주는지도 불확실하며, 저소득층 학생이 사회경제적 지위가 높은 지역의 학교에 다닐 수 있다고 해서 학력 상승이

기대될 수 있는지도 미지수이다.

학군 간 격차 유지는 학교효과라기보다는 학군의 복합적인 효과에 기인한 것이다(김천기, 2005). 성기선(2003)이 밝힌 것처럼 학교효과가 크지 않은데도 불구하고 학군 간 격차가 그대로 유지되는 것은 학교보다 다른 요인이 학군 간 격차에 크게 영향을 미치고 있음을 말해 준다. 즉, 지역의 우수한 교육여건과 SES 등이 영향을 미치는 것으로 볼 수밖에 없는 것이다. 따라서 학교보다는 지역 교육여건과 SES 등이 학군 격차를 만드는 주요 요인이라 할 수 있다. 이른바 8학군 효과는 학교와, 학군의 사교육 여건과 학부모의 SES가 상호작용하여 나타나는 복합적 효과라고 보는 것이 타당하다.[14]

---

14) 특히 '강남 8학군' 수험생이 다른 지역 수험생보다 새 입시제도에 훨씬 빠르게 적응하는 것으로 조사됐다. 입시제도가 바뀐 해에 강남 8학군 수험생들의 입학률이 일시적으로 떨어졌지만, 이듬해 곧바로 회복된 것이다. 서울대 사회과학연구원 연구팀은 "고소득층 학생들이 사교육을 통해 새로운 제도에 쉽게 적응하기 때문"이라며 "이는 저소득층의 입학 가능성을 높이려는 어떤 입시제도의 변화도 사교육의 놀라운 적응력에 막혀 실패할 수밖에 없음을 시사하는 것"이라고 풀이했다(한겨레신문, 2004. 1. 25.).

토론주제

가정배경에 따른 교육불평등

심층 인터뷰 학생 8명 비교

학생	성적	아버지 직업	수강하는 사교육 개수 · 내용	목표대학	희망직업
ㄱ군 (강남구 ㅈ고 2)	반 상위권	대학병원 교수 겸 의사	5개(영어 · 수학 · 국어 · 과학 전문학원, 수학 개인과외)	성균관대 의대	의사 겸 교수
ㅈ양 (강남구 ㅈ고 2)	반 상위권	벤처기업 대표	5개(영어 · 수학 · 국어 · 사회탐구 전문학원, 논술)	고려대 신문방송학과	신문기자
ㅂ군 (강남구 ㅇ고 2)	전교 최상위권	증권회사 임원	3개(최상위권 소수 정예 수학 · 국어 전문학원, 경제경시 학원)	서울대 법대 (또는 미국 아이비리그 대학 유학)	교수 · 법조인 · 경영컨설턴트
ㅂ양 (강남구 ㅇ고 1)	반 중위권	의사	4개(영어 · 사회탐구 전문학원, 국어 개인과외, 미술학원)	홍익대 미대 (디자인 전공)	미대 교수 (또는 미술교사)
ㅇ양 (읍지역 인문계고 2)	전교 최상위권	대학 교직원	1개(수학 개인과외)	한의대	한의사
ㅅ양 (읍지역 인문계고 2)	반 중위권	중소기업 사장	2개(영어 · 수학 개인과외)	한양대	의사
ㅇ양 (면지역 인문계고 2)	반 상위권	농업	전혀 안 함	4년제 대학	아직 모름
ㄱ군 (면지역 인문계고 2)	반 상위권	어업	전혀 안 함	전문대	소방관

출처: 한겨레신문(2006. 12. 26.). [교육불평등] 기획–"개천에서 용 안 난다" ② 배경 따라 '출발선' 달라진다.

- 자연적 자유체제와 공정한 기회평등의 관점에서 이 자료를 어떻게 평가할 수 있는가?
- 차등의 원칙을 따른다면, 이 자료 속에서 나타난 불평등 현상을 해결하기 위한 처방은 어떻게 되어야 한다고 생각하는가?

SAT 역경 점수(교육환경 점수)도입에 대한 찬반논쟁

최근에 월 스트리트 저널(Wall Street Journal)과 뉴욕타임스(New York Times)가 흥미로운 교육 기사를 게재했다. SAT 시험을 주관하는 기관인 컬리지 보드(College Board)가 이 시험을 본 학생들이 지원하는 대학에 SAT 시험의 점수와 더불어 "Adversity Score"(역경 점수, 교육환경 점수)라는 새로운 체계의 점수를 산출해 보낸다는 내용이다. 이것이 보도되자마자 교육 전문가들이 긍정론과 부정론으로 나뉘어 첨예하게 대립하고 있다.

월 스트리트 저널에 의하면, 컬리지 보드는 작년에 50개 대학을 대상으로, 올해는 150개 대학, 그리고 2020년부터는 모든 대학에 지원하는 학생들에게(물론 SAT를 본 학생들만을 포함) SAT 점수만이 아니라 역경점수(Adversity Score)를 계산해 보낸다고 한다. 말하자면 SAT 점수를 학교에 통보할 때 영어와 수학 시험 점수만이 아니라 학생이 공부하는 고등학교와 살고 있는 주변 환경의 좋고 나쁨을 1~100점까지로 점수화해서 각 학생이 얼마나 불우한 환경 또는 좋은 환경 속에서 해당 점수를 얻었는지, 즉 SAT 점수를 환경과 대비해 해석할 수 있도록 환경 점수를 제공한다는 것이다. 이 환경 점수에는 해당 고교에 재학하는 학생 가족들의 경제적 수준, 학교가 속한 동네의 범죄율, 학생들의 대학 진학률, AP 시험을 본 비율과 점수, 이 학생의 점수가 해당 고교 다른 학생들의 점수와 비교해 어디에 속하는지 등을 비교해 점수를 매기는데, 점수가 100에 가까울수록 더 역경 속에서 공부한 것이 된다.

- SAT 역경점수 도입에 대해 어떻게 생각하는가? 역경점수 도입이 필요하다고 생각하는가? (사회정의 실현과 공정한 교육의 기회 제공에 민감해야 하는 대학의 입학 사정에서, 가정배경의 차이가 큰 지원자들의 SAT 점수를 있는 그대로 비교·평가하는 것은 공정하지 않다는 비판을 감안하여 도입한 것이 SAT 역경점수이다. 가정배경이 좋은 학생들은 SAT 점수를 높이기 위해 사교육을 이용하거나, 비용 부담 없이 SAT 시험을 몇 번이고 볼 수 있으며, 학력이 높은 부모에게 도움을 받을 수 있다.)

- SAT 역경점수 도입을 둘러싼 찬반논쟁이 수능성적만으로 대학입학자를 선발하는 것이 가장 공정하다는 주장에 대해 주는 함의는 무엇이라고 생각하는가?

출처: "SAT Adversity Score란 무엇인가?" https://wowseattle.com/wow-posts/specialist-column/e-way-education/199341/

참고자료: Perry, A. (2018. 5. 17.). Students need more than an SAT adversity score, they need a boost in wealth.

Hartocollis, A. (2019. 8. 27.). SAT 'Adversity Score' Is Abandoned in Wake of Criticism.

제6장

사회불평등과 교육

공평한 기회균등은 동기가 비슷하게 유발된 사람들을 위하여 교육의 기회와 문화를 보장해 주고,
모든 사람에게 자질과 노력에 근거하여 지위와 직책을 열어 놓는 제도이다.

부의 불평등이 어느 한계를 넘어서면 위험에 처하게 되는 것이 바로 이 제도이다. 이에 따라 정치
적 자유는 그 가치를 상실하게 되고, 대의정부라는 것도 명목상으로만 존재하게 된다.

－존 롤스(J. Rawls),

『정의론(A Theory of Justice)』－

사회불평등은 불가피하다고 많은 사람은 생각한다. 사람들이 가진 능력이 불평등하기 때문이다. 다시 말해서, 능력의 차이가 존재하는 한 사회불평등은 사라질 수 없다는 것이다. 학교는 능력이 있고 없음을 선별해 주기 때문에 능력이 있는 사람은 아무리 집안이 가난해도 학교교육을 통해 얼마든지 자신의 능력만큼 상승이동을 할 수 있다. 반대로 능력이 없으면 아무리 집안이 부유해도 하강이동을 할 수밖에 없다는 것이다.

과연 그러한가? 오로지 능력에 따라서만 사회적 지위가 결정되는가? 이 장에서는 기능주의와 갈등이론 두 관점을 중심으로 살펴보기로 하자.

여기서 우리가 유념해야 할 점은 교육을 통한 사회적 이동에는 적어도 다음 세 가지가 전제되어야 한다는 것이다. 먼저 능력을 계발할 기회가 공정하게 주어져야 하며, 또한 학교가 능력에 따라 공정하게 선발해야 한다. 그리고 능력에 따라서만 사회경제적 지위가 분배되어야 한다는 것이다.

1. 사회불평등에 대한 관점

사회불평등이란 무엇인가? 기능론적 관점과 갈등론적 관점에서는 다른 설명을 제공하고 있다. 기능론적 관점은 계층적 관점으로 사회불평등을 계층으로 본다. 이 계층적 관점에서는 사회를 여러 개의 층, 혹은 계층으로 구성된 하나의 서열체제로 간주한다. 갈등론적 관점, 특히 마르크스적인 계급적 관점에서는 불평등 관계의 결과에 초점을 둔다. 즉, 한 계급이 다른 계급에 대한 지배 혹은 착취와 이러한 관계들이 사회구조나 사회변동에 미치는 영향에 초점을 둔다(Grabb, 1994).

1) 기능론적 관점

기능론적 관점에서는 전형적으로 불평등을 분배의 불평등, 즉 사회성원에 대한 소득과 명예 등의 보상의 차별적 할당에 초점을 둔다. 따라서 연구자에 따라 계층의 기준은 다양하지만, 대개 그 기준은 소득, 교육 혹은 직업수준이며, 이것이 위계의 객관적 지표가 된다. 연구자들은 각각의 분리된 위계들을 결합하여 전체 서열체계를 구성한다. 이때, 서열체계를 구성하는 가장 보편적인 절차는 각 직업종사자의 평균수입과 교육수준에 따라 각 직업에 대한 단일 점수를 산출해 내는 방법이다. 따라서 직업구조는 전체적인 '사회경제적' 위계의 단일척도로 변형된다. 또 하나의 접근방법은 여러 직업의 일반적인 사회적 평판이나 위세를 모집단의 대표가 되는 표본들로 하여금 주관적으로 평가하도록 하는 것이다. 이러한 직업위세 점수들이 또한 개인의 전반적인 계층지위의 지표로 사용된다(Grabb, 1994).

계층분류의 여러 형태는 사회불평등 연구자에게 아주 유용하다. 예를 들면, 우리가 사회의 소득불평등의 정도를 알고 싶어 한다고 가정해 보자. 이때, 우리는 사회성원들의 연 소득에 따라 그들을 서열화하고 동일한 규모의 10개 층으로 나눈 다음, 각 층에 속하는 성원들이 벌어들인 소득의 총액을 서로 비교해 볼 수 있다. 예를 들어, 만약 전체 인구 중에서 최상위의 10분위에 속한 사람들이 전체 인구 소득액의 50% 이상을 차지하고, 최하위의 10분위에 속한 사람들은 1~2%밖에 벌지 못한다면 이것은 그 사회가 소득분배 면에서 매우 불평등한 사회임을 보여 주는 것이다.

이러한 방식에 따라 계층연구가 사회학에서 광범위하게 이루어져 왔다. 실제 어떤 연구자는 거의 전적으로 이러한 접근방법만을 사용한다. 그러나 동일한 연구자가 자신의 목적이나 관심에 따라 어떤 때는 계급적 관점을, 또 어떤 때는 계층적 관점만을 취하는 것도 보편적이다. 예를 들면, 계급의 쟁점들에 주로 관심을 가지고 있음에도 불구하고 일부 마르크스주의 학자들은 자신들의 경험적 조사에서 가끔 계층적 관점을 취하기도 한다.

2) 갈등론적 관점

불평등에 대한 최근의 갈등론적 관점으로 주목을 받는 것은 피케티(T. Piketty)의 『21세기 자본』이다. 피케티(Piketty, 2015)는 지난 200년 동안 미국 등 선진국에서 부의 분배가 어떻게 이루어졌는가를 분석하였는데, 피케티에 따르면, 상위 1%의 고소득계층이 미국 전체 소득에서 차지하는 비율이 1931년에는 15%였으며, 이 비율은 2차 세계대전 이후 10%까지 내려갔다. 하지만 2000년대에 지속되는 저성장 추세 속에서도 다시 18% 정도로 크게 상승하였다. 주목할 점은 자본수익률이 경제성장

률보다 높아짐에 따라 노동으로 돈을 버는 속도보다 돈이 돈을 버는 속도가 빨라지고 있으며, 이 경우 임금소득자의 경제력보다 자산가들의 경제력이 커지며 부의 불평등이 심화된다. 따라서 피케티는 부모에게 재산을 물려받는 상속 엘리트가 열심히 일하는 임금소득자들을 지배하는 불평등사회가 나타나고 18세기 세습자본주의로 돌아갈 것이라고 우려한다.

세습자본주의로의 회구에 대한 피케티의 우려에 대한 비판적인 논의에서는 상위 1%의 부자가 늘 같은 사람이 아니라 계속 바뀌고 있다는 점을 지적한다. 상위 1%의 부자가 늘 같은 사람이 아니라 계속 바뀌므로 그만큼 그 사회의 이동성은 높으며, 따라서 세습자본주의가 아니라는 것이다(김동진, 2014). 그러나 상속받는 경제자본이 없이, 누구나 능력이 뛰어나고 노력만 하면 상위 1%의 부자가 될 수 있을까? 사회이동이 어떻게 일어나는지를 살펴볼 필요가 있다.

사회이동에 대한 대표적 갈등론적 관점으로 파킨(Parkin, 1979)의 이론을 들 수 있다. 파킨(Parkin, 1979)은 베버적인 입장에서 사회이동과 사회불평등을 사회적 폐쇄와 관련지어 설명한다. 사회적 폐쇄라 함은 한 사회집단이 다른 집단들에게 '자원과 기회에의 접근'을 제한하는 여러 과정을 지칭한다.

파킨에 따르면, 사회적 폐쇄의 과정은 계급관계에서 드러날 뿐만 아니라 인종적·성적·종교적 및 그 밖의 착취형태를 포함하는 모든 불평등 구조의 이면에 존재하는 공통요소임을 강조한다. 예를 들어, 미국의 흑인과 백인, 북아일랜드의 가톨릭교도와 신교도, 대다수 국가의 여성과 남성 간의 투쟁은 모두 자원과 기회의 접근과 관련된 갈등, 즉 폐쇄에 관련된 갈등이다.

계급관계에서 사회적 폐쇄는 두 가지 형태로 나타난다. 첫째 형태는 생산적 재산에 대한 통제로서 사회적 폐쇄의 가장 중요한 형태이다. 생산수단의 소유자인 자본가들은 생산수단의 무소유자인 노동자들을 이익분배나 기업결정 과정에서 배제시키고 자기들의 이익 독점을 추구한다. 둘째 형태는 특권적 지위에 대한 접근을 차단시키는 형태이다. 이 폐쇄의 유형은 공식 자격증, 특히 학위증명을 이용하는 유형이다. 파킨은 교육을 통한 사회적 폐쇄를 강조한다. 현대 사회에서는 교육이 재산만큼 중요하다고 보고 고급교육 자격증을 가진 사람들은 교육을 바탕으로 하여 사회적 폐쇄를 함으로써 자신들의 사회적 지위를 높이려고 한다고 주장한다. 파킨에 따르면, 계급체계는 점점 더 이 후자의 유형에 따라 형성된다.

3) 사회불평등과 사회적 합의 문제

사회불평등을 논할 때 중요한 쟁점은 사회불평등이 사회구성원 간의 합의나 동의에 따른 것인가의 문제이다(Grabb, 1994). 기능론적 관점에서는 계층의 불가피성에 대해 사람들이 합의한다고 본다. 개인의 직업이 사회에 대해 갖는 '기능적 중요성' 그리고 그 수행을 위해 요구되는 재능이나 훈련을 갖춘 인재의 '차별적 희소성' 때문에 계층은 생겨날 수밖에 없다. 그러나 불평등의 불가피성을 인정한다고 해서 곧 특정한 지위, 역할 혹은 직업들의 서열이 어떻게 정해져야 하는가(어떤 종류의 일이 인정과 존경을 받을 가치가 있는가.)에 대해 사회구성원들 간에 동의가 존재한다고 말할 수는 없다.

갈등론적 관점에서 마르크스는 권력과 위세의 불평등한 관계들은 생산수단의 통제를 위한 부단한 역사적 투쟁의 산물이라고 본다. 사람들이 불평등을 받아들인다고 보는 것은 환상에 불과하다. 오히려 그것은 지배 이데올로기 조작, 자신들의 종속적 위치의 원인과 구제책에 대한 하층계급의 의식 결여, 혹은 불평등은 언젠가 감소할 것이라는 하층계급의 단순한 체념을 포함한 다양한 다른 과정을 반영하는 것이다.

베버는 사회불평등에 대한 한정된 합의가 가능하다고 본다. 예를 들면 관료제적 서열체계 등이다. 하지만 불평등의 불가피성을 사람들이 인정한다고 해서 갈등과 적대가 없는 것은 아니다. 일부를 제외하고 사람들은 매우 복합적인 동기들, 즉 습관, 관행, 두려움 혹은 대안의 부재 등 때문에 그것을 감수하기도 한다. 그러한 동기들은 사회질서의 공정성에 대한 일반적 합의와 무관하다.

2. 교육과 사회이동

교육과 사회이동의 관계는 매우 중요하다. 왜냐하면 사회불평등이 능력의 불평등에서 비롯된다는 기능주의적 주장이 타당한 것인지를 확인해 줄 수 있기 때문이다. 학교가 능력의 선별기능을 하기 때문에 학교교육을 받은 아이들은 당연히 사회적으로 상승이동을 할 것으로 믿어지고 있다.

여기서 왜 현대사회에서는 능력을 가진 사람이 사회적 상승이동을 하도록 되어 있는가에 대해서 생각해 보자. 사회이동은 근대사회에 들어서면서 생겨난 가장 두드러진 사회현상 가운데 하나이다. 신분제도가 확고하게 자리 잡고 있던 전통사회에서 개인이나 집단의 사회적 지위상의 변화는 보편적으로 나타날 수 있는 현상이 아니었다.

산업혁명 이전의 유럽에서는 사회이동의 주요 통로 중 하나가 교회였다. 스탕달(Stendhal)의 유명한 유형론을 따르자면, 재능에 따른 출세의 길은 군대의 홍의(scarlet)에서보다 교회의 흑의(black)에서 더 많이 열려 있었다. 16세기 말 식스토 5세의 예에서 보듯이, 농민의 아들로 태어나도 교황의 자리까지 오를 수 있었다.

사회이동이 학교교육의 통로를 통해서 일어나기 시작한 것은 전통적인 신분제도가 붕괴되고 근대 산업사회에 들어서면서였다. 왜 근대 산업사회에서는 학교교육이 사회이동의 주요 통로가 되었는가? 이에 대해서 기능주의와 갈등이론의 설명이 다르다.

기능주의적 입장에서는 근대 산업사회에서 교육이 갖는 중요성 때문이라고 말한다. 이러한 입장에서 말하는 기본적인 명제는 다음 세 가지이다. ① 산업사회에서 직업의 숙련수준이 기술의 발전과 더불어 계속적으로 높아진다. ② 학교교육은 고도로 숙련화된 직업에서 필요한 훈련이나 능력을 제공한다. ③ 고용에서 요구하는 교육적 요건이 높아지므로 사람들은 학교교육을 보다 더 많이 받지 않으면 안 된다. 요컨대, 현대 산업사회에서는 기술 변화에 적합한 인력을 필요로 하는데, 이러한 인력을 학교에서 적절하게 훈련하여 제공해 주기 때문에 교육수준에 따라 직업의 획득이 가능하다는 것이다(Collins, 1977).

한편, 갈등론적 입장에서 콜린스(Collins, 1977)는 산업사회에서 교육의 중요성을 다르게 설명한다. 콜린스에 따르면, 미국 교육체제의 확대, 학교교육 연한의 증대는 직업의 직무기술 수준이 높아졌기 때문이라기보다는 부와 권력 및 지위를 얻기 위해 경쟁하는 지위집단의 영향 때문이다.

콜린스는 기술적 필요 외의 다른 요인이 학교체제의 급속한 성장에 작용하고 있음을 밝히기 위해 권력이 학교체제의 급속한 성장배경에 있는 결정적 변수라는 베버의 관점을 취하였다. 베버는 기능주의자들과는 대조적으로 교육체제를 형성하는 것은 '체제의 요구'보다는 '갈등하는 이해관계'인 것으로 본다. 베버에 따르면, 교육 이념조차도 지배구조에 따라서 그리고 지배계층을 위한 사회적 상황에 따라서 형성된다. 과거 중국의 경우 유교교육의 특징인 교양인의 성격은 지배계급이 교양의 이상형을 어떻게 결정하느냐에 따라 좌우된다는 것을 지적하였다. 베버는 지배집단의 목적에 따라 임의적으로 학교의 성격을 결정하는 권력을 강조한다. 집단의 이해관계가 학교제도를 통제하는 과정에서 매우 중요하기 때문에 주어진 정의를 그대로 강요하는 과정은 본질적으로 잠재적 갈등의 요인이다.

콜린스에 따르면, 교육에 대한 갈등은 노동시장을 중심으로 일어나는데, 노동시장은 '노동인력'을 각기 다른 보수를 주는 여러 종류의 직업에 분배하기 위하여 교육자격 요건을 사용한다. 이런 면에서 볼 때 교육 자격 요건을 둘러싼 투쟁은 결국 특권적 지위를 독점하려는 지배집단과 그 지위에 들어갈 기회를 얻으려는 종속집단 간의 갈등이 된다. 우월한 지위집단은 그들의 특권적 지위를 강화하기 위해 교육적 요구를 한층 더 상승시키는데, 이에 따라 낮은 지위집단은 보다 높은 교육수준을 요구받는다. 여기에서 교육의 변동이 일어나는데, 이것은 교육을 급속히 확대시키는 데 기술 변화보다 더 큰 영향력을 갖는다.

콜린스는 학교의 의미는 특정 지위문화를 가르치는 것이라고 본다. 이런 입장에서 볼 때 학교는 기술적 지식을 전달하는 것이 중요하지 않고 어휘, 억양, 의상, 심미적 취향, 가치와 예절을 가르쳐야 한다. 콜린스의 이러한 주장은 학교교육의 내적 과정을 검증하는 것이 필요함을 보여 준다. 왜냐하면 만일 학교가 기술적 지식이 아니라 지위문화를 가르친다면 이 문화의 성격과 이 문화가 전달되는 과정을 확인하는 것이 중요하기 때문이다. 그러나 콜린스는 학교의 내적 활동에 대한 직접적인 경험적 증거를 갖지 못했다(Karabel & Halsey, 1977).

3. 사회이동의 개념과 명제

사회이동에 관한 연구는 과거에 개인이나 집단이 가졌던 사회적 계층상의 지위가 이후에 학교교육의 기회를 통하여 어떻게 변화하는가에 관심을 갖는다. 먼저 사회이동과 관련된 개념을 설명해 보기로 한다.

1) 사회이동의 개념

사회이동이란 개인이나 집단이 어떤 사회경제적 지위로부터 다른 사회경제적 지위로 이동하는 것을 지칭하는 용어이다. 사회이동은 이동방향에 따라 수직이동과 수평이동으로 분류된다. 수직이동(vertical mobility)이란 사회경제적 지위의 사다리를 올라가거나 내려가는 이동을 말한다. 재산이나 소득이 많아지거나 지위 등이 높아지는 것을 상승이동이라 한다. 그 반대는 하강이동이라 부른다. 수평이동은 다른 지역으로 지리적 이동을 하는 것을 말한다. 대개는 수직이동과 수평이동이 함께 일어난다. 예를 들어, 기업의 계장이 승진함과 동시에 다른 지역의 계열사로 발령을 받을 수도 있다.

사회이동을 연구하는 방법은 두 가지가 있다(Grabb, 1994). 첫째는 한 개인의 경력을 추적하여 얼마나 상승이동 또는 하강이동을 했는지를 살펴보는 방법으로, 세대 내 이동(intragenerational mobility)을 연구한다. 둘째는 자녀들이 부모나 조부모와 같은 지위의 직업에 종사하게 되는 경우가 얼마나 되는지를 살펴보는 방법으로, 세대 간 이동(intergenerational mobility)을 연구한다.

한 사회에서 수직이동이 얼마나 많이 일어나느냐가 그 사회의 계급구조의 '개방성'을 재는 척도가 된다. 왜냐하면 개방성의 정도가 높은 사회에서는 하층에서 태어난 사람이라 할지라도 뛰어난 재능을 가지고 있다면 상승이동을 할 수 있기 때문이다. 물론 완전히 개방된 사회라 할지라도 정상에 오를 수 있는 사람은 소수일 수밖에 없다. 사회경제적 질서가 피라미드 모양으로 짜여 있으면 권력이나 지위, 또는 부를 누릴 수 있는 위치는 상대적으로 적을 수밖에 없기 때문이다.

한 사회에서 사회이동이 일어나기 위해서는 구조적 특징을 갖추어야 한다(Grabb, 1994). 첫째로 개인을 평가하는 기준이 귀속주의적이어서는 안 되고 업적주의적이어야 한다. 사회가 개인의 귀속적 특징인 가족배경, 인종, 성에 따라 개인을 평가한다면 개인의 사회이동은 구조적으로 제약을 받는다. 오로지 개인의 업적 요인인 재능, 능력, 동기 요인에 따라서만 개인을 평가해야 한다. 둘째로 직업구조의 변동이 활발하게 일어나야 한다. 예를 들어, 하층의 직업보다는 관리직이나 전문직이 늘어날 때 이전 세대보다 더 상승이동할 가능성이 커지게 된다.

2) 사회이동에 관한 명제

사회이동을 가장 포괄적이고 체계적으로 분석한 최초의 학자인 소로킨(P. Sorokin)은 사회이동에 관련된 가설을 밝혔다. 이 가설에 따르면, 어느 사회도 완전히 폐쇄적이거나 개방적이지 않으며 사회이동의 유형이 사회마다 다르고 동일한 사회라 할지라도 시간의 흐름에 따라 변한다. 이 같은 소로킨의 가설이 제시된 이후에 사회이동의 폭과 한계를 둘러싸고 많은 논의가 이루어져 왔다(홍두승, 구해근, 1993).

그 논의들은 다음의 두 가지 명제로 요약될 수 있다. 첫째는 폐쇄의 명제, 둘째는 완충지역의 명제이다.

폐쇄의 명제란, ① 사회이동이 직업적 위계 속에서 동일한 수준에 있는 집단 간에 더 빈번히 이루어지고, ② 사회이동은 직업의 위계서열의 중간 부분에서 가장 빈번하고 극단에서는 가장 적으며, ③ 사회이동은 최상층부에서 가장 적게 일어난다는 것이다. 우세한 지위를 가진 사람은 그 지위를 유지하고자 하며, 또한 그렇게 할 수 있는 능력을 가지고 있기 때문이다.

완충지역(buffer-zone)의 명제란 사회이동의 대부분이 정신노동과 육체노동 간의 경계선 부근에서 이루어진다는 것이다. 다시 말해서, 이들 간의 이동은 사회경제적으로 근접한 근거리 이동에 불과하고, 이들 간에는 완충지역이 있기 때문에 원거리 이동은 제한된다는 것이다(Burgess, 1986).

영국의 사회이동에 관한 글래스(Glass, 1954)의 연구는 이 명제들의 타당성을 뒷받침해 주었다. 글래스에 따르면, ① 대부분의 이동은 근거리 이동이며, 원거리 이동은 매우 드물다. ② 육체노동과 정신노동 간의 경계선을 넘어서는 이동에는 장애물이 존재한다. ③ 사회적 척도에서 높은 직업이나 계층에서는 자체충원이 높게 이루어지고 있다.

골드소프와 동료들(Goldthorpe et al., 1980)은 자신들의 옥스포드 사회이동 연구에서 이 명제들을 재검토하였다. 이 연구결과에 따르면, ① 장거리 이동은 거의 없으며, 단거리 이동이 훨씬 많이 이루어진다. 이는 글래스의 연구결과와 같다. ② 그러나 중간계급과 노동계급 간에 장애물이 존재한다고 보기는 어렵다. ③ 자체 충원이 상당히 이루어지고 있지만, 또한 육체노동 출신을 상당히 충원하기도 한다. 이 연구는 사회이동에 완충지역이 있다거나 상층부에 폐쇄가 존재한다는 명제를 어느 정도 약화시키고 있다(Burgess, 1986).

한국의 사회이동에서 폐쇄와 완충지역의 명제는 일부분 타당성이 있는 것으로 밝혀지고 있다. 김병관(1984)에 따르면, ① 부분 폐쇄론은 하층계급의 출신계급별 분포 및 이동확률에 따라서 지지되지만 상층과 중층계급을 설명하는 데는 미흡하다. ② 완충지역론은 정신노동계급 출신의 이동상황에서는 타당성이 있지만 육체노동계급 출신의 이동상황에서는 타당성이 없다.

4. 교육의 효과에 관한 기능론적 연구

개인의 사회이동에서 특히 우리의 관심사는 교육이 어느 정도 영향을 주느냐 하는 것이다. 사회이동에 관한 기능론적 연구에서 기본적으로 깔려 있는 가정은 학교교육이 수직이동을 결정하는 주요 기제라는 것이다. 학교교육은 재능 있는 사람을 분류·선발하여 적재적소에 배치하는 기능을 수행하기 때문이다. 실제 상승이동 과정에서 학교교육이 얼마만큼 중요한 역할을 하고 있는지를 살펴보기로 한다.

1) 지위획득 모형 연구

지위획득 모형 연구의 선구적 연구는 블로와 던컨(Blau & Duncan, 1967)의 '미국의 직업구조'이다. 이들이 지위획득 연구에서 밝히고자 한 질문은 다음과 같다. "출생조건이 이후의 지위에 어떻게 그리고 어느 정도 영향을 미치는가? 인생주기의 한 단계에서 획득된 지위는 (그것이 대물림을 받은 것이든 자신이 성취한 것이든 간에) 다음 단계의 성공 가능성에 어느 정도 영향을 미치는가?"(Blau & Duncan, 1967: 164)

이들은 직업지위획득을 결정하는 결정변수를 아버지의 교육, 아버지의 직업, 본인의 교육, 본인의 첫 번째 직업경험 등 네 가지로 파악하였다. 아버지의 교육과 직업요인은 가정의 배경 요인을, 본인의 교육과 직업경험은 자신의 훈련과 경험을 대표하는 것으로 간주하였다. 이 네 개의 변수를 개인의 직업지위에 대하여 중다회귀분석을 실시하고, 그것을 근거로 경로분석을 하였다. 이들의 연구결과에 따르면, 본인이 받은 교육[1]과 초기의 직업경험은 자신의 직업적 성공에 큰 영향을 미치며, 이

러한 영향력은 배경 요인보다 더 강하였다([그림 6-1] 참고).[2]

블로와 던컨의 연구 모형에서 유의할 점은 설명력이 매우 제한되어 있다는 점이다. 본인의 현재 직업은 모형 내의 변인들에 따라 43%만이 설명되고 있을 따름이다. 즉, 아버지의 배경 요인(직업과 교육수준)과 본인의 성취 요인(교육수준과 직업경험)을 가지고 현재의 직업획득을 설명할 수 있는 정도는 43%일 뿐이다. 나머지 57%는 이들 변인 이외의 변인으로 설명되어야 한다. 참고로 젠크스 등(Jencks et al., 1972)은 가정배경, 지적 능력, 교육수준, 직업지위의 변인으로 소득차를 설명할 수 있는 부분은 12~15%에 불과하다고 보고, 그 나머지 85%는 '운'으로 설명되어야 한다고 주장하였다.

블로와 던컨은 연구결과를 근거로 현대 산업사회는 '배타주의(귀속주의)'에서 '보편주의(업적주의)'로 변화되고 있음을 주장하였다. 그러나 본인의 배경 요인보다 본인의 교육수준이 직업획득에 크게 영향을 주었다고 해도 그것이 업적주의로의 변화를 증명해 주는 것은 아니다. 왜냐하면 사회경제적 지위의 세습은 교육을 통해서도 이루어질 수 있기 때문이다. 업적주의로의 변화를 증명하려면 표본집단을 계급별로 나누고, 특히 하층계급 출신에서 교육수준이 지위획득에 얼마만큼 영향을 주었는지를 분석해야 한다. 사실, 이들이 주장하는 산업사회의 변화가 일어났다면 부

---

1) 블로와 던컨의 모형에서 '교육수준'은 한 개인이 이수한 학교교육의 연한을 의미한다. 하지만 교육수준을 단순히 교육의 연한으로만 좁게 생각해서는 안 된다. 학교 유형, 학위 유형, 학교교육의 질, 교육기관의 명성 등의 다른 특성이 고려되어야 한다. 예를 들어, 브루노(Bruno)는 고등교육과 경제적 지위 간의 관계에 대해 살펴보았는데, 그에 따르면, 미국의 경우 법, 의학, 치의학 학위 소지자들의 소득이 가장 높은 반면, 가정학 학위 소지자의 소득이 가장 낮고, 공학 학사 소지자들은 교육학 학사 소지자들보다 소득이 약 두 배 높은 것으로 나타났다. 그리고 같은 교육 연한이라 할지라도, 부모의 사회경제적 배경에 따라 전공이 크게 달라질 수 있다는 점을 고려해야 한다. 나아가 학위뿐만 아니라 대학의 수준과 평판의 차이가 졸업생들의 삶의 기회에 영향을 미친다는 점을 생각할 때 부모의 사회경제적 배경에 따른 자녀의 명문대학 입학률을 고려해야 한다. 피츠제럴드(Fitzgerald)는 미국의 경우 졸업 5년 후에 대학수준이 소득에 어떤 영향을 미치는지를 탐구하였는데, 그에 따르면 대학의 수준은 전공만큼 중요한 결정요소는 아니지만 소득과 연관성이 매우 높은 것으로 나타났다(Bills, 2007).

2) 서울 소재 대학생과 졸업생에 대한 연구(조옥라, 임현지, 김한결, 2018)에 따르면, 대학생과 취업준비생은 지위획득 경쟁 또는 취업 경쟁이 입시경쟁과는 근본적으로 다르다고 생각한다. 이들이 생각하기에, 대학 입시 경쟁에서 '금수저' 아이들과의 성적 차는 자신의 노력으로 어느 정도 극복할 수 있는 차이였지만, 취업 시장에서의 경쟁은 자신의 노력만으로 되는 것이 아니다. 부모의 경제력 등의 도움이 있어야만 된다. 부모의 경제력은 대학생과 취업준비생이 경쟁에 투입할 수 있는 자원의 양적 차이를 만들어 내며, '실패해도 당장 경쟁에서 도태될 걱정을 하지 않아도 되는 환경적 조건'의 차이와 도전의식의 차이를 만들어 낸다.

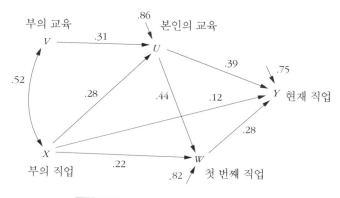

그림 6-1 블로와 던컨의 지위획득 모형

모와 자식의 직업적 지위 간의 상관관계는 시간이 지남에 따라 줄어들어야 한다. 그러나 실제로는 그와 같은 현상이 보이지 않고 있다(Karabel & Halsey, 1977).[3]

　한편, 지위획득 모형을 우리나라에 적용시킨 차종천(1992)의 연구결과를 보면, 배경 요인과 본인 요인에 따라 현재의 직업성취를 설명할 수 있는 부분은 39%로 오히려 미국보다 더 낮다. 이 모형에서 흥미로운 것은 부의 교육과 부의 직업의 상관계수가 .384로 낮은 편이라는 사실이다. 즉, 아버지의 교육수준과 직업과는 그렇게 상관관계가 크지 않다는 것이다. 본인의 첫 번째 직업을 획득하는 데 본인 교육의 영향력은 .483(회귀계수, β)이고, 아버지 직업의 영향력은 .204이다. 한편, 본인의 교육에 대한 아버지의 교육과 직업의 영향력은 각각 .450, .224이다. 이것은 아버지의 교육수준이 본인의 교육수준에 강한 영향을 미친다는 것을 말해 준다([그림 6-2] 참고).

---

3) 또 하나 생각해 보아야 할 것은, 학교교육이 어떻게 사회경제적 성공을 가져다주는가, 그 메커니즘이 무엇인가 하는 것이다. 앞에서 언급한 바와 같이 기능주의에서는 학교교육이 직업에서 필요로 하는 기능과 인지적 능력을 제공하기 때문으로 본다. 하지만 이런 관점과는 달리 다양한 비인지적 요소가 직업에서의 성공과 연계되어 있다고 보는 관점이 있다. 이들 요소를 젠크스 등(Jencks et al., 1979)이 명명한 "인성(personality)"으로 총칭할 수 있을 것이다. 이러한 요인들은 사회경제적 성취에 영향을 미친다. 비인지적 요소들은 일의 유형, 직업, 노동환경 등에 따라 다양하게 나타나기 때문에 일반화하기는 어렵지만, 이러한 요인들이 사회경제적 성취에 영향을 준다는 것은 분명하다. 학교는 고용주가 원하는 방식으로 사람들을 '똑똑하게' 만들지만 학교의 역할은 이것만이 아니다. 보울즈와 긴티스(Bowels & Gintis, 1976, 2000)의 주장에 따르면, 학교교육과정에서 학습된 인지적 요인은 직업획득에 비교적 적은 영향만을 미치며, 실제 학교교육의 중요한 역할은 직장에서 보상을 받게 되는 비인지적 특성들을 사회화하는 것이다. 고용주들이 원하는 것은 단순한 '인지적 기술' 이외의 포괄적 역량을 갖춘 노동자들이기 때문에 '기술 부족(skill shortage)'이라는 개념은 노동시장의 현상을 설명하기에 지나치게 협소하다는 것이다.

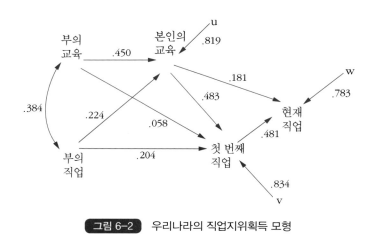

그림 6-2 우리나라의 직업지위획득 모형

　　2006년의 한국교육개발원 연구(이혜영, 김미란, 한준, 2006)는 본인의 직업(현직)획득에 영향을 미치는 변수를 아버지의 학력, 아버지의 직업, 어머니의 학력, 본인의 교육수준, 사교육경험, 본인초직 등으로 파악하였다. 이 연구에 따르면, 본인의 교육수준이 직업획득(초직 β=.228과 현직 β=.206)에 영향을 미치며, 또한 부모의 배경요인(본인의 초직에 직접적으로 영향을 미치는 부의 직업 β=.078)도 직간접적으로 영향을 미친다. 본인의 교육수준은 사교육(β=.164), 아버지의 학력(β=.206), 어머니의 학력(β=.096) 등의 영향을 받는다. 흥미로운 점은 어머니의 학력이 본인의 사교육경험에 미치는 영향(β=.315)이 상대적으로 크다는 사실이다.

2) 위스콘신 모형

　　미국 위스콘신 대학교의 스웰(H. Sewell)과 하우저(R. Hauser)는 가족의 배경이 어떻게 교육 및 직업적 성취에 영향을 미치는지 밝히고자 하였다(Sewell & Hauser, 1975). 이들은 블로와 던컨의 모형에 사회심리적 변수를 추가하였다. 특히 사회심리학적 관점에서 교육과 직업 포부에 영향을 미치는 것으로 보이는 '의미 있는 타인'에 초점을 두었다.

　　이들의 연구결과에 따르면, 부모의 격려가 학생들의 사회경제적 배경 및 능력과 교육포부(educational aspirations) 사이에 개입하는 강력한 매개변인임이 밝혀졌다. 부모의 격려는 비교적 지능검사 점수가 높고 상류층 가정배경을 가진 학생들의 교육포부에 가장 강력한 영향을 주었다(홍두승, 구해근, 1993).

한편, 포터(Porter, 1976)는 의미 있는 타인의 기대와 후원이 학업성취와 직업적 열
망에 직접적으로 영향을 주는 강력한 힘이 된다는 것은 모든 집단에 해당되는 이야
기는 아니라고 주장하였다. 그것은 백인들에게나 해당될 뿐이며 흑인에게는 해당
되지 않는다. 백인들의 경우는 야망을 키워 주어 학업성취를 높여 주는 데 비해, 흑
인들의 경우 의미 있는 타인의 영향은 순응성을 길러 주는 것일 뿐이다.

더구나 백인들에게 의미 있는 타인의 후원은 격려와 역할모범의 영향만 주는 것이
아니다. 계급적 양상을 띤 후원과 연줄을 통해서도 영향을 주기도 한다. 예를 들어,
코칭을 해 주거나 특급정보를 줄 수 있으며, '당겨 주고 밀어 줄 수'도 있다(Stanton-
Salazar & Dornbusch, 1995).

위스콘신 모형을 한국 사회에 적용하여 실증적으로 검증한 연구(이기종, 곽수란,
2016)를 보면, 고등학생의 가정배경과 의미 있는 타인인 친구 영향이 교육성취(학
력)에 미치는 효과가 어떠한지를 확인하고자 하였다. 이 연구에서는 중간매개변인
으로 본인의 학업성취, 교육포부, 직업포부를 고려하였다. 이 연구결과를 보면, 인
문계 고등학생 가정배경은 교육성취에 부분적이고 직·간접적으로 영향을 나타낸
다. 즉, 아버지 학력은 학업성취, 아버지 직업은 교육포부 그리고 가구소득은 교육
포부 및 직업포부를 매개하여 교육성취에 영향을 미치고 있는 것으로 나타났다. 이
결과는 부모의 사회경제적 배경이 자녀의 교육 및 직업포부 수준을 매개하여 교육
성취와 직업성취에 직·간접 효과를 나타낸다는 위스콘신 모형 결과와 유사한 것
을 확인할 수 있다. 한편, 의미 있는 타인인 친구는 교육포부와 학업성취에는 영향
을 미치지만, 직업포부에는 영향을 미치지 않는다. 이 결과는 한국 사회에서 고등학
교 과정은 학교교육을 마친 이후 직업 선택보다는 우선적으로 대학입학이 주 목적
이 되는 현실을 반영한 것으로 해석되고 있다. 다시 말해서, 의미 있는 타인인 친구
와의 상호작용이 직업선택과 관련되기보다는 학업성취나 어느 수준의 학력(學歷)
을 희망하는지에 초점이 맞추어져 있다는 측면을 반영한 것이다.

위스콘신 모형을 적용한 연구로 또 하나 주목할 만한 연구는 의미 있는 타인의 영
향을 중심으로 고등학생의 교육포부 결정요인을 분석한 연구(전하람, 김경근, 2006)
이다. 이 연구결과에 따르면, 대학원 졸업 이상의 학력을 추구하는 교육포부가 높은
학생은 자신의 학업성취와 자아정체감, 사교육비, 가계소득, 의미 있는 교사의 존재

에 의해 결정적으로 영향을 받는다. 이에 비해 교육포부가 낮은 학생(전문대 졸업 이하의 학력 추구)은 학업성취, 거주지, 사교육비, 어머니의 지원, 친구의 학업성취의 영향을 받는다. 그리고 남학생과 여학생의 교육포부는 서로 상당히 다른 요인들의 지배를 받고 있는 것으로 나타났는데, 특히 교육포부에 영향을 미치는 '의미 있는 타인'의 존재가 성별에 따라 달랐다. 예를 들어, 교육포부가 낮은 남학생에게는 친구의 낮은 학업성취가 결정적인 영향을 미치고 있었고, 여학생에게는 어머니의 미흡한 지원이 교육포부를 낮추는 데 핵심적인 작용을 하고 있었다. 마지막으로, 대학원 졸업 이상의 고학력을 추구하는 데는 가정의 경제력이 남학생보다는 여학생에게 훨씬 더 중요한 제약요인이 되는 것으로 밝혀졌다.

위스콘신 모형에 입각한 연구는 아니지만, 직업포부와 부모의 사회경제적 지위 관계에 대한 연구(김진영, 유백산, 2015)는 교육포부가 아니라 직업포부에 초점을 둔 연구라는 점에서 의의가 있다. 이 연구결과에 따르면, 아버지의 고학력과 어머니의 고학력이 결합되거나 아버지의 고학력과 자녀의 높은 성적이 결합되면 직업포부에 대해 증폭효과가 나타난다.

이 연구에서는 아버지의 학력과 자녀의 성적은 직업포부에 대해 증폭효과가 높은 이유를 다음과 같이 밝히고 있다. 즉, 자녀의 성적이 좋을 때 고학력의 아버지는 자녀에 대한 큰 기대를 가지고 높은 포부를 격려하고 지원하는 반면, 자녀의 성적이 좋지 않으면 고학력의 아버지라도 그런 역할을 하지 않을 가능성이 높다. 고학력의 아버지는 자녀의 학업성취수준에 맞지 않는 비현실적으로 높은 직업포부를 주문하기보다, 현재 성적을 고려하여 합리적으로 진로를 제안하는 것으로 보인다. 저학력의 아버지는 자녀의 성적이 좋아진다 하더라도 자녀에 대한 기대와 격려, 지원 수준이 낮기 때문에 자녀의 직업포부 향상이 제한적으로 나타난다.

한편 이 연구결과에 따르면, 어머니의 직업지위가 낮다 하더라도 자녀의 성적이 좋으면 그 어머니는 자녀에 대한 큰 기대를 가지고 적극적으로 격려하고 지원할 가능성이 있으며, 이로 인해 자녀의 직업포부가 크게 향상될 가능성이 높다. 반면에, 자녀의 성적이 낮더라도 어머니의 직업지위 수준이 높으면 자녀의 직업포부가 높아진다.

요컨대, 부모의 사회경제적 지위가 높을 때 자녀의 교육성취에 대한 기대 수준이 높아지며, 이는 자녀의 높은 직업포부로 귀결된다. 또한 부모가 모두 고학력일 때 자녀의 직업포부가 배가되는데, 이는 부모가 모두 고학력인 학생들과 그렇지 못한 학생들과의 직업포부 격차 문제가 심각할 수 있음을 보여 준다.

3) 기능론적 관점의 한계: 노동시장 분단론적 연구

기능주의에서 가정하는 것처럼, 과연 학교교육이 직업성취에 미치는 효과가 언제나, 어디서나, 누구에게나 같을까? 노동시장 분단론자들은 그렇지 않다고 주장한다. 왜 그럴까? 노동시장이 동질적이지 않고, 분단되어 있으며, 인적특성에 따라 차별이 존재하기 때문이다(Averitt, 1968; Doeringer & Piore, 1971; Stolzenberg, 1978). 말하자면, 노동시장이 분단되어 있어 임금결정 과정이 노동시장마다 달라질 수밖에 없고, 이에 따라 노동시장별로 학력이 직업적 성취에 미치는 효과는 달라진다.

노동시장 분단론자들은 노동시장이 동질적이고 경쟁적이라는 기능주의론자들(특히 인간자본론자들)의 가설이 잘못되어 있다고 주장한다. 이러한 가설과는 달리 실제에서는 노동시장이 분단되어 있고 차별이 존재한다는 것이다. 임금 결정 메커니즘은 생산성뿐만 아니라 회사조직의 크기, 산업부문, 이중 노동시장 등과 같은 구조적 요인에 영향을 받으며, 교육의 임금결정 효과도 노동시장의 어느 곳에서 일하는가에 따라 달라진다. 또한 노동자의 성, 계급, 인종, 출신지역과 같은 인적 특성에 따라 차별이 존재하며, 교육의 임금결정 효과가 달라진다.

노동시장의 분단과 교육의 효과에 대한 연구는 별로 이루어지지 않고 있다. 오래된 연구이지만, 이미나(1989)의 연구결과를 보면 다음과 같다.

- 경제적 부문에 따른 노동시장 분단: 공공산업 > 중심부 산업 > 주변부 산업
- 이중 노동시장 분단: 내부 노동시장(internal labor market)[4] > 외부 노동시장 (external labor market)
- 회사규모에 따른 분단: 대기업 > 중소기업

---

4) 특정한 회사 내부에서만 쓰이는 특수한 전문 기술을 가진 노동자를 고용하는 시장이다.

인적 특성(성적 · 계급적 · 인종적 특성)에 따른 차별과 교육의 효과는 다음과 같다 (이미나, 1989).

- 고용차별: 남성 > 여성, 백인 > 흑인
- 배치상의 차별: 남성 > 여성, 백인 > 흑인
- 승진, 임금차별: 남성 > 여성, 백인 > 흑인

계급적 특성에 따라 어떻게 고용차별, 배치상의 차별, 승진상의 차별이 생기는 가에 대해서 확실하게 밝혀 주는 연구는 찾아보기 어렵다. 다만, 계급적 특성에 따라 임금효과가 다르다는 연구는 찾아볼 수 있다. 이를테면 라이트와 페론(Wright & Perrone, 1977)의 실증적인 연구결과에 따르면, 교육투자 수익률은 고용주, 관리직, 노동자의 순서였다. 즉, 고등교육을 받은 경우일지라도 노동계급 출신자는 그들의 가정배경 때문에 상류계급 출신자들만큼 사회적 성취를 이루지 못하였다. 다시 말해 서, 노동계급 출신 자녀는 동일하거나 낮은 교육수준을 가진 중간층 자녀에 비해 그 들의 교육을 직업적 위세나 경제적 수입으로 전환시키는 데 불리한 위치에 있었다. 요컨대 교육은 상층계급에게는 큰 효과가 있으나 하층계급에는 큰 효과가 없었다.

우리나라의 경우도 계급적 특성에 따라 교육투자 수익률에서 차이가 난다(Koo & Hong, 1980). 예를 들어, 교육투자 수익률은 자본계급과 화이트 칼라 노동계급 출신 자에게서 가장 높게 나타났다. 반면, 행상이나 일용노동자 같은 최저 수준의 노동계 급 출신자는 최하의 교육투자 수익률을 보였다. 교육은 또한 화이트칼라와 블루칼 라 노동자에게 각기 다른 효과를 가지고 있었다. 신중산계급은 노동계급에 비해서 교육수준이 한 단계 높아질 때마다 두 배 이상의 수입을 얻었다. 요컨대 계급은 개 인의 수입을 결정하는 데 결정적인 작용을 한다.[5]

---

5) 이두휴(1993)의 연구는, 같은 대학교육 수준이라 해도 출신학교의 소재에 따라 취업률에 상당한 차이가 있음을 밝히고 있다. 그 이유는 고용구조의 형성이 지역 간 균형을 상실했고, 관리관행의 불평등이 존재 하기 때문이다. 특히 교육 효과의 차이는 학력인플레이션 현상이 가속화될 때 더욱 커지게 된다. 즉, 대학 학력이 인플레이션될 때 대학 학력의 직업획득의 효과는 떨어질 수밖에 없고, 그렇게 되면 우리나라 고용 구조의 특성상 상대적으로 출신 학교의 지역적 특성(특히 수도권)의 중요성이 더욱 커질 수밖에 없는 것 이다.

노동시장 분단론자들은 사회이동에서 개개인의 학력수준만을 중시하는 기능주의 학자들과는 달리 노동시장의 구조적 분단과 그에 따른 기회구조의 차이라는 개념을 도입함으로써 교육과 사회이동 간의 관계에 대해서 더욱 복합적으로 이해할 수 있도록 해 주었다. 또한 인적 특성에 따라서 성취기회가 구조적으로 차별화되어 있다는 점을 이해할 수 있도록 해 주었다.

5. 교육과 사회이동에 대한 갈등론적 관점

제3장에서 살펴본 것과 같이 보울즈와 긴티스는 교육은 사회이동에 기여하는 것이 아니라 기존의 계급을 재생산하는 역할을 한다고 주장한다. 보울즈와 긴티스의 주장에 대해서는 제3장을 참고하기 바라며, 여기서는 부르디외의 관점을 중심으로 살펴보고자 한다.

1) 경제자본과 문화자본에 따른 사회이동

사회이동에 대한 부르디외(Bourdieu, 1995)의 관점은 기존의 기능주의적 관점과는 매우 다르다. 우선 그는 사회이동이 일어나는 사회적 공간을 두 개의 축으로 위계화하였다. 자본의 최대치에서 최소치로 향하는 자본 총량의 수직적 축과 경제자본에서 문화자본으로 이어지는 수평적 축이 그것이다. 부르디외는 사회공간에서 두 가지 형식의 사회이동이 일어난다고 말한다. 동일한 장에서 상승이동과 하강이동으로 구성되는 수직이동과, 한 장에서 다른 장으로 이동하는 횡단이동이 일어난다는 것이다. 여기서 유념해서 보아야 할 것은 사회이동에서 '장(field)'이라는 개념이 사용되고 있다는 점이다. 동일한 수직적 영역에서 상승이동이 일어나는 것을 예로 생각해 보자. A라는 사람이 초등학교 교사에서 교수가 되는 경우 또는 B라는 사람이 소경영자에서 대경영자가 되는 경우를 보면, 수직이동이란 그 사람이 가지고 있는 지배적인 자본의 종류의 양이 더 많아진 것이라는 뜻을 알 수 있다. 즉, 초등학교 교사의 경우는 문화자본(학력자본)이, 소경영자의 경우는 경제자본의 양이 많아진 것이 바로 수직이동이다.

이는 매우 중요한 부르디외의 이론적 통찰인데, 그 통찰을 제대로 파악하기 위해서는 부연적 설명이 더 필요하다. A라는 사람은 교사에서 교수가 되었지만, 이것은 어디까지나 학교의 장의 한계 내에서 나타난 이동형식이라는 것이다. 한편, B라는 사람은 대경영자가 되었는데, 그것은 기업의 장의 한계 내에서 일어난 이동이다. 왜 그렇게 되는가? 자신이 가진 지배적 자본을 다른 자본으로 전환하는 것보다는 그 양을 늘리는 것이 비교적 용이하기 때문에 특정한 형태의 수직이동이 일어나는 것이다.

횡단이동의 경우를 보자. 횡단이동은 한 장에서 다른 장으로 이동하는 것을 말한다. 초등학교 교사 또는 그 자녀가 소상인이 되는 경우나, 초등학교 교사나 그 자녀가 기업경영자가 되는 경우를 들 수 있다. 이 경우는 한 사람이 가지고 있는 한 종류의 자본(문화자본)을 다른 종류의 자본(경제자본)으로 전환하는 것을 말한다. 이러한 횡단이동은 쉽게 이해할 수 있다. 교사의 자녀가 학력자본을 획득함으로써 경제자본을 필요로 하는 상인이나 경영자가 되는 경우인데, 이는 쉽지 않은 일이다. 문화자본만 가지고 구할 수 있는 직업이 있으며, 경제자본과 사회(관계)자본이 있어야 가질 수 있는 직업이 있다. 교사의 자녀가 문화자본(학력자본)을 획득했다고 해서 기업의 경영자가 쉽게 되는 것은 아니다.

기능주의적 사회이동 연구에서는 마치 학력자본만 가지고 있으면 어떠한 상승이동도 가능할 것처럼 주장하지만, 이는 사회공간상에서 허용되는 사회이동의 특정한 형태를 간과한 것이다. 경제적 지배계급으로 상승하는 데는 높은 학력자본보다는 상속된 경제자본이 절대적으로 필요하다. 사실 그렇기 때문에 기업의 소유주 가계에서는 구태여 교육의 매개를 통할 필요 없이 경제력과 특권을 물려줄 수 있다. 물론 그렇다고 이들 가계에 교육이 필요 없다는 말은 아니다. 사회적 재생산을 위한 교육이 필요 없다는 것이며, 지적 능력을 키우고 상징자본의 획득을 위한 교육까지 필요 없다는 말은 아니다. 이와는 반대로 문화자본이 가장 풍부하나 상대적으로 경제적 자본이 적은 집단은 사회적 지위를 유지하거나 상승시키기 위해 교육에 더 많이 의존할 수밖에 없다. 자신의 지위를 자녀에게 직접적으로 물려줄 수 없기 때문이다. 따라서 이 집단은 자녀 교육에 많은 투자를 하며, 실제 학력상의 성공을 얻을 수 있는 가능성이 아주 높다. 학력상의 성공은 주로 상속된 문화자본의 양과 학교교육에 대한 투자 정도에 따라 결정되기 때문이다(Bourdieu, 1995).

2) 사회자본과 사회이동

부르디외(Bourdieu, 1995)는 사회적 이동에는 학력자본뿐만 아니라 사회자본이 중요한 역할을 한다고 강조한다. 부르디외는 사회자본이 무엇인가에 대해 이렇게 말하고 있다. "사회적 자본이란 상호 친분과 인정 관계(제도화된 틀 속에서의 관계)의 지속적인 네트워크(관계망)를 소유함으로써 개인이나 집단에 축적되는 현실적 또는 잠재적 자원의 총합"이다(Bourdieu & Wacquant, 1992: 119). 여기서 친분과 인정 관계는 '제도화된 관계'로, 예를 들어 고등학교 동문이나 대학 동문이라는 친분과 인정 관계는 고등학교나 대학이라는 제도 속에서 형성된 관계이다. 오랫동안 지속되는 관계의 네트워크를 소유함으로써 동문출신 개인이나 집단에게 축적되는 현실적 또는 잠재적 자원이 사회자본이 된다. 예를 들어, 특목고 졸업생들(상위권 외국어고와 과학고)은 사회경제적 지위가 높은 동문들과 네트워크를 유지하며, 양질의 정보나 기회가 내부에서만 유통되고 그 혜택이 동문들에게만 돌아가게 한다. 이와 같은 방식으로 특목고 졸업생들의 사회자본은 이들에게 유형·무형의 이득을 가져다준다(이지원, 2020).

사회자본에 대한 부르디외의 관점과는 다소 다르지만, 사회이동에서 사회자본의 역할에 대해서는 스탠톤-살라자와 돈부시(Stanton-Salazar & Dornbusch, 1995)의 연구가 매우 시사적이다. 이들은 '사회자본(social capital)'의 개념을 사용하여 학생의 교육 및 직업에 대한 기대와 목표가 학업성취에 그리고 제도적 권위를 가진 사람들(예컨대, 교사와 카운슬러, 중상류층 친구)과의 사회관계 형성에 어떻게 연관되어 있는지를 밝히고 있다. 여기서 '사회자본'은 제도적 후원과 필요한 정보를 얻어 낼 수 있는 사회적 관계를 말한다.

이들의 논의는 다음 네 가지 명제로 표현될 수 있다. 첫째, 사회자본의 획득과 축적은 학생의 사회경제적 배경에 달려 있다. 둘째, 사회자본의 수준은 문화자본(예를 들어, 언어)의 획득과 연관되어 있다. 셋째, 학업성취도가 높은 학생은 정보망에서 더 많은 사회자본을 가지고 있다. 넷째, 교육과 직업에 대한 포부수준이 높은 학생들은 보다 많은 사회자본을 지니고 있다.

이들의 연구는 제도적 권위를 지닌 사람과 맺어진 연결망이 교육성취에 어떻게 영향을 주는가를 시사해 주고 있다. 하지만 그것이 직업획득과 어떻게 직·간접적

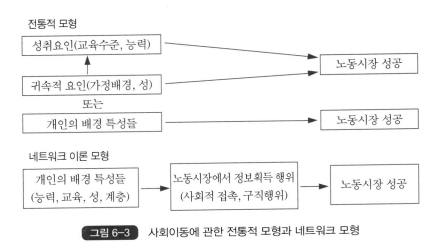

전통적 모형

성취요인(교육수준, 능력) ──────────▶ 노동시장 성공

귀속적 요인(가정배경, 성)

또는

개인의 배경 특성들 ──────────▶ 노동시장 성공

네트워크 이론 모형

개인의 배경 특성들
(능력, 교육, 성, 계층) ──▶ 노동시장에서 정보획득 행위
(사회적 접촉, 구직행위) ──▶ 노동시장 성공

그림 6-3 사회이동에 관한 전통적 모형과 네트워크 모형

으로 연관되는지는 밝혀 주지 못하고 있다. 또한 연결망을 학교기관 속에서 학생들에게 영향을 줄 수 있는 교사나 친구에 국한하고 있다는 점에서 직업획득 과정을 밝히는 데는 한계가 있다.

한편, 장원섭(1997)은 '사회적 네트워크 이론(social network theory)' 관점에서 연결망 모형보다 더 포괄적인 '사회적 네트워크'라는 모형을 통해 개인적 특성 변인과 노동시장 성공과의 관계를 설명한다. 장원섭(1997)에 따르면, 사회적 네트워크가 개인의 특성과 노동시장에서의 성공 사이에 중간 매개자로서 개입한다는 것이다 ([그림 6-3] 참고). 네트워크의 자원으로는 '사회적 접촉'과 개인의 적극적이고 적절한 '구직행위'가 중요하다.

이들의 연구는 사회이동이 일어나기 위해서는 학력자본을 적절하게 활용하게끔 해 주는 사회자본이 중요하다는 것을 공통적으로 지적해 주고 있다.

6. 교육의 사회불평등 재생산 효과: 국내 연구

한국 사회에서 유행하고 있는 이른바 '수저계급론'은 한국 사회가 사회이동이 크게 감소하였고 계급세습 사회가 되었다는 것을 나타내는 말이다. 그런데 그것은 상대적 이동이 아니라 절대적 이동의 측면을 반영한 것이라는 주장도 있다(계봉오, 황선재, 2016). 1956~1965년, 1966~1975년, 1976~1986년 출생자를 대상으로 한 이 연구에 따르면, 상대적 이동률에 큰 변화는 없지만, 절대적 이동(급격한 산업구조 변화로 인해 발생한 절대적 이동)의 양이 감소했기 때문이라는 것이다. 한편, 박현준과 정인관(2021)의 연구는 농민계급에 속한 사람들의 감소에 따라 한국 사회의 절대적 이동률은 여전히 높은 편이라고 밝히고 있다. 또한 이 연구는 1998년에 비해 2018년의 상대적 사회이동(세대 간 이동) 수준이 유의미하게 높다고 밝히고 있다. 이 연구에 따르면, 세대 간 사회이동의 증가 원인은 서비스 계급(전문직, 관리직)과 '일상적 비육체 노동자' 계급(사무직, 판매서비스업)의 세습 약화에 따른 것이다.[6] 1998년에 상승이동 비율은 58%로 총 이동률(상승이동과 하강이동, 수평이동 포함)의 69%를 차지했다. 상승이동률에 이어서 수평이동률이 19%(총 이동률의 약 23%)였고 하강 이동률은 7%(총 이동률의 약 8%)에 불과했다. 1998년 30~49세 남성들 10명 가운데 6명이 자신들의 아버지가 성취했던 계급보다 더 지위가 높은 계급에 도달해 있었다. 하지만 상승이동률은 2018년에 동일한 연령대를 대상으로 했을 때 47%로 20년 전에 비해 10%가량 줄어들었다. 반면에 하강 이동은 지난 20년간 증가해서 2018년에는 그 비율이 13%에 이르렀다. 수평이동률은 약간 증가했을 뿐이다. 이 연구는 세대 간 사회이동의 증가는 '교육의 팽창', 즉 대학교육 기회의 확대에 기인한 것이라고 추론하고 있다.

세대 간 사회이동이 대학교육 기회 확대와 연관되어 있다면, 실제 교육이 사회이동에 미치는 효과는 어느 정도일까? 어떤 계급에게서 교육의 효과가 더 커질까? 한국교육개발원 연구(이혜영, 김미란, 한준, 2006)는 1990년대에 비해 2000년대에는 교육의 계급세습 역할이 더욱 커지고 있음을 밝히고 있다. 1990년대와 2000년대를 비교연구한 내용을 보면, 1990년대에는 학력이 고졸인 경우에 비해 대졸 이상인 경우 쁘띠부르주아지(소규모 자영업자)가 아닌 서비스계급(전문직, 관리직, 경영자 등)에 속할 승수비가 3배 높은 반면, 농민과 노동자계급에 속할 승수비는 각각 35%와 31%에 불과한 것을 볼 수 있다[그림 6-4] 참고). [여기서 승수비(odds-ratio)는 고졸학력을 1 기준으로 놓고 대졸과 초·중졸 학력을 비율로 살펴보고 있다.] 반면, 학력이 초·중졸

---

6) 이 연구는 〈한국 노동패널조사〉 자료를 이용하여 1998년에 30~49세인 남성들(1949~1968년생)과 2018년에 30~49세인 남성들(1969~1988년생)을 대상으로 한 연구이며, 여성들을 제외한 것이다. 또한 이 연구에서는 1990년대 이후 출생한 젊은 코호트 집단은 분석대상으로 포함되지 못하였다. 1990년대 이후 출생한 젊은 코호트 집단은 최근 기회 불평등 및 공정성 관련 담론에서 초점이 된 집단이다.

인 경우는 고졸인 경우에 비해 쁘띠부르주아지가 아닌 농민과 노동자에 속할 승수비는 각각 4배, 1.5배에 달하고 반대로 서비스계급에 속할 승수비는 60%에 못 미친다. 2000년대에 대한 분석결과를 보여 주는 [그림 6-5]는 [그림 6-4]와 비교해서 차이를 보이고 있다. 초·중졸의 경우 고졸인 경우에 비해 쁘띠부르주아지가 아닌 농

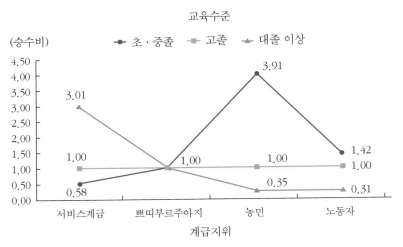

그림 6-4 교육수준에 따른 계급지위의 승수비: 1990년대 형평조사자료 분석결과

출처: 이혜영, 김미란, 한준(2006).

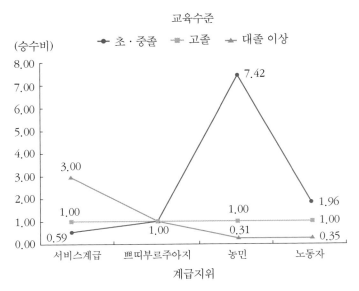

그림 6-5 교육수준에 따른 계급지위의 승수비: 2000년대 노동패널조사자료 분석결과

출처: 이혜영, 김미란, 한준(2006).

민이 될 승수비가 7.4배로 1990년대의 3.9배에 비해 크게 높아지고, 노동자가 될 승수비가 2배로 1990년대의 1.4배에 비해 높아졌다. 다른 경우들은 거의 동일한 승수비의 값을 보여 준다.

이러한 연구결과는 무엇을 의미하는가? 계급적 위치가 정해질 때 본인의 학력수준이 매우 중요하다는 것을 말해 주는 것이다. 즉, 교육적 효과가 크다는 것을 뜻하는 것인데, 그렇다면 이는 기능주의적 입장에서 말하는 능력주의가 예전에 비해 더욱 실현되고 있다는 것인가? 그렇다고 말하기 위해서는 교육의 기회가 가정배경에 상관없이 본인의 능력에 따라서만 균등하게 분배되었다는 것이 전제되어야 한다. 만일 반대로 교육기회가 가정배경에 따라 분배되는 경향이 크다면, 교육은 능력주의의 실현이 아니라 오히려 계급을 세습시키는 매개 역할을 하고 있다고 보아야 한다.

이혜영, 김미란, 한준(2006)의 연구는 아버지의 계급지위가 아들의 학력수준에 미치는 효과를 밝히고 있는데, 1990년대 자료를 분석한 [그림 6-6]을 보면, 아버지가 서비스계급에 속한 경우를 기준으로 해서 여러 계급적 범주에 속한 경우 아들의 학력수준별 승수비를 제시하였다. 아들의 학력수준이 초·중졸에 비해 고졸에 속할 승수비는 쁘띠부르주아지계급이 서비스계급에 비해 31% 높은 반면, 농민과 노동자의 경우는 41%와 49% 낮은 것을 볼 수 있다. 반면, 초·중졸에 비해 대졸에 속할 승수비는 쁘띠부르주아지계급이 서비스계급과 큰 차이를 보이지 않고 있으며, 농민과 노동자의 경우 각각 아들을 대졸교육을 시킬 승수비가 각각 57%와 78% 낮게 나타난다. 아버지의 계급적 지위가 아들의 교육수준에 미치는 효과가 서비스계급과 쁘띠부르주아지 간에 큰 차이를 보이지 않는 반면, 아버지의 계급적 지위가 농민과 노동자의 경우 학력수준이 크게 낮아지는 것을 볼 수 있다.

1990년대 자료를 분석한 [그림 6-6]과 비교해서 2000년대 자료를 분석한 [그림 6-7]은 아버지계급에 따른 교육불평등이 더욱 심화되었음을 보여 준다(이혜영, 2007). 주목할 점은 1990년대까지 서비스계급과 큰 차이를 보이지 않았던 쁘띠부르주아지 출신의 학력수준이 낮아졌으며, 대졸 학력수준의 승수비의 경우는 농민 출신과 큰 차이가 없어졌다는 것이다. 이 그림에서 또 한 가지 특기할 점은 쁘띠부르주아지와 서비스계급의 분화뿐 아니라 1990년대까지도 농민자녀에 비해 높던 노동자계급 자녀의 교육기회가 낮아졌다는 것이다. 이러한 결과는 전반적으로 한국 사회가 그동안 자본주의적 계급분화 과정을 거치면서 부모의 계급적 지위가 자녀의

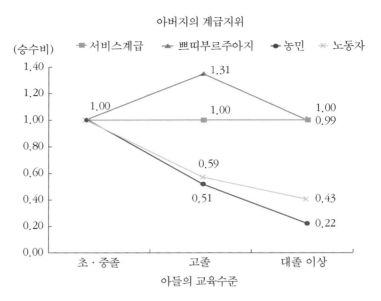

그림 6-6 아버지의 계급지위에 따른 아들의 교육수준의 승수비: 1990년대 형평조사자료 분석결과

출처: 이혜영, 김미란, 한준(2006).

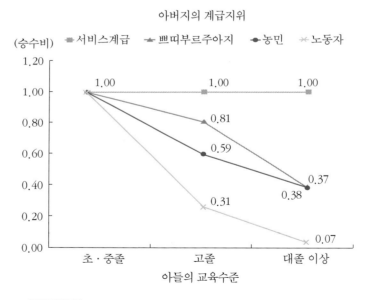

그림 6-7 아버지의 계급지위에 따른 아들의 교육수준의 승수비:
2000년대 노동패널조사자료 분석결과

출처: 이혜영, 김미란, 한준(2006).

교육기회를 통해 자녀의 계급적 지위를 결정하는 정도가 커지고 있음을 보여 준다 (이혜영, 김미란, 한준, 200 6 ; 이혜영, 2007). 즉, 교육을 매개로 하는 계급세습의 메커니즘이 상당한 정도 고착되어 가고 있음을 보여 준다.

하지만 이 연구는 아버지의 계급지위가 아들의 학력수준에 미치는 효과만을 밝히고 있고, 또한 학력수준을 단순히 개인의 정규교육 연한(초·중졸, 고졸, 대졸)으로 측정한 한계를 안고 있다. 2012년에 대학진학률이 80%를 넘어선 한국의 현실을 감안한다면, 단순히 정규교육 연한보다는 교육수준의 질적인 차이를 고려한 효과를 살펴볼 필요가 있다. 그리고 단지 아들의 교육수준뿐만 아니라 딸의 교육수준에 미치는 부모의 계급지위 효과 역시 살펴볼 필요가 있다.

이와 관련된 연구(김수혜, 김경근, 2010)를 보면, 자녀의 사회경제적 지위를 결정하는 데 부모의 사회경제적 지위, 수능성적, 어학연수, 자기개발, 취업사교육의 순서로 유의미한 영향을 발휘한 것으로 나타나고 있는데, 여기서 주목해 볼 것은 수능성적('교육수준의 질적인 측면을 나타내는 대리변수')과 어학연수 역시 부모의 사회경제적 지위로부터 상당한 영향을 받는 것으로 드러났다는 점이다. 특히 딸의 경우 부모의 사회경제적 지위에 의해 사회경제적 지위가 결정되는 경향이 아들보다 강하게 나타났고, 입시사교육이나 어학연수와 같은 교육적 지원을 받는 정도가 달랐다.

이러한 여러 국내 연구를 종합하자면, 아버지의 계급지위가 자녀의 학력(교육연한)에 영향을 줄 뿐만 아니라, 서열화된 대학구조 속에서 세칭 '명문대학' 진학 여부에도 영향을 주고 있다고 볼 수 있다. 요컨대, 아버지의 계급지위는 자녀의 교육수준과 명문대학 진학 여부에 영향을 미침으로써 자녀의 지위 결정에 유의미한 영향을 미치고 있는 것이다.

7. 사회양극화와 교육

1) 사회양극화 현상

사회양극화는 주로 중산층 소멸현상과 빈곤의 증대에 대한 관심에서 출발한 개념으로서, 일반적인 소득분배 불평등 심화현상과는 상당히 다른 개념과 문제의식을 가지며 측정 수단과 해결과제도 다르다. 즉, 소득분배의 불평등이 전체인구의 소득분포를 대상으로 한 개념이라면, 양극화는 인구의 특정 계층(예컨대, 양극단)에서 나타나는 소득분포밀도의 집중현상에 더 초점을 맞춘 것이다(대통령자문정책기획위원회, 2006). 다시 말해서 양극화란, ① 중간소득층이 감소하고 있고, ② 고소득층의 소득 점유율이 증가하고 있으며, ③ 빈곤층이 증가하는 현상이다. 최근의 양극화 관련 연구들도 이러한 경향성, 즉 중간층의 몰락, 양 끝에 있는 집단의 증가, 한쪽 집단에서 다른 집단으로 이동할 가능성의 약화 추세 그리고 양 끝에 속한 집단 간 이질성의 심화, 한 집단 내의 동질성의 강화의 경향성에 관심을 두고 있다.

노동부 임금구조기본통계조사에서 임금소득 불평등 추이를 살펴보면, 소득 구간 전체의 불평등 정도를 나타내는 지표인 지니계수는 1994년 0.272를 저점으로 2003년 0.320까지 증가하였고([그림 6-8]), 하위 10% 대비 상위 10% 임금은 1994년 3.64를 저점으로 2003년 4.35배까지 증가하였다(대통령정책기획위원회, 2006). 2010년 이후의 지니계수를 보면, 2010년 0.511에서 2016년 0.467, 2019년 0.444까지 낮아졌다가 2020년에는 0.446으로 다시 높아졌다([그림 6-9], 대구 MBC, 2022. 2. 3.). 한국노동연구원(김정우, 2005)에 따르면, 2004년 노동소득 분배율은 58.8%로 1999년 이후 6년 연속 60%를 밑돌았다([그림 6-8]). 노동소득 분배율은 외환위기 직전인 1997년에 최고치(62.3%)를 기록한 뒤 1999년부터 6년 연속 60%를 밑돌아 선진국 수준에 크게 미치지 못하는 것으로 나타났다. 노동소득 분배율이란 국민소득 중에서 노동소득이 차지하는 비율을 나타내며, 소득 분배가 균등할수록 비율이 높게 나타난다. 1980년대 초반 50%를 갓 넘던 노동소득 분배율은 1987년 민주화 운동 이후 꾸준히

노동소득 분배율과 지니계수 변화 〈출처: 한국노동연구원〉

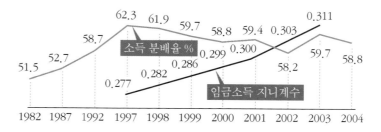

그림 6-8 노동소득 분배율과 지니계수 변화

출처: 국민일보(2005. 5. 8.). 소득분배 불평등 IMF이후 악화일로.

그림 6-9 근로소득 지니계수 및 10분위 배율(2010~2020)

출처: 대구MBC(2022. 2. 3.). 2022년 근로소득 분배지표, 10년 만에 악화.

높아지다가 1998년 61.9%, 2000년 58.8%, 2002년 58.2%, 2004년 58.8%로 하락세를 보이고 있다. 즉, 국민소득 중 노동자 몫으로 분배되는 비율이 점점 줄어들고 있는 것이다. 미국(70.5%), 영국(71.5%), 독일(72.2%), 일본(72.7%) 등 선진국의 노동소득 분배율은 70%대를 보이고 있다(국민일보, 2005. 5. 8.; 김정우, 2005).

2016년 통계청의 가계 동향에 따르면, 2016년 2분기 소득 상위 10% 가구와 하위 10% 가구의 월평균 소득격차도 10.7배에 이르는 것으로 나타났다([그림 6-10], 이투데이, 2016. 8. 22.). 2016년 2분기 1분위(하위 10%)가구의 월평균 소득은 92만 890원으로 2015년 같은 기간의 103만 1,379원에 비해 10.7%인 11만 489원이 감소했다. 2016년 2분기 전체 가구의 근로소득은 전년동기 대비 1.9% 증가했지만 1분위 가구는 16.9%, 2분위 가구는 5.8% 각각 감소한 것으로 조사됐다. 반면, 상위 10% 가구의 월평균 소득은 2분기 연속으로 증가했다. 2010~2022년 10분위배율(소득 상위 10%의 소득을 하위 10%의 소득으로 나눈 값)을 보면([그림 6-9]), 2010년 77배였으나 2019년에는 40.8배로 대폭 감소했으며, 2020년에는 10분위 배율이 42.4배로 다시 상승했다(대구 MBC, 2022. 2. 3.). 이와 같이, 현재까지 양극화 현상은 크게 개선되지 못한 상태에 있다.

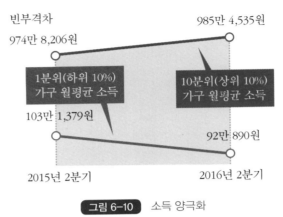

빈부격차

974만 8,206원

985만 4,535원

1분위(하위 10%) 가구 월평균 소득

10분위(상위 10%) 가구 월평균 소득

103만 1,379원

92만 890원

2015년 2분기　　　　2016년 2분기

그림 6-10 소득 양극화

출처: 이투데이(2016. 8. 22.). 정부 소득 양극화 완화됐다지만 수치는 딴판.

2) 사회양극화가 학업성취에 미치는 영향

사회양극화가 아이들의 학교생활과 학업성취에 어떤 영향을 미치는 것일까? 제5장에서 학업성취와 교육기회에 상위계층과 하위계층 간에 큰 격차가 있다는 것을 살펴보았다. 이러한 격차에 영향을 준 요인들이 많이 있겠지만, 사회양극화의 영향이 매우 클 것이라는 것은 충분히 짐작해 볼 수 있다.

예를 들어, 계층 간의 소득격차는 교육비 지출액의 차이로 이어지는 것으로 밝혀졌다.[7] 한국은행의 '경제성장과 사회지표 변화'에 따르면 소득계층 간 교육비 지출액 차이가 심각한 수준에 달하는 것으로 나타났다(국민일보, 2012. 2. 20.). 2016년에는 월 소득 600만 원 이상 가구는 매달 평균 52만 1,758원을 교육에 투자했으며, 월 소득 100만 원 미만 가구의 경우 5만 969원을 투자하였다. 저소득층과 고소득층의 월평균 교육비 지출액은 약 10배 차이가 있는 것으로 나타났다([그림 6-11], 연합뉴스, 2017. 3. 8.). 2020년 교육비 지출액을 보면, 5분위(상위 20%) 가구가 791만 원으로 가장 많았고, 4분위(하위 60~80%) 가구 422만 원, 3분위(하위 40~60%) 가구 239만 원, 2분위(하위 20~40%) 가구 93만 원, 1분위(소득 하위 20%) 가구 22만 원이었다. 소득 상위 20% 가구가 교육비에서 하위 20% 가구보다 36배나 많은 돈을 쓰는 것으로 나

---

7) 가족구조의 변화(한쪽 부모의 부재 혹은 계부모의 존재)도 상당한 수준에서 자녀에 대한 교육비 지출을 감소시킨다. 가족 소득이 감소하기 때문이다(김경년, 2017).

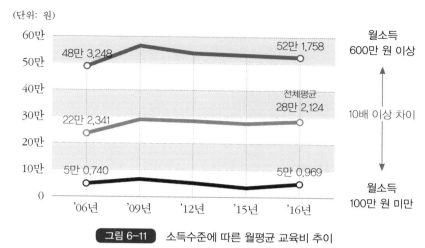

(단위: 원)

60만
48만 3,248
52만 1,758 — 월소득 600만 원 이상
50만
40만
전체평균
30만 28만 2,124
22만 2,341 — 10배 이상 차이
20만
10만
5만 0,740 5만 0,969 — 월소득 100만 원 미만
0
'06년 '09년 '12년 '15년 '16년

그림 6-11 소득수준에 따른 월평균 교육비 추이

출처: 연합뉴스(2017. 3. 8.). 저소득층-고소득층 월 평균 교육비 지출 10배 차이.

타났다(연합뉴스, 2021. 12. 2.).

계층 간의 소득격차에 따라 사교육비 지출액은 어떻게 달라질까? 부모의 실제적인 지원활동은 사교육과 밀접한 연관을 갖는다는 점에서 사교육의 격차에 주목할 필요가 있다. 교육적 지원활동 중에 학부모가 크게 관심을 갖는 것은 어떤 사교육을 제공하느냐 하는 것이다. 사교육은 단지 가정배경의 사회경제적 수준을 의미하지도 않으며, 부모의 관심 정도만을 의미하지도 않는다. 소득이라고 하는 경제적 부분과 자녀 교육에 대한 관심을 포괄하는 차원이다. 그런 점에서 사교육의 불평등은 사회양극화와 떼어서 생각할 수 없다.[8]

2001~2015년 한국노동패널조사 데이터를 분석한 양정호의 연구결과를 보면(서울신문, 2017. 10. 29.), 가구당 월평균 사교육비는 2001년 26만 7,783원에서 2015년 52만 4,022원으로 15년 만에 2배 가까이 증가했다. 고소득층과 저소득층의 사교육비 격차를 비교해 보면, 사교육비 지출 하위 20% 가구의 월평균 지출액은 2001년 7만 4,717원에서 2015년 10만 1,952원으로 15년 동안 2만 7,235원이 늘어나는 데 그쳤다. 반면, 상위 20% 가구의 지출액은 같은 기간 56만 8,467원에서 115만 9,162원으로 2배 이상으로 늘었다. 상·하위 20% 가구의 사교육비 지출액 격차는 2001년

---

8) 김경년, 김안나(2015)의 연구에 따르면, 사교육은 복지수준과 연관되어 있다. OECD 국가를 대상으로 한 이 연구에서 사회보장비 1%의 증가는 개인의 사교육시간을 2.134% 감소시킨다.

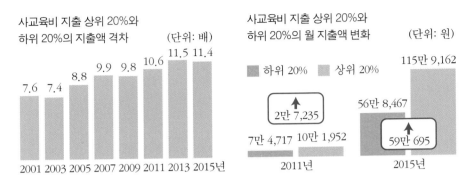

사교육비 지출 상위 20%와
하위 20%의 지출액 격차 (단위: 배)

11.5 11.4
10.6
9.9 9.8
8.8
7.6 7.4

2001 2003 2005 2007 2009 2011 2013 2015년

사교육비 지출 상위 20%와
하위 20%의 월 지출액 변화 (단위: 원)

■ 하위 20% ■ 상위 20%

115만 9,162

56만 8,467

2만 7,235

7만 4,717 10만 1,952
2011년

59만 695

2015년

그림 6-12   사교육비 지출 상위 20%와 하위 20%의 지출액 격차

출처: 서울신문(2017. 10. 29.). 사교육비 상, 하위 20% 가구 11배 격차.

7.6배에서 2015년 11.4배로 뛰었다([그림 6-12] 참고). 통계청의 '2021년 초중고 사교
육비 조사 결과'에 따르면, 가구의 소득수준별 월평균 사교육비는 800만 원 이상 소
득가구가 59만 3,000원이며, 200만 원 미만 소득가구는 12.8% 증가한 11만 6,000원
이었다. 이 두 구간의 월평균 사교육비 지출 격차는 약 5.1배로 2020년과 비슷한 수
준이다(복지타임스, 2022. 3. 11.).

  그렇다면 이러한 사교육의 격차가 대학교육기회에 미치는 영향은 어느 정도일
까? 최형재(2007)의 연구에 따르면, 소득에 따른 사교육 참여 여부는 최상위소득계
층(상위 25%)과 최하위 소득계층(하위 25%)이 사교육 참여율과 사교육비에서 두 배
가량 차이를 보였다. 그리고 사교육 참가율 차이는 대학진학률의 차이로 이어졌다.
같은 조사에서 1분위계층과 4분위계층은 상위 11개 대학을 기준으로는 5배 이상,
상위 21개 대학을 기준으로는 거의 8배의 대학진학률 격차를 보였다(〈표 6-1〉〈표
6-2〉 참고).

표 6-1   소득에 따른 사교육 참여 정도

	소득분위			
	1분위 (최상위 25%)	2분위	3분위	4분위 (최하위 25%)
사교육 참가율(%)	84.5	75.6	65.5	42.7
개인과외 참가율(%)	25.4	9.9	7.9	4.1
사교육비(만 원)	36.5	24.6	19.0	18.5

표 6-2 소득에 따른 대학진학률

(단위 %)

	소득분위			
	1분위 (최상위 25%)	2분위	3분위	4분위 (최하위 25%)
4년제 대학	66.9	52.9	49.1	49.3
상위 11개 대학	14.1	8.3	2.6	2.7
상위 21개 대학	21.1	9.9	6.1	2.7
상위 11개 대학 또는 의학계열	15.5	9.1	2.6	4.1
상위 21개 대학 또는 의학계열	22.5	10.7	6.1	4.1

사교육의 효과를 구체적으로 보면, 사교육비 지출 10% 증가에 따라 4년제 대학 진학 확률이 0.18% 늘어나고, 상위 31개 대학의 경우는 0.61%(의학계열까지 포함할 경우는 0.71%) 증가하는 것으로 분석되었다. 또한 회귀분석한 결과, 소득계층 간 사교육비 지출격차가 대학진학률 격차의 50~60% 정도를 설명해 주는 것으로 나타나 사교육이 대학교육 기회불평등에 매우 중요한 역할을 하고 있는 것을 보여 준다.

사교육비 지출과 내신등급의 관계에 관한 연구(김민성, 김민희, 2010)에 따르면, 사교육비 지출에 따라 내신등급이 달라진다. 연구결과를 상세히 보면, 사교육을 전혀 받지 않을 경우 내신성적이 1등급에 속할 확률은 1.4%였지만, 월평균 24만 3,000원의 사교육비를 쓰면 1등급이 될 확률은 2.4%로 2배 가까이 높아졌다. 사교육비가 50만 원으로 올라가면 1등급 확률은 4.0%, 100만 원 지출 때는 11.1%, 200만 원 지

표 6-3 사교육비 지출에 따른 내신등급 확률

월 사교육비	1등급	2등급	3등급	4등급 이하
없음	1.4%	5.9%	18.2%	74.6%
24만 3,000원	2.4%	9.4%	25.0%	63.1%
50만 원	4.0%	14.8%	31.6%	49.7%
100만 원	11.1%	29.7%	34.3%	24.9%
200만 원	52.5%	33.4%	10.5%	3.6%

출처: 경향신문(2010. 9. 24.). 사교육비 월 50만원 쓰면 내신 3등급 이상 확률 2배.

출 때는 52.5%로 급상승했다. 내신성적이 4등급 이하일 확률은 사교육비를 전혀 쓰지 않을 경우 74.6%였지만, 월 100만 원의 사교육비를 쓸 경우 24.9%로 낮아졌다. 또한 월 사교육비 1만 원과 주당 혼자학습시간 1시간의 효과(1등급이 될 확률)는 비슷한 것으로 분석되었다. 월 사교육비 30만 원을 쓴다면 주당 30시간 혼자 학습하는 것과 맞먹는 효과를 낸다는 것이다. 이 연구는 상관관계를 분석한 것으로 역의 인과관계도 성립할 수 있다. 즉, 내신등급이 높아지면 그만큼 사교육비가 높아지는 것으로 해석될 여지가 있다. 이 연구는 성적 측정 시점에 선행하는 사교육비 지출을 설명변수로 사용하여 역의 인과관계 문제를 완화하고자 하였으나, 사교육비 효과를 확정하기 위해서는 추가 연구가 필요하다.

8. 사회양극화 해소를 위한 교육정책

교육 분야에서 사회양극화 해소를 위한 정책으로는 어떤 것이 있는가? 정부는 교육복지 강화와 사회적 격차 해소를 목표로 '교육복지투자우선지역' 사업과 방과후 학교사업, 최저교육복지비 지원 등을 적극 추진해 왔다. 2003년 시작된 교육복지투자우선지역사업(2011년 '교육복지우선지원사업'으로 명칭 변경)[9]은 프랑스의 우대교육지역(Zones d'Education Prioritaires: ZEP)사업과 비슷한 것으로, 저소득층 아동의 생활 및 교육환경 변화를 추구하는 지역 접근방법을 취하고 있다. 아동 개인에 대해 교육에 소요되는 일부 비용을 지원하는 것만으로는 아동이 생활하는 환경이나 교육환경을 개선하는 데 한계가 있기 때문에 저소득층 아동들을 위하여 지역사회의 교육적 환경을 전반적으로 개선하는 것을 목적으로 한다(류방란, 2006).

한편, 방과후 학교사업은 종전에 학교에서 방과후 교육활동으로 실시해 오던 초·중등학교 특기적성교육, 초등학교 저학년 방과후 교실, 고등학교 방과후 수준별 보충학습을 보다 내실화하고 활성화하기 위한 운영체제로서 지도교사나 강사,

---

9) 교육복지우선지원사업은 단위학교를 중심으로 지역사회 교육공동체를 통해 학생의 삶에 총체적으로 개입하는 사업이며, 단위학교, 교육지원청, 시도교육청, 교육부가 중앙교육복지연구지원센터 및 시도교육복지협의회 지역교육복지지원센터 등 다양한 지역사회 기관과 연계하여 추진하는 사업이다(김한나, 장덕호, 2017).

운영시간, 프로그램을 보다 다양하고 질 높게 제공하여 수요자의 참여와 만족도를 높이기 위한 것이다. 방과후 학교는 모든 지역과 모든 계층의 학생을 위한 것이나, 정부는 교육격차를 해소하기 위해 특히 낙후지역과 저소득 계층을 위한 재정 지원을 대폭 확대하여 이들이 무상 또는 저렴한 비용으로 보다 다양한 양질의 교육을 받도록 하고 있다(강영혜 외, 2005; 류방란, 2006).

교육복지투자우선지역사업과 '방과후 학교' 등은 분명 필요한 것이기는 하나, 이런 정책만으로는 학생들에게 미치는 사회양극화의 영향을 상쇄하기에는 턱없이 부족하다. 사회양극화 속에서 부모들의 자녀 진로에 대한 계획과 지원 수준 측면에서도 계층별로 차이가 크게 나타나고 있다(한누리, 2015). 서울지역부모의 경우, 계층 수준이 높을수록 계획이 장기적이고 구체적이며 대학졸업 이후 취업까지 염두에 둔다. 이에 비해 계층수준이 낮을수록 막연한 수준의 계획만을 갖고 있거나 계획 자체가 부재한 경우가 많다. 계층에 따라 자녀교육에 투입하는 자원 역시 차이가 크다. 상층은 조부모로부터 경제적 지원을 많이 받고 있는 것이 큰 특징이다. 상층의 경우 조부모의 경제적 지원 덕분에 부부 소득으로는 부족한 교육비를 충당하며, 이를 십분 활용하여 자녀에게 '최고급의 교육'을 아낌없이 시킨다. 그러나 중상층은 자녀에게 투자할 수 있는 자본이 부부소득에 국한되어 있었기 때문에, 자녀에게 원하는 만큼 '최고급의 교육'을 시킬 수 없으며 여러 선택지 중에서 가장 합리적인 조합을 찾는 것을 중요하게 생각한다. 중하층은 경제적 부담으로 인해 아예 최고급의 교육은 시킬 수 없다고 체념한다. 하층의 경우에는 자녀교육을 위해 따로 돈을 들여서 무엇인가를 할 엄두를 내지 못한다. 이러한 상황에서 양극화 해소를 위한 교육복지사업이 얼마만큼 효과를 내고 있는 것일까?

교육복지사업의 효과가 어느 정도인지는 연구에 따라 다르게 나타난다. 선행연구결과에 대한 메타분석방법을 사용한 연구(김한나, 장덕호, 2017)에 따르면, 교육복지우선지원사업은 교육적으로 유의미한 효과가 있는 것으로 나타났다. 교육복지우선지원사업의 교육적 효과는 인지(학업성취), 사회적 행동(일상생활적응, 학교생활적응) 정의적 영역(정서심리발달, 학교생활만족도) 순으로 효과가 높은 것으로 나타났다. 특히 인지적 특성의 경우 교육적으로 유의미하며 실질적 효과가 있는 수준으로 나타난 반면, 정의적 특성의 경우 상대적으로 미약한 효과 크기를 보였다. 하지만 서울시교육청의 교육복지특별지원 사업(2013~2015) 효과에 대한 연구(김훈호, 이호준, 2018)에 따르면, 인지적 영역(국어, 수학, 영어)과 비인지적 영역(진로성숙, 자기신념, 성취목표) 모두에서 교육소외계층 학생들에 대한 교육복지특별지원 사업의 효과는 나타나지 않았으며 오히려 부정적 효과가 나타났다. 다만 성취 수준이 높은 교육소외계층 학생들에 한하여 긍정적인 효과가 나타났다.

교육복지정책의 효과가 제한적이기는 하지만, 교육복지정책은 확대·강화할 필요가 있다. 교육복지정책이 교육복지 프로그램 지원의 차원을 넘어서서 저소득 가정의 자녀를 위한 보육시설부터 고등학교에 이르는 전 교육과정에 이르는 지원사업의 차원으로 확대·적용될 필요가 있다(최송식 외, 2007). 또한 교육복지정책에는 저소득밀집지역의 부족한 경제적·문화적 자원을 확충하기 위한 공공 지원정책이 수반되어야 한다. 교육복지정책은 빈부격차에 따른 사회적 배제와 차별 현상을 배제하고 공동체의 상호 공존과 상생의 문화를 만드는 차원의 큰 국가정책의 방향 속에서 이루어질 때 더욱 효과적이 될 수 있다.

토론주제

세대 간 사회이동의 가능성

통계청이 정기적으로 실시하고 있는 〈사회조사〉 중 세대 간 사회이동의 가능성을 묻는 질문에 대해 '매우 높다' 혹은 '비교적 높다'고 응답한 사람의 비율은 2009년의 48.4%에서 2019년의 29.4%로 만 10년에 걸쳐 꾸준히 감소해 왔다. 이러한 경향은 서로 다른 성별, 연령집단 및 교육 수준에 있어 공통적으로 나타나고 있었으며, 특히 30대의 경우 사회이동 가능성에 대한 전망은 2009년에는 48%였으나 2019년에는 24.8%로 10년 사이에 절반가량 감소한 것으로 나타났다(e-나라지표 국가지표체계, 2020). 특히 상향이동 가능성에 대한 전망은 1970년대 출생 코호트부터 급격히 하락하고 있다(이왕원, 김문조, 최율, 2016).

• 이 조사결과에 대해서 어떻게 생각하는가? 이 조사결과는 누구나 능력만 있으면 성공할 수 있다는 능력주의적 믿음과 모순된다고 생각하는가?

• 사람들은 왜 계급적 위치에 크나큰 관심을 갖는가? 왜 계급적인 상승이동을 꾀하고 계급탈락에 저항하는가? 어떤 계급적 위치에 있든 스스로 만족하며 살 수 있지 않을까? 의사보다는 제빵 기술자가 되는 것이 더 행복한 삶이라고 직업을 바꾸는 사람이 있지 않은가? 이에 대해서 어떻게 생각하는가?

'개천에서 용 나면 안 된다'

강준만 교수는 '개천에서 용 나면 안 된다'는 이론을 들고 한국 사회를 총체적으로 해부했다. 그동안 우리는 출세와 신분 상승의 모델로 '개천에서 용이 많이 나야 된다'는 관점을 공유해 왔다. 강준만 교수는 이를 통렬하게 뒤엎는다. 그는 우리 사회가 개천에 사는 모든 미꾸라지가 용이 될 수 있는 가능성이 열려 있다는 이론적 면죄부를 앞세워서 극소수의 용이 모든 걸 독식하게 하는 '승자독식주의'를 평등의 이름으로 추진하는 집단적 자기기만과 자해를 저지르고 있다고 비판했다. 모두가 용이 될 수 없는 현실에서 용이 되기 위해 얼마나 많은 사람이 고통과 희생을 감내해야 하는지, 용이 되지 못한 실패로 인해 얼마나 많은 사람이 좌절과 패배감을 맛봐야 하는지, 이에 대해선 아무도 생각하지 않는다고 꼬집었다. 또한 '개천에서 난 용들'은 자신을 배출한 개천을 돌보지 않을 뿐만 아니라 오히려 죽이는 데에 앞장서 왔다며, '서울 공화국' 탄생의 배경과 폐해를 적나라하게 파헤쳤다.

강준만 교수는 '개천에서 용 나는' 모델은 신분 상승을 이룰 수 있는 '코리언 드림'의 토대지만, 동시에 사회적 신분 서열제와 더불어 "억울하면 출세하라"는 왜곡된 능력주의, 즉 '갑질'이라는 실천 방식을 내장하고 있다고 지적했다. 지역 간 격차, 학력과 학벌 임금 격차, 정규직과 비정규직 격차와 이에 따른 '갑질'이 사회의 병폐로 부상하게 된 배경을 설명한다. (출처: Ridibooks, 2016. 『개천에서 용 나면 안 된다』 책 소개)

• 개천에서 용 나면 안 된다는 주장에 대해 어떻게 생각하는가? 동의하는가?
• 교육의 기회를 확대하여 상승이동이 더 많아질 수 있도록 해야 한다는 주장이 고려하지 못하고 있는 것은 무엇이라고 생각하는가?

제7장

학교에서의 사회적 상호작용

부버(M. Buber)가 말하는 대화도 다른 사람의 행동에 변화를 주는 권력의 훈육적인 성격에서 벗어나는 것은 아니다. 하지만 '나와 너'의 대화는 푸코(M. Foucault)가 말하는 '사고와 언어, 행동의 가능한 영역'을 제약하는 문화적 신념과 사회적 네트워크에 기반을 둔 권력의 행사와는 근본적으로 다른 것이다. 대화는 대화참여자의 자존감을 확신시켜 주고, 의미 있는 사회적 관계성을 촉진시켜 주며, 폭넓고 깊이 있는 상호이해를 가능하게 해 준다. 대화는 교실의 정치학을 완전히 다른 차원으로 바꾸어 놓는다.

-쳇 바우어스(C. A. Bowers)와 데이빗 플린더즈(D. Flinders),

『감수성이 있는 가르침(Responsive Teaching)』-

기존의 기능주의적 관점은 교육의 기회에 관심을 기울였지만, 교육의 과정에 대해서는 소홀히 했다. 기능주의적 관점은 학교교육의 제반 과정(schooling process)을 '블랙박스(black box)'로 남겨 두고 있어 학교 안에서 무엇이 이루어지고 있는가를 밝혀 주지 못한다. 투입과 산출적 측면에서 교육평등화가 이루어지면, 교육과정은 자연히 같아지리라 믿었다. 따라서 학교교육의 과정 자체에 대한 문제의식은 결여될 수밖에 없었던 것이다(Jencks et al., 1972).

학교교육의 내부과정에 관한 연구는 교육과정의 내용과 교사와 학생의 상호작용 등에 집중되었다. 학교를 정확하게 이해하려면 학교라는 내부세계를 들여다보는 것이 필요하다. 학교 내부 행위자인 교사가 학생에게 가르치는 것이 무엇이며, 학생과의 관계에서 어떻게 영향을 주고받으며 살아가는지에 관해서 알아야 한다(무엇을 가르치느냐에 관해서는 제8장에서 따로 살펴볼 것이다). 교사와 학생 간의 상호작용을 이해하기 위해서는 직접 그들의 세계를 관찰하는 것이 필요하며, 이러한 관찰은 학교 외부자의 관점에서보다는 학교 내부 행위자의 시각(emic perspective)에서 이루어져야 한다. 하지만 모든 상호작용 연구가 내부자적 시각에서 이루어진 것만은 아니다. 이 장에서는 교사와 학생의 상호작용에 대한 연구를 다양한 시각에서 살펴보고자 한다.

1. 내부자적 관점

1) 현상학의 관점

현상학(phenomenology)은 에드문트 후설(Edmund Husserl)에 의해서 창시된 철학이다. 현상학은 19세기 말에서 20세기 초, 서구에서 자연과학의 객관성을 만능이라 보는 실증주의와 주관적 경험에 매달리는 심리학주의가 만연했던 지적 분위기에서 나왔다. 후설은 과학만능주의 등에 빠져 잃어버린 인간의 마음을 근원에서부터 규명하려고 시도하였다(이종훈, 2017).

후설의 현상학에서 중시하는 것은 인간의 '경험'이다. 현상학에서 경험은 일반적으로 말하는 경험과는 달리 의식과 대상의 가장 순수하고 원초적인 관계를 가리킨다. 우리의 일상적 경험은 선입견과 편견에 의해 왜곡된 형태의 경험이다. 이에 비해 현상학에서 밝히고자 하는 경험은 다른 형태의 경험과는 달리 모든 선입견이나 편견이 사라진 경험이다(박이문, 2007).

예를 들어, 누군가 학생들을 가르쳐 본 '경험'이 있다는 말을 할 때 그것은 어떤 의미의 경험인가를 생각해 보자. 교사가 자신이 보고 싶은 것만 보는 자기중심적 경향성을 배제하고 학생의 세계를 보는 인식의 지평이 더 넓혀진 '경험'을 했다면, 그것은 현상학에서 중시하는 경험이다.

학생들의 세계를 이해할 수 있는 방법으로 현상학에서는 현상학적 방법을 제시한다. 현상학적 방법이란 '현상학적 환원'의 방법이다. 환원이란 생활세계에서 사람들이 체험한 바의 의미 혹은 의미구조를 밝혀내려는 방법이다. 관성적이고, 전(前)반성적이며, 무비판적인 삶의 태도를 중단 또는 보류하고, 체험의 의미에 대해서 반성적으로 성찰하는 태도를 말한다(이근호, 2007). 교사들이 학생들을 관찰할 때 취해야 할 태도로 판단중지를 요청한다. 즉, 교사가 아이에 대해 가질 수 있는 모든 종류의 편견이나 전(前)이해를 중단하거나 괄호로 묶어 내는 것이다.

그러나 교사가 판단중지를 하고 아이를 있는 그대로 관찰하는 일은 쉽지 않다. 판단을 유보하고 중지한다는 것은 기존의 가치기준으로 아이를 판단하는 일을 멈추고 단순히 육안으로 보이는 것을 기술한다는 것을 의미하지 않는다. 교실 세계에서 일어나는 아이들의 활동 모습을 기존의 인식의 틀을 가지고 바라보지 않으며, 학교 규범의 안목으로나 교사 자신의 수업 목적의 안목으로 바라보지 않음을 의미한다. '있는 그대로 소박하고 즉각적으로 존재하는 세계'에 직면하는 것이다. 이를 통해 일차적이고 본래적 세계를 보게 되고, 나아가 그러한 세계를 보고 체험하는 주체(관찰자)는 자신을 초월하여 스스로를 관조하게 된다(조상식, 2002).

현상학을 실제 질적 연구에 접목하여 현상학적 관점에 충실하게 연구하는 것은 어렵다. 질적 연구에서 사용하는 '판단 중지' '초월' '관조'는 개념적으로 이해된다고 해도, 질적 연구자로서 '초월' '관조'를 수행하는 것이 가능한가에 대한 의문이 일어나게 된다.

현상학적 관점에 대해 기대하게 되는 것은, 교사가 자신의 오래된 교육신념과 가치, 지식체계의 지평을 뒤로 물리치고, 아이와의 상호작용 속에 자신을 열어 가는 '질문과 대답의 변증법적 대화' 또는 해석학적 순환의 자세이다(유혜령, 2005). 기존의 당연시된 학습에 대한 통념, 편견, 선입견으로부터 물러서서 다시금 생각해 보는 환원론적인 자세가 교사에게서 기대할 수 있는 가장 값진 것이다. 교사가 학생을 처음 관찰할 때는 학생에게서 '학습'이 일어난다고 여길 만한 것이 없었는데, 나중에는 학습, 사고, 경험의 변화가 학생 안에서 일어나고 있었다는 것을 알게 되는 것이다. 그러한 스토리의 반전은, 아이가 가지고 있던 삶의 경험과 학습경험을 좁게 파악했던 교사 자신의 관념의 틀을 탈피하면서 아이에게서 학습이 일어났음을 자각하는 과정 속에서 나타난다. 이러한 자각은 학습이라는 것이 기존의 수업 이해 방식이나 시험으로도 파악할 수 없는 것임을 깨닫게 해 주는 과정이며, 이 경우에 아이들의 학습에 대해 새롭게 깨우쳐 주는 힘을 가지게 한다(김천기, 2014).

2) 민속방법론의 관점

현상학적 관점에서 해석적 이해의 방법론적 기초를 정립한 학자는 알프레드 슈츠(Alfred Schutz)이다. 슈츠는 "사회과학의 대상은 생활세계이다."라고 선언하고 연구의 초점을 사람들의 구체적인 일상생활에 맞추었다. 슈츠는 "사회과학은 이 세계 안에서 살고 있는 우리가 그것에 부여하고 있는 의미를 최대한으로 분명하게 해명하는 데 목적이 있다."라고 하였다. 구체적인 생활세계 속에서 사람들이 삶에 대해 어떤 의미를 부여하는가를 밝혀내는 일이 사회과학의 본질이라는 것이다. 다시 말하면, 객관적으로 존재하는 실재가 중요한 것이 아니라 우리 각자가 부여하는 의미가 중요하다는 것이다.

슈츠는 개인들의 일상적인 의식을 통해 체험되는 사회세계의 기본적인 구조를 현상학적으로 기술하고자 하였다. 슈츠에 따르면, 사람들은 일상생활 가운데 타인의 행위가 갖는 '의미'를 해석적으로 이해하려고 노력하는데, 사회는 이러한 해석적 이해를 매개로 하여 형성·유지되는 인간관계의 양태라 할 수 있다(정창수, 1996). 슈츠의 의미에 관한 설명에서 중요한 것은 한 개인이 다른 사람의 행위에 대해 부여하는 의미는 그 자신에게만 해당되는 특수한 의미는 아니며 모든 사람에게 공유된 의미라는 점이다.

슈츠가 후설의 현상학을 사회과학에 응용한 방법론은 1960년대 초에 가핑클 (Garfinkel, 1984)에 의해 '민속방법론(ethnomethodology)'으로 발전하였다. 가핑클 의 관심은 사람들 간의 안정된 사회적 상호작용을 가능케 하는 묵시적인 규칙이 무 엇인가 하는 것이었다. 민속방법론으로 해석되는 'ethnomethodology'는 사람들 (ethno)이 질서를 창조해 가는 방법(methodology)을 의미한다. 다음의 예는 순댓국 집에서 실제적 활동의 질서가 어떻게 만들어지는가를 보여 준다.

> 새해 첫날, 순댓국집에서는 비관적 · 음모론적 · 현실순응적 레퍼토리가 핵심입니다. "올해 어떡하나?(비관적), 그 새끼만 아니면 맘 편하겠는데~(음모론적), 그런데 어쩌겠 수~ 이렇게 살아야지(현실순응적)" 정도로 그 시끄러운 순댓국집을 관통하는 맥락을 정리할 수 있죠⋯⋯.
>
> 하지만 순댓국집 '안'에서의 그 장면은 이상하게도 어울려져 있습니다. 일단 그 시끄 러운 소음들이 이상하게도 단순한 '큰 소리'로만 들리죠. 그래서 나 역시 '큰 소리'로 대 화를 해야 하는데, 이게 이상하지 않습니다. 모두를 위해서 서로가 '목소리를 낮추어 주 면' 좋겠지만 그건 이곳의 예의(?)가 아닙니다. 옆 테이블을 인정하고 나도 '크게' 말하 면 됩니다. 그럼 옆 테이블에서 이쪽을 인정하고 그쪽도 '더 크게' 말하겠죠. 여긴 이 법 칙이 한결 편하답니다. (오찬호, 2009. 1. 10.)

앞에서 인용한 글은 순댓국집 안에 있는 사람들이 큰 소리를 지르면서 만들어 내 는 순댓국집이라는 독특한 그리고 살아 있는 사회적 질서의 모양새를 담아내고 있 다[1](박동섭, 2013). 사람들이 당연하게 만들어 내고 있는 질서의 양상은 순댓국집에 서 일시적으로 만들어지는 작은 규모의 공동체에 한정되지 않는다. 가정, 학교와 병 원 등에서도 사람들이 일상적인 질서를 만들어 내는 방법을 찾아볼 수 있다.

교실 공간에서 이루어지는 질서에 대한 예를 보자(박동섭, 2013).

---

1) 고급 레스토랑에서 사람들이 만들어 내는 규칙은 다르다. 이곳에서는 손님들이 정숙을 지키면서 품위 있 게 식사를 해야 한다는 규칙이 있다. 순댓국집에서 사람들이 만들어 내는 규칙은 민중계급의 규칙이며, 고 급 레스토랑에서 사람들이 만들어 내는 규칙은 부르주아지 규칙이라고 계급적으로 규정할 수도 있다.

학생: 선생님, 이해를 못하겠어요!

교사: 뭐가?

학생: 그러니깐, 허수를 이해 못하겠어요!

교사: (의아한 듯) 그러니깐 뭐가?

학생: 아니, 허수를 이해 못하겠다고요!

교사: 어려울 게 뭐가 있어? 선생님이 설명해 줬잖아! 허수를 허수끼리 곱하면 −1이 나오고, 켤레 복소수 개념도 허수에서 나오는 거니깐 이미 배웠던 거고, 성질만 외우면 될 게 아니냐!

학생: (납득이 안 가는 표정을 지으며) …… 성질은 알겠는데!

교사: 문제가 안 풀려?

학생: 문제는 풀리지요…….

교사: (짜증 난 표정으로) 근데 뭐가 문제야!

박동섭(2013)은 민속방법론이 무엇인가를 이 예를 통해 다음과 같이 설명하고 있다.

> 교실대화에서 등장하는 학생은 지금까지 수업장면에서 통용되어 온 규칙에 균열을 만들어 내는 역할을 하고 있다. 그 규칙이란 문제만 풀리면 허수가 무엇인지 몰라도 된다는 규칙이다. 그런데, 이 학생은 그 규칙에 반하는 질문을 계속하고 있기 때문에 교사는 짜증이 난 것이다. 민속방법론은 당연하게 받아들여지는 이 규칙의 성립과정을 "집요하게 쫓아서 간파하려는 행위"이다. (박동섭, 2013: 20)

2. 교사와 학생 간의 상호작용

교사와 학생의 상호작용에 관한 대표적인 연구로 하그리브스의 연구를 들 수 있다. 다음에서는 하그리브스(Hargreaves, 1972)의 연구를 중심으로 교사와 학생 간의 상호작용을 살펴보기로 하자. 이 연구에서 보여 주는 상호작용의 특징은 '범주'에 따라 이루어진다는 것이다. 즉, 교사는 학생들을 여러 가지 범주로 분류하여 이해하고 반응을 한다는 것이다. 학생들도 교사에 대해 마찬가지이다. 상대에 대한 정보가 부족하기 때문에 범주로 나누어 상호작용하는 것이 효율적이기 때문이다. 그러나 그로 말미암아 상대에 대한 인식이 기존의 고정관념과 편견에서 벗어나기 어렵다는 문제가 발생한다.

1) 교사의 학생에 대한 역할기대

교사는 학생에 대해 나름대로 역할기대를 가지고 있다. 그러한 역할기대는 교사자기개념과 자기역할개념에서 도출되며, 자기역할에 적합해야 한다. 먼저 교사자기개념에 대해서 살펴보자. 하그리브스는 세 가지 유형의 교사자기개념을 구별한다. 그것은 '맹수조련사형(Lion-tamers)' '연예인형(Entertainers)' '로맨틱형(Romantics)'이다. 맹수조련사형은 거칠고 아무것도 모르는 학생들에게 필요한 지식을 가르치고, 윤리적 행동을 훈련시켜 길이 잘 든 모범생으로 만드는 것이 교사의 역할이라고 생각한다. 그러므로 교사들은 담당교과에 대해 언제나 충분한 전문적 지식을 갖추고 있어야 하고, 학생을 다룰 줄 알아야 하며, 학생은 교사의 지시에 충실히 따라야 한다고 생각한다.

연예인형은 학생들이 학습에 흥미를 느낄 수 있도록 교수자료를 풍부하게 만들고 시청각 기법을 활용하는 등 학생들이 즐겁게 배우도록 해 주는 것이 교사의 역할이라고 생각한다. 말하자면, 연예인형 교사는 학생들을 즐겁게 해 주는 '엔터테이너'가 되어야 한다고 생각하는 것이다.

로맨틱형은 학생 누구나 학습하기를 좋아하므로 학습할 수 있는 여건을 조성하고, 학습자가 스스로 선택할 수 있도록 다양한 학습기회를 제공해 주는 것이 교사의 역할이라고 생각한다. 그러므로 수업내용도 교사가 독단적으로 정하지 않고 학생과 상의하여 결정한다. 이 교사들은 기본적으로 학생들의 학습능력과 학습의지를 신뢰하는 것이 특징이다. 이러한 유형은 물론 '스테레오타입(틀에 박힌 유형 개념)'에 불과하다. 교사들은 제각기 개성이 있으며 다양하다는 것을 유념해야 한다.

한편, 교사의 자기역할개념은 학생지도 역할과 교과지도 역할의 두 가지로 나누어 볼 수 있다. 학생지도 역할은 학생을 소집단으로 분류하고 교실규칙을 정하여 교실 내에서의 활동시간과 운동시간을 준수하도록 하며, 학생들의 교실에서의 제반활동에 대한 책임이 수반된다. 교과지도 역할은 무엇을 어떻게 학습하는가를 결정한다. 물론 학급에서 두 가지 역할은 통합되어 있으며, 이 두 역할을 해석하고 수행하는 방식은 교사에 따라 달라진다.

교사들은 자기개념이나 자기역할개념에 따라 학생의 역할에 대한 기대를 달리한다. 교사의 역할에 적응하고 있다고 판단된다면 그 학생은 모범생으로 인식되는 반면, 부적응하는 학생은 나쁜 학생으로 간주될 수 있으며 교수학습 활동 역시 만족하지 못할 것이다.

2) 학생의 교사에 대한 기대

학생들은 교사가 이해하기 어려운 매우 복잡하고 다양한 태도를 보이기는 하나 나름대로 교사에 대한 '이상적인 기대'를 가지고 있다. 교사는 엄격해야 하고 지도적 역할을 수행하며 교수학습의 교사역할에 흥미와 열정을 가져야 한다는 것이다. 특히 학생들은 그들이 기대하는 것이 무엇인가를 인식할 줄 아는 교사의 능력을 요구한다. 그리고 학생들이 무능하고 의욕을 상실할 때도 그들에게 힘과 용기를 주고 격려와 학습동기를 일으킬 수 있는 일련의 교수학습 전략을 요구한다.

한국에서 이루어진 연구(김영찬 외, 1990)를 보면, 하그리브스의 주장과 비슷한 면이 있다. 교사의 역할은 학생지도보다는 학력신장을 중심으로 규정된다. 교사들은 수업시간에 학생들을 어떻게 다루느냐가 중요하다는 사실을 알고 있고, 학생들도 이 점에 동의한다. 학생을 잘 다루는 교사는 '맹수조련사'로서 학생들의 의견에 따라가서는 안 되고, 교사가 주도적으로 학생들을 이끌어야 한다고 생각한다.

여기서 학생을 교사 속으로 끌어들이는 구체적 방법이 무엇인가를 살펴보는 것도 유익할 것이다. 이인효(1990)는 교사들이 '강압적 통제'의 원리, '동의창출'의 원리, '분할통제'의 원리 등을 활용하고 있음을 밝혀 주고 있다.

강압적 통제의 원리는 학생들이 수업시간에 딴짓을 하지 못하도록 엄하게 다루는 것이다. 동의창출의 원리는 엄하면서도 잘해 주는 방법으로 학생들이 자발적으로 복종하게 만드는 것이다. 분할통제의 원리는 학생의 성적에 따라 또는 남녀에 따라 달리 통제하는 것이다.

3) 상호작용

교사와 학생은 각자의 자기개념과 역할기대를 가지고 상호작용한다. 블랙크리지와 헌트(Blackledge & Hunt, 1993)는 이것을 [그림 7-1]과 같이 나타내었다.

[그림 7-1]에서 보는 것과 같이 교사는 진공 속에서 활동하는 것이 아니라 학교라는 제도가 만들어 놓은 제약조건과 기대 속에서 활동하므로 그만큼 행위의 자유가 제한된다. 그래도 교사는 교사로서 자신의 역할에 대한 인식과 가르쳐야 할 학생들에 관한 지식을 기초로 하여 활동한다. 특히 교사는 학생의 행동을 해석하는 데 자기 나름대로의 해석 준거체계를 가지고 있다. 이러한 준거체계에 의거하여 학생을 영리한 학생, 우둔한 학생, 착한 학생, 문제학생으로 분류하고 평가한다. 그리고 학생 개개인들을 학습동기나 탐구방법 그리고 인성을 중심으로 이해하고 해석한다. 교사는 학생들의 다양한 활동을 해석하며 학생에 대한 경험적 지식을 형성하는데, 이러한 경험적 지식이 학생에 대한 기대감을 유발한다. 교사의 지식과 기대는 교사의 교육상황과 교육환경을 정의하는 2차적인 영역을 구성한다.

학생들도 역시 학생으로서의 역할인식과 교사에 관한 지식을 기초로 활동한다. 교사의 행위와 학생의 행위는 서로 간에 영향을 주고받으면서 교실수업을 만들어 간다.

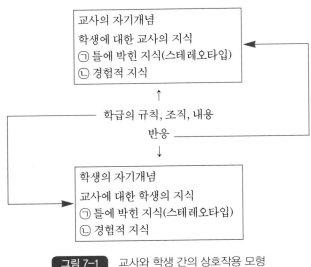

그림 7-1 교사와 학생 간의 상호작용 모형

3. 학생의 적응양식

교사와 학생 간의 상호작용은 교사와 학생 간에 벌어지는 활동이므로 각자 그 나름대로의 대응전략을 의식적으로 세우게 된다. 다음에서는 이에 대해서 살펴보기로 하자.

1) 학생의 적응적 행동유형론

학급상황에서 학생들은 다양한 적응적 행동양식을 발전시킨다. 학자들은 학생들의 행동양식을 연구하기 위해 머턴(Merton, 1957)의 적응양식 유형을 확대하여 사용한다. 머턴은 문화목표와 제도적 수단의 수학적 조합에 따라 다섯 가지 적응양식 유형을 개발하였다. 그 다섯 가지 유형은 다음과 같다.

- 동조형(conformity): 목적과 수단을 수용
- 혁신형(innovation): 목적을 수용하고 수단을 거부
- 의례형(ritualism): 목적은 거부하나 수단을 수용
- 도피형(retreatism): 목적과 수단을 모두 거부
- 반역형(rebellion): 현존하는 목적을 거부하고 새로운 목적으로 대치

머턴의 적응양식 유형은 뒤르켐(E. Durkheim)의 아노미 개념을 정교하게 발전시킨 것이다. 머튼은 목적과 수단을 수용하는 동조형을 제외한 나머지 네 가지 유형은 모두 '일탈행위'로 규정한다.

웨이크포드(Wakeford, 1969)는 머턴의 적응양식 유형을 약간 변형하여 영국의 기숙사제 독립학교(independent school)의 엘리트 학생집단을 대상으로 연구를 하였다. 학생들은 교과목 이수과정 시간에 다음의 다섯 가지 적응양식 가운데 한 가지 이상의 유형을 보인다. '순응'은 학생들이 비교적 낮은 선호도를 보이는데, 순응은 교사의 평가를 중시하는 상급반 학생들에게서 주로 나타난다. 일반적으로 학생들은 편안한 학교생활을 하기 위해 '식민화'를 선택한다. 비순응적인 적응 양식은 세

가지로 나타났다. 첫째는 '도피형'으로 학교활동에서 도피하는 것이다. 둘째는 '비타협형'으로 학교의 목표를 거부하고, 학교에 협력하지 않는 적응형태인데, 흔히 복장을 통해 표현된다. 셋째는 '반역형'으로 학생 나름의 새로운 학교규칙과 전통을 만들기 위한 적극적인 거부행위이다. 이런 유형 분류는 다소 진부하기는 해도 많은 것을 시사해 준다.

한편, 우즈(Woods, 1979)는 웨이크포드의 적응양식 유형을 변형하여 영국 미들랜드(Midlands) 지역의 중간규모의 중등학교(학생 560명과 교사 30명)를 대상으로 민속방법론적(ethnomethodology) 연구를 수행하였다. 우즈가 개발한 여덟 가지 유형은 아부형, 맹목적 순응형(낙관적 순응형과 도구적 순응형), 기회주의형, 도피형, 식민화형, 비타협형, 반역형이다.

우즈는 학생의 적응유형을 두 집단, 즉 실험집단(학구적 집단)과 통제집단(비학구적 집단)으로 나누어 비교하였다. 중등학교 3학년까지 학생들(대략 11~13세 전후)은 공통적인 반응 유형을 보였다. 그러나 이들이 고학년으로 진급할 경우는 두 가지의 적응 경로가 존재한다는 사실이 밝혀졌다(고학년이 되면 교육과정을 선택하게 되고, 이 선택이 아이들의 직업진로에 큰 영향을 미친다). 이 두 가지 적응유형은 '순응'과 '부조화'이다. 실험집단의 경우 '순응'은 일차적 · 이차적 적응양식을 가지는데, 각기 '도구적' 순응(예를 들어, 직업을 얻기 위해서 순응하는 형태)과 의례주의적 행동을 보여 주었다. 통제집단의 경우 자포자기의 순응적인 '식민화(colonization)'가 적응양식이었다.

학생들이 취하는 적응형태가 수차례 반복되면서 상대적으로 안정적인 하위문화가 형성된다. 그 결과, 개인의 적응전략과 '친학교적' 또는 '반학교적' 하위문화 간의 연계가 어느 정도 가능해진다(친학교집단은 대체적으로 중류 계급 출신 학생들이라는 사실도 주목할 만하다). 여기서 중요한 점은 학생들이 학교생활에 어떻게 적응하는가는 교육과정의 분화(인문계열과 직업계열)로 생겨나는 학생문화와 관련되어 있다는 사실이다.

우즈의 적응모델은 교육목적의 다양성을 반영하지 못하였다는 비판을 받는다(Hammersley & Turner, 1980). 상호작용론에서는 교육목적이 객관적으로 정해지기보다는 상호주관적으로 형성된다는 점을 강조한다. 학생들은 학교에서 정한 목적이 아니라 학생들이 인식하는 목적을 추구한다. 따라서 학생들의 적응양식을 유형화하기 위해서는 먼저 교육목적에 대한 학생들의 다양한 의견을 듣고 학생들의 교육목적을 분류하는 것이 필요하다.

2) 입시 위주의 교육체제와 학생들의 적응형태

입시 위주의 교육체제에서 한국 학생들은 어떻게 적응해 가고 있을까? 이는 우리의 커다란 관심사가 아닐 수 없다. 먼저 머턴의 유형론에 따라서 학생들의 적응형태를 살펴보고자 한다.

이영호(2002)는 머턴이 분류한 적응방식에 따른 학생들의 학습참여방식을 밝혀 주고 있다. 이영호의 연구에 따르면, 학습목표(학력 학벌 획득)와 제도적 수단(학교교육)을 모두 수용하는 동조형은 학교교육의존 입시집착형, 개혁형은 사교육의존 입시집착형, 의례형은 무기력 학습기피형, 도피형은 도피반항적 학습거부형, 반역형은 새로운 학습체제 구축형으로 나타난다.

학습참여방식 중 학교교육의존 입시집착형은 학교에서 이루어지는 교육활동에서 입시 관련 학습에만 최대의 관심을 보이고 적극 동참하나, 입시와 관련 없는 교육활동은 불필요한 것으로 여기고 관심을 보이지 않는 학습참여방식이다. 사교육의존 입시집착형은 입시에서 학교교육의 효과를 불신하며, 과외와 학원 등 사교육을 통하여 학력·학벌 획득 그 자체에만 매달리는 학습참여방식이다. 무기력 학습기피형은 단순히 졸업장만을 받는 데만 관심을 가지며 배우는 것 없이 그저 무기력하게 학교만 왔다 갔다 하는 학습참여유형이다. 도피반항적 학습거부형은 학력·학벌 획득이 강조되는 입시경쟁체제에 동참하여 학습하기보다는 가출과 자퇴와 같은 일탈행동을 하는 유형이다. 새로운 학습체제 구축형은 개념적으로 학습목표와 제도적 수단 모두를 새로운 것으로 대체하려는 탈학교형이다.

다음에는 우즈의 유형론에 따라서 학생들의 적응형태를 살펴보자. 우즈의 유형론에 입각하여 한국 학생들의 적응형태를 연구한 논문이 없기 때문에, 여기서는 우즈의 유형론에 따라서 학생들의 적응형태를 몇 가지 제시해 보고자 한다. 우리나라 학생들의 적응형태 가운데 가장 심각한 유형은 '식민화'와 '도피' 유형이라 할 수 있다.

학업중퇴자 가운데 이른바 도피적 유형이 많다. 학교의 교육 전체를 부질없다고 판단하고 학생 자신이 학교 가기를 적극적이고 자발적으로 중단하는 학생들은 도피적 유형으로 분류해 볼 수 있다. 학교를 거부하고 중퇴한 학생의 예를 들어 보자.

> 저는 고등학교를 때려치웠습니다. 전혀 후회하지 않습니다.
> 항상 전교 3, 4등을 했지만, 정말 학교가 거지 같았기 때문입니다.
> 그곳에서는 진정한 학습이 없습니다.
> 무조건 외우는 공부! 무조건 반복하는 공부!
> 학교가 변하지 않는 이상, 우리는 학교에 다닐 필요가 없습니다.
> 현재의 학교는 인간을 미치게 만듭니다.
> 아이들은 미래의 희망 어쩌고저쩌고 말은 잘하면서 왜 아이들을 정신병자로 만듭니까?

이 학생의 경우는 학교교육의 목적과 수단을 거부한다는 점에서 도피형에 속한 다고 할 수 있다. 하지만 현 입시 위주의 학교교육에서 전혀 의미를 찾지 못하고 있 고, '진정한 학습'에 대한 나름대로의 생각을 어렴풋하게 가지고 있다는 점에서 반 역적 유형의 성격도 지니고 있다. 물론 이것은 어디까지나 우즈의 유형론에 맞추어 서 해석한 것이며, 어떻게 보면 도피적이면서 매우 강렬한 저항적인 성격을 보이고 있다.

극단적인 도피형은 자살하는 학생들이라 할 수 있다. 상당수의 학생이 학교성적 에 대한 스트레스 때문에 만성적 불안감, 공포, 무력감, 무의미감, 무방향감에 빠져 있는데, 이들 가운데 매년 많은 학생이 자살을 하고 있다. 그 이유는 '시험 없는 나 라에서 살고 싶어서' '공부 못한다는 꾸중 듣기 싫어서' '350점이 소원' 등 성적에 대 한 비관이었다. 이런 학생들은 모든 것을 거부하고 심리적 압박감을 주는 상황에서 벗어나려고 하는 유형이므로 도피형이라 할 수 있다.

식민화 유형은 '학업의욕 상실증'에 걸려 있는 학생들에게서 많이 찾아볼 수 있 다. 이들 학생들은 졸업장이나 받아야 한다면서 아무 생각 없이 시계추처럼 학교에 가서 매 맞고 돌아오고 하는 생활을 되풀이하고 있다. 이들 학생들은 수동성, 침묵, 무기력, 자포자기의 특징을 보이고 있다. 한 빈민지역 공부방 교사의 말을 들어 보 자. "아무 생각도 없이 학교에 가서 자다가 돌아와서 당구장이나 놀이터 등을 돌아 다니면서 부모의 없는 돈을 축내는 학생들이 있어요. 아무생각 없이 학교에 가서 때 리면 맞고 집에 오면 그냥 놀 생각만 하면서 시간을 보내는 아이들이 정말 걱정이에

요."(조혜정, 1996: 131에서 재인용)

학교 외부인에게 별로 눈에 띄지 않는 유형은 '도구적 순응형'이다. 이 유형의 학생들에게는 학교교육은 오로지 대학에 들어가기 위한 도구에 불과하다. 이를테면, 입시공부는 앞으로 자신이 원하는 일을 하기 위해서 통과해야 할 관문이고, 교과서는 그런 '입시게임'을 하기 위한 단순한 텍스트에 불과하다. 교과서의 내용과 삶은 아예 무관하며, 오히려 서로 상반된 것일 수도 있다고 생각한다. 공부는 '더러운 게임'이라고 일단 규정하고, 가능한 한 거리를 두고 그 게임을 하는 것이다(조혜정, 1996).

4. 교사의 생존전략과 방어적 수업

1) 교사의 생존전략

교사들은 관료적인 학교조직에 어떤 방식으로 적응하고 있는가? 상호작용론적 연구의 주된 관심사는 교사들의 '생존'이다. 우즈(Woods, 1979)는 "대다수의 중등학교의 경우 약육강식의 법칙이 널리 통용되고 있다."라고 주장한다. 교사들은 전문직 요구에 부응해야 하지만, 여전히 변하지 않는 열악한 물리적 조건 속에서 나름대로 여러 가지 생존전략을 개발한다. 그 배경에는 교실의 질서가 혼돈상태에 빠지지 않을까 하는 두려움이 자리 잡고 있다.

학생들과 마찬가지로 교사들은 교실상황에서 적절하게 대처해 가는 대응(coping)전략을 발전시킨다. 우즈는 이 같은 전략을 '생존을 위한 숨은 교수법'이라 부른다.

폴러드(Pollard, 1985)는 초등학교에 대한 연구에서 교사들의 네 가지 전략, 즉 개방적인 협상, 판에 박힌 절차를 따름, 조작과 지배를 확인하였다. 한편, 우즈(Woods, 1979)에 따르면, 교사들은 명령, 처벌, 화냄, 호소 등의 방법을 사용하기도 하지만, 보다 다양한 전략을 사용하기도 한다. 이 전략 중 몇 가지를 들면 다음과 같다.

- 사회화: 규정된 행동양식에 순응하도록 학생들을 사회화한다.
- 지배: 주로 언어적 공격을 사용한다.

- 친목: 학생들의 문화를 이해하면서 학생과 친하게 사귀고자 한다.
- 결근과 자리이동: 교사들은 어려운 단원의 수업을 피하기 위해 시간표를 조정하거나 결근을 한다.
- 관습적이고 일상적인 전략: 학생과 교사 모두에게 손쉽게 생각되는 '받아 적기' 등이 포함된다.
- 치료요법: 교사들은 분주하게 일함으로써 관심을 다른 활동으로 돌린다.

이를테면, 특히 젊은 교사들은 친목의 전략을 많이 구사하는데, 학생의 옷 입는 것 또는 말하는 것, 흥미 있는 것 등 학생의 문화에 관심을 갖는다. 교사들은 공통의 관심사, 방송 프로그램에 대한 토론과 농담 등을 통해 학생과의 친목을 다져 놓으려고 한다.

2) 방어적 수업

교사의 생존전략이라는 맥락에서 교사들의 방어적 수업을 살펴보는 것도 시사받는 점이 크다. 한 명의 교사가 수십 명의 학생들을 가르치는 학급상황에서 교사는 학생들로부터 자신을 지켜야 한다는 구조적 방어의식을 가지게 된다. 교사의 그러한 방어의식은 교과지도에서는 방어적 수업으로 나타나며, 생활지도에서는 학생다움을 요구하는 각종 규제로 구체화된다.

맥닐(McNeil, 1991)의 질적 연구에 따르면, 교사들은 일방적인 강의식 수업을 선호한다. 교사들은 교과지식을 전달해야 한다는 목표와 수업의 효율성을 방해받을지도 모른다는 우려, 일정한 범위의 교과지식만을 다루어야 한다는 서로 상충되는 목표를 달성하는 데 강의식 수업이 효과적이라고 생각한다.

지식을 통제함으로써 학생을 통제하는 강의전략으로는 '단순화' '신비화' '생략' '방어적 단편화'가 있다. '단순화'는 어떤 정보든 간에 단편들 혹은 서로 연결되지 않는 목록들로 환원시키는 방법이다. 교사들은 수많은 정보를 효과적으로 전달하기 위해서 그리고 그 정보가 사실로 보이게 하여 토론과 반대 의견을 금지시키기 위해서 단편적인 지식과 목록을 사용한다.

'신비화'는 복잡한 주제에 관한 토론을 막기 위해 그것을 신비한 것으로 다룬다.

예를 들어, 금본위제, 국제통화기금 등을 언급할 때는 그 용어들을 그대로 노트에 베껴 쓰라고 한다. 그러고 나서 학생들은 그 용어를 알아야 하고 다음 시험 때까지는 기억해야 한다고 하면서 전문가가 아닌 사람은 그 주제에 대해서 깊이 들어가기가 힘들다고 말한다. 신비화는 학생들에게 스스로 지식을 추구하거나, 깊이 파고들도록 안내를 받지 못하게 하여 교사가 제공하는 정보에 의존하는 태도를 가지게 한다.

'생략'은 시사문제나 논쟁의 여지가 있는 주제에 적용된다. 교사들은 학생이 반대의견을 제시하거나 토론을 할 만한 자료 혹은 자료를 보는 관점을 생략한다. 예를들어, 사회교과 수업에서 제2차 세계대전 당시 미국의 개입에 대해 저항이 있었다는 점, 루스벨트의 뉴딜정책을 싫어했던 사람들과 트루먼의 히로시마 원폭 투하 결정에 반대했던 사람들 등은 언급하지 않고 생략하였다.

'방어적 단편화'는 앞에서의 강의전략과는 방어적이라는 점에서 다르다. 어려운 주제를 간단히 언급만 하고 넘어가는 전략이다. 이 주제는 복잡한 문제처럼 보이지만 그렇게 시간과 노력을 많이 쏟을 필요가 없는 것이니 양해해 달라고 넘어간다. 예를 들어, 수요와 공급, 산업화, 도시화 문제 등이다. 그 주제를 제대로 다루려면, 모든 학생이 일정한 수준에 도달할 때까지 시간을 들여서 다양한 해석과 발견을 비교하고 반복하여 설명해 주거나, 학습활동(영화 시청, 소그룹 토론 등)을 시킬 수밖에 없다. 물론 나중에 시험을 출제하기 위해 약간의 설명은 해야 하지만, 그 이상은 가르치지 않는다. 학생들에게 이 주제는 깊이 공부하지 않아도 된다고 말함으로써 학생들의 불만을 사지 않고 협력을 끌어낸다.

방어적 수업전략의 관점에서 연구한 것은 아니지만 국내에서 이루어진 이인효(1990)의 연구를 보면 이에 관한 몇 가지 시사를 받을 수 있다. 인문계 고등학교 교사의 교과지도를 보면 학생이 알아야 할 지식의 경계와 수준을 정확하게 지적해 준다. 교실에서 가르쳐야 하는 지식의 범위는 교과서 내용만으로 한정한다. 또한 학생이 알아야 할 교과서 내용의 수준과 중요한 부분을 지적해 주고 집중적으로 가르친다. 이와 같은 교과지도 방식은 '학생이 공부시간을 조금 들이고도 높은 점수를 받도록 가르쳐야 한다.'라는 원리에 입각해 있지만, 또 한편으로는 교사들의 방어적 수업전략의 측면도 있을 것이라 짐작해 볼 수 있다.

5. 낙인과 상호작용

낙인(labeling)이론은 본래 일탈현상을 설명하는 이론이다. 낙인이론에서는 일탈을 개인이나 집단의 속성으로 해석하지 않고 일탈자와 비일탈자 사이의 상호 교류 과정으로 해석한다. 낙인은 법과 질서의 힘을 가진 사람들이 다른 사람에게 붙인 것이다. 이처럼 일탈범주를 만들어 내는 데 적용되는 낙인은 사회의 권력구조를 내포하고 있다.

낙인이론은 학교에서 교사와 학생 간의 상호작용을 연구하는 데도 많이 활용된다(Rist, 1977). 이에 대해서 살펴보자.

1) 낙인과 자성예언

하그리브스, 헤스터 및 멜러(Hargreaves, Hester, & Mellor, 1975) 등은 두 개의 중등학교를 대상으로 낙인에 대한 연구를 수행하였다. 이들은 다음과 같은 질문을 통해 낙인의 의미를 명료화하였다. 즉, 학생 X는 일탈행동 Y를 저지른 학생이라는 교사의 인식이 학생 X는 'Y 유형의 일탈자'라는 인식으로 어떻게 전환되는지를 확인하는 것이었다.

이들은 교사가 학생에게 낙인을 붙이는 과정의 세 단계를 확인하였다. 첫 번째는 '추측' 단계로서 교사는 학급 학생들을 처음 만나 학급 전체 학생들의 첫인상을 형성하는데, 다른 학급을 가르치면서 얻은 배경과 대조하여 그 학급 개개구성원의 첫인상을 형성한다.

그 다음은 학생이 실제로 첫인상에서 보여 준 것과 같은지를 확인하는 '정교화' 단계이다. 이 단계는 교사가 학생의 행동이 교사의 처음의 판단과 일치되지 않으면 첫인상이 바뀔 수 있는 가설검증의 과정이다.

마지막으로 '고정화' 단계이다. 여기서 교사는 학생들의 정체감에 대해 비교적 분명하고 안정된 개념을 갖는다. 교사는 학생들을 알게 되면서 개개의 행동을 이해하는 데도 어려움을 갖지 않으며, 학급 내에서의 상호작용에 대해서도 놀라거나 당황하지 않는다. 이러한 고착화된 개념에 수반되는 문제점은 학생에 대한 교사의 평가를 바꾸는 것이 어렵다는 점이다. 즉, 어느 학생이 어떤 유형이라고 알고 나면 이러한 신념은 바꾸기가 어렵다는 것이다.

리스트(Rist, 1970)의 연구는 낙인이 아이들에게 어떻게 영향을 주는가를 잘 보여주고 있다. 리스트는 현장 관찰 연구에서 초등학교(흑인학교) 교사들이 학생을 어떻게 분류하고, 기대를 차별적으로 가지며, 그 결과가 어떻게 되는가를 생생하게 기술하였다. 교사들은 1학년 신입생들을 입학한 지 며칠도 되지 않아서 세 집단으로 분류하였다. 이 분류과정에서 어떤 요인보다도 계층요인이 크게 작용하였다. 교사들은 그렇게 우수집단, 중간집단, 열등집단으로 분류하고 학생의 좌석배치, 수업 중의 질문, 관심 표시에서 이 세 집단을 차별적으로 대하였다. 이러한 집단의 분류는 학년이 바뀌어 감에 따라 거의 변화가 없었고 더욱 굳어져 갔다.

낙인에 따른 교사의 차별적 기대는 아이들의 자기지각에 상당한 영향을 준다. 실제 학자들은 낙인이 아이들의 자아개념 형성에 영향을 준다고 밝히고 있다. 아이들은 자신들이 '멍청이'라고 믿게 되면 그러한 믿음에 맞도록 행동하는 경향이 있다. 그러다가 진짜 '멍청이'가 되어 버릴 수도 있다. 이것을 자성예언(self-fulfilling prophecy) 효과라 부른다. 굿과 브로피(Good & Brophy)는 낙인에 따른 차별적 기대 과정을 다음과 같이 설명한다(Rist, 1977에서 재인용).

- 교사는 특정 학생에게서 특정한 행동과 학업성취를 기대한다.
- 교사는 학생에 따라 다른 기대를 하기 때문에 다르게 행동한다.
- 교사의 차별적 처치는 각 학생에게 어떤 행동과 학업성취를 기대하는가를 말해 주며, 학생의 자아개념과 성취동기 및 포부수준에 영향을 준다.
- 교사의 처치가 시간이 흘러도 변함이 없고, 학생이 그것에 적극적으로 저항하거나 변화시키려고 하지 않으면, 교사의 처치는 학생의 학업성취와 행동을 형성하게 된다.
- 시간이 흐름에 따라 학생의 행동과 학업성취는 본래 교사가 기대했던 것과 더 근접하게 맞아 들어가게 된다.

학교에서 학생을 분류하고 낙인을 붙이는 것은 득이 별로 없고 실이 크다고 할 수 있다. 이에 대해서 어떤 교사는 다음과 같이 반론을 제기할 수도 있을 것이다. "학생들을 평가하고 낙인을 붙이는 의도는 학생들을 돕기 위한 것이지, 학생들에게 해를 끼치기 위해서가 아니다." 이러한 주장에 따르면, 학생에게 일단 이런 낙인이 붙으면 '적절한 처치'를 받게 할 수 있지 않느냐는 것이다. 예를 들어, '학습부진아들'을 따로 분류해야 그들을 위한 맞춤형 교육 프로그램을 개발할 수 있고, 이를 통해 그들의 학습성취를 높일 수 있다는 것이다.

이러한 주장은 일견 타당성이 있어 보이지만, 학교교육의 현실(입시교육의 현실 등)을 고려해 볼 때 기대하기가 어렵다. 오히려 이러한 낙인은 학생들에게 열등한 지위를 부여할 뿐만 아니라 그 학생들의 본질이 되어 버리기 때문에 그 학생들이 부딪치게 되는 모든 상황에 적용된다. 학교뿐만 아니라 가정에서 또는 친구관계에서도 그 학생들을 규정하는 데 사용된다. 마치 정신병자로 낙인이 찍히면 모든 상황에서 주위 사람들이 그의 행동을 정신병자적 행동으로 해석하는 것과 비슷하다. 애플(Apple, 1979: 126)은 다음과 같이 지적하고 있다.

> 전문가의 임상적 · 심리적 · 치유적인 관점과 평가 및 낙인들을 사용하는 과정에서 이러한(역효과) 현상은 잘 드러난다. 이러한 형태의 언어와 관점들은 '도움을 주는 것'이 아니라 학교가 추상적인 개인을 익명화하고, 미리 정해진 사회적 · 경제적 · 교육적 위치(slot)로 분류해 내는 메커니즘으로 작동한다. 따라서 낙인을 붙이는 과정은 사회통제의 한 형태로 기능하는 경향이 있다.

애플의 지적이 시사해 주고 있는 점은 분류와 낙인이 단순히 교사의 그릇된 교육관이나 계급적 편견에서 비롯되는 문제가 아니라는 것이다. 낙인과정은 경제적 · 문화적 권력과 학교교육과의 관련 체계 속에서 나타난다.

2) 학생 범주의 구분방식과 차등적 교과지식 전수

케디(Keddie, 1991)는 학생의 수가 많고 이질적인 학생들이 혼합되어 있는 영국의 한 종합학교를 대상으로 질적 연구 방법을 사용하였다. 이 연구에서 학생과 교사 간의 상호작용을 조건 짓는 것은 학생에 대한 교사의 범주 구분방식(예컨대, 지능에 대한 교사 자신의 상식적 지식에 따른 구분방식)으로, 이는 교육적 요인보다는 학생의 사회경제적 배경에 따라서 결정된다. 그리고 학생에 대한 범주 구분에 따라 교과지식이 차등적으로 조직화되고 전수된다.

교사들은 이론적으로 지능은 유전에 따라 결정되는 것이 아니며, 또한 학업성취도 지능의 차이뿐만 아니라 동기의 차이에 따라 결정된다는 것을 알고 있지만, 실제 학생들을 대할 때는 다르다. 교사들은 학생이 속해 있는 학급이나 계열이라는 조직적 장치에 따라 학생을 지각하며, 분반이나 계열은 학생들을 평가하는 지배적인 범주에 따라 정해진다. 다시 말해, 어떤 학생이 정상적인 학생인지의 여부는 학생이 속한 학교에서의 성적이나 다른 집단의 성적과 비교해서 판단된다. 따라서 능력별 반편성에서 '부진아'라는 낙인이 붙은 학생들에 대해서 교사가 잘 알지도 못하지만 그 범주 속에서 학생을 다룬다. 예를 들어, 우수한 A집단 학생이 말했을 때 지식으로 여겨진 것이, '부진아집단' 낙인이 붙은 C집단 학생이 말했을 때는 의미 없는 것으로 여기고 묵살되는 경우가 있다. 이러한 현상은 서로 다른 능력별 집단에 편성되어 있는 학생들을 교사가 다르게 취급하고 있음을 보여 준다. 수업과정에서 교사들은 잘하는 아이, 잘할 수 있는 아이, 그저 그런 아이 등으로 범주화된 지각에 따라 학생들을 차별적으로 취급한다.

케디는 이러한 능력별 반편성에서 교사들이 학생을 구분하는 두 개의 기본적인 준거는 능력과 사회계급인데, 사회계급은 학생들의 행위를 분류하는 숨겨진 요인으로 작용하고 있다고 본다. 이를테면, 교사는 A집단의 똑똑한 두 여학생의 성적을 비교하면서 이렇게 말한다. "한 아이는 초등학교 교장 딸이에요. 집에는 책이 많고 부모들이 많이 북돋아 줍니다. 또 한 아이는 가정환경이 사뭇 달라요. 그 아이의 집에서는 공부를 잘하라고 격려해 주지 않습니다."(Keddie, 1991: 137)

C집단의 학생에 대해서는 이렇게 말한다. "대부분의 학생은 부모가 노동계급입니다. 그 아이는 문제가 있어요. 아이의 아버지는 별로 똑똑하지 못한 낙농업자이고 엄마는 도망갔어요. 어려운 아이들의 대부분은 가정환경에 문제가 있고 그 점이 타고난 능력보다 더 중요합니다."(Keddie, 1991: 137) 케디에 따르면, 교사들이 이렇게 학생들을 분류하는 방식은 인종과 계급적 특성이 병리적 현상과 관련되어 있다고 설명하는 이론들이나 문화실조 이론에서의 주장과 같은 맥락에 있다.

케디의 연구에서 밝혀진 것은 교사는 학생의 출신계급과 관련지어 지적·사회적·도덕적 행동을 판단하고, 이러한 판단에 기초하여 학생들을 분류한다는 점이다.

학교에서의 성공이 사회에서의 성공을 보장한다고 믿는 현실에서 교사가 학생들에게 낙인을 붙이는 행위는 불평등한 사회계급적 질서와 무관하지 않다는 것이 케디의 결론이다. 다시 말해서, 교사가 학생을 분류하는 기준이 합의된 것처럼 유지되고 있으며, 학교에서 교과지식을 조직하는 범주의 배경에는 사회적 지위 분배와 지식의 분배 간에 모종의 관계가 형성되어 작용한다는 것이다.

결과적으로 낮은 지능의 집단에 분류되는 노동계급 학생은 중상류계급 학생에 비해 학업성취에서 매우 불리한 입장에 처하게 된다. 물론 케디가 주장하듯이, 학생에 대한 교사의 범주화가 학생들의 학업성취를 결정한다고 단정하기는 어렵지만 케디의 연구는 학생집단의 범주화가 사회계급에 따른 학업성취의 차이에 영향을 주고 있음을 보여 주고 있다.

6. 학교규율과 시험

학교에서 학생의 행동은 학교의 규율에 의해 엄격하게 통제된다. 학교에서 왜 규율이 필요하고 중요한 것일까? 합리주의, 휴머니즘, 민주주의 이념에 입각한 교육에 '규율'이 적합한 것인가? 왜 학교는 민주주의 이념에 따라 조직되지 않고, 규율공간으로 구성되고 조직되어 있는 것일까?

푸코(Foucault, 2008)는 근대사회 권력의 감시 및 통제 메커니즘이 '파놉티콘'(Panopticon)[2]과 유사하다고 주장한다. 모든 상황을 한눈에 파악할 수 있게 하는 파놉티콘 구조는 비단 감옥에만 국한되지 않고, 병원, 군대의 병영, 공장, 학교 등에도 확대·적용되어 근대사회에 일반화되었다고 푸코는 밝히고 있다. "감옥의 구조는 밀집된 형태로든 분산된 형태로든 편입·배분, 감시, 관찰체계를 갖추고, 근대 사회에서 규범화 권력의 커다란 토대가 되어 왔다."(Foucault, 2008: 304)

푸코에 따르면, 아이들이 생활하는 학교가 감옥과 건축형태가 비슷한 것은 우연

---

2) 파놉티콘은 그리스어로 '모두'를 뜻하는 'pan'과 '본다'를 의미하는 'opticon'의 합성어로서, 18세기 급격한 인구 증가와 더불어 급증하는 수감자를 효과적으로 감시하기 위해 벤담(Bentham)이 제안한 감옥의 한 형태이다(Foucault, 2008).

이 아니다. 학교의 건축학적 구조는 학생 모두(pan)에 대한 감시(opticon)를 효율적으로 하도록 되어 있다. 복도는 교실 안에 있는 학생이 훤히 보이도록 유리창이 나 있으며, 교실책상은 교사를 향하도록 배치되어 있고 학생을 한 눈에 볼 수 있도록 교단이 설치되어 있다. 교실책상의 공간적 배치는 많은 학생을 순종적으로 만들고 잘 통제하기 위한 효과적인 공학이라고 할 수 있다(유은지, 2021; 최연희, 2012).

기본적으로 학교는 규율의 그물망으로 조직되어 있다. 학년, 반, 번호순으로 분류된 학생이 가지런히 정렬된 책상에 앉아 있는 모습은 분할된 공간의 체계를 보여 준다(정규영, 2014). 교무실 게시판의 하루 일과표는 등교, 수업, 휴식, 식사, 청소 등을 시간과 분 단위로 세밀하게 분할하여 매 시간 학생들이 시간의 흐름에 따라 규칙적으로 활동하도록 통제하는 일과표이다. 학급 게시판의 시간표는 학생들이 이수해야 하는 학습 내용을 학습 목표에 따라 시간의 단위로 계열화하여, 매 학년, 매 학기, 매 시간 배워야 하는 내용을 분할한다.

규율의 공간인 학교는 미시적 '형벌제도'가 작동한다. 푸코(Foucault, 2008)는 다음과 같이 지적한다.

> 학교에서는…… 미시적 형벌제도가 만연되어 있었다. 그리하여 시간(지각, 결석, 조퇴), 활동(부주의, 태만, 열의부족), 품행(버릇없음, 반항), 말투(잡담, 무례함), 신체(단정치 못한 자세, 부적절한 몸짓, 불결) 및 성의 표현(저속함, 추잡함) 등이 처벌의 사항이었다. 가벼운 체벌로부터 경미한 수준의 몰수와 모욕 주기와 같은, 일련의 정밀한 '미크로 처벌'이 뒤따른다.[3](Foucault, 2008: 281)

규율은 학생의 신체에 대혜서도 적용되며, 신체에 대한 면밀한 감시와 통제가 이루어진다. 학교에서 강조하는 '학생다움'은 학교규율을 보여 주는 단적인 예이다. 구체적인 예로 고등학교의 용의, 복장에 대한 규율을 들 수 있다(박선웅, 2002).

---

3) 미시적 형벌제도는 학교, 군대, 작업장 등 18·19세기 규율 중심적인 근대사회의 모든 조직에서 나타났다(Foucault, 2008).

<서울 C고등학교의 여학생 용의 · 복장 규정>

두발

- 여학생 차림의 커트나 단발머리를 원칙으로 하며 성인용 커트, 무스 사용, 염색, 파마를 금한다.
- 커트나 단발은 귀밑 5cm를 원칙으로 한다.
- 머리를 묶을 때는 묶는 부분으로부터 길이가 15cm를 넘지 않도록 하며 검은 끈으로 묶는다.
- 묶는 부분은 귀밑선과 일치한 중앙에서 묶는다.
- 색깔 있는 머리핀, 장신달린 머리끈, 드라이, 가발, 모자 착용은 금한다.

복장 : 규정된 복장(교복)을 입는다.

신발 및 양말

- 운동화 및 학생화(검은색이 원칙임)로 한다. 단, 고가 신발은 지양하고, 숙녀화나 사치성 신발(에나멜, 라카화)은 금한다.
- 구두 굽 높이는 3cm 이하로 한다.
- 바지를 입을 때 발목이 보이지 않는 높이까지 양말을 신는다.

기타

- 성인용 화장품(향수, 립그로스 등) 휴대와 액세서리(목걸이, 귀걸이, 반지, 팔찌, 마스코트)의 패용을 금한다.
- 유행성이 강한 장식용 벨트의 사용을 금하고 손톱, 발톱에 매니큐어를 바르지 못한다.
- 눈꺼풀 성형 및 속눈썹 부착이나 화장을 금한다.

용의 · 복장 규율이 학생들에게는 학교규율의 상징이지만, 그것만이 학교규율의 전부는 아니다. 학교규율은 학생들의 모든 생활 속에 미세하게 스며들어 있으며, 학생들의 생활뿐만 아니라 학생들의 정체성을 구성한다. 서열 · 등급화가 학생들에게 가장 강력하게 작동하는 규율이다.

교실, 복도, 운동장에서의 학생의 정렬, 숙제나 시험과 관련하여 모든 학생에게 부과되는 서열, 매주, 매월, 매년 학생 각자가 갖게 되는 서열, 연령순에 따른 학급의 배치, 난

이도에 따라 학습내용이나 논의주제를 차별화하는 것 등이 그 예이다. 또한 이러한 의무적 배열 속에서 학생 개인이 차지하는 서열은 나이, 성적, 품행에 따라서 그때그때 변화한다. 학생은 이러한 일련의 세분된 항목들 위로 끊임없이 이동한다.[4] (Foucault, 2008: 231)

학생들은 학급에서 자리를 지정받아야 하는데, 이것은 같은 수업을 받는 모든 학생이 언제나 같은 장소의 일정한 자리에 앉도록 하기 위한 것이다. 교실은 서열중심의 공간으로 편성된다. 70년대까지만 해도 성적순으로 학생들의 자리를 배치하기도 하였다. 가장 성적이 높은 학생은 왼쪽 벽쪽 자리에 앉게 하며, 성적이 중간인 학생은 교실 가운데 앉도록 하고, 성적이 낮은 학생은 오른쪽 벽쪽에 앉게 하였다. 교사의 허락이 없이는, 자기의 자리를 떠나거나 바꾸어서는 안 된다. 이러한 공간 편성의 기원은 근대의 기독교 학교에서 발견된다(Foucault, 2008). 오늘날 능력별 반편성이나 수준별 수업을 위한 교실 이동은 서열 중심적 공간편성의 한 형태이다. 이렇게 해서 학교의 공간은 교육을 위한 공간인 동시에 감시하며, 성적이 높은 학생과 낮은 학생을 비교하며 위계질서(서열, 등급)를 세우고, 상벌을 부과하는 하나의 규율 기관으로서 기능하게 된 것이다. 상벌방식에 있어서는 성적이 우수한 학생에게 포상과 특권을 부여하고, 성적이 낮은 학생에게는 낮은 성적 자체가 불명예이며, 그 학생의 평소생활이 얼마나 태만했는가를 보여 주는 감시이자 처벌이다.

학생들을 감시하고, '비정상인 것'에 대해 제재를 가해 '정상적인 것'으로 만들고자 하는 규율권력의 테크놀로지가 시험이다. 근대 학교의 기능상의 주축을 이루게 된 시험은 근대 학교교육의 근본적인 속성을 가장 잘 드러내 준다. 근대의 학교는 '시험 기계'가 되었고, 시험은 규율 권력의 '일상 의식'이 되었다. 푸코에 따르면, 시험은 위계적인 감시와 규격화(비정상의 정상화)하는 제재를 결합한 것이다. 그런 의미에서 시험은 가장 포괄적이며 강력한 규율의 도구라고 할 수 있다. 시험은 "정상화(규격화)하는(학생들을 정상과 비정상으로 구분하는) 시선이며, 자격을 부여·분류하고, 처벌할 수 있는 감시이다"(Foucault, 2008: 289). 시험은 개개인을 분류할 수 있

---

4) 이것은 18세기 예수회 수사학교에서 보여 주는 규율이다. 푸코(Foucault, 2008)에 따르면, 18세기에 이르러 '서열'은 학교의 질서 안에서 개개인의 배치에 관한 큰 골격을 규정하게 되었다.

고 제재를 가할 수 있는 가시성의 대상으로 만들어 버린다. 이러한 시험은 규율의 모든 장치 안에서 고도로 관례화되어 있다. 시험은 학생 개개인을 감시 영역 안에 가두는 것이며, 또한 문서기록망(학교생활기록부) 속에 새겨 두는 것이며, 학생 개개인을 기술하고 분석할 수 있는 대상으로 만드는 것이다.

학교생활기록부라는 문서기록망은 '모든 것을 일망으로 감시하는 눈'이다.

> 지식 습득의 정도를 확인하기 위한 시험, 지적 능력을 수치화한 지능 검사, 심리상태나 적성을 계량화하는 심리검사 또는 적성검사, 품행이나 생활습관을 조사하고 코드화하는 학생 생활 조사, 건강 상태나 체력을 측정하여 수량화하는 신체검사와 건강 검진, 학생의 가정과 관련되는 여러 정보를 기록한 가정환경 조사 등 다양한 영역에 걸쳐 학생의 개인 정보가 추출되어 저장되고 관리되며 활용된다.[5] (정규영, 2014: 145)

시험은 단순히 학생들이 배운 것을 얼마만큼 알고 있는가를 확인하기 위한 수단이 아니다. 시험은 교육목표 달성을 위한 보조적 수단이 아니라 교육의 모든 것이다. 시험은 규율권력이 개개인을 서열과 등급화, 상벌의 규율에 순종할 수 있도록 만들 수 있는 가장 막강한 권력의 (인간제조의) 테크놀로지이다. 시험은 등급화와 상벌에 의해 규율에 순종하는 근대적 주체를 창출하는 근대사회의 규율권력의 작동이다. 교사와 학생의 상호작용은 규율권력의 테크놀로지의 영향에서 벗어나기 어렵다.

---

[5] 푸코(Foucault, 2008: 296)에 따르면, 기록문서로서의 학교생활기록부 활용은 1669년 〈성당학교를 위한 체계적 지침〉에 처음 나온다. "학생기록부는 적시적소에 사용할 경우, 학생의 품행이나, 신앙심…… 지식 습득 등에서의 발전상황을 파악하는 데 도움이 되고…… 학생의 정신상태나 판단력을 알아보는 데에도 도움이 되는 것이다."

토론주제

    교육자가 철저히 소극성을 견지하고 교육대상에 대한 자신의 영향을 최소화하는 것, 한 개인의 실존적 유일성과 다름성에 대해 가능한 한 최대의 보전을 꾀하는 것, 자신을 비롯한 기존세대의 지식체계로 이 유일무이한 개인을 파악하기를 중단하는 것, 근원적 비교, 불가능의 존재인 각각의 인간을 대상화하고 범주화하는 일을 멈추는 것, 선한 의도에서나마 외부적 작용을 통해 이 개인을 형성하려는 혹은 강제하려는 일을 멈추는 것 등이 바로 그것이다.

－우정길(2011). "대화교육학의 주체철학적 이해에 대하여."

- 학교에서 사회적 분류도식('우수한/열등한, 부유한/가난한, 모범적인/일탈적인' 등으로 유일무이한 개인을 범주화하고 평가하는 일을 멈추는 것, 교사의 '선한 의도'로 학생을 어떻게든 바꾸고자 하는 강제성을 멈추어야 한다는 것에 대해서 어떻게 생각하는가?

- 학교에서 아이들을 대상화하고 범주화하는 일을 멈추게 할 수 있는 길이 있다고 생각하는가? 내부자적 관점으로 아이들을 이해하는 것이 하나의 방법이 될 수 있다고 생각하는가?

- 학교는 기본적으로 어떤 기능을 하는 사회적 기관이라고 생각하는가?

제8장

교육과정사회학

교육행위는 재생산할 만한 가치가 있는 것을 선택하고 그렇지 않은 것은 배제하면서 특정한 의미체계를 제공하고 주입하는 것이다. 이것은 결국 특정한 집단이나 계급이 문화적 자의성의 내부에서 그리고 그것을 통해서 개인적으로 작동되는 자의적인 선택기준을 재생산하는 것이다. 이런 의미에서 교육행위는 상징폭력이다.

—피에르 부르디외(P. Bourdieu)와 장 클로드 파세롱(J. C. Passeron),
『재생산(La Reproduction)』—

교육사회학자들은 오랫동안 교육기회의 분배와 선발과정에 대해서만 관심을 가졌고, 교육과정의 내용은 관심 밖이었다. 설사 관심이 있었다고 해도 교육과정을 사회적으로 합의된 보편적인 것이라고 간주하였다. 그리고 실증주의적 지식관에 입각하여 학교에서 전수되는 지식은 경험적으로 증명된 과학적 진리인 것처럼 간주하였다.

그러나 1970년대 이후에 많은 비판적 교육사회학자는 학교에서 가르치는 지식의 보편성, 절대성에 대해 문제를 제기하기 시작하였다. 이들이 보기에 교육과정 지식은 사회와 학교의 권력 및 권위구조를 확립·유지하는 핵심적 요소이다. 교육과정에 관한 사회학적 탐구는 교육기회의 분배와 선발에만 관심을 두는 기존의 교육사회학과는 다른 새로운 학문이라 해서 '신교육사회학'이라 불리기도 하고, 교육과정을 탐구하는 학문이기 때문에 '교육과정사회학'이라고도 불린다.

이 장에서는 교육과정사회학과 관련된 다양한 이론과 학교지식의 성격을 둘러싼 논쟁들을 살펴본다. 이를 통해 교육사회학의 관점에서 교육과정에 대한 새로운 안목을 발전시킬 수 있다.

1. 교육과정사회학의 발전

교육사회학에서 지식과 교육의 과정에 관한 연구는 학업성취도와 사회화 연구 전통이 주류를 이루어 왔다. 학업성취도 연구 전통에서는 교육과정에서 다루는 지식 자체를 문제 삼지 않는다. 학교에서 가르치는 지식은 주어진 것이며 보편적인 것이라 여긴다. 따라서 무엇이 가치 있는 지식인가에 대해서는 충분히 검토하지 않은 채 학업성취를 측정하고 분류하여 서열화하는 것이 주요 관심사였다. 이런 전통에서는 학생하위문화, 교육자원의 불평등한 분배, 학생의 사회적 배경 등 학업성공 실패와 관련된 변인들을 밝혀내는 데 중점을 둔다. 이러한 맥락에서 학교의 가장 중요한 목표는 학업성취를 극대화하는 것이다. 학업성취도 연구는 학교의 교육과정을 완전히 '블랙박스(black box)'로 남겨 두고 있다. 이 블랙박스 속에서 어떤 일이 일어나고 있는가, 무엇을 가르치는가, 학생과 교사는 무엇을 경험하고 있는가에 대해서는 밝혀 주지 못한다.

사회화 연구 전통에서는 학교에서 가르치는 지식에 관심을 둔다. 그러나 주요 관심사는 학교에서 가르쳐야 할 사회규범과 가치이다. 이 전통에서는 사회의 가치체계를 주어진 것으로 설정하고, 사회기관인 학교가 어떻게 학생들에게 합의된 가치와 규범을 사회화시킬 것인가를 탐구한다. 드리븐(Dreeben, 1968)의 『학교에서는 무엇을 학습하는가(On What is Learned in School)』는 이러한 연구경향을 보여 주는 대표적인 저서이다. 사회화 연구는 사회적 합의를 가정하고 있고, 사회로부터 '주어진' 가치가 학교에서 어떻게 가르쳐지고 있는가에 관심을 두고 있어 기능주의적 한계를 벗어나지 못한다.

한편, '신(新)교육사회학' 또는 '교육과정사회학'은 과거 교육사회학에서 블랙박스로 남겨 놓았던 학교교육의 내적 과정에 관심을 갖는다. 학교에서 중시되는 지식은 무엇이며, 교육의 내적 과정이 어떠한가를 탐구하는 것이다. 이렇듯 학교교육의 내적 과정과 지식을 사회적으로 탐구하는 교육과정사회학은 1970년대 초 영국에서 등장한 '신교육사회학'에서 비롯되었다. 특별히 영국에서 신교육사회학이 발전된 데는 여러 가지 이유가 있지만, 영국 사회에서 야심적으로 추진된 교육평등화 개혁이 실패한 원인에 대한 규명의 필요성 때문이기도 하였다.

영국은 제2차 세계대전 이후 불평등을 해소하기 위해 여러 가지 교육제도 개혁을 단행하였다. 예를 들어, 조기선발의 폐지, 종합중등학교제, 보상교육 프로그램 도입 등을 들 수 있다. 그러나 이러한 개혁에도 불구하고 계급 간의 교육불평등은 줄어들지 않았고, 계층 상속의 정도가 완화되지 않았다. 결국 교육개혁의 효력에 의문이 제기되면서 교육개혁에서 소홀히 다루어졌던 교육과정개혁의 필요성이 대두되었다. 호어(Q. Hoare)는 영국 노동당의 교육정책에 대한 비판에서 교육불평등 해결전략이 구조적 개혁을 중시하면서 가르치는 내용 및 교육과정과 같은 교육체제의 실제적 핵심을 공격하지 않았다고 지적하였다(Karabel & Halsey, 1977). 이를테면, 종합중등학교 체제는 교육과정과 교수방법의 혁신이 뒤따르지 않았기 때문에 학교 내적인 차별을 통해서 낡은 계급적 차이를 재생산하였다는 것이다.

신교육사회학의 발전에 큰 공헌을 한 영국의 학자로는 영(M. Young), 번스타인(B. Bernstein), 고버트(D. Gorbutt), 이글스톤(J. Eggleston) 등이 있다(Bernbaum, 1992). 특히 신교육사회학 연구영역을 개척하는 데 가장 중요한 역할을 했던 학자는 영이다. 영(Young, 1991)은 기존의 교육사회학 연구가 교육내용을 주어진 것으로 보고 사회학적 탐구대상에서 제외시켰다고 지적하고, 교육제도 속에서 선별 처리되는 것은 사람뿐만 아니라 지식도 마찬가지이므로 사회학적 탐구의 대상으로 삼아야 한다고 주장하였다. 우리가 앞서 본 것과 같이 기능주의이론에서는 사람을 선별 처리하는 학교의 기능을 강조하지만, 지식을 선별 처리하는 학교의 기능은 전혀 문제 삼지 않았다. 영은 많은 지식 가운데 어떤 지식이 학교에서 가르칠 만한 지식으로 선별되느냐 하는 것은 학교 밖의 권력구조와 관련되어 있다고 보았다.

이와 같은 문제를 제기한 신교육사회학자들은 기존의 교육사회학이 의존해 온 기능주의로는 그러한 문제를 해결하는 것에는 근본적인 한계가 있음을 인식하고 새로이 제기된 문제를 탐구할 수 있는 새로운 사회이론을 찾게 되었다. 그 이론이 지식사회학이다.

2. 지식사회학

계몽주의적 사조로부터 출현한 지식사회학의 과제는 순수한 지식과 불순한 지식 그리고 객관적 지식과 주관적 지식을 구분하는 일이었다(Hekman, 1993). 나아가 주관적 지식의 잘못을 드러내어 객관적 지식을 그 정당한 위치, 즉 '진리'의 영역에 복귀시키는 것이었다. 이러한 과제는 처음부터 지식사회학에 내재되어 있었다. 비코(G. Vico), 파레토(V. Pareto), 몽테스키외(Montesquieu)로부터 쉘러(M. Scheler), 마르크스(K. Marx) 등 지식사회학자들의 연구과제가 그러했다. 마르크스는 사회과학의 과제는 과학과 이데올로기를 구분하는 일이라고 생각하였다(Hekman, 1993). 이성의 빛이 비이성의 속박으로부터 인간을 자유롭게 하려면 베이컨(F. Bacon)이 말하는 '마음의 우상들'의 정체가 밝혀져야 하고 제거되어야 마땅하다. 그리고 마르크스는 이러한 우상들을 '이데올로기'라는 이름으로 논의하기에 이르렀다.

마르크스의 허위의식 폭로는 선입견과 문화적 역사적 왜곡을 거부하는 계몽주의의 연장처럼 보인다. 그러나 이데올로기에 대한 마르크스의 관점과 그의 지식사회학은 계몽주의적 관점과는 커다란 차이를 보인다. 이 점은 마르크스의 저서 '독일 이데올로기'에서 가장 잘 드러난다. 마르크스는 주관적 지식과 객관적 지식을 구분하고, 이데올로기 왜곡을 폭로하고자 했던 계몽주의의 기본 전제에서 벗어나지는 않았지만, 그는 이것을 순수한 이성의 산출인 진리를 통해서가 아니라 인간의 물질적 상황과 사회적 조건(계급적 위치)에 비추어 밝히려 한 것이다(Hekman, 1993).

마르크스는 '진리'가 사회적·역사적 영역에서 유리된 채 추상적인 개념에 내재하고 있다는 계몽주의 사상가들의 기본적인 전제를 거부한다. 진리란 사회적·역사적 실재에 기반을 두고 있으며, 그렇기 때문에 경험적 탐색을 통해서 포착되어야 한다고 주장한다. 마르크스는 모든 지식은 사회적·역사적으로 결정된다는 지식사회학의 기본원리를 확고하게 설정하였다. 그러나 마르크스가 빗나간 점은 비록 인간의 의식과 사상이 존재(사회적·역사적 존재성)에 따라서 결정된다 할지라도 그것은 인간의 사회적·역사적 존재성을 넘어서 형성될 수도 있다는 것이다(Hekman, 1993).

지식사회학은 만하임(K. Mannheim)과 쉘러 이후에 서로 다른 국면에 초점을 맞춘 다양한 부류로 나뉘게 된다. 이들 중 특히 두 부류는 지식사회학의 발달과 관련하여 매우 중요하다. 한 부류의 이론가들은 전통적 지식사회학의 관점에서 한 사회의 이념·사상·세계관의 분석에 초점을 맞추고, 또 다른 부류의 이론가들은 일상생활의 지식, 즉 사람들이 일상적 삶 속에서 '사회적 실재'라고 '아는 것'에 관심을 둔다. 후자의 대표적인 이론가는 버거(P. Berger)와 루크만(T. Luckmann)으로, 지식사회학은 '실재의 사회적 구성'을 분석하는 것이라고 주장한다.

사회적 행위자의 상식적 실재의 분석을 지식사회학의 핵심이라고 보는 버거와 루크만의 관점은 현상학적 전통에 기반을 두고 있으며, 이 점에서 '현상학적 지식사회학'이라고 불린다(하홍규, 2014). 어떠한 사회세계이든지, 그것은 그 안에 사는 사람들이 객관적 사회세계에 부여하는 의미에 의해 구성된 사회세계라는 것이다. 현상학적 지식사회학의 관점에서는 객관적 세계보다는 주관적으로 경험되는 세계가 중요하며, 사람들이 자신이 사는 세계에 대한 앎을 어떻게 구성하는가가 중요하다(하홍규, 2014).

지식사회학은 학교교육의 내적 과정을 탐구하는 데 필요한 이론적 관점을 제공해 준다. 첫째, 학교에서 가르치는 지식을 사회적 구성물로 이해할 수 있도록 해 준다. 둘째, 학교에서 가르치는 지식의 이데올로기적 성격에 관심을 가지도록 해 준다.

3. 교육과정사회학과 잠재적 교육과정

잠재적 교육과정에 대한 연구는 대개 기능주의적 관점에서 이루어져 왔다. 기능주의적 관점을 보여 주는 대표적인 연구로는 드리븐(R. Dreeben, 1968)과 잭슨(P. Jackson, 1968)을 들 수 있다. 이들에게 학교는 학생들이 가정의 울타리 내에서는 학습할 수 없는 가치 있는 사회규범과 가치를 배우는 곳이다. 샤프(Sharp, 1980: 127)는 이들 연구에 대해 다음과 같이 비판한다.

잭슨과 드리븐은 잠재적 교육과정을 상대적으로 양호한 것으로 간주한다. 그들의 관점에서 잠재적 교육과정은 학급에서 효율적인 학습의 필수적인 조건을 제공하는 것이며, 사회질서를 유지시켜 주는 성인사회의 규범과 가치와의 단절이 결코 아니다. 이 두 학자 중 누구도 계급사회를 유지하는 데 잠재적 교육과정이 가지는 중요성을 논의하지 않는다.

한편, 교육과정사회학적 관점에서는 사회적 · 정치적 · 경제적 조건들이 학교의 잠재적 교육과정을 어떻게 만들어 내는가에 초점을 둔다. 이 관점에서는 잠재적 교육과정이 계급차별적 · 억압적 특성을 담고 있다고 본다. 다음에서 자세히 살펴보자.

1) 재생산 이론과 잠재적 교육과정

보울즈와 긴티스(Bowles & Gintis, 1976)는 학교의 비공식적인 교육과정을 잠재적 교육과정으로 보고, 그것을 사회의 경제구조와 관련하여 보다 세밀히 분석 · 비판하였다. 이들은 생산활동과 학교생활이 구조적으로 대응되어 있다고 본다.

보울즈와 긴티스는 학교가 자본주의 사회의 유지에 필요한 가치관과 성격적 특성을 주입시키는 기능을 한다고 본다. 그러나 교육은 대상에 따라 두 가지 다른 방식으로 이루어진다. 공장의 생산라인에서 단순노동자로 일할 사람에게는 윗사람의 지시에 순종하고, 시간을 엄수하며, 기계적 작업방식에 순응하도록 가르치는 반면, 회사의 관리자나 경영자로 일할 사람에게는 독립적인 사고력 및 작업능력, 여러 가지 선택 가능성 가운데 현명하게 선택하기, 외적 규율보다는 내면적 기준에 따라 행동하기 등을 중점적으로 가르친다. 이처럼 한 집단은 순종적이고 능률적인 노동자가 되도록 배우며, 다른 한 집단은 독립적이고 진취적인 지도자가 되도록 배우는 것이다.

　잠재적 교육과정은 전체 사회의 구조나 지배집단의 의도와 분리된 채 이해될 수 없다. 이 과정에서 잠재적 교육과정은 학생의 사회계층에 따라 차별적으로 작용하기도 한다. 즉, 학교가 작업장의 위계적인 관계(그리고 그 관계를 규정하는 규범)를 재생산하기 위해서 장차 각기 다른 위치를 차지할 학생들에게 다른 교육내용과 학습 장면에서의 상호관계를 요구하고 있는 것이다. 따라서 부유층 자녀들이 많이 다니는 학교와 하류층 자녀들이 다니는 학교 간에는 교실의 분위기, 학생이 습득하는 행동규범 등에 있어서 차이가 나타난다.

　에이니언(Anyon, 1980)은 보울즈와 긴티스의 잠재적 교육과정 명제(잠재적 교육과정이 생산관계의 위계적 질서와 규범을 반영한다는 명제)에 기초하여 실제 잠재적 교육과정을 분석하였다. 그녀는 아이들의 사회경제적 배경이 다른 다섯 학교의 5학년 학생들을 관찰한 결과, 일, 소유, 규율, 의사결정 등과 같은 개념들이 잠재적 교육과정을 통해서 표현되는 방식에 의미 있는 차이가 있음을 밝혀냈다. 예컨대, 노동계급의 아이들이 다니는 학교에서는 많은 일이 기계적이고 반복적이었고, 아이들에게 스스로 선택할 수 있는 기회가 주어지지 않았다. 규칙은 아이들이 반드시 지키도록 하였다. 이 학교에서 교사는 수업에서 시간과 공간 사용에 대한 전반적인 통제를 가하고 의사결정권을 독점하였다. 수업에 대한 통제는 "책 펴." "입 닥쳐." 등과 같이 직선적인 명령으로 이루어졌다.

　부유한 중상위계층의 자녀들이 다니는 학교는 노동계층 자녀들이 다니는 학교와 확연한 대조를 보였다. 이 학교의 잠재적 교육과정은 규칙, 권위, 소유에 대하여 노동계층의 자녀들이 다니는 학교와는 현저하게 다른 의미들을 부여하고 있었다. 교실에 대한 통제는 협의에 따라서 이루어졌다. 학생이 교실에서 나갈 때도 허가를 받을 필요가 없으며, 칠판에 자기 이름을 쓰기만 하면 되었다.

　에이니언은 학교에 따라 다른 잠재적 교육과정을 생산관계와 대응시켜서 해석을 하였다. 이를테면, 노동계급 출신의 학생들은 생산과정에서 상대적으로 낮은 위계에 속하는 일의 세계에 적응하는 방법을 배운다. 그들은 자기들이 잘 이해하지도 못하는 규칙들에 순종하고, 자신들에게는 별 의미가 없는 세계에서 일하고, 외부에서 강제되는 명령에 의문을 제기하지 않고 따르도록 배우고 있다. 이에 비해 중상위계층의 학교에 다니는 학생들은 상대적으로 높은 위계에 속하는 일의 세계에 종사하는 방법을 배우고 있다. 그들은 한 규칙이 어떤 과제의 수행을 위해서 보다 더 중요한 목적과 부합되는지의 여부를 스스로 판단할 수 있도록 배우고 있다.

에이니언의 연구는 한계가 있다. 다섯 개 학교에 한정된 관찰이어서 다른 학교에 일반화하기가 어렵다는 점이다. 하지만 그의 연구에서 얻어진 경험적 사실들은 다른 연구들을 통해서도 확인되고 있는데, 그들 중에는 마르크스주의적 관점을 취하지 않는 것들도 있다. 예를 들어, 멕더모트(McDermott, 1982)는 잠재적 교육과정이 여러 계층의 학생들에게 각기 다른 방식으로 작용하고 있다는 견해를 지지해 준다. 그러나 잠재적 교육과정을 생산관계와 대응시켜서 해석하는 것이 타당한가는 논란의 대상이 되어 왔다(Liston, 1988).

최근 학교 유형에 따라 잠재적 교육과정이 다르다는 것을 시사하는 학교프로파일 연구가 있다. 국내에서 이루어진 이 연구(오유진, 손준종, 2016)는 학교 유형, 즉 특목고·자사고, 일반고·자율형 공립고교('자공고')에 따른 학생의 인성특성에서 차이가 있다는 점을 밝히고 있어 학교유형에 따른 잠재적 교육과정이 다를 가능성이 있음을 배제할 수 없다. 이 연구결과에 따르면, 특목고·자사고의 경우 87.5%의 학교에서 학습에 있어서 학생의 특성으로 자기주도성이 가장 높은 비율로 표현되는 반면, 일반고·자공고는 자기주도성을 언급한 경우가 거의 없었다. 특히 인성 특성에 있어 '현실지향적' 범주에 대한 서술은 특목고·자사고(50.0%), 일반고·자공고(46.4%) 사이에 큰 차이가 없으나, '미래지향적' 범주에 있어서 특목고·자사고(62.5%)와 일반고·자공고(10.7%)는 눈에 띄게 다르다. 여기서 '현실지향적' 인성은 착함, 온순, 긍정적, 고운 심성, 밝음, 명랑, 순수, 성실, 배려, 잘 따름, 예의, 인성, 교칙 준수 등을 나타내며, '미래지향적' 인성은 창의성, 리더십, 논리적, 목표지향, 잠재력, 문제해결력, 미래사회주도, 민주시민자질, 세상을 보는 안목 등을 나타낸다. 중상류계층 출신이 비교적 많은 특목고와 자사고 학생들이 일반고와 자공고 학생들보다 훨씬 더 미래지향적 인성을 가진 것으로 기술되고 있다는 점은 잠재적 교육과정 측면에서 의미가 크다.

2) 저항이론과 잠재적 교육과정

영국에서 행해진 윌리스(Willis, 1981)의 문화기술적 연구는 잠재적 교육과정에 대해 학생들이 보이는 저항적 하위문화를 구체적으로 기술하였다. 노동계급의 중등학교 학생들은 스스로 '사나이'라고 불렀는데, 이 사나이들은 학교 내에서 자신의 하위문화를 형성하고 있다. 이들은 '얌전이들'이라고 부르는 학생들과 같이 교사들에게 고분고분 따르는 것에 거부감을 가졌다. 이들은 일탈자들이며 사고뭉치들이다.

그들은 권력과 통제에 대항하여 끊임없는 싸움을 벌인다. 학교는 자체의 제재능력만 가지고는 질서를 유지하지 못한다. 학교는 도덕적 권위와 다수 학생들이 수용하는 권위에 많이 의존한다. 윌리스(Willis, 1981: 64)가 말한 것과 같이, "교사의 권위는 강압이 아닌 도덕적인 근거 위에서만 획득되고 유지될 수 있다. 학생들의 동의가 있어야 한다." 학교에서 제시하는 기본적인 거래를 학생들이 받아들일 때, 교사의 도덕적 권위가 산다. 이러한 협약은 다음과 같은 방식으로 진행된다. 만일 학생들이 규칙을 준수하고 교사에게 순응한다면 교사는 그 보상으로 의미 있는 지식을 학생에게 제공해 줄 것이며, 이러한 지식을 통해서 노동시장에서 직업과 교환이 가능한 졸업장을 얻는다. 나아가서는 상당한 보수를 받을 수 있는 직업을 얻을 수 있게 해 줄 것이다.

대부분의 학생은 이러한 협약을 기꺼이 받아들이나, '사나이들'은 그렇지 않다. 그들은 학교의 공식적 구조가 의존하고 있는 도덕적 권위를 거부한다. 그와 같은 거부의 과정은 학교가 전달하는 메시지에 대한 창의적인 재해석과 '사나이들' 자신들만의 문화적인 틀을 개발해 가는 것을 포함한다.

그들의 시각 속에는 의미 있는 일이란 존재하지 않는다. 중류계급의 문화가 그들에게 말하고자 하는 것처럼 일은 정체성을 형성시켜 주기 위하여 존재하는 것이라거나, 그들에게 특별하고 독립적인 지위를 제공해 주는 것이 아니며, 또한 자아개념을 형성시켜 주는 것도 아니다. 오히려 일은 그들이 하고자 하는 것을 할 수 있도록 일터 밖에서의 자유를 만끽하는 데 필요한 임금을 제공하는 의미만 있을 뿐이다.

교사들과의 거래 계약의 최종적인 부분을 거부하였기 때문에 나머지의 모든 계약들도 곧 파기된다. 의미 있는 직업이 없다면 유용한 졸업장도 없는 것이다. 그리고 만일 졸업장이 어떤 종류의 중요한 지식을 소유하고 있음을 나타내 주는 것이라고 가정한다면, 그 가정은 잘못된 것이다. 학교에서 제공하는 교과지식, 예를 들어 수학, 과학 과목에 대한 이론적 이해는 실제적인 방법이 매우 중시되는 '비천한' 종류의 직업에는 필요하지 않다. '사나이들'에게는 실제적인 방법론이 남성다운 것으로 보이며, 이론적인 지식은 여성적인 것으로 간주된다. 학교가 제공하는 지식을 거부하기 때문에 '사나이들'은 교사에 대한 존경심도 보이지 않는다. 교사가 학생들에게 당연한 것처럼 요구하는 교사에 대한 존경심은 공식적인 학교문화가 지닌 부당하고 억압적인 특성에 불과하다고 본다.

'사나이들'의 저항적인 하위문화는 그들이 더 나은 삶을 추구하고 다른 대안을 추구하는 데 장애요인으로 작용한다. 기회균등과 상승이동이라는 것을 모두 거부하기 때문이다. '사나이들'은 자신들의 삶의 의미를 형식적인 일이나 학교교육 이외의 것에서 찾으려고 한다.

윌리스의 연구는 재생산의 메커니즘이 결코 일방적인 것이 아니고 완전한 것도 아니며 언제나 그 안에 저항의 요소를 내포하고 있다는 사실을 밝혀 준다. 이점이 윌리스의 연구의 중요한 공헌으로 평가받는다.

윌리스의 연구에 자극을 받아 학생들의 저항현상에 대해 후속 연구들이 이루어졌다(Giroux, 1983). 그런데 이 연구들은 학생들의 저항현상을 지나치게 과장하며, 어떤 경우에는 저항행동을 낭만적으로 미화하기도 하였다. 이 연구들은 저항이 무엇인가에 대한 개념을 정확하게 규정하지 못하였다. 사실, 학생들의 저항행동이 모두 지배에 대한 저항을 표현하는 것은 아니며, 또한 진보적인 성격을 띠고 있는 것도 아니다(Giroux, 1983).

3) 계급 및 성과 잠재적 교육과정

자본주의 경제체제와 가부장제 이데올로기, 노동계급의 문화가 어떻게 재생산되고 어떻게 서로 모순되는가를 보여 주는 중요한 연구로 맥로비(McRobbie, 1978)의 연구를 들 수 있다. 맥로비는 노동계급이라는 계급적 특성과 남성과 여성이라는 성에 따른 지배방식이 그들의 생활문화에 어떻게 관련되어 있는지를 종합적으로 분석하였다.

맥로비가 연구를 수행한 지역은 자동차 공업지대이다. 성인 남성들의 대다수는 자동차 공장에서 일하고 있으며, 여성들은 주로 음식점이나 기타 서비스 분야의 일자리에 고용되어 있다. 이들은 전형적인 노동계급의 직업에 종사하는 사람들이라 할 수 있다. 맥로비 연구에서 밝혀진 중요한 결과는, 여학생들의 생활태도가 전통적인 여성의 역할상과 여성다움을 실천하는 활동에 관련되어 있다는 것이다. 이러한 그들의 생활태도는 외부로부터 강제로 부과된 것이 아니라, 생활환경 속에서 그들 스스로가 당연하게 받아들인 것이다. 즉, 여학생들은 가부장적 사회에서의 여성의 전통적인 역할인 집안일, 결혼, 자녀양육 등을 당연한 것으로 인식하고 있으며, 여성의 사회적 활동도 어디까지나 여성이라는 특성 안에서 이루어져야 한다고 생각한다. 이들의 생활양식은 성과 계급이라는 구조적 제한 내에서 그들이 경험하는 객관적 이데올로기를 반영한 것이다. 이들은 여성이라는 특성을 인정하고 로맨스(예컨대, 신데렐라) 이데올로기에 자신을 몰입시킨다.

이에 비해 중간계급에 속하는 여학생들은 독특한 생활양식을 갖고 있다. 이들의 관심 분야는 노동계급의 여학생들과는 다르다. 이들의 대부분은 예술을 감상하고, 게임을 즐기며, 연극이나 댄스를 하고, 학교공부를 하면서 시간을 보낸다. 비록 이성문제나 연애가 그들의 주요한 관심사이기는 하지만, 결혼, 집안일, 자녀양육 등과 같은 전통적인 여성의 역할에 매달리지 않고, 그것이 그다지 본질적인 가치가 있는 것이 아니라는 의식을 가지고 있다.

노동계급 여학생들은 이러한 중간계급 여학생들의 행동양식, 언어, 복장 등에 거부감을 느낀다. 이들은 학년이 올라갈수록 학교 성적이 떨어지는 경향을 보이는데, 이성교제나 자신의 매력, 인기 등과 관련된 문제에 더 관심을 쏟는다. 그리고 최신의 유행에 민감하여 선생님을 놀리고, 담배를 피우거나 인기 연예인들에 관한 이야기를 하는 등 반학교적 행동을 스스로 강화해 간다.

이와 같은 노동계급 여학생들의 집단 특성은 중간계급 여학생들이 공유하는 학교 적응적 태도와는 점점 멀어진다. 중간계급 여학생들은 학교의 공식적인 생활에 몰두하기 때문에 교사들로부터 더 많은 인정을 받는다. 그러나 노동계급 여학생들의 눈에는 이들이 교사의 비위나 맞추고 별로 멋도 내지 않고 어려운 공부나 하는 속물로 보인다. 이러한 그들의 인식 속에는 중간계급의 여학생들에 대한 계급적 적대감이 내재되어 있는 것이다. 이러한 노동계급의 반학교적 문화성향은 학교가 그들에게 강조하는 정숙, 근면, 적응, 여성다움, 수동성 등을 거부하고, 대신에 성적 ·

육체적 성숙과 매력을 표출함으로써 계급적 적대감을 해소하려는 욕구와 관련되어 있다(McRobbie, 1978).

그러나 문화 영역에서 모순이 드러나기도 한다. 노동계급에 속하는 여학생들이 현실적으로 가지고 있는 아내나 어머니로서의 미래상은 이들에게 억압적인 여성문화에 순응하도록 하고 남성들의 성적 지배를 수용하여 때로는 착취당하는 사회적 성적분업의 조건을 재생산한다. 그러므로 계급과 성의 역동성은 여성들에게 모순적 위치를 지각하게 한다. 즉, 이들에게 예정된 아내, 어머니, 노동자로서의 삶과 그들이 현재 과시하고 있는 성적 매력이 오래가지 않는다는 인식, 연애는 좋지만 반드시 좋은 결과만 있지 않다는 판단이 그들에게 전통적인 여성의 역할을 거부하도록 작용할 수 있다. 그러나 비록 그들이 전통적인 여성의 역할을 거부하더라도 상황은 크게 달라지지 않는다는 것을 그들은 알고 있다. 그들은 노동계급이고 여성이기 때문에 직면하게 되는 현실의 '벽'이 얼마나 높은지를 잘 알고 있다.

4. 문화재생산 이론

잠재적 교육과정을 통해서만 계급관계의 재생산이 이루어지는 것은 아니다. 학교에서 전수되는 문화를 통해서도 이루어진다. 이와 관련된 뛰어난 연구를 수행한 대표적인 학자로 영국의 번스타인(B. Bernstein)과 프랑스의 부르디외(P. Bourdieu)를 들 수 있다. 이들의 이론은 '문화재생산 이론'이라 불린다. 문화재생산 이론은 계급 재생산이 문화전수를 통해 어떻게 이루어지는가를 밝히는 데 초점을 두고 있어 사회 변화의 가능성에 주목하지 못한다는 비판을 받기도 한다. 다음에서는 이들의 이론을 살펴보기로 하자.

1) 번스타인의 문화전수 이론

번스타인(Bernstein, 1975)은 공식적인 교육과정을 통한 지식 전수에 관심을 가지고 있는데, 그는 '지식의 조직과 분배 및 평가'가 이루어지는 사회적 가정들이 무엇이며, 지식의 조직과 분배 및 평가에 권력관계가 어떻게 작용하는지를 밝히고자 하였다. 여기에서 번스타인은 학교에서 일어나는 일을 보다 큰 권력과 통제구조와 관련시키려고 노력하였다. 번스타인은 해석학적 관점에서 중요하게 다루어지는 교육과정, 교수법, 평가에 관심을 기울였다. 번스타인에 따르면, "교육과정은 무엇이 타당한 지식인지를 규정하고, 교수법은 어떻게 하는 것이 지식의 타당한 전달인지를 규정하며, 평가는 학습자가 지식을 습득한다는 것이 무엇인지를 규정한다" (Bernstein, 1975: 85).

번스타인은 지식이 사회적 진공상태에서 전수되는 것이 아니며, 권력과 통제가 모든 국면에서 교육과정에 침투한다고 주장한다. 번스타인은 권력과 통제의 원리를 밝히기 위해서 '분류(Classification: C)'와 '구조(Framing: F)'라는 두 가지 개념을 사용한다. 분류는 교과지식의 사회적 조직(분리된 교과지식 조직과 통합된 교과지식 조직)에 관련된 것이며, 구조는 교사와 학생의 상호작용 관계(수업에 대한 통제 정도 등)에 관련된 것이다.

번스타인의 분류와 구조의 개념은 교육과정을 분석하는 데뿐만 아니라 생산현장에서의 노동과정을 분석하는 데도 사용된다. 생산현장에서의 분류는 생산현장에서의 위계적 지위구분을 나타내며, 구조는 노동자가 어느 정도 노동과정을 자율적으로 통제할 수 있는가를 나타낸다. 번스타인은 분류와 구조의 개념을 사용하여 교육과 생산과의 관계를 밝히고자 하였다(김기석, 1991).

사회계급과 교수법과의 관계에 관한 그의 경험적인 연구를 예를 들어 설명해 볼 수 있다. 진보주의 교육에서 말하는 열린교육의 교수법은 '보이지 않는 교수법(invisible pedagogy)'으로 규정되고, 전통적인 교수법은 '보이는 교수법(visible pedagogy)'으로 규정된다. 전통적인 지식교육에서는 보이는 교수법에 따라 이루어진다. 학습내용상의 위계질서가 뚜렷하며, 전달절차의 규칙이 엄격히 계열화되어 있고, 학습내용의 선정 준거가 명시적이다. 그의 용어로 표현하면, 전통적인 지식교육은 학습경험을 강한 분류와 구조로 규제한다(그는 이런 규칙을 +C, +F로 기호화한다). 따라서 배울 만한 가치 있는 내용과 그렇지 못한 내용이 명백하게 구분된다. 예컨대, 공부와 놀이의 구분을 들 수 있다.

반면에, 열린교육은 보이지 않는 교수법에 따라 이루어진다. 보이지 않는 교수법은 보이는 교수법과는 달리 공부와 놀이를 구분하지 않는다. 즉, 공부가 놀이가 되고, 놀이가 공부가 된다. 이 현상은 번스타인의 용어로는 약한 분류(-C)와 약한 구조(–F)로 표현된다. 이 규칙은 학령 전 교육단계에 적용된 다음 점차적으로 중등교육 단계로 확대된다.

번스타인에 따르면, 보이지 않는 교수법에 따른 열린교육은 보이는 교수법에 따른 전통적인 지식교육과 마찰을 일으킨다. 이러한 교수법에서의 갈등은 단순한 교육관의 차이에서 비롯되는 것이 아니라 계급 간의 갈등, 즉 구중간계급과 신중간계급 간의 갈등에서 비롯된다. 생산체제에서 그들의 다른 지위 때문에 두 중간계급 집단은 교수법에 대해 다른 이념을 가짐에 따라 지식의 문화적 전수에 대한 갈등이 생겨난다. 그러나 보이는 교수법이든 보이지 않는 교수법이든 간에 노동계급에는 별 도움이 되지 않는다.

이러한 번스타인의 분석은 보울즈와 긴티스(Bowles & Gintis, 1976)의 분석과 매우 비슷하다. 보울즈와 긴티스는 「교실의 위기(Crisis in the Classroom)」라는 실버만(Silberman, 1970)의 연구를 검토하면서 실버만이 주장하는 열린교육의 모델은 노동계급의 이익에 기초한 것이 아니라 신중간계급의 이익에 기초한 것이라는 결론을 내린다. 신중간계급은 자신의 아이들에게 위계적인 사회적 분업에서 상대적으로 특권적인 지위를 차지하는 데 요구되는 자율성과 유연성을 길러 주기를 원한다.

2) 부르디외의 문화자본론

부르디외가 관심을 가졌던 의문은 어떻게 한 사회의 불평등과 지배관계가 계속 유지될 수 있는가 하는 것이었다. 그의 연구에 따르면, 불평등과 지배질서의 재생산은 강압적 수단을 통해서가 아니라 '문화자본'과 '상징폭력'을 통해서 상징적 차원에서 은밀하게 진행된다(Bourdieu, 1995). 지배질서와 문화자본이 어떻게 연관되는 것일까? 지배계급은 경제자본만 많은 것은 아니다. 다른 계급집단과 구별 짓는 문화자본도 많이 가지고 있다.[1] 품위 있는 언어, 세련된 취향과 생활양식('체화된 문화자본'), 고급 예술작품을 소장('객관화된 문화자본')하고 그것의 가치를 알아보는 심미적 감각과 교양을 가지고 있으며, 또한 탁월한 능력(높은 학력과 명문대 졸업이라는 '학력

---

1) 지배계급 또는 상층계급에도 상대적으로 경제자본이 많은 지배분파(부르주아지: 상공업경영자, 상급관리자)와 문화자본이 많은 피지배분파(교수, 상급기술자, 예술제작자)가 있다.

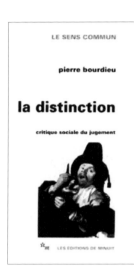

부르디외의 역저
『구별 짓기』

자본')을 가지고 있다.[2] 문화자본[3]은 그 소유자들에게 지배계급, 특권계급이 될 만한 자격이 있다고 오인하게 만든다.

부르디외는 그의 명서『구별 짓기(Distinction)』에서 음악, 예술작품과 같은 문화 상품의 소비와 스포츠와 의복 선택이나 식료품, 음식 소비에 대한 개개인의 취향은 가정의 사회화를 통해 체득한 습관, 아비투스(habitus)의 발현이라고 밝히고 있다. 아비투스는 계급과 개인의 의식을 연결시키기 위해 부르디외가 고안한 개념이다. 인간은 사회의 지배구조에 수동적으로 순응하는 존재(구조주의적 관점)도 아니며, 주체적으로 자유의지에 의해 선택하며 행동하는 자유로운 존재(개인주의 관점)도 아니다. 아비투스는 인간을 이렇게 이분법적으로 파악하려는 기존의 관점을 극복하려는 개념이다.

아비투스는 사물을 기호(sign)로 읽어 내는 기능을 한다. 그 기호는 '인간다움'과 '야만스러움' 등의 기호이다. 음악이나 미술작품, 책, 스포츠, 음식, 옷 등의 무수한 사물들은 인간다움과 야만, 고상함과 천박함이라는 기호 등을 내재하고 있다. 이러한 기호는 사물을 소비하는 행위자들의 실천을 통해서 비로소 드러난다. 아비투스는 사물이 갖고 있는 기호와 의미를 공유하며, 특정한 사회적 장(예술의 장, 교육의 장 등)에서 통용되는 음악 등의 정통성(legitimacy)에 대한 지각과 평가도식을 내포하고 있다. 사회적 장에서 행위자들은 자신들의 아비투스에 근거하여 특정 서양 고전음악이나 미술작품에 대한 '자의적(arbitrary)' 취향을 '정통적'인 것으로 오인(誤認)을 한다. 반면 '국악'이나 '대중음악'은 민중의 문화적 취향이라 간주하여 비정통적인 것으로 오인한다.[4] 문화자본이란 특정한 서양미술작품 또는 고

2) 부르디외(Bourdieu, 1995)는 문화자본을 세 가지 형태로 나누었다. 첫째, 말씨, 억양, 매너, 미소, 패션, 취향 등 체화된 문화자본(embodied cultural capital), 둘째, 예술작품 등 물질적 형태의 전수 가능한 객관화된 문화자본(objectified cultural capital), 셋째, 대학졸업장과 같이 제도적으로 인정된 형태의 제도화된 문화자본(institutionalized cultural capital)이다.

3) 부르디외(Bourdieu, 1995)는 마르크스와 달리 자본을 경제적 자본에 국한시키기를 거부하였다. 그는 '자본'을 사회적 경쟁에서 의식적으로 또는 무의식적으로 도구로 사용할 수 있는 모든 에너지로 본다. 문화자본의 개념은 경제적 갈등과 다른 계급갈등을 분석할 수 있도록 한다.

4) 교육부는 2022 개정 음악과 교육과정 시안에서 국악 내용에 관한 성취기준과 음악 요소와 개념 체계표를 삭제하였는데, 이는 국악에 대한 교육부의 인식(국악이 비정통적 음악이라는 인식)이 어떠한가를 보여준다(서울신문. 2022. 5. 4.).

전음악 취향 등 다양한 문화 상징물에 대한 취향이 특정한 사회적 장(학교 등)에서 정통성을 획득하게 된 것을 말한다.

부르디외의 관점에 따르면, 개인의 취향은 개인의 심미적 성향이면서도 개인의 계급적 위치의 발현이다. 취향이 자신이 속한 계급과 무관한 것으로 인식하게 되는 것은 자신이 한 계급에 속하여 살면서 자연스럽게 체화된 계급 아비투스(habitus) 때문이다. 취향뿐만 아니라, 식사예절, 대화술, 음악 소양, 예의범절, 억양 등에서 나타나는 계급 아비투스는 초기 사회화 과정을 통해 습득되며, 한 계급집단의 정체성을 형성하고, 다른 계급집단과 구분 짓는다. 계급 간의 아비투스를 비교해 보면, 부르주아계급은 안락함과 사려 깊음, 초연함과 무사무욕, 세련됨의 아비투스를 가지고 있다. 쁘띠부르주아지계급은 사회적 상승을 위한 의지, 절제, 정결함, 착실함의 아비투스를 가지고 있다. 반면, 민중계급은 경제적 어려움 때문에 실용성을 중시하는 아비투스를 가지고 있으며, 실내장식도 사치스러운 것보다 실용적인 것을 선호하고 말투도 투박하고 직선적이다(김영화, 2021). 아이들의 아비투스도 이들이 속한 계급에 따라 달라진다. 부르주아 출신의 아이들은 음악, 문예, 학문을 애호하고, 안락과 세속적 편안함을 즐기는 반면, 민중계급 출신의 아이들은 학문적인 것보다 실용적인 것을 추구한다. 이들은 일상생활의 필요에 초연하고 관조적인 사유를 할 수 있는 경제적 삶의 조건을 갖추고 있지 못하기 때문이다. "윤리시간에 소크라테스가 어떻고, 공자가 어떻고 하는 것 진짜 골치가 아파요. 그 사람들이 말한 것과 우리하고 무슨 상관이에요? 밥 먹고 할 일 없는 사람들이나 하는 것 같아요"(김현숙, 2008: 49). 다음 〈표 8-1〉은 서구사회에서 나타나는 지배계급 문화자본의 특성을 정리한 것이다.

한국 사회에서 매우 중요시되는 영어도 문화자본의 지표가 될 수 있다. 수도권에 거주하는 성인남녀를 대상으로 한 연구(최샛별, 최유정, 2011)에 따르면, 영어가 문화자본으로 문화예술보다 더 높이 평가되었고, 계급이 높을수록 영어를 중시하는 양상이 더 뚜렷하게 나타났다. 특히 국내 교육만으로 뛰어난 영어 실력을 가지고 있는 사람들의 고급스러운 이미지는 문화예술적 교양을 지닌 사람들의 이미지와 완전히 일치하였다. 또한 문화예술적 교양과 마찬가지로 영어 실력도 그 소유자 개인의 능력이나 고급스러움, 성공의 이미지로 인식되는 경향이 높았다. 한국 사회에서 영어뿐만 아니라 서양의 고급문화(최샛별, 2002), 미국학위와 전문가적 지식도 글로벌한

표 8-1 지배계급의 문화자본의 특성

문화자본	특성
가정배경(부모와의 관계 및 분위기)	자녀와 함께 여가활동 및 문화활동 참여, 자녀에게 독서 지도, 자녀에 대한 높은 기대, 교육수준, 학교 행사에 적극 참여, 학교 교육과정을 잘 앎
태도(품성, 리더십)	남성다움, 활동성, 적극성, 사교성, 리더십, 책임감, 양보심, 배려심, 규칙 준수, 공공의식 및 시민의식, 공정한 경쟁을 즐기는 성향, 성공에 대한 긍정적 기대, 향후 진학 및 진로에 대한 긍정적 기대, 성실함
언어습관, 독서습관	예시와 비유 사용, 추상적인 표현 사용, 거침없이 자연스럽게 의사 표현, 편안한, 안정된 어조, 절제된 완곡어법, 정교한 어법, 명석함, 우수함을 드러내되 단정적이지 않게 신중함을 지키며 표현, 특정 장르의 책만 읽기보다 다양한 장르의 책을 읽는 경향, 실용적인 지식이 담긴 책 보다 추상적이고 고전적인 내용을 담은 책을 선호
외양 및 식생활	지나치게 멋을 부리거나 옷을 통해 과소비하는 것을 꺼림, 유행을 지나치게 따르는 것 꺼림, 색. 전체적인 스타일의 조화 중시, 단정하고, 상황과 격식에 맞는 복색을 갖추는 것 중시, 날씬한 몸매, 다양한 식재료를 요리에 사용
문화적 능력, 여가 및 문화활동	할 줄 아는 악기가 있거나 문화적 능력이 뛰어남, 다양한 여가활동 및 문화 활동을 함

출처: 전혜진, 김수정, 최샛별(2013).

문화자본(김종영, 2008)이 될 수 있다.

3) 문화자본과 교육

문화재생산 과정에서 학교교육이 수행하는 역할에 대한 부르디외의 이론은 여러 나라의 수많은 경험적 연구에 의해 검증되었다. 이 연구들은 크게 두 가지 흐름이 있다. 문화자본이 교육성취(학업성적, 대학합격 등)에 어떠한 영향을 미치는가를 밝히는 연구의 흐름이 있으며, 학교교육이 어떠한 기제를 통하여 문화재생산 기능을 수행하는지를 밝히는 연구의 흐름이 있다(김영화, 2021). 문화자본이 교육성취에 어떠한 영향을 미치는가를 밝히는 연구가 주류를 이루고 있지만, 학교교육의 문화재생산 기제를 밝히려는 연구도 적지만 최근으로 올수록 늘어나고 있다(김영화, 2021). 후자의 연구들은 학교의 공식적·비공식적 교육과정 운영, 성취도 평가방식, 선발절차, 교사와 학교의 학생에 대한 인식과 기대 및 가치관, 학교의 프로그램이나 교사의 의식적·무의식적 인식과 행위가 학생들이 보유한 문화자본에 따라 어떻게 차별적으로 작동하는가를 밝히고자 하였다(김영화, 2021). 미국이나 한국의 일류사립학교와 공립학교를 비교해 보면, 학생의 경제자본과 문화자본에 따라 교육과정 운영 및 교사의 인식과 행위가 어떻게 다른지를 짐작해 볼 수 있다. 일류사립학교의 경우 학교에서 사용하는 언어구조, 권위양상, 교육내용, 교육과정 유형, 평가방식 등 학교교육에서 이루어지는 모든 실천은 지배계급의 문화를 반영하고 있기 때문에 지배계급 가정에서 사회화된 아이들에게 익숙한 것들이다. 따라서 어려서부터 지배집단의 문화를 체득한 아이들은 학교에서 성공하여 부모와 같은 지위를 차지할 가능성이 높아진다.

파커스 등(Farkas et al., 1990)의 연구에 따르면, 교사와 학생 간 상호작용에서 표출되는 학생들의 언어습관, 스타일과 행동방식(외모와 복장 등)이 교사에 의해 차별적으로 보상받는다. 국내의 연구(전혜진 외, 2013)는 서울소재 초등학교 교사들이 지배계급 문화의 전수자이자 선별자로서 역할을 하고 있음을 밝히고 있다. 이 연구결과에 따르면, 교사가 호감을 갖는 학생의 특성은 하층계급적 특성이 아니라 중상계급적 특성이다. 교사가 선호하는 학생은 대체적으로 경제적 수준에서 중상계급에 해당하는 학생이며, 교사가 좋아하는 유형의 학부모는 자녀의 교육에 관심이 많으며, 적극적으로 학교 행사 등에 참여하는 중상계급 특성을 가진 학부모이다. 학업성취 측면에서 보면, 교사가 선호하는 학생은 우수한 학업성적을 보이는 학생이며, 교사가 선호하는 학생의 태도는 학교에 대한 우호적인 태도, 친숙함, 남성다움, 리더십 등으로 주로 중상계급에게서 나타나는 태도이다. 또한 교사가 선호하는 학생들 대부분이 언어습관 및 독서습관 측면에서 중상계급의 문화자본을 보유하고 있는 것으로 나타났다. 문화적 능력 및 문화여가활동과 외양 및 식습관 등의 측면에서도 마찬가지였다. 요컨대, 교사가 선호하는 학생은 태도, 언어습관과 독서습관, 외양 및 식생활 등의 측면에서 중상계급의 문화적 성향을 보이는 학생이다(전혜진 외, 2013).

교사가 선호하는 학생의 중상계급 특성은 학생들 간의 상호작용에 영향을 미친다. 예를 들어, 절제된 완곡어법, 표정, 제스처, 정교한 어법 등을 사용하는 언어습관은 다른 교우들과의 관계에서 리더십의 형태로 표출된다. 교사는 그것을 더욱 강화하는 데, 예를 들어 학생들이 자신의 경험을 중상계급이 구사하는 언어의 형태로 발표하길 바란다. 그것이 경험을 더 생생하고 사실적으로 이해할 수 있게 한다는 점에서 도움이 된다는 것이다. 하지만 교사의 이런 기대는 중상계급의 언어를 잘 사용하지 못하는 학생을 발표에서 배제하며 교사가 선호하는 학생이 리더 역할을 할 수 있게 한다.

> (30대 교사, 노동계급 출신) 언어능력도 뛰어나고, 자기조절도. 언어습관……, 일단 그 바탕에 부모님이나 가정의 긍정적인 그 바탕이 있는 것 같아요……. 자기 생각을 표현하고 이러는 데 있어서 거침은 없는데, 거침은 없지만 그게 공격성이나 이런 거랑은 달라요(전혜진, 2013: 137).

교사들이 선호하는 학생은 제한된 어법과 정교한 어법을 상황에 따라 자유자재로 바꿔 가며 상황과 맥락에 따라 사용할 수 있는 학생이다. 그리고 상황에 맞는 복색, 격식에 맞는 복색을 갖추고, "색과 옷의 질감과 같은 전체적인 스타일의 조화"를 보이는 학생이다(전혜진 외, 2013: 124).

> (20대 교사, 신중간계급 출신) 상황에 맞는 옷을 입으면 눈이 가죠. 뭐 저희 반에 가을이면 트렌치코트를 딱 이렇게 입고 오는 아이가 있어요. 하하. 체육 들은 날에는 농구 복이나 축구 복을 세트로 입고 온다니까요. 그런 걸 보면 와, 훌륭하다, 멋있다, 이렇게 보게 되죠. 색감도 맞춰서 이렇게……, 브랜드 이런 게 중요한 게 아니에요(전혜진, 2013: 124).

'훌륭하다.' '멋있다.' 이렇게 보는 것이 옷의 스타일의 조화에 대한 교사의 지각과 평가도식을 표현하는 것이며, 이러한 지각과 평가도식이 교사의 아비투스이다. 교사에게 학생의 아비투스는 문화적 지위의 상징적 효과를 낳는다.

이러한 연구에서는 중상계급 학생의 문화자본이 학교에서 어떻게 정통성을 인정받으며, 그것이 어떻게 중상계급 학생에게 유리하게 작용하는지, 그 일면을 보여 준다. 하지만, 학생의 문화자본이 학업성취에는 어떻게 영향을 미치는지를 보여 주지는 않는다.

문화자본과 학업성취의 관계에 대한 일련의 연구(김수정, 이병진, 최샛별, 2015: Sullivan, 2001, 2007)에 따르면, 학생의 문화자본은 학업성취에 영향을 준다. 문화자본이 학업성취 효과가 있다면 그 이유는 무엇일까? 문화자본을 보유한 상층계급 학생과 그렇지 못한 하층계급 학생에 대한 교사의 편견과 차별적 평가에 기인한다는 주장(Flere et al., 2010)과 문화자본이 학생의 호기심과 상상력을 자극함으로써 학생의 인지적 역량을 향상시킨다는 주장(Kingston, 2001; Sullivan, 2001)이 있다.

일본학생의 문화자본에 대한 야먀모토와 브린튼(Yamamoto & Brinton, 2010)의 연구에 따르면, 객관화된 문화자본(예술품 등 고급문화 소유)은 9학년 학업성적에 긍정적인 영향을 미치지는 않지만, 체화된 문화자본(가족과 문화활동 참여)은 9학년 학업성적에 긍정적인 영향을 미친다. 이들의 연구에 따르면, 학생의 체화된 문화자본은 교사의 문화적 편견과 차별적 평가를 불러일으키기보다는 지식을 학습하고 이해하는 방식과 실천에 영향을 미친다. 그리고 두 가지 유형의 문화자본 모두 명문고등학교에 들어갈 수 있는 확률을 높이는 것으로 나타났다. 가정환경에 대한 상세한 정보를 수집하는 과정에서 파악된 객관화된 문화자본에 대한 중학교 교사의 해석이 고등학교 진학지도에 영향을 준다는 것이다.

한국에서도 문화자본의 학업성취 효과에 대한 연구들(김경근, 변수용, 2007; 박현진, 김영화, 2010; 장상수, 2008)이 이루어졌는데, 이 연구들의 결과를 정리한 김영화(2021)에 따르면, 문화자본의 효과는 연구에 따라 다르게 나타났다. 다만, 학생의 문화활동은 학업성취에 대하여 부정적 효과를 나타내었다. 한국에서 학생들은 입시공부를 해야 하기 때문에, 가정계급 배경과 상관없이 문화활동을 할 여력이 없으며, 문화활동을 많이 하면 오히려 학업에 지장이 생길 가능성이 높다는 것이다. 그런데 한국 못지않게 입시경쟁이 심각한 일본에서 문화자본은 명문고등학교에 들어갈 확률을 높인다(Yamamoto & Brinton, 2010). 왜 이렇게 일본과 한국의 연구결과는 상반될까? 문화활동을 어떻게 측정하느냐에 따라 결과가 달라질 수 있다는 점을 고려해야 한다. 중학생을 대상으로 한 일본의 연구에서는 과거 '어렸을 때' 또는 '초등학교 때'의 문화활동이 어떠했는가로 문화자본을 측정했으며, 한국의 연구에서는 현재 중학생 또는 고등학생으로서 문화활동을 했느냐로 문화자본을 측정했다. 예를 들어, 김경근, 변수용(2007)의 연구에서 학생의 문화자본을 측정하기 위해 "귀하는 '고등학교 재학 중' 가족과 함께 다음의 (문화)활동을 얼마나 자주 하였습니까?"라고 질문을 한다. 입시공부의 부담이 적은 초등학교 때나 더 어렸을 때의 문화활동을 측정하는 것이 학생의 문화자본과 아비투스를 파악하는 데 더 도움이 될 수 있다.

그리고 학업성취를 단순히 표준화된 시험점수로 평가하는 경우와 구술면접, 논술 등을 포함하여 평가하는 경우 문화자본의 학업성취 효과는 달라질 수 있다. 실제 대학입학과 취업 전형 시 다면평가가 강화됨에 따라 논술과 면접, 프레젠테이션의 중요성이 더욱 커지고 있는데, 이 경우 정교한 어법의 언어구사력과 세련되고 자신감 있는 태도가 체화된 문화자본으로서 더 강력한 영향력을 행사할 수 있다(김영화, 2021).

4) 문화자본론에 대한 비판

부르디외의 문화자본론은 문화재생산의 메커니즘이 작용하는 방식을 '절대화'한다는 비판을 받는다. 다시 말해, 문화자본론은 문화자본을 통한 계급 재생산의 메커니즘이 절대적이고 기계적으로 작동하므로, 재생산의 메커니즘에서 벗어날 길이 없다는 것을 주장하는 것이나 다름없다는 비판이다. 실제에 있어서는 문화자본을 통한 계급 재생산의 메커니즘이 기계적으로 작동하는 것이 아니며, 중상층계급의 문화자본이 지배적인 자본이 되게 하기 위한 정치적 투쟁이 존재한다는 것이다. 예를 들어, 사이버(Sieber, 1982)는 뉴욕의 공립 초등학교에 대한 문화기술적 연구(ethnogrphic study)에서 중류계급의 문화지배 과정에 정치적 투쟁이 있음을 밝히고 있다. 사이버에 따르면, 중류계급 출신의 학생은 자신의 문화능력과 문화경험 덕분에 노동계급과 푸에르토리코 출신 학생들에게는 허용되지 않는 특별한 교육적 혜택과 자유를 누린다. 그런데 중류계급 출신의 학생들이 누리는 '특권적 위치'와 교육 혜택은 저절로 주어진 것이 아니라는 것이다. 그것은 지역사회의 중류계급 분파들이 노동계급의 주민들과 싸워서 얻어 낸 오랜 투쟁의 결과라는 것이다. 이와 같이 학교에서 중류계급 문화의 지배는 중류계급 학부모들이 학교 안팎에서 얻어 낸 정치적 투쟁의 산물이다. 사이버(Sieber, 1982: 460)는 다음과 같이 설명한다.

> 학교에서 중류계급 어린이들의 특권적 위치는 단순히 그들의 양육에 따라 충분히 제공된 문화 혜택의 결과가 아니었다. 사실상 그들의 중류계급 문화는 여러 관점에서 학교 문화 그리고 교직원들의 문화와 갈등을 겪는다. 중류계급 어린이들의 성공은 오히려 그

들의 부모들이 학교 교직원뿐만 아니라 다른 학부모들과 겨루어 온 계속적인 정치적 갈등의 역사를 통해서 성취된 것이다. 사실상 내가 목격한 교실생활도 학교의 중류계급 학부모들이 10년도 넘게 이끌어 온 보다 광범위한 상류사회화의 최종적 산물이었다.

사이버(Sieber, 1982)의 문화기술적 연구는 부르디외 이론의 한계를 지적한다. 즉, 부르디외의 이론은 학부모와 지역사회의 세력이 문화지배의 과정에서 벌이는 투쟁을 도외시한다는 점이다. 따라서 부르디외 이론에서는 학교가 중류계급의 문화자본에 어떻게 정통성을 부여하는가에 대한 과정을 밝히지를 못하였다. 사이버(Sieber, 1982)는 지역사회의 역사, 지역사회와 학교와의 관계, 중류계급 학부모의 참여를 숙고해 볼 때 중류계급의 문화가 학교에 정착되는 데는 정치적 투쟁이 핵심적 요소임을 지적한다.

학교가 문화자본을 통해 계급관계를 재생산하는 기능을 하는 것만은 아니다. 김천기(2007)는 학교의 장(field)과 아비투스(habitus) 이론의 관점에서 학교 장에서의 교사 아비투스는 계급 아비투스로만 설명될 수 없다고 주장한다. 교사의 아비투스가 계급 아비투스의 발현이라고만 생각한다면, 교사의 교육활동은 문화재생산의 틀에서 벗어나기 어렵다. 교사의 아비투스가 계급 아비투스의 성격을 띤다고 해도, 그것만이 전부는 아니다. 학교라는 장에서 보이는 교사로서의 교육적 아비투스가 또한 존재한다. 학교라는 장은 기업과는 다른 사회적 장으로서의 특수성과 자율성을 가지고 있으며, 계급적 이해관계를 반영하기보다는 학교라는 장의 특수성에 의해 프리즘처럼 '굴절'시키는 것이다. 학교의 장에는 계급권력의 영향에서 벗어난 자체적인 교육의 고유한 규범('nomos')과 목적이 존재하며, 교사들은 교육의 규범과 목적에 따라 학생을 가르치지 않으면 안 된다(김천기, 2007). 교사들은 학교의 장에 의해 구조화된 교육적 아비투스에 의존하며, 자신의 교육행위를 특별한 교육방법(예를 들어, 협동적 교육방법)이나 위대한 교육사상적 전통(예를 들어, 루소의 교육사상) 등 교육실천의 역사가 축적된 학교의 장 속에 위치시킴으로써 이를 교육자적 행위로 만들어 내기도 한다. 학교라는 고유한 장의 특성과 교사의 교육적 아비투스에 대한 논의는 앞으로 더 많은 경험적 연구에 의해 뒷받침되어야 하지만, 학교의 장과 아비투스에 대한 연구는 문화재생산론에 대한 학문적 논의의 지평을 확대하고 있다(김영화, 2021).

5. 학교지식과 문화적 헤게모니

1) 교육과정 지식의 이데올로기

문화적 재생산 이론에서는 문화와 불평등을 탐구하는 데 비해 교육과정사회학자들은 교육과정 지식의 이데올로기 문제를 제기한다. 이데올로기와 교육과정의 상호관련성에 대한 연구는 미국의 교육과정사회학자인 마이클 애플(M. Apple)이 잘 수행하였다. 애플(Apple, 1979)은 교육과정 연구에서 비판적으로 탐구해야 할 문제를 다음과 같이 제기한다. "어떻게 하여 학교에서 가르치고 있는 지식이 한 사회의 지배집단의 이데올로기를 반영하게 되는가, 학교는 어떻게 하여 제한적이며 부분적인 지식들을 의심할 여지조차 없는 진리로서 정당화하는가?" 하는 것이다. 요컨대, 학교에서 보편적인 진리인 것처럼 가르치는 지식은 지배계급의 이데올로기에 불과하다는 것이다.

애플은 교육과정에 담겨 있는 지배적인 가정을 밝혀내기 위해 그람시(Gramsci)의 '문화적 헤게모니' 개념을 분석도구로 차용한다. 헤게모니란 대중을 상대로 '도덕적 · 지적(이념적) 리더십'을 발휘하는 것을 말한다. 단지 이데올로기(허위의식)를 대중에게 심어 주는 것만으로는 지속적인 지배가 어렵다. 대중이 적극 찬동하고 따를 수 있는 보편적인 이념과 사상, 가치를 표방하지 않으면 안 된다. 그러한 이념과 사상, 가치는 보편적인 듯 보이지만, 결국은 지배질서를 유지하기 위한 방편에 불과하다. 예를 들어, 서구사회에서 시민혁명을 일으켰던 시민계급은 자유 · 평등을 주장했지만, 그것은 기존의 계급을 무너뜨리기 위한 전술이었다. 자유 · 평등의 대의를 내세워야 민중이 호응을 하기 때문이다. 그러나 그런 대의를 성취하기 위한 혁명에서 자신들이 지배계급이 되자, 민중에게는 자유 · 평등을 실질적으로 보장해 주지 않고 형식상의 흉내만 낸다. 이에 민중들은 투쟁을 통해 자유 · 평등을 쟁취해 간다. 중요한 것은 기존의 질서를 무너뜨리고, 새로운 질서를 형성하기 위해서는 보편적 이념을 내세워야 하고, 그에 맞는 새로운 도덕적 모습을 보여 주어야 대중이 지배집단의 지도에 호응하고 따라 준다는 것이다.

애플은 헤게모니 개념을 적용하여 교육과정에서 갈등을 어떻게 다루고 있는가를 밝히고자 하였다. 이를테면, 사회교과와 역사교과는 사회적 갈등을 부정적으로 다루면서 사회적 갈등의 긍정적인 기능을 무시한다. 또한 과학교과에서는 과학적 활동과 논쟁의 본질을 간과한다. 애플(Apple, 1986: 92)은 다음과 같이 말하고 있다.

> 사회교과의 관련 문헌들을 살펴보면 그중 대부분이 사회를 기본적인 협동체제로 보고 있음을 알 수 있다. 이러한 경향은 갈등이 사회적 관계의 본질적 특징이 아니라고 하는 이데올로기적 가정에서 연유한 것이다.
> 인권운동과 흑인운동에 대한 탐구를 통해서 사회계급과 집단 간의 갈등의 역사와 그 의의를 현실적으로 조망하려는 노력이 있었다는 사실은 인식되어야 한다.

애플과 같은 관점에서 에이니언(Anyon, 1991)은 미국의 중등학교 역사교과서의 분석을 통해 교육내용이 계급 편향적임을 보여 주었다. 역사교과서는 학생들이 역사와 현실문제를 이해하고 해석하는 데 요구되는 지식과 정보를 편견 없이 제공하는 것으로 많은 사람이 믿고 있으나, 실제로는 특정 집단의 이익에 봉사하는 이데올로기를 반영하고 있다. 에이니언(Anyon, 1991: 180)은 이렇게 말하고 있다.

> 교과서에 서술된 이야기는 그와 관련된 다양한 집단의 시각에 대해 중립적이지 않다는 사실이 입증되었다. 모든 교육과정이 부자와 강자의 이익을 옹호하는 것이었다. 비록 편향되지 않는 것처럼 표현하고 있으나, 교과서의 역사 해석은 가진 집단의 행동과 특권을 이데올로기적으로 정당화하는 것이며, 사회적인 인정과 지원을 위해 이 기득권 집단과 경쟁하는 집단의 관점이나 중요성에 정당성을 부여하지 않는다.

한편, 페미니즘의 시각에서는 수학과 과학의 중립성에 대해서도 문제를 제기한다. 이 시각에 따르면, 수학과 과학의 중립성은 신화에 지나지 않는다. 그 어떤 교과보다도 수학과 과학이 오히려 기존의 계급적·인종적·성적 위계관계를 유지하는 데 기여한다는 것이다(곽윤숙, 1997). 특히 과학은 남성적 교과로 인식되며 남학생에게 유리하게 제공되어 성별분업을 재생산한다. 그리고 수학과 과학의 내용과 그 교과가 지향하는 교수방법은 계급적으로는 자본가 계급, 인종적으로는 백인, 성적으로는 남성에게 유리하기 때문에 노동자 계급, 흑인, 여성은 이 교과에서 학업성취가 저조할 수밖에 없다(Singh, 1989). 그리고 과학의 속성은 추상적인 것으로 과학의 적용이나 사회적 의미를 다루지 않기 때문에 과학적 지식이 없는 대중은 과학 분야의 전문가에게 의존함으로써 노동분업의 재생산에 기여하게 된다.

2) 한국에서의 교육과정사회학 연구

우리나라에서도 교육과정사회학의 관점에서 교육내용의 계급적 · 성별 편향성에 대한 비판적 논의가 활발히 전개되어 왔다. 학자뿐만 아니라 교사들도 교과서 내용을 비판적으로 연구하였다. 이 연구들(예컨대, 윤구병, 1988; 한국교직원노동조합교과위원회, 1990; 한만길, 1989)은 대체적으로 교육내용에 정치적 · 경제적 지배집단의 체제 유지 및 재생산을 위한 이데올로기가 담겨 있다고 주장한다. 예를 들어, 홍후조(1986)는 제5공화국 당시의 중학교 사회교과서를 분석하였는데, 교과서 저작자가 사회갈등에 대해 대체적으로 부정적인 태도를 취하고 있음을 밝히고 있다. 특히 정치적 갈등에 대해서는 더욱 부정적인데, 6 · 25 전쟁과 같은 지극히 극단적인 사례를 들어 정치갈등을 금기시하였다. 사회과 교과서는 국어, 윤리(도덕) 교과 등과 더불어 제5공화국의 군부통치이념을 담고 있었으며, 국민정신 교육내용이 직접적으로 반영되어 있었다.

우리나라에서 이루어지는 교육과정사회학적 논의에 대한 비판적인 시각도 있다. 이를테면, 이해성(1994)은 사회과 교과내용 속에는 대의제의 의미, 삼권분립의 원리, 선거의 중요성, 소수인의 권리 보장 그리고 시민의 저항권 등 민주정치의 기본 원리에 대한 내용이 들어 있으며, 이는 우리 교육에서 민주시민교육이 제대로 이루어져 온 증거라고 주장한다. 이해성의 말대로 우리 교육은 양면성을 가지고 있을지도 모른다. 한편으로는 권위주의적 권력유지를 위한 이념적 통제기능을 발휘하면서도 동시에 민주시민교육을 실시하는 양면성이다. 그러나 단편적인 교과서 내용만 가지고서 민주시민교육이 제대로 되었다고 판단하는 것은 비약이다. 실제 교과내용이 현장에서 어떻게 가르쳐지느냐가 중요하다. 여기서 우리가 생각해야 할 점은 양면성을 띤 교육을 통해 궁극적으로 학생들에게 현실세계를 비판적으로 읽을 수 있는 민주시민의 능력을 길러 줄 수 있는가 하는 것이다.

군사정권이 종식되고, 김대중-노무현 대통령으로 이어지는 민주정부가 들어서면서부터는 교과서 내용에 대해 예전과는 정반대의 비판이 제기되고 있다. 예전에는 군사정권의 통치를 정당화하는 교과서 내용에 대한 민주화세력의 비판이 많았던 반면에, 민주정부 이후에는 보수집단들의 교과서 비판이 늘어나고 대안교과서까지 내놓고 있는 형편이다. 예를 들어, 보수진영과 전경련(전국경제인연합회) 등의 기업 쪽에서는 "현재의 교과서가 대한민국의 정통성을 부인하거나 반시장적이고 반기업적인 내용을 포함하고 있다."라고 반발한다. 교육부는 이러한 보수진영의 반발을 의식하여 전경련과 공동으로 경제교과서 모형을 펴내기도 하였는데, 노동계는 이 경제교과서가 친기업·반노동 시각에 치우친 내용을 담고 있다고 비판하고, 이에 맞서 자신들의 '경제교과서'를 펴내고자 하였다.[5]

교과서 내용에 대한 보수진영과 진보진영의 대립과 논쟁을 교육과정사회학에서는 어떻게 분석할 것인가? 앞으로 이에 대한 교육과정사회학적 연구가 많이 이루어질 필요가 있다.

한편, 교육과정사회학적 논의에서 빼놓을 수 없는 것은 우리나라 국정교과서제도이다. 국정교과서(1종) 제도에서는 국가가 교과서를 직접 지어서 무엇을 가르치고 무엇을 가르치지 말아야 할 것인가를 결정한다.

이러한 국정교과서 제도가 보수적인 박근혜 정부 시기에 부활하여 사회적으로 큰 논쟁을 불러일으켰다. 박근혜 정부가 추진한 역사교과서의 국정화 과정은 정치적 의도와 목적을 여실히 드러내었다(신은희, 장수명, 2016). 뉴라이트 역사관을 가진 소위 '보수진영'은 보수적 이념을 가진 박근혜 대통령의 집권기를 맞이하면서 자신들의 역사관을 담은 교학사 교과서 저술을 지원하고 검인정과정을 거쳐 학교현장에서 채택될 수 있도록 시도하였다. 그러나 현장 실행가인 학교와 교사들의 거부로 학교현장에서 채택되지 못하고 '표류'되었다. 그러자 보수진영은 아예 역사교과서를 국정화함으로써 자신들의 역사관을 담은 교과서를 국정교과서로 사용하도록 강제하고자 하였다(신은희, 장수명, 2016). 교육부는 청와대의 의지에 따라 2014년부터 역사교과서 국정화를 계획하여 2015년 국정화 고시하였고, 이후에도 박근혜 대통

---

5) 국회의 교육부 국정감사에서 한나라당 국회의원이 모 출판사의 '한국근현대사' 검정교과서가 '좌파'적 편향성이 심각하다고 주장하며 이념적 색깔 논쟁을 불러일으켰는가 하면(2004. 10. 4.), '뉴라이트'의 교과서역사포럼은 교과서의 한국근현대사에 대한 기술에 불만을 표출하면서 대안교과서를 내놓기도 하였다.

령의 청와대는 집필진 선정, 편찬기준수립 등에 개입하여 국정 역사교과서 편찬 과정에 전방위적인 영향력을 행사하였다. 일부 보수적 학자들과 전직 교장단체들도 '올바른 역사관 심기'를 명분으로 역사교과서의 국정화를 지지·선언하면서 국정화에 힘을 실어 주었지만, 대다수 국민의 반대로 2017년에 국정 역사교과서는 결국 폐기되기에 이르렀다.

국정교과서에서 문제가 되는 것은 국가가 '공인한' 지식만 가르치도록 교과내용을 통제한다는 점이다. 이는 무엇이 진리이며 무엇이 진리가 아닌가를 국가가 결정해야 하고, 또 결정할 수 있다는 것을 전제한다. 김기수(1994: 199)의 지적을 들어 보자.

이제까지의 국민윤리나 도덕 교과서들은 공공성을 현저하게 결여한 정권들이 제작하였기 때문에 국민의 자유와 권리의 제한을 정당화하고, 국민들에게 올바른 가치관이라는 이름하에 맹목적인 충성을 강요하는 것이 그 특징이었습니다. 윤리와 도덕 과목이 이와 같이 국가에 대한 맹목적인 충성을 강요한다면, 국어나 국사 과목은 국가를 미화함으로써 그와 같이 맹목적인 충성을 부추기는 역할을 했습니다.

국정교과서의 가장 큰 위험성은 학생들에게 진실을 탐구하도록 가르칠 수 없다는 점이다. 이러한 위험성은 과거 일본 군국주의하에서 일본 국민들이 뼈아프게 경험했던 것이다(Horio, 1988). 국정교과서는 '국가'가 정하는 교과서라지만, 실제로는 국가의 권력자와 그 이념을 같이 하는 집단이 그들의 독단적인 이념적 성향에 따라 학생들이 배울 교육내용을 규정하는 것에 다름없다.

3) 교육과정사회학에 대한 비판

지식은 그 성격상 과학적 지식이라 할지라도 절대적인 진리성을 보장받지 못한다. 그것은 일정한 시점에서 '수락된' 진리와 그에 대한 도전 사이의 변증법적 관계에 따라 변화해 나간다고 보아야 한다. 과학적 지식의 성격이 그러할진대, 학교에서 가르치는 많은 교과지식, 특히 역사적·정치적·윤리적 내용들이 보편적인 진리의 모습으로 나타난다면 그 자체가 학교지식의 이데올로기적 성격을 드러내는 것이라 할 수 있다.

그러나 교육과정사회학에서 학교지식을 계급과의 직접적인 관계성에 초점을 두고 분석하려 한다면 그것은 별로 의미 없는 일이 될 수 있다. 왜냐하면 그런 분석은 결국 모든 학교지식은 지배계급의 신념과 가치의 표현이라는 한마디로 환원되기 때문이다. 한국의 교과서 분석에서도 학교지식이 계급성을 띠고 있다고 주장만 함으로써 다소 식상한 이론이 되어 버렸다. 어떤 지식이든 다 지배계급의 지식이라고 주장한다면, 그러한 주장으로부터 우리가 무엇을 더 알 수 있는가? 지식의 성격이 단지 지식 생산자의 계급적 위치에서 비롯되는가? 그렇다면 모든 지식 생산자 간의 차이는 어떻게 설명할 것이며, 학교지식이 보편성을 갖게 될 가능성은 어떻게 주장할 수 있을 것인가? 여기서 말하고자 하는 것은, 학교지식의 생산자의 계급으로부터 그 사람의 지식 생산품의 특성을 직접적으로 끌어낼 수 없다는 것이다(Bourdieu, 2004).

물론 학교지식의 사회적 결정성을 완전히 부정하는 것은 아니다. 부르디외가 말한 것과 같이, 사회적 결정성은 한편으로 생산자의 아비투스를 통해 행사된다. 즉, 사회적 주체(가족의 구성원)이자 생산자로서의 그의 생산의 사회적 조건과 결부되어 있는 것이다. 다른 한편으로 사회적 결정성은 다소간 자율적인 특정 생산장 속에서 그가 점하고 있는 위치 속에 새겨진 사회적 강제와 요구를 통해서 행사된다.

학교지식에 대한 사회학적 분석에 부르디외의 통찰을 통합하는 것이 필요하다. 부르디외 사회학에서 얻을 수 있는 중요한 시사점은 다음과 같다. 학교지식과 특정 사회계급 간의 직접적 관계를 설정하는 것은 진정한 학교지식사회학이 아니다(Bourdieu, 2004). 학교지식에 대한 사회학적 연구는 학교지식 생산자와 다른 일반 지식 생산자들 사이의 (상호작용의 형태로 이루어진) 객관적 관계의 총체 그리고 학교지식의 생산 및 학교지식의 사회적 가치의 생산에 관여한 모든 행위자의 행동의 총체에 초점을 두어야 한다. 즉, '학교지식을 만드는 생산자와 그 지식 분야의 다른 지식 생산자와의 관계가 학문의 장에서 어떻게 되는가?' '학교지식의 생산에 관여하는 행위자들은 누구이며, 또한 학교지식의 사회적 가치를 생산해 내는 행위자들(교사, 학부모, 입시학원, 대학 등)은 누구인가?' 하는 것이 총체적으로 연구되어야 한다는 것이다. 이는 학교의 장에서 전수되는 지식이 단순히 정치경제적인 외적 요인이나 지배 이데올로기에 따라서만 설명되어서는 안 되며, 학교의 장과 장의 외부가 상호 연관되어 매우 복잡한 역동성을 만들어 내고 있음을 말해 주는 것이다.

　　교육과정사회학은 교과내용 분석에 한계가 있지만, 지식교육에 다음과 같은 여러 가지 중요한 시사점을 주고 있다. 첫째, 지식을 학습하는 것은 지식 자체를 위한 것이 아니며, 지식은 개인과 사회 현실 간의 매개물로 이해되고 학습되어야 한다. 지식은 사고의 끝 혹은 완결로서 숙달·암기되어야 하는 대상이 아니라, 문제를 제기하고 분석하고 재구성해야 할 어떤 것이다. 둘째, 학생들은 주어진 '참조체계(frame of reference)'를 넘어서는 방법을 배워야 하며, 자신의 참조체계를 자각하는 것이 필요하다. 사람들은 의식적이건 무의식적이건 참조체계를 가지고 있으며, 학생들은 자신의 관점의 사회적 근거를 깨닫는 것이 필요하다. 셋째, '정당한 지식'이란 지배적인 규범, 보편적인 가치 또는 관점이 아니며, 무조건 수용하고 받아들여야 할 진리가 아니다. 비판적 사고와 변증법적 사고활동을 통하여 지식을 재형성하고 재구조화하는 과정의 지식이 정당한 지식이다. 즉, 주어진 사실, 개념 혹은 논제의 정당성에 의문을 갖고, 자신의 참조체제를 전체적인 관계체제 속에서 인식하는 방법을 통해 재구조화하는 지식인 것이다(Giroux, 2001).

6. 수준별 교육과정 논쟁

　　최근의 교육과정 개혁에서 가장 논쟁이 분분했던 것이 수준별 교육과정의 도입이다. 수준별 교육과정은 미국에서 20세기 초 이래 능력별 집단구성(ability grouping) 또는 계열화(tracking)라는 용어[6]로 학생들을 구분하는 중요한 방법으로 오랫동안 사용되어 왔다.

　　수준별 교육과정(differentiated curriculum)은 집단 내 학생들의 학업수행 수준과 동기를 정확하게 파악함으로써 수업을 보다 용이하게 하는 방법이며, 학습능력이 저조한 학생들이 우수한 학생들과 함께 공부할 때 생겨날 수 있는 소외감을 없애는

------

6) 능력별 집단구성과 계열화(tracking)는 엄격히 말해 다르다. 능력별 집단구성은 말 그대로 학생 능력 수준에 따른 집단구성을 의미하며, 계열화는 과목별로 교육과정수준을 단계화하는 것을 의미한다. 계열화는 학생의 선택권을 부여한다는 점에서 능력별 집단구성과 근본적으로 다르다는 주장도 있다. 하지만 실제 운영상에 있어서 과목별 성적에 따라 학생들이 선택하기 때문에 계열화가 선택권을 부여한다는 주장은 매우 형식적인 논리가 되기 쉽다(오욱환, 2003; Rosenbaum, 1980).

방법으로 인식되었다. 그러나 실제로는 그러한 긍정적인 효과가 나타나지 않았으며, 오히려 수준별 교육과정의 폐해가 커지면서 수준별 교육과정은 큰 논쟁거리가 되었고, 이미 적지 않은 미국 학교에서 수준별 교육과정이 폐지되었다. 그리고 수준별 교육과정 폐지의 긍정적인 사례들이 발표되고 있으며, 그에 따라 수준별 교육과정 폐지가 교육개혁의 일환으로 심각하게 고려되고 있다(Brewer, Rees, & Argys, 1995; Marsh & Raywid, 1994).

일련의 연구들(Anderson & Barr, 1990; Braddock, 1990; Oakes, 1994; Page, 1990)에 따르면, 능력이 낮은 학생들은 수준별 교육과정 때문에 여러 면에서 희생자가 될 수 있다. 수준별 교육과정은 학생들의 학습기회와 결과의 불평등을 오히려 심화시킬 뿐이다(Oakes, 1985). 오크스는 다음과 같이 지적하고 있다(Oakes, 1985: 40).

> 수준별 교육과정은 다양한 집단을 위한 교육기회를 평등하게 하지 못한다. 모든 학생을 위한 학습기회를 극대화함으로써 학교의 효율성을 증대시키지도 않을뿐더러 학생을 완전하게 동질적 집단으로 나누지도 못한다. 그것은 개개인의 필요를 충족시키지도 못한다. 더군다나 학생의 성취도를 높이지도 못한다.

수준별 교육과정은 긍정적 효과보다는 역효과가 더 크다는 지적을 받는다. 수준별 교육과정은 하위수준의 학생들의 자아존중감에 부정적인 영향을 미치며, 이들 학생의 동기를 저하시켜 가르치는 것을 오히려 어렵게 만든다(Hallinan, 1994). 특히 수준별 교육과정은 학생집단을 사회경제적 배경에 따라 분리한다는 비판이 제기되고 있다.

하위수준의 학생들에게는 상대적으로 경험이 적거나 유능하지 못한 교사가 배정되고 적은 양의 교육자료들이 부여되는 경향이 있다. 많은 교사는 하위수준의 학생들에게 불친절하고 교육하기 힘든 대상으로 백안시할 뿐만 아니라 그들을 가르치는 것을 꺼린다(Cohen, 1994).

학습부진아에 대한 교사들의 태도에 대한 국내의 연구결과를 보면 외국의 경우와 비슷하다. 학습부진아는 교사의 처음 수업계획에서부터 고려되지 못하고 수업과정에서는 아예 포기되며, 다른 학생들의 학습을 방해하지 못하도록 관리되는 대상이다. 학습부진 학생을 돕기 위한 보충수업은 학습부진아로 낙인을 찍는 결과를 가져온다(서근원, 2012).

그렇다면 일제식 수업을 하는 것보다는 수준별 교육과정을 운영하는 것이 학습부진아의 학습지도에 더 효과적이지 않는가 하는 주장이 제기될 수 있다. 이동성(2012: 215)은 이에 대해서 다음과 같은 점을 지적하고 있다.

> 연구자가 실제로 경험한 수준별 학습의 실상은 논리적 이상과는 다소 달랐다. 극소수의 기초학습부진 학생들은 학생 수준이 비슷한 동질집단이 아니라, 이질적인 집단이었기 때문이다. 나는 기초학습부진 학생들을 가르치기 위해서 그들을 다시 여러 집단(상, 중, 하)으로 분류해야만 했다. 결국 기초학습부진 학생들을 일반학급에서 분리하여 수준별로 가르치는 현행 교수방식이 가장 효율적이라고 주장하기 힘들다.

수준별 교육과정을 운영함으로써 하위수준집단의 학생들에게 교사들이 더 많은 관심을 갖고 적극적으로 지도하리라고 기대하기 어렵다. 교사들은 기초학습부진 학생들을 책임지고 지도하는 것을 회피하려는 경향이 있기 때문이다(이동성, 2012). 이동성(2012)이 적절히 지적한 바와 같이, 이는 무엇보다 외부의 책무성 요구에 대한 교사들의 '방어적인 교수문화'에서 비롯된다. 다시 말해서, 교사들이 기초학습부진 학생 지도를 회피하려는 이유는 기초학습부진 학생 구제에 실패할 경우, 그 책임이 지도교사에게만 전가될 것이라는 우려가 크기 때문이다.[7] 사실, 일제식 수업이든 수준별 학습이든 기초학습부진 학생에게는 크게 달라 보일 것이 없다. 다만, 수준별 교육과정에 따라 학습이 이루어지는 경우는 기초학습부진 학생들은 '부진아'로 공식적으로 낙인찍히고, 차별적 사회화를 당할 가능성이 높아진다는 점에서 일제식 수업과 다르다고 할 수 있다.

최근의 국내의 질적 연구(최윤진, 2016: 145-182) 역시 수준별 수업의 타당성에 대해서 의문을 제기하고 있다. 연구에 따르면, 우리나라 수준별 수업은 '성적중심 분반제도'이며, 성적수준에 따른 교사들의 학생에 대한 차별적 기대 형성, 수준별로 차별화된 교수-학습과정, 수준별 수업과 수준과 상관없는 평가 간의 모순 등에 따

---

7) 국가수준학업성취도평가가 교사의 책무성을 제고할 수 있다는 주장을 하는 사람들은 이런 점에 유의할 필요가 있다. 책무성 요구는 단기 실적주의를 조장하며, 내실 있는 교육을 외면하게 만들 수 있다.

른 낙인과 차별의 정당화로 수준별 수업의 표면(表面)과 내면(內面)을 이해할 수 있다고 밝히고 있다. 특히 이 연구에서 기술된 4년간 수학과목의 수준별 수업을 운영했던 중학교 교사의 사례는 시사하는 바가 크다. 그 교사는 수준별 수업을 위해 두 반을 세 반으로 나누기도 하고, 세 반을 네 반으로 나누기도 했으며, 두 반을 합해서 하위 10%에 해당하는 학생들만 모아서 보충반을 만들기도 하였다. 이렇게 수준별 수업을 여러 가지 방식으로 시행한 이후 그 교사의 결론은 다음과 같았다.

> 정말 아이들 입장에서 나눈 것이 아니라 그게 성적을 위주로 나눈 거잖아요. 무슨 학원이에요? 레벨테스트 해서 나누는…… 그런 교육이 공교육에서 이루어지는 것이 정말 우리가 한번 생각해 봐야 될 문제라는 생각이 저는 진짜 많이 들더라고요. ……(중략)…… 저는 '수업개선'이 가장 우선이라는 생각이 들어요…… 저희 학교는 이번 학기부터는 성적으로 반을 나누지 않고 2학년하고 1학년은 그냥 (학생 수) 인원 감축형으로 해 볼까 해요. 다른 선생님들도 일단 학생 수가 줄어드는 것에 대해서는 모두 좋아하셨어요. (중략) 제가 맡은 반은 아이들 동의를 얻어서 멘토멘티제도를 해 볼까 해요. 수업 시간에 했던 거를 멘티가 이해하지 못한 부분은 멘토인 다른 친구의 목소리로 듣게 하는 것도 좋은 방법 아닐까 생각하고……. (최윤진, 2016: 31에서 재인용)

이 질적 연구에서 밝혀진 중요한 점은, 학생들에게 수준별 수업이란 '성적경쟁에 의한 분반제도'라고 인식되고 있다는 점이며, 학생들이 당연하게 적응해야 하는 현실 조건으로 받아들여지고 있다는 것이다. 수준별 수업에 적응하는 과정에서 학생들은 경쟁을 통한 우월의식과 열등의식을 가지게 되며, 경쟁에서 이기기 위한 전략은 배려와 협력이 아닌 분리와 배제라는 것이다.

오크스(Oakes, 1994)는 수준별 교육과정이 수준별 집단에 따라 차별적 사회화를 조장할 가능성이 있음을 지적한 바 있다. 오크스의 연구결과에 의하면, 교사들은 상위수준의 학생들에게는 미래의 지도자에게 필요한 논리적이고 비판적인 사고력을 강조하는 대신, 하위수준의 학생들에게는 미래의 하급자들에게 필요한 작업 습관, 권위의 존중, 작업 관련 기술 등을 강조하는 것으로 드러났다. 이에 관련하여 상위수준의 학생들은 하위수준의 학생들보다 자아개념이 높고 보다 긍정적인 미래상을 가진 것으로 나타났다. 한편, 와킨스와 켐프(Watkins & Kemp, 1996)는 수준별 교육과정에 따른 자아존중에 관한 연구를 메타분석한 결과, 상위수준에 속한 학생들 중 상당수가 자아존중감이 낮은 것으로 드러났다.

수준별 교육과정의 시행 상에서 나타나는 부정적 결과에 대해 학자들 간에 의견이 엇갈린다. 예를 들어, 핼리넌(Hallinan, 1994)은 그러한 부정적인 결과는 수준별 교육과정이 전혀 의도하지 않았던 결과이며, 이는 학교현장에서 수준별 교육과정을 원리적으로 적용하지 못한 탓이라고 주장한다. 따라서 수준별 교육과정의 문제점을 보완함으로써 수준별 교육과정을 더욱 정착시켜야 한다고 주장한다. 이러한 핼리넌의 주장에 대해 비판적인 오크스(Oakes, 1994)는 수준별 교육과정은 그 사회의 문화적·정치적 맥락 속에서 이해해야 한다고 주장한다. 말하자면, 수준별 교육과정은 그 사회 특유의 문화적·정치적 맥락 속에서 작동하도록 되어 있고, 그에 따라 매우 부정적인 결과가 나올 수밖에 없다는 것이다. 만약 수준별 교육과정을 없애려는 개혁이 시도된다면, 지역의 정치적 저항(정치적으로 힘이 있는 집단의 저항)에 부딪치게 된다. 이러한 저항은 위계적인 사회 속에서 문화적 지배와 불평등과 연관되어 있다.

미국에는 수준별 교육과정이 사회적 불평등을 효과적으로 재생산하고 강화하는 결과를 가져온다는 비판이 많은데, 왜 우리 정부에서는 수준별 교육과정을 미래 세대교육을 위한 이상적 대안인 것처럼 학교현장에 강요하고 있는지 이해하기 어렵다. 더군다나 한국교육개발원과 공동으로 수행한 연구(신상수 외, 1993)와 교육부 지정 연구학교의 운영 사례에 대한 연구(이화진 외, 2000) 역시 수준별 교육과정의 효과를 확증해 주지 못했는데 말이다. 최근의 한국교육종단연구가 밝혀 주는 바도 마찬가지이다. 각 중학교에서 시행하고 있는 다양한 형태의 수준별 수업방식은 학생들의 영어와 수학 과목 성취도 점수와 관련이 거의 없는 것으로 나타났다(양정호, 2005). 특기할 만한 결과는 수학과목의 경우 오히려 수준별 이동수업이 학급 내 동질/이질 또는 아예 특별한 편성을 하지 않는 경우보다 성적이 더 낮게 나왔다는 점이다.

정부가 수준별 교육과정을 도입할 때 제대로 고려하지 못했던 것은, 수준별 교육과정이 시행되는 한국 사회의 맥락, 즉 치열한 입시경쟁과 사교육의 부익부빈익빈 현실이다. 수준별 교육과정이 본래의 취지와 상관없이 입시경쟁의 맥락에서 어떻게 작용하며, 어떤 파급효과를 가져올 것인지를 예상하려 하지 않았다. 현 입시경쟁 체제에서 상위계층의 학부모들은 자신들이 갖고 있는 경제자본과 문화자본을 활용하여 교육지원을 아끼지 않고 있으며, 자신들의 아이들이 다른 아이들보다 앞서기를 바라는 욕심으로 '선행학습'을 받도록 하고 있는데 수준별 교육과정이 확대 실시될 때 어떤 일이 일어날까?

여기서 한 가지만 언급하자면, 사교육을 포함한 부모의 학습지원이 계급집단 간의 학력 격차에 크게 영향을 주고 있음을 감안할 때, 수준별 교육과정은 우열경쟁을 더욱 가열시켜 집단 간의 학력격차를 더 벌어지게 하는 결과를 가져올 수 있다는 사실이다. 다시 말해서, 한국 사회의 맥락에서 수준별 교육과정은 사교육을 통해 생겨난 학력의 격차를 수준별 교육을 통해 더 벌어지게 할 것이며, 또 수준별 교육을 통해 벌어진 격차를 사교육을 통해 더 확대하는 순환회로를 만들어 낼 가능성이 크다는 것이다. 따라서 수준별 교육과정은 우열경쟁을 가열시키고, 출신계급에 따라 학력 차를 심화시키는 불평등한 교육과정이 될 소지가 잠재되어 있다고 할 수 있다(김천기, 2001).[8]

---

8) 수준별 교육과정이 대안이 될 수 없다면, 무엇이 대안이 될 수 있는가? 최근 혁신학교의 '배움공동체'를 실현하기 위한 협동학습이 하나의 대안이 될 수 있다고 생각된다. 배움공동체는 신자유주의에 의해 지배되고 있는 기존의 학교를 공동체적 학교로 전환하는 것이다. 기존의 학교가 경쟁중심적 교육을 하고 있다면, 배움공동체에서는 협력적 학습을 중요하게 여긴다. 일본의 많은 학교에서는 배움공동체를 도입하여 학업 성취도가 향상되는 등 가시적인 성과를 나타낸 것으로 평가되고 있다(한대동 외, 2009).

토론주제

교육과정의 변경

교육부의 행정예고안(2025학년도부터 적용되는 중고교 역사교과서)에 따르면, 당초 교과서 역사과 개발 연구진이 고교 한국사 '대한민국 정부 수립 과정'에서 "대한민국 정부 수립 과정을 탐색한다"고 표현했던 것을 교육부가 "자유민주주의에 기초한 대한민국 정부 수립 과정을 탐색한다"고 바꾸었다. 또한 교과서 연구진이 처음 내놓은 시안에 포함된 '성평등' '성소수자'란 용어가 빠졌다. 대신 '성차별의 윤리적 문제를 이해한다' 등의 표현으로 대체되었다. '노동자'라는 표현은 '근로자'로 바뀌었으며, 기업의 자유로운 경제 활동에 대한 기술이 추가됐다. 이번 행정예고안을 두고 교육계 반응은 엇갈렸다(출처: 동아일보, 2022. 11. 10. "중고교 교과서에 다시 '자유'민주주의 들어간다").

'2022 역사과 교육과정 개발 연구진 일동'은 9일 성명을 내고 "교육부는 연구진과 협의 없이 일방적으로 수정한 행정예고안을 철회하라"고 촉구했다. 이들은 "교육부는 '자유민주주의'와 '자유민주적 기본질서'를 명기하는 데 집착함으로써, 민주주의와 관련된 다양한 보편적 가치를 담고자 한 연구진의 의도를 왜곡했다"며 "동시에 민주주의가 내포하는 다양성과 포용적 가치를 좁히는 결과를 낳았다"고 비판했다. 또 "이는 연구진의 자율성과 전문성을 전제로 교육부 담당자와의 협의를 통해 교육과정을 개발해 온 과정을 일거에 무시한 행태"라며 비판하였다(출처: 한겨레, 2022. 11. 10. "개정 한국사에 '자유민주주의' 명기…연구진, 철회 요구").

교육부가 고시한 2022년 개정 사회과 교육과정 초중고교 사회 · 역사 · 통합사회 · 한국사 · 동아시아사 교육과정에서는 '5 · 18 민주화 운동'이 한 차례도 나오지 않는다. 5 · 18 민주화 운동은 2004년 제7차 사회과 교육과정에 '내용 요소'로 처음 포함됐고, 2015년 개정 사회과 교육과정에는 '성취기준'에 포함이 됐다. 2015년 박근혜 정부 시절 마련한 교육과정에서도 5 · 18 민주화 운동은 4 · 19 혁명, 6월 민주항쟁과 함께 총 7회 기술됐다(출처: 연합뉴스, 2023. 1. 4. "민주주의 역사 퇴색"…개정 교육과정 5 · 18 삭제에 반발 '확산').

• 교육과정의 역사는 선택과 배제의 역사라는 교육과정사회학의 관점에 따르면, 교육부는 교육과정 변경 과정에서 무엇을 선택하고, 무엇을 배제하였는가?

• 이 과정에서 누구의 신념과 견해가 반영되었는가?(역사교과서에서 '성평등' '성소수' 용어를 빼고 '노동자'를 '근로자'로, '민주주의'를 '자유민주주의'로 바꿔서 표현해야 하는 이유는 무엇일까? 현 정부를 지지했던 MZ세대의 양성평등에 대한 반감, 차별금지법에 대한 보수기독교계의 반발, 투쟁적인 노동자의 노동운동에 대한 현 정부의 부정적 인식 등의 맥락에서 생각해 볼 수 있다.)

• 무엇을 어떻게 가르칠 것인가를 교육전문가인 교사의 자율성에 맡길 수 없다고 생각하는가?

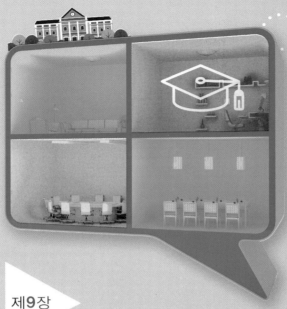

제9장

국가, 시민사회와 교육통제

이성이 다소라도 진보하는 것은 보편화를 따르면 이익이 있기 때문이라는 점이며, 보편적으로 특히 예술 장, 과학 장 등과 같이 일부 세계들에서는 사심 있는 것보다 사심 없는 것처럼 보이고, 이기주의적인 것보다 너그럽고 이타적으로 보이는 것이 낫다는 점이다.

따라서 미덕이 가능한지의 문제는 사람들이 보편을 추구함으로써 이익이 있는 세계들이 창조될 수 있는지의 문제로 대체될 수 있다. 마키아벨리(Machiavelli)의 말에 따르면, 공화국은 시민들이 미덕을 추구함으로써 이익을 얻는 세계이다.

―피에르 부르디외(P. Bourdieu),

『실천이성(Raisons Pratiques)』―

'**학**교교육이 어떻게 이루어져야 하는가를 누가 결정하는가?' '민주국가에서 학교교육은 누가 통제해야 하는가?' 이러한 문제는 학부모와 교사, 시민에게 매우 중요한데도 교육사회학 분야에서는 별로 관심 있게 다루지를 못했다. 앞으로 교육사회학에서 이에 대한 연구가 활발히 이루어져야 할 것이다(Parelius & Parelius, 1978).

누가 학교교육을 통제하는가? 이에 대한 의문에 해답을 주는 몇 가지 이론적 관점이 있다. 여기서는 다원론적 관점, 계급적 관점, 사회갈등론적 관점을 검토해 보기로 한다. 이 관점들의 논의 중심은 국가의 성격에 관한 것이다.

그리고 민주국가에서 교육의 주체와 관련하여 국가와 시민사회의 관계를 고찰해 본다. 특히 우리나라의 국가주의 교육체제의 문제점을 고찰하고 시민사회의 참여에 대해서 논의해 보고자 한다.

1. 국가이론

현대 공교육체제에서 학교교육은 국가의 통제를 받고 있기 때문에 국가의 성격에 대해 먼저 알아야 한다. 국가를 보는 이론적 관점에는 다원주의적 관점, 계급적 관점, 구조주의적 관점 등이 있다.

1) 다원주의적 관점

다원주의적 관점에서 정치체계나 정부는 사회 속의 개인이나 다원적 이익집단의 상호작용을 중립적 위치에서 조정하거나 그 결과를 정책결정에 반영하는 피동적 역할 기구에 불과하다. 돈과 권력은 일차적으로 서로 나누어져 있으며, 사회 내의 한 지배적 경제계급이 정치권력 등 모든 사회적 가치를 독점하고 있지 않다(Carnoy & Levin, 1985).

시장에서 유사한 이해관계를 공유하는 사람들은 집단이나 조직을 결성함으로써 개별적 차원에서 가능하지 않은 이익을 추구하고자 한다. 물론 이런 이익집단이 계급노선을 따라 조직화되는 것은 결코 아니다. 다원주의 사회에서는 무수한 세력이 다양한 이해관계와 노선에 따라 조직화된다. 여기에는 경제적 요인도 있고 비경제 적 요인도 중요하게 작용한다. 이렇게 조직화된 집단들은 상호 자유경쟁하면서 자 신의 이익을 정치과정에 반영하고자 한다. 다원주의의 정치는 이들 개인이나 조직 화된 집단들이 상호견제와 균형 속에서 서로 경쟁하는 한편, 협상하고 갈등하면서 합의를 이루어 가는 과정으로 설명된다.

다원주의적 관점에서 보자면, 다양한 집단 사이의 견제와 균형이 이루어진 사회 에서 국가는 어느 한 집단의 파당적 이익을 도모할 수 없다. 더욱이 국가는 강력한 어느 한 계급의 지배를 위한 도구가 될 수 없다.

그러나 다원주의 정치이론가 중에는 정치과정이나 국가기구가 어느 한 이익집단 이나 사회세력에 편향될 수 있음을 인정하는 학자들도 있다. 린드블롬(C. Lindblom) 과 달(R. Dahl)이 그 대표적인 학자들이다. 린드블롬은 오늘날 거대하고 엄청난 규 모의 물적 인적 자원을 향유하고 있는 기업이 국가의 공공정책에 훨씬 큰 영향을 줄 수 있음을 우려하였다. 기업은 정치과정이 발생하고 어떤 결정이 내려지는 데 전체 적인 틀을 제공해 주는 맥락이 된다. 따라서 기업들을 시민 개개인과 동등하게 취급 하는 것은 정치의 참여과정에서 근본적인 불평등을 초래하는 결과를 낳을 수 있다 (김승현 외, 1994).

2) 계급적 관점

국가에 대한 계급적 시각은 마르크스적 관점으로서 자본주의 국가의 기능은 지 배계급을 위한 도구적 기능이라고 본다. 이러한 시각은 마르크스의 사적 유물론에 입각한 것으로, 법적 · 정치적 상부구조로서 국가는 사회경제적 하부구조를 반영하 는 부수적 현상이다. 국가의 형태나 성격은 그 나라의 물적 토대인 사회경제적 구조 의 성격에 따라 차이가 있을 수 있다. 그러나 마르크스는 작은 편차는 있을 수 있지 만 자본주의 국가기능은 한결같이 지배계급을 위한 도구일 뿐이라고 주장한다(김승 현 외, 1994).

그러면 국가는 어떻게 지배계급의 도구로 기여하는가? 첫째, 국가체제의 인적 요 소는 같은 계급에 속해 있거나, 아니면 사회의 비슷한 비중을 가지고 있는 계급들에게 속해 있다. 물론 그렇다고 국가관료들이 필연적으로 지배계급의 특정한 이익에 기여하는 것은 아니다. 오히려 국가관료들은 지배계급의 가치관, 개념, 사회의 비전을 공유하고 있다고 보아야 한다. 그렇기 때문에 국가관료들은 지배계급의 압력을 받지 않고서도 지배계급의 이익에 기여할 수 있는 것이다. 둘째, 지배계급은 경제적 자원 등을 소유하고 통제함으로써 국가에 대한 권력을 행사한다. 특히 '투자 기피 파업' 등을 함으로써 국가에 경제적 위기를 불러일으킬 수 있다. 셋째, 국가의 행동은 자본가의 압력에 따라 좌우되는 것이 아니며, 생산양식의 성격과 요구에 따라 결정되는 것이다. 자본주의 경제는 국가가 따를 수밖에 없는 자체의 합리성을 가지고 있다(Carnoy & Levin, 1985).

국가의 도구성을 강조하는 신마르크스주의자로는 밀리반드(R. Miliband)를 들 수 있다(Held, 1996). 밀리반드는 국가가 사회의 여러 이해 간의 중립적 조정자라는 다원주의적 시각에 반대하면서, 국가가 '지배계급의 이해를 대표하여 활동하는 사회 지배의 수단'으로 존재한다고 주장한다. 그러나 국가란 정치적 효과를 위해 자신을 지배계급의 분파들로부터 분리시킬 수 있어야 한다. 심지어 정부의 정책은 자본가 계급의 단기적 이익에 반대되는 결정을 내릴 수도 있다고 보았다.

3) 구조주의적 관점

구조주의적 관점은 국가의 자율성을 강조하는 시각으로서 풀란차스(N. Poulantzas)가 대변하였다. 풀란차스는 도구주의적 국가관을 비판하면서 국가는 계급지배의 도구가 아니라 갈등과 분파를 지닌 영역, 즉 '계급적 세력들의 응집체'라고 주장한다. 국가가 지닐 수 있는 자율성의 정도는 계급 간 그리고 계급 분파들 간의 관계와 사회적 투쟁의 강도에 달려 있다.

풀란차스는 국가관료제 자체가 정치권력을 갖고 있는 것이 아니기 때문에 국가 자율성은 완전할 수 없음을 강조한다. 실제로 관료적 권력은 각 계급들에 속해 있는 정치권력을 드러내는 국가의 기능 행사일 뿐이다. 장기적인 관점에서 볼 때 국가는 구조적으로 자본축적에 이바지함으로써 자본가계급의 이익에 기여한다(Held, 1996).

오페(Offe)는 국가의 자율성을 더욱 강조하는데, 국가가 자본축적의 과정에 내재되어 있는 계급투쟁을 '독립적으로' 중개하는 역할을 할 수 있는 만큼 국가는 자율적이다. 국가는 모순적인 과업에 직면해 있다. 국가는 한편으로는 자본의 축적과정을 유지해야 하고, 다른 한편으로는 계급 간의 공정한 중재자로서의 권력을 정당화시키는 신념을 유지해야만 하는 것이다. 국가는 자본계급과 노동계급 간의 '제3의 세력'으로서 자본계급과 노동계급이 충분하게 조직화되지 않은 상태에서는 그만큼 정책결정에서 독립적인 결정권을 가질 수가 있다.

카노이와 레빈(Carnoy & Levin, 1985)은 국가란 제3의 세력일 뿐만 아니라 지배계급과 피지배계급 간의 갈등의 장이라고 주장한다. 이들에 따르면, 국가는 자본주의적 계급관계를 재생산하려고 시도하는 자본가계급과 경제적 힘과 사회정치적 권리를 확대하려는 사회운동세력 간의 투쟁과 갈등에 직면한다.

2. 국가와 교육통제

다음에는 국가에 대한 관점에 따라 국가의 교육통제를 어떻게 이해하고 설명하는가를 살펴보자.

1) 다원적 이익집단과 교육통제

미국의 국가조직 형태는 지방분권적이고 다원주의적인 형태이다. 지방분권적이기 때문에 연방정부가 교육에 대한 책임과 권한을 가지지 않고 주정부가 권한을 갖는다. 그러나 지역의 교육위원회(local school board)도 상당한 권한을 가지고 학교를 통제하고 있다(Spring, 1988).

물론 학교교육에 대한 통제를 주정부나 교육위원회만 하는 것은 아니다. 다양한 이익집단이 행사하고 있다. 정부는 사회의 다양한 이익집단들을 중립적 입장에서 타협시켜 어떤 공통의 이익을 교육에 대변하는 역할을 할 뿐이다. 물론 이익집단 간에 갈등이 생겨날 수도 있다. 그렇지만 그것은 계급갈등이 아니며 사회체제에 근본적인 불안정을 초래하는 것도 아니다. 이들 집단의 이해관계는 협상과 타협을 통해 조정된다. 여기서 '교육정치학(politics of education)'의 중요성이 커진다.

교육정치학이란 교육체제에 대한 권한과 통제력을 획득하려는 투쟁을 의미한다 (Spring, 1988). 다양한 이익집단은 자신의 이익과 이상에 부합되도록 교육체제를 만들려고 하는데, 여기서 집단 간의 갈등이 파생된다. 갈등은 외적 갈등과 내적 갈등으로 나눌 수 있는데, 외적 갈등은 교육행정구조 밖에서 교육기회, 교육재정, 교육과정의 이슈를 두고 벌어지는 개인과 집단, 예컨대 정치인, 사적이익집단, 공익집단 간의 갈등을 말한다. 그리고 내적 갈등은 교육행정구조 내에서 학교, 행정가, 학부모, 지식산업체 등이 권력과 돈을 놓고 벌어지는 갈등을 말한다.

스프링(Spring, 1988)은 교육 영역에서의 정치적 행위자로, ① 정부 차원의 행위자(정치인, 교육위원회, 법원 등), ② 특수이익집단(교원노조, 박애재단, 기업, 학부모 단체 등), ③ 지식생산산업(연구자, 각종 심리검사 개발업체, 출판사)을 든다.

한준상(1992)은 우리나라 교육계의 이익집단을 크게 네 집단, 즉 ① 교육정책 관계집단, ② 특수이해집단, ③ 지식생산집단, ④ 법률집행집단으로 구분하고, 이들이 교육정책을 좌우했다고 본다. 한준상은 구체적인 분석을 시도하고 있으나 실제 교육정책과 관련하여 어떻게 이해관계가 충돌하는가를 밝혀 주지는 못하고 있다.

우리나라의 경우 교육행정구조 내에서 일어난 갈등의 예로 교육관료들과 전교조 교사들 간에 일어났던 갈등과 반목을 들 수 있다. 이 갈등은 교육이념과 권익을 둘러싼 교육 보수세력과 혁신세력 간의 갈등이라 할 수 있다. 전교조는 교육에 대한 국가권력의 독점과 교육관료의 권위주의 병폐를 문제 삼았고, 교육관료들은 이를 기존의 위계질서와 권한에 대한 침해로 간주하여 전교조를 극구 반대하였다. 그리고 한편으로 법원은 교육계의 갈등과 관련하여 상당한 영향을 미칠 수 있었다. 예를 들어, 법원은 전교조 가입 교사에 대한 검찰의 사법처리와 행정부의 해임을 원인 무효화하기도 하였다(한준상, 1992).

한준상보다는 정범모의 입시교육의 정치학이 우리나라 교육정치학을 이해하는 데 더 유용할 것 같다. 정범모(1993)는 여러 이해집단의 파워플레이가 한국교육을 입시 위주 교육으로 몰아 왔다고 여겼다. 예를 들어, 고등학교의 '자율보충학습'은 왜 없어지지 않는가? 이해 관련 집단의 반대에 부딪히기 때문이다. 정범모는 입시 이해관계집단으로 먼저 입시학원을 든다. 입시학원은 어마어마한 입시산업을 이루고 있으며, 거대한 교육세력을 형성하고 있다. 따라서 상당한 공론세력, 정치세력이 되어 있다. 둘째로는 각종 참고서 등을 만들어 내는 입시관계출판산업이 있다. 입시출판의 양, 그것에 관련된 엄청난 이권과 인력 등을 고려하면 입시산업 역시 거대한 이해집단을 형성하고 있음을 알 수 있다. 셋째로는 '과외교사' 집단이 있다. 넷째로는 일부 학교교사, 대학교수, 학부모의 세력을 들 수 있다. 일부 교사에게는 입시의 공포가 아이들을 매어 둘 수 있는 가장 쉬운 통제와 훈육방법이며, 때로는 부수입의 원천이 되고 있다. 교수들은 참고서 산업과 집필자, 감수자로 관련되어 있다. 또 일부 중상위계층의 학부모들은 자녀의 성공과 출세를 보장해 줄 수 있는 입시교육을 선호한다. 그리고 언론도 강력한 세력이다. 언론은 한편으로는 입시지옥을 해결하라고 외치면서도 다른 한편으로는 그것을 부채질하는 이중적인 모습을 하고 있다. 이 외에도 많겠지만, 입시교육과 관련해서는 일류학교 동창회의 영향력도 빼놓을 수가 없다.

2) 계급지배와 교육통제

계급적 시각에서는 학교교육을 통제하는 것이 지배계급이라고 본다. 알튀세르(Althusser, 1971)에 따르면, 유럽사회에서는 시민혁명 이후 교회가 수행하였던 국가 이데올로기 기구 역할을 학교체제가 대신하게 되었다. 즉, 지배집단의 이해관계에 기초하고 있는 이데올로기를 학생들에게 주입시키는 역할을 학교가 맡은 것이다. 학교는 국가 이데올로기 기구의 한 부분으로 기능하면서 실질적으로는 지배계급의 통제를 받는다.

이 관점에서 볼 때 다원주의에서 주장하는 이익집단들은 서로 동등한 영향력을 가지는 것이 아니며, 자본계급이 가장 막강한 영향력을 행사한다. 이익집단들이 영향을 미친다고 해도 지엽적인 것에 그친다.

계급적 관점에서 이루어진 연구는 아니지만, 계급적 관점의 주장에 어느 정도 신빙성을 더해 주는 연구들이 있다. 이 연구들에 따르면, 권력과 정치가 교육을 지배해 왔으며, 일반적으로 그러한 권력은 중상류층이 행사하여 왔고, 그들의 결정은 자신들의 이익을 보장해 왔다는 사실을 밝혀 주고 있다. 즉, 미국의 공교육은 중상류층 중심의 사람으로 구성되는 교육위원회가 통제하고, 이들의 결정은 중상류층에 혜택을 주는 반면, 하위계층과 소수집단에게 불이익을 주는 방향으로 이루어져 왔다(Rutz, 1994).

미국의 수정주의적 교육역사학자들은 도시학교 통제구조의 형성과정과 그 결과에 대한 연구를 통해 기존의 다원주의적 해석을 부정하였다(Karier, Violas, & Spring, 1975; Tyack, 1974). 미국에서 현재와 같은 학교 통제구조는 1890~1920년대 진보주의적 개혁 기간 동안에 형성되었다. 이때 진보주의자들은 도시지역의 학교교육 통제구조를 '효율성'의 기치하에 다음과 같이 변화시켰다. 그 변화로는, ① 구 단위의 선거를 시 전체의 선거로 대치, ② 학교의 통제를 위한 관료체제 확립, ③ 교육위원의 임명직 확대, ④ 교육위원회직에 대한 정당 경쟁 금지 등이다. 이는 학교교육에 대한 엘리트 집단의 통제를 강화하기 위한 것이었다. 그 결과, 가난한 계층의 사람들, 소수민족의 사람들은 학교교육에 대한 영향력이 급격히 감소되었다. 예를 들어, 피츠버그주의 경우 1911년에 뽑힌 15명의 교육위원 가운데 10명 비즈니스맨, 1명은 상류층 의사, 3명은 상류층 여성이었다(Tyack, 1974). 엘리트 집단은 사회의 지배집단으로 자신의 이익을 전체 사회의 이익으로 동일시하고 자신을 사회의 대변인으로 간주하는 경향이 있다.

진보주의자들은 교육위원회의 통제를 엘리트가 독점하도록 하는 한편, 행정조직의 통제는 전문적인 관료가 하도록 만들었다. 이들 전문적 관료는 사회집단의 이해관계에서 초연한 것으로 간주되었다. 관료적인 학교운영과 통제방식은 기업을 모델로 한 것으로 학교행정에서 비효율적인 집단 간의 갈등을 없애고, 교육과 정치를 분리시켜야 한다는 명분이었다.

계급적 시각에서 볼 때 교육자치기구인 교육위원회도 계급편향적인 기구에 불과하다. 자본주의적 경제성장과 더불어 비즈니스 세력이 커지게 되었고, 이에 따라 비즈니스 세력은 교육까지 자신들의 손아귀에 넣고 통제할 수 있었다는 것이다.

3) 국가의 자율성과 교육통제

사회갈등의 장으로서 국가론적 관점에서는 교육에 대한 변증법적 분석을 제시한다. 이 관점에서는 교육정책에 사회운동과 이익집단이 극히 중요한 영향력을 행사한다고 본다. 국가는 교육을 단지 자본의 이익에 부응하는 것이 아니라 사회운동과 이익집단의 요구에도 부응하도록 해야 한다(Carnoy & Levin, 1985).

이 관점에서는 교육에 대한 통제는 크게 이 두 세력이 수행한다. 사회운동 세력은 교육기회의 확대, 사회이동의 촉진, 평등, 민주적 참여 등을 요구하는 반면에, 자본 세력은 효율적인 생산과 자본축적에 적합한 인력을 양성해 줄 것을 요구한다. 이 큰 틀 속에서 이익집단의 정치를 이해해야 한다.

예를 들어, 소수민족 집단과 저소득층 집단, 중류층과 중상류층, 다양한 종교집단 과 정치집단, 교사, 교육전문가 등은 각기 자신의 이해가 다르다. 그럼에도 불구하 고 중요한 것은 효율적인 노동자 양성과 보다 민주적인 평등한 교육과정을 요구하 는 상반된 압력의 구도에서 교육의 방향이 결정된다는 사실이다. 복지국가의 경우 민주적이고 평등한 교육을 실현하도록 하는 사회운동 세력의 압력이 자본 세력의 요구보다 강하다고 해야 할 것이다. 실제 복지국가는 불우한 계층이나 소수집단의 교육기회를 보장하고, 사회이동을 촉진하고자 하였다. 이를 위해 미국에서는 교육 에 대한 통제가 중앙집권적인 관료적 통제로 강화되는 경향이 있었다.

3. 관료적 통제에서 교육거버넌스로

1) 교육거버넌스

최근에는 중앙집권적인 관료적 통제 중심에서 탈피하여 시민사회와의 협치중심 의 지배구조인 교육거버넌스로 전환되는 추세이다. 교육거버넌스는 교육활동이 전 개되는 다양한 장면에 누가 참여하여 의사결정을 내리고 교육기관을 통제하는가에 대한 것이다(Cooper et al., 2004). 교육거버넌스의 과정은 중앙정부와 지방정부 그리 고 단위학교 수준에서 수많은 참여자 간의 관계망 속에서 통치와 권력 작용의 형태 로 전개된다. 교육거버넌스 개념에 따른다면, 지방교육 차원의 거버넌스는 "지방교 육의 지배구조와 절차의 운영과정에서 종래 지방교육행정의 주체의 위계적 독점을 탈피하여 시장과 시민사회의 참여와 공유를 바탕으로 조정과 협력을 통해 통치해 나가는 것"이라고 말할 수 있다(신현석, 2010).

거버넌스 개념은 국가중심의 통치능력이 약화되고, 시민의 통치 요구가 높아지 는 상황에서 새롭게 나타난 개념이다(Kooiman, 1993). 사회가 다원화되고, 정치 · 경제 · 사회 분야에서 탈산업화와 탈근대화 현상이 나타나면서 근대적 국가중심의 통치는 한계가 있다. 이에 따라 상호 조정(coordination)과 네트워크(networking) 그리고 상호 협력(collaboration) 중심의 새로운 국가운영방식이 요구되면서 나타난 개념이 거버넌스이다(신현석, 2010).

특히 교육 영역에서 거버넌스가 요구되는 이유는 다음과 같다(은재호 외, 2009; 조영석, 2003). 첫째, 교육정책의 성공을 위해서는 다양한 이해당사자와 시민사회의 정책 참여와 협력이 불가피하다. 둘째, 교육정책 결정과 집행 과정에 시민들이 참여하게 되면 시민들의 다양한 견해가 반영될 수 있고 정책의 정당성과 효과성이 높아질 수 있다. 셋째, 다양한 교육관련집단이 정책과정에 참여하도록 함으로써 그들 간의 이해관계를 조절하고 합의와 협력을 도출하여 보다 나은 공공서비스를 제공할 수 있다. 넷째, 시민사회가 정책의 의사결정에 참여하게 되면 참여와 협력에 따른 교육정책의 책무성을 높일 수 있고 시민사회의 요구에 대한 정부의 대응력을 높일 수 있다.

국가의 통치의 중심이 시민사회 쪽으로 얼마나 이동했느냐에 따라 거버넌스의 유형과 성격이 달라진다(신현석, 2010). 예를 들어, ① 사회행위자들이 국가정책에 영향을 미치기 위해 다양한 형태로 경쟁하지만 최종 선택의 정책권한은 국가가 가지는 유형, ② 국가는 사회행위자 파트너들과의 관계에서 실질적 권한을 가지지만 국가와 사회 간 상호작용이 강조되는 '참여적 거버넌스' 유형, ③ 국정운영에 있어 사회적 네트워크의 역할에 크게 의존하며 국가운영과정에 있어 협치가 이루어지는 '협력적 거버넌스 유형', ④ 사회적 행위자들이 자기조정 네트워크를 통해 스스로 거버넌스를 조정하는 유형 등이다.

참여적 거버넌스는 다원주의 사회에서 이기적인 다양한 이해집단의 참여를 민주적으로 보장하여 의견을 청취하는 자유주의적 관점의 시민사회론에 근거하고 있다면, 협력적 거버넌스는 이해집단을 공동체로 간주하며 개인적 이익보다는 공동의 협력과 책임의식을 더 중시한다는 점에서 공동체주의적 시민사회론에 가깝다고 볼 수 있다(은재호, 이광희, 2009).

시장과 시민사회의 참여와 협력을 추구하는 교육거버넌스는 참여적 거버넌스 단계를 넘어서서 협력적 거버넌스의 형태로 발전하고 있다(신현석, 2011). 신혁석(2011)에 따르면, 참여적 거버넌스는 지역교육의 이슈나 문제를 둘러싼 현상 또는 상황의 인식, 결과 파악에만 한정하는 거버넌스이지만, 협력적 거버넌스는 시민사회가 교육공동체의 일원으로서 교육의 공공적 문제해결의 전 과정에 참여하여 서로 협력하고 문제를 해결해 나간다. 협력적 거버넌스는 정부와 민간의 상호존중의 원리와 파트너십에 기초하고 있고, 협력관리와 의사소통을 중시한다는 점에서 국가 중심에서 시민사회 중심으로 진일보한 형태의 거버넌스라는 평가를 받는다(Kooiman, 2003).

2) 학교운영위원회

단위 학교의 교육거버넌스 형태로 주목할 만한 기구가 학교운영위원회이다. 학교운영위원회는 1980년대, 1990년대 서구의 교육개혁뿐만 아니라 우리나라 교육개혁에서도 중요한 위치를 차지하였다.

학교운영위원회의 목적과 성격은 시대적으로 상당한 변화과정을 겪어 왔다. 학교운영위원회가 최초로 생긴 영국의 경우를 보면, 본래 교육의 주민자치(참여)의 성격을 띠었다. 1970년대, 1980년대 전반까지만 해도 운영위원회는 주민의 민주적 참여의 형태였고, 학교교육의 공적인 책무성을 묻는 수단이었다. 이때 운영위원회는 교사, 학부모, 학생, 교육청과 지역사회 대표 등이 참여하였는데, 이들은 공동체 이념을 지향하였다.

그러나 1986년, 1988년 교육법이 제정되면서 운영위원회의 성격이 수요자 중심적 성격으로 변화되었다. 운영위원도 기업체와 산업체의 대표들이 주축이 되었다. 그러면서 민주적으로 선출된 지방교육청의 권한은 약화되고 운영위원의 권한이 확대되었다. 1993년 교육법이 제정된 이후로는 교육의 공공성에 대한 일반시민의 관심에 호소하지 않고, 학교교육의 개별적 수요자의 사적 이익에 호소하는 방식으로 그 지향하는 이념이 강화되었다(Deem, 1994).

우리나라 운영위원회의 경우 양립하기 어려운 두 가지 다른 이념이 분명하게 정리되지 못하고 혼재되어 있다. 현재 이 점에 대한 비판적 성찰이 충분히 이루어지지 못하고 있다. 교육개혁위원회(1995)에 따르면, 학교운영위원회의 목적은 교육의 주민자치제의 정신을 구현하고, 단위학교의 자율성을 확대하여 학교교육의 효과를 극대화하려는 데 있다. 그리하여 운영위원회에는 교직원, 학부모, 지역인사 등이 참여하고, 이들이 주축이 되어 학교를 운영하는 '학교공동체'를 구축한다는 것이다.

이 수사적 표현만으로 볼 때는 공동체 이념과 공공성을 추구하는 것 같지만, 전체적으로 정부의 교육개혁이 수요자중심교육을 지향하고 있다는 점에서 운영위원회는 수요자 중심적 성격이 강하다. 운영위원회 설치의 기저에, "각급 학교는 자율을 바탕으로 양질의 교육서비스 창출을 위하여 경쟁하도록 유도한다."(교육개혁위원회, 1995: 27)라고 밝히고 있듯이 시장경쟁 논리가 이미 전제되어 있다.

학교운영위원회와 관련해서 우리가 유의해야 할 점은 운영위원회가 설치되었다고 해서 중앙정부의 통제가 사라지느냐 하는 것이다. 영국의 경우 오히려 권한이 더욱 중앙집중화되면서 국가의 교육개입이 더 확대되었다. 우리나라의 경우도 중앙집중적인 관료적 통제구조는 큰 변화가 없고, 다만 교육청에서 단위 학교에 부여하는 소규모의 권한 위임에 그치고 있다.

교육개혁위원회(1995)의 교육개혁안에 따르면, 본래 학교운영위원회는 심의, 의결, 자문의 기능을 갖도록 되어 있다. 심의사항에는 예산 및 결산, 선택교과 및 특별활동 프로그램의 선정, 학교규칙 제정 등이 들어 있다. 한편, 의결사항에는 교장추천위원회 또는 교사추천위원회 구성 운영, 학교발전기금의 조성 및 사용 결정, 지역사회 기부금 징수 및 관리 업무, 방과후 교육활동의 실시 여부와 비용 결정 및 징수 등이 포함되어 있었다.

그러나 교육부 시범 안[1]에서는 의결기능이 삭제되어 학교운영위원회는 심의기관으로 운영되고 있다. 이는 기득권 상실을 우려한 교육청과 학교장의 반발 결과라는 주장도 있다(이해성, 1995). 그리고 학교운영위원회에 심의권[2]이 주어졌다 해도 실질적인 심의가 제대로 이루어질지는 확실하지 않다. 미국의 경우를 보면, 의제를 설정하고 회합시간을 조정하고 정보를 제공하는 것은 교원들이기 때문에 이들이 의사결정의 과정과 결과까지도 통제하게 된다. 결국 안건의 심의과정에 학부모가 참여한다는 그 자체로 의미를 갖는 '들러리' 역할만 하게 되는 것이다. 이러한 현상

---

1) 학교운영위원회는 1995년 후반기 시범학교 운영을 시작으로 1996년에는 시 지역 이상의 국공립학교에서부터 실시되었으며 이후 읍면 지역의 학교로 확대되었다. 2000학년도부터 사립의 모든 초중고등학교에도 학교운영위원회 설치가 의무화되었다(전라북도교육청, 2022).

2) 심의권은 학교가 학교운영위원의 결정에 반드시 따라야 하는 의결권이 아니다. 학교운영위원회는 학교 운영에 관계하는 사람들의 의견을 조정, 통합, 견제하기 위해 사전적 논의 절차를 행하는 심의기구이다. 학교운영위원회의 결정은 학교가 반드시 따르지 않아도 된다(전라북도교육청, 2022).

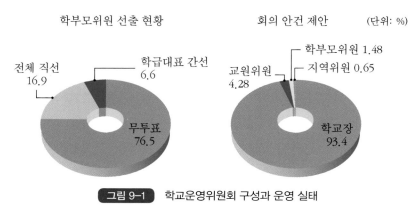

그림 9-1 학교운영위원회 구성과 운영 실태

출처: 한겨레신문(2006. 3. 15.). 학교운영위원회, 아직도 교장이 쥐락펴락.

이 한국의 학교운영위원회에서도 비슷하게 재현되고 있다(한겨레신문, 2006. 3. 16. [그림 9-1] 참고).[3]

또한 현재의 학교운영위원회에서는 학교운영에서 중요한 역할을 할 수 있는 학생의 참여가 보장되어 있지 않다.[4] 단위학교 중심 운영의 목적이 학생의 필요와 요구에 부응하는 것이라 한다면, 학생의 참여는 필수적이다(결정권을 주지는 못해도 발언권을 줄 수는 있을 것이다). 물론 학생들은 전문적 판단이 요구되는 사안에 참여하기는 어려울 것이다. 그러나 학교 행사, 학생 규칙, 특별활동 프로그램 등의 경우에 대해서는 학생들이 자신들의 생각과 의견을 가질 수 있다. 이와 같은 학생들의 의견은 학부모들이 자녀들의 교육 상황을 파악하는 데 도움을 줄 수 있다.

그리고 교원과 학부모 및 지역사회 인사가 책임지고 학교를 운영하는 학교공동체라 하지만, 교원과 학부모 간의 갈등의 소지가 없는 것은 아니다. 주민자치의 원리는 역사적으로 교육 전문성의 원리와 대립적 관계에 놓여 있었기 때문에 학부모와 교원들 간의 관계가 갈등적인 양태를 띨 가능성이 높다. 양자의 원리가 조화를 이루는 단위학교 자치구조를 창출한다는 것은 결코 쉬운 일이 아니다. 교원들은 될

---

3) 서울특별시교육청 소속 1,328개의 각급 학교 운영위원회의 현황자료를 분석한 연구(박삼철 외, 2021)의 결과에 의하면, 운영위원의 선출 투표방식은 대부분 무투표 선출방식이었다.

4) 서울지역 학교운영위원들을 대상으로 한 설문조사에 따르면, 대체로 학생 참여에 동의하지 않고 있다. 초등학교의 경우 학생 대표 참여에 대해 반대가 압도적으로 많았으나, 중고등학교의 경우 반대는 찬성보다 약간 높았다. 하지만 일부 학교에서는 이미 학생 대표들을 운영위원회의에 참여시키고 있다(박삼철 외, 2021).

수 있는 대로 교육의 전문성을 내세워 학부모 및 지역사회와 거리를 멀리하려고 하며, 이들의 관여와 간섭을 배척하려고 한다.

이렇게 볼 때 학교운영위원회를 통해 학부모의 참여가 이루어지더라도 학부모가 학교운영에 실질적인 영향을 줄 수 있을 것으로 크게 기대하기 어렵다. 그러나 이러한 문제와 한계가 있다고 해서 운영위원회의 가능성이 없다는 것은 아니다. 학교운영위원회가 우리 학교현장의 변화를 이끌어 내는 데 긍정적인 역할을 할 수 있는 가능성도 있다. 운영위원회가 그 기능을 최대로 살린다면 다음과 같은 과제를 풀어 나가는 데 상당한 역할을 할 수 있다. 예를 들어, ① 학교효과성을 높일 수 있는 학교장 초빙, ② 체벌, 군대식 훈육방식(학생의 권리 무시) 등 억압적인 학교풍토를 민주적인 학교풍토(학생 자율성 보장)로 개선, ③ 입시경쟁 완화(지적, 사회적, 도덕적, 심미적 발달 도모), ④ 소수를 위한 차별교육 없앰(능력별 집단 편성 등), ⑤ 뒤떨어진 교육환경 개선(선진학교의 특성 참고), ⑥ 학생회 자치활동 강화 및 동아리 활동 강화, ⑦ 학교급식 등 학생 복지 개선 등을 들 수 있다.

학교운영위원회가 참여적 거버넌스 형태를 넘어서서 협력적 거버넌스 형태로 발전하기 위해서는 여러 가지 해결되어야 할 과제가 많다. 그 이념적 성격부터 운영방식까지 검토되어야 한다. 예를 들어, 운영위원회는 단위학교의 자치측면에서 그 정당성이 제공될 수 있도록 이론적 근거가 마련되어야 한다. 이를테면, 운영위원회가 소비자 지향적이기보다는 공동체 지향적이어야 하며, 학부모와 교사의 관계는 삭막한 공급자와 소비자의 관계가 아니라 아이의 교육을 위해 협력하는 동반자적 관계(partnership)로 정립되어야 한다.

4. 교육의 민주화: 시민사회의 참여

1) 국가주의 교육체제

국가주의 교육체제란 개체 인간을 국가의 일부분으로 보고 국가의 전체 목적을 실현하기 위한 수단으로 인식하는 교육체제를 일컫는다. 이 같은 국가주의에서 개인은 고립된 존재로서 아무런 의미가 없으며, 오직 국가의 제도와 목적 속에서만 개인으로서의 실체를 갖는다. 사상사적으로 볼 때 국가주의는 19세기 국가유기체적 사고에 바탕을 둔 것으로서 국가를 개체 인간, 국민의 목적에 봉사하는 수단으로 보는 자유주의적 사고와 크게 대조된다(이돈희, 1992).

미국이나 영국 사회의 경우, 교육에 대한 책임과 권리는 자유주의적 사상의 영향하에서 인식되었다. 국가주의 교육체제와의 차이를 알 수 있도록 여기에 대해 잠깐 설명이 필요하다.

자유주의적 사상에서는 아이들의 교육의 권리와 책임이 부모에게 있다는 것이 기본적인 인식이다(김기수, 1994). 그 이유는 부모가 아이를 낳는다거나 아이들에 대하여 이해관계를 가지고 있기 때문이 아니라, 이 세상에는 부모만큼 아이들을 잘 이해하는 사람이 없다고 생각하기 때문이다. 교육에 대한 책임과 권리가 학교나 국가가 아니고 부모에게 있다면, 학교나 국가가 교육에 관여하는 것은 궁극적으로 부모를 돕기 위한 것이지 부모를 대신하거나 부모에 우선하자는 것이 아니다.

자유주의 관점에서는 부모의 자녀교육을 돕기 위한 국가의 개입은 자칫 부모의 자녀교육권을 침해할 수도 있다는 점을 우려한다(김기수, 1994). 첫째, 교육에 개입하는 국가가 공기관으로서의 성격을 잃고 권력집단의 사기관으로 전락할 때이다. 이때 교육에 대한 국가권력의 개입은 기본적으로 그들의 이익을 위한 것이지, 부모들이나 아이들을 위한 것이 아니다. 둘째, 국가를 운영하는 조직, 관료제가 가지는 특성에 기인한다. 전문성과 효율성을 위해 만들어진 관료체계가 관료들의 사적인 이해관계에 따라 움직일 수 있다. 국가의 개입이 자녀교육권을 침해하지 못하도록 부모는 관심을 가지고 감시하는 일을 소홀히 해서는 안 된다. 이런 일을 방지하기 위해서 부모가 국가운영, 특히 교육정책에 깊은 관심을 가지고 교육정책의 입안 및 실시 과정에도 적극 참여하는 일이 중요하다.

자유주의적 사상과는 달리 국가주의 교육체제에서는 국가가 교육 분야에서도 모든 것을 다 알아서 모든 사람을 위하여 최선의 결정을 내리는 것을 전제하고 있다. 국가가 교육정책을 결정하고, 국가가 세운 학교는 그것을 집행하고, 피교육자인 학생과 학부모는 학교가 하는 일에 무조건 따르기만 하는 식이 되었다. 말하자면, 국가가 결정하는 정책은 다 옳으니 국민은 무조건 따르라는 식이다.

교육관료는 말할 것도 없고, 교사나 학부모 중에서도 이와 같은 국가주의적 교육관을 가지고 있는 사람들이 아직도 많다. 그러나 이런 학부모나 교사도 현실적으로 학교에 대해 불만스럽게 느끼는 점이 있을 것이다. 학부모의 참여라고 해 봐야 의무와 봉사뿐인 참여가 고작이며, 정작 자녀교육에 대해서 학부모의 의견을 반영시킬 수 있는 적법한 통로가 없었다. 교사 또한 전문적인 교육권이 크게 위축되어 있다. 이것은 모두 근원적으로 국가주의적 교육체제의 성격에서 비롯된다.

국가주의적 통제의 단적인 예로 국정교과서 제도의 운영을 들 수 있다. 국가가 교과서를 철저하게 통제하여 정치성이 강한 과목에 대해서는 국정교과서를 쓰게 하고, 그것이 약한 과목에 대해서는 검정 또는 인정의 교과서를 쓰게 하고 있다. 교과서뿐만 아니라 교육과정도 국가가 철저히 통제한다. 학교에는 무엇을 어떻게 가르치고 평가할 것인가를 결정할 자유가 허용되어 있지 않다. 모두가 획일적인 교육과정을 가지고 가르치고 평가에서도 획일적으로 제한된 문제들의 주어진 정답만을 가르쳐 왔다. 하지만 1980년대에 들어와서는 상황이 매우 달라졌다. 민주화의 과정에서 국가와 시민사회 간에 교육권에 대한 경쟁과 갈등이 일어났다. 특히 국가와 교사들 사이의 대립과 갈등현상은 매우 심각한 양상으로 발전하였다. 1989년에 교원들은 군부독재정권하에서의 심화된 교육 모순을 해소하고 강압적인 교원통제에 조직적으로 대응하기 위해 자주적인 교원노조('전국교직원노동조합')를 결성하였다. 교사들은 교육권을 주장하고 있는데, 당시의 상태에 비추어 보면 어쩌면 당연하기도 하다. 교육전문가인 교사들에게 교육의 자유권이 지나칠 정도로 억압되었기 때문이다(김신일, 1993).

2) 교육민주화를 위한 시민교육운동

1980년대부터 국가와 시민사회의 역학관계에 서서히 변화가 나타났고, 6·29 선언 이후 각종 대중운동이 합법성과 대중성을 획득하여 비약적으로 발전하였다. 교원들의 교육운동과 더불어 학부모와 시민들의 교육운동도 활성화되었고, 이에 따라 교육의 민주화도 힘을 얻게 되었다. 교사, 학부모, 학생이 교육의 세 주체라는 인식이 확산되면서 이들의 교육권 회복운동이 활발히 전개되었다.

시민교육운동의 성격에 따라 시민교육운동 방향은 크게 두 가지로 나누어 볼 수 있다. 소비자중심교육운동(시장경쟁 중시)과 시민사회교육운동(공동체성 중시)을 나누어서 살펴보자. 서구사회의 경우 소비자중심교육운동이 일어나고 있는데, 그 기본적인 방향은 정부의 개혁 방향과 일치한다. 여기서 학부모는 교육소비자로서 교육소비자보호운동과 소비자보호법의 제정운동을 전개한다. 교육소비자보호운동은 각 학교급별로 전개되어야 할 뿐만 아니라, 교육행정기관에 대해서도 책무성을 요구해야 한다. 동시에 교육에 대한 학부모의 선택권과 잘못된 교육에 대한 학교교육 거부권이 행사되도록 해야 한다. 학부모의 교육소비를 보호하기 위해서는 교육법을 개정하도록 하는 것이다.

교육소비자 보호법을 만든 대표적인 나라로 영국을 들 수 있는데, 영국은 「1980년 교육법」을 만들어 학교운영기구에 학부모 대표의 참여를 제도화하고, 학교선택권을 인정하여 각 지방교육청이 학교에 관한 정보를 학부모에게 알려 주도록 규정하는 등 학부모가 학교에 참여할 수 있는 길을 열어 놓았다(김신일, 1995). 「1992년 교육법」에서는 학교에 대한 교육감사 보고에 학부모의 의견을 반드시 포함시키고 각 학교에 대한 평가결과를 출판하여 공개하도록 규정하였다.

한편, 소비자중심교육운동과는 성격이 다른 민주화 교육운동이 있다. 이 운동은 학교의 민주적 성격을 옹호하고 이를 확대하기 위한 국제적 운동이다. 대표적으로 '공교육정보네트워크(Public Education Information Network)'를 들 수 있다. 이 네트워크는 '민주적 학교를 위한 국제교류위원회(International Committee of Correspondence for Democratic Schools)'에서 만든 것이다. 이 네트워크에서는 '미래 민주사회를 위한 교육: 교육평등과 교육수월성'이라는 교육개혁 제안서를 만들어 냈다. 그 내용을 보면, ① 민주적 교육과정, ② 민주적인 학교구조와 통제, ③ 교사 자율성의 확대, ④ 표준화 검사와 평가 지양 및 학교 자체 평가 확대, ⑤ 참여적 교수방법과 민주적인 훈육 등 매우 포괄적인 교육개혁 과제를 담고 있다(Apple, 1986).

일본의 경우, 대중적 개혁운동으로 일본교직원조합 중심의 교육개혁운동을 들 수 있다. 이 개혁운동에서는 교육의 가장 큰 문제점으로 국가 교육행정기관의 과도한 규제와 그것이 교육에 미치는 악영향을 들고 있다(Horio, 1988). 이 개혁운동은 평등의 원칙과 개성의 존중 그리고 인권으로서의 교육권 원칙 등 두 가지 개혁운동의 방향을 설정하고 있다. 이 같은 교육개혁의 방향은 일본 정부나 기업의 시장논리적 교육개혁의 방향과 다르다.

우리나라에서는 1980년대에 시민교육운동단체로 '참교육을 위한 전국 학부모회'가 결성되었다. 이 학부모 단체는 전교조와 마찬가지로 민족 · 민주 · 인간화 · 교육

실현을 목표로 삼아 출발하였다. 이후에 결성된 '인간교육실현학부모연대'는 인간교육 실현에 그 목표를 두고 그 실천과제로 입시교육 추방 등을 들고 있다. 1994년에는 학부모, 시민운동가, 학자, 교육자들이 중심이 되어 '교육개혁과 교육자치를 위한 시민회의'가 결성되었다(김신일 외, 1995). 이 시민회의에서는 한국 교육의 가장 큰 문제점으로 국가주의적 관 주도의 교육을 들고, 이것이 교육의 비인간화의 원인이 되었다고 주장한다.

이들 단체가 대개 서울지역 중심으로 결성된 것임에 비해, 지방에서 독자적으로 결성된 단체는 거의 없었다. 그러다 1994년에 광주지역에서 '진정한 교육 개혁을 위한 광주지역 연대회의'가 결성되었고, 1996년에 전북에서 "교육개혁과 교육자치를 위한 시민연대(약칭 '교육연대')"가 창립되었다. 광주지역연대회의는 기존의 참교육학부모회 광주지부와 전교조 광주지부, 광주 시민단체와 시민운동가 중심으로 만들어진 것으로 획기적인 교육재정의 확보와 교육관계법 교육제도의 민주적 개혁을 그 기본 방향으로 삼고 있다.

전북지역의 '교육연대'는 국가 주도의 교육정책에 교육주체인 학부모와 교사 등이 수동적으로 이끌려 왔고, 그 결과 많은 교육문제가 제대로 해결되지 않고 누적되어 더 악화되어 왔음을 지적하고 있다. 무엇보다 학교교육을 출세주의적 교육관이 주도하고 있어 실제 교육목적의 무철학화, 무가치화가 조장되어 왔음을 지적하고 있다.

> 거의 모든 사람이 수십 년 동안 교육현실에 대해 걱정하고 교육정책을 불신해 왔다고 해도 과언이 아닙니다. 우리의 교육현실에서 미래의 표상은 명예와 풍요 및 권위이며 이를 확보하기 위한 통로를 바로 교육으로 삼아 학생, 교사, 학부모들에게 의무와 책임을 강요해 왔던 것을 부인할 수 없습니다. 어쩌면 우리가 교육과 이 사회를 통해 얻을 수 있는 진정한 가치가 무엇인가를 배운 바 외에는 아는 것이 없이 지금까지 겪어 온 교육형태들만이 전부인 것으로 적응되어 살아왔을지도 모릅니다. (전북교육자치시민연대, 1996)

'교육연대'는 궁극적으로 '부모들의 올바른 기대와 적극적인 후원 아래 학생들이 사명감 있는 훌륭한 교사들에게 제대로 배우는 것'을 목적으로 삼는다. 출세주의적 교육이 아니라 민주적 교육철학에 따라 학생들이 배움의 희열을 가지고 배울 수 있도록 하는 것이다.

이와 같은 한국의 시민교육운동은 교육소비자보호운동의 차원에서 전개된 것은 아니었다. 그러나 2000년대 이후에 창립했거나 발족한 일부 교육시민운동단체들(예를 들어, '자유주의교육운동연합' '뉴라이트 학부모연합')을 보면 시장 자유지상주의적 색채를 강하게 드러내고 있다. 예를 들어, 이 단체들은 학부모의 선택권, 교육에서의 경쟁, 수요자 중심의 교육주도권 확립 등 신자유주의적 이념과 가치를 전면에 내세우면서 평준화제도 및 3불정책을 반대하고, 자율형 사립고등학교를 확대 실시할 것을 강력하게 주장하고 있다(최미향, 2007). 롤스(J. Rawls)의 정의론적 관점에서 보면, 교육정책에 대한 이들 단체의 주장은 교육기회분배에서 공정성보다는 개인의 '능력'과 '자유'를 강조하는 '자연적 자유체제'의 수준에 머물러 있으며, 기회균등의 공정성을 중시하는 자유주의적 평등 수준에 크게 미치지 못하고 있다.[5]

그런데 정도의 차이가 있기는 하지만, 비단 시민사회의 보수적 단체뿐만 아니라 진보적이라는 단체의 경우도 교육운동의 논리에 수요자중심교육운동의 논리가 뒤섞여 있기도 하다.[6] 물론 수요자중심교육운동 논리가 대중적 지지 확산에 미약한 교육운동을 설득력 있게 정당화할 수 있고, 또한 민주적 교육개혁을 이끌어 낼 수 있다면 전략적으로 활용될 수 있을 것이다.

하지만 교육운동을 시장논리로 정당화한다면, 시민교육운동의 방향 역시 그러한 시장논리가 이끄는 방향으로 갈 수밖에 없을 것이다. 그러면 최근 국가 주도의 시장논리적 교육개혁을 비판하고 대안을 제시할 수 있는 입장이 아니라 오히려 지지해야만 하는 입장에 설 수밖에 없다. 논리상 그렇게 될 수밖에 없는 것이다. 시민교육운동의 방향을 모색할 때 이 점을 유의해야 할 것이다.

----

5) 자유주의교육연합이나 뉴라이트 학부모연합 등은 선택의 자유의 가치를 높이 들고 있지만, 다음과 같은 아나티야 센(Sen, 1999: 51)의 문제제기에 귀를 기울여 보는 것도 좋을 듯하다. "'자유지상주의자들의 경우' 누가, 얼마나 많이, 어떤 방식으로, 얼마나 평등하게 자유를 가져야 하는지에 대한 질문이 곧바로 제기될 것이다." 학부모의 선택권도 실제상으로 누가 얼마나 많이 갖는지, 얼마나 평등하게 선택의 자유를 가질 수 있는지를 자문해 볼 필요가 있다.

6) 민주화 이후 시민사회는 "신자유주의적 가치와 이데올로기를 무비판적으로 수용하고, 시장 경쟁과 효율성이라는 신자유주의 원리를 확산하는 데 적극적으로 기여했으며, 이를 통해 '자유롭고 창조적이며 관용적인 개인성을 희생하면서 편협하고 이기적인 개인주의'를 증진시키고 있다."라는 최장집(2005: 233) 교수의 비판을 이 맥락에서 생각해 보면 좋을 것이다.

3) 사회공동체운동과 선택권: 홈스쿨링의 두 가지 방향

홈스쿨링은 우리나라 교육시민운동의 방향과 관련하여 중요한 시사점을 주는 사례이다. 왜냐하면 홈스쿨링에 대한 공적 담론이 '신자유주의적' 교육담론과 그에 대한 저항 담론인 '공동체적 사회운동' 담론으로 분화되어 형성되고 있기 때문이다(서덕희, 2006). 홈스쿨링이 우리나라에서 대두된 배경을 보면, 주로 종교적인 이유에서 시작되었던 미국의 홈스쿨링과는 달리 우리의 홈스쿨링은 '교실붕괴' '획일적이고 일방적'인 공교육제도라는 '감옥'을 탈출하여 '자율성'과 '다양성'을 담보한 대안적 교육의 실천으로 표상된다.

홈스쿨링을 포함한 대안교육운동은 국가와 관료주의에 대한 저항이자 국가로부터 시민사회의 자율적 '교육' 영역을 회복시키려는 움직임으로 평가된다. 즉, 여성, 환경, 지역공동체운동 등과 마찬가지로 1980년대 민주화세력들이 가부장제 및 군사문화, 개발 위주의 경제, 중앙집권적 관료체제 등 국가라는 체계로부터 식민화되었던 생활세계의 영역을 되살리려는 움직임 중의 하나라는 것이다.

그러나 이러한 시민들의 국가에 반한 움직임은 1990년대 말 한국경제에 불어 닥친 IMF 구조조정과 맞물리면서 새로운 국면을 맞이하게 되었다(서덕희, 2006). 홈스쿨링에 대한 공적 담론은 서로 다른 담론으로 분화하였는데 '개인의 교육권 선택'과 '공동체적 사회운동'이 그것이다. 전자가 전문가를 중심으로 한 권리중심의 자유주의적 시민운동이라면, 후자는 일반시민들을 중심으로 한 참여적 신사회운동으로 해석될 수 있다. 실제에서 이 두 운동이 서로 배타적인 것은 아닐지 모르나 담론의 형성과정을 볼 때 전자는 개인이 수월성을 성취하기 위하여 '다양한 교육방법' 중에서 하나를 '선택'할 권리를 강조하는 반면, 후자는 국가뿐만 아니라 시장의 논리에 따라서 식민화된 생활양식을 비판적으로 성찰하고 '공동체성'을 강조하며 그에 따른 교육과정의 '다양성'과 그것을 '자율적으로' 구성하고자 한다.

여기서 주목할 점은, 대안교육운동의 담론 중 '개인의 교육선택권' 담론이 효율성과 수월성을 위한 민영화와 재구조화를 요구하는 IMF의 신자유주의 개혁방향과 일치하는 것이었고, 이에 따라 신자유주의적 경제논리를 교육 영역에 적극 수용하였다는 사실이다. 신자유주의 논리가 마치 생활세계의 다양성과 자율성을 요구하는 자유주의적 정치논리와 동일한 것처럼 정당화되었던 것이다. 그리하여 대안교육운동의 생명인 자율성과 다양성은 사라지고 교육소비자로서의 학부모와 학교선택권이라는 담론이 공론장의 헤게모니적 담론이 되었다. 이렇게 개인의 교육선택권만 부각될 경우, 대안교육의 제도화는 전문가들이 만들어 놓은 상품화된 처방을 개별 학부모가 선택하고 소비하는 방식으로 정착될 가능성이 높다. 그것은 국가로부터 식민화된 생활세계 영역을 회복시키려는 자유주의적 노력이 다시 '신자유주의적 합리성'에 포섭되고 있음을 뜻한다(서덕희, 2006).

토론주제

교육의 공공성과 사적 자유

국가주의로 환원된 공적 가면 안에서 억압되었던 사적 열망의 분출은 한편으로는 정당한 자유의 복권이다. 가면의 해체와 대면은 사적 자유의 발견임과 동시에 다른 한편으로는 공적 가치가 그 진짜 얼굴 혹은 진면목을 찾는 계기이기도 한 것이다.

국가주의로 환원되지도 않고 국가를 경유하지도 않는, 그러면서도 '교육이 교육답게 이루어짐으로써 공동의 선'에 이르는 철학과 방법론의 모색은 가능한가? 시민사회적 공공성이라는 해법으로 공적 가치의 실현이 얼마나 가능할 것인가? 이러한 질문들은 사적 자유와 공적 가치가 '불편한 동거'가 아닌 '상호 보완적인 공생'의 관계로 나아가도록 하는 과정에서 매우 필요한 것들이라고 본다.

이제야 가면을 벗고 수면 위로 떠올라 물속에 비친 제 모습에 놀라워하는 '사적 자유'의 나르시시즘이 유아기를 맞은 현 단계에서 아직은 조금 더 성장하도록 방임할 것을 주장하는 목소리들도 있다. 그러나 미숙한 상태에서 조로(早老)하지 않고 균형적으로 발달하기 위해서는 '정당한 훈육'이 성장에 도움이 될 것이다.

훈육의 정당성은 그 철학의 타당성에서 비롯될 수 있을 것이다. 사적자유가 미숙상태로 조로하기 전에 공공성의 철학을 제대로 세우는 작업이 필요할 것이라고 본다.

　　　　　　　-이윤미(2007). 교육에서의 공적 가치와 사적 자유: 〈공적 가면〉의 형성과 해체.-

• 국가주의적 교육체제는 사회 전체의 동질성과 공동성 및 보편성을 유지하기 위해 필요하다고 생각하는가? 국가주의적 교육체제에서는 사회전체의 보편성이라는 이름 아래 교육이 획일화되기 쉽고, 학습의 자유와 교육의 자유가 억압될 수 있다는 주장에 대해 어떻게 생각하는가?

• 진정한 교육의 공공성은 무엇이며, 그것은 사적 자유와 어떻게 상호보완적인 공생관계가 될 수 있는가?

제10장

한국교육체제의 성격

그것(사회변화)을 실현함에 있어 성패 여부는 무엇보다도 이 변화를 이룩하게끔 계산된 교육적 방법의 채택에 달려 있다. 왜냐하면 그 변화가 본질적으로 정신적 성향의 질적인 변화, 즉 교육적인 변화이기 때문이다. 이 말은 우리가 경제적·정치적 조건의 변화를 도외시하고 직접적인 교수나 교훈에 따라서 품성과 마음을 고칠 수 있다는 것을 뜻하지는 않는다. 만약 그런 생각을 한다면, 그것이야말로 품성과 마음은 사회생활에의 참여를 통해 나타내는 태도라는 우리의 기본적인 관념에 위배된다.

―존 듀이(J. Dewey),
『민주주의와 교육(Democracy and Education)』―

지금까지 우리는 다양한 이론적 관점에서 여러 가지 주제를 다루어 왔다. 이 장에서는 주로 갈등론적·교육과정사회학적 관점에서 우리나라의 교육체제, 특히 해방 이후 미군정이 개혁했던 교육체제를 살펴보고자 한다.

특별히 미군정하에서의 교육체제 개혁에 관심을 두어야 하는 것은 현재의 교육체제의 기본적인 틀이 미군정하에서 확립되었기 때문이다. 김신일(1993: 11)의 말대로 "현재의 한국교육을 정확히 이해하기 위하여······ 해방 직후부터 우리 정부가 수립되기까지의 미군정 기간에 대한 연구"가 긴요해졌고, 이에 따라 교육사회학도들의 이 시기에 대한 연구 관심이 한층 고조되었다.

미군정하에서의 교육체제의 개혁을 어떻게 이해해야 하는가? 미군정 기간의 교육개혁에 관한 대부분의 연구는 교육개혁이 이루어진 정치적 맥락(context) 자체를 문제시하지 않았고, 게다가 미군정하에서 도입된 '진보주의 교육'의 영향을 거의 무조건 긍정적으로 평가하는 경향이 강하였다.

여기서는 미군정이 개혁했던 교육체제를 갈등론적 관점에서 분석해 보기로 한다. 이 분석의 예를 보면, 비단 미군정 기간의 교육체제뿐만 아니라 한국의 교육문제를 분석하고 설명하는 데 갈등이론이 어떻게 적용되는가를 대충 짐작할 수 있을 것이다.

갈등이론적 관점에서는 다음과 같은 문제를 제기할 수 있다. 첫째, 미군정은 한국에 대한 일제강점기의 지배에서 미국의 새로운 지배로의 전환기 동안 자신의 정치적 목적을 달성하기 위해 교육을 어떻게 이용했는가? 둘째, 새로운 지배과정을 촉진하기 위해 어떤 교육개혁 프로그램을 도입하였는가? 셋째, 일제가 남겨 놓은 불평등한 사회경제적 체제를 보존·유지하는 데 교육개혁이 어떻게 기여했는가?

물론 관점에 따라서는 갈등론적 설명에 이견이 충분히 있을 수 있고, 무리라고 여겨지는 부분도 있을 수도 있다. 그런 부분은 논쟁 주제로 따로 설정해서 함께 토론도 해 보고 다양한 결론을 이끌어 낼 수도 있을 것이다.

1. 교육개혁의 정치적 · 교육사상적 맥락

갈등론적 관점에서는 미군정의 교육개혁과 미군정의 지배를 연관시켜 보기 때문에 미군정의 지배를 어떻게 이해하느냐가 매우 중요하다. 미군정에 참여하였고 교육개혁의 주도적 인물이었던 오천석은 "전체주의(일본)에 대한 민주주의(미국)의 승리가 우리나라에 찾아왔다."라고 믿었다. 그러나 비판적 관점에 따르면, 오천석이 믿는 것처럼 미국의 점령과 한국 분할은 결코 우연이거나 일시적인 사건이 아니었다. 그것은 전후 세계질서에 대한 미국의 치밀한 전략 연구에 따라 사전 결정된 코스였다. 미국이 남한지역을 군사적으로 점령한 진정한 의도는 한국민의 자주적인 국가 건설의 노력을 무산시키고 미국통제하의 지배구조 정착에 유리한 여건을 조성하는 데 있었다. 이를 위해서 미군정은 남한 내의 특권층의 보수주의적 요소를 강화하고 많은 경우에 일제강점기 지배를 뒷받침해 준 한국의 반민주적 반동인사들을 지지했다는 것이다(McCune, 1950: 85).

미군정은 점령지역에서 과감한 사회경제적 개혁을 하려고 하지 않았다. 친일적 지주와 자본가들과 같은 보수적 집단의 특권적 위치를 뒤흔들어 놓기를 꺼려 했기 때문이었다. 미군정이 일제강점기 지배에서 해방된 한국 사회의 혁명적 변화를 저지하려고 했다는 사실에 비추어 보면 이것은 자연스러운 일이었다(김천기, 1992).

매우 중요한 사실은 이와 같은 반혁명적 정책을 수행하던 미군정이 유일하게 도입했던 개혁이 바로 교육개혁이라는 사실이다. 미군정은 교육개혁을 자신의 정치적 목적을 달성하기 위한 도구로 인식했던 것으로 보인다. 여기서 언급해야 할 교육개혁의 두 가지 중요한 측면이 있다. 첫째, 미군정의 교육개혁이 기존의 일제강점기 교육관료 체제의 틀 속에서 하향적으로 이루어졌다는 사실이다. 흔히 미군정이 1948년 8월 해체되기 전 군령으로 공포한 '교육자치제' 법안의 의미를 강조하나, 보다 더 부각되어야 할 문제는 미군정이 반혁명 정책수행의 일환으로 일제의 엄격한 중앙통제적인 교육관료 체제를 이용했다는 점이다. 둘째, 정치적으로 보수적인 한국 지식인 집단들이 교육개혁 주도집단인 '조선교육심의회'를 구성했다는 사실이다. 이들 집단이 바로 미국의 진보주의 교육을 교육개혁 정책에 도입했다. '보수적 집단과 진보주의 교육이라는 것은 무언가 서로 성향이 다르지 않는가?' 하는 의문이 생길 수밖에 없다. 그렇다면 진보주의 교육이란 무엇인가?

진보주의 교육이라고 하면 보통 듀이의 사상에 기초한 아동중심교육을 연상하지만, 그렇게 간단하게 정의하기는 어렵다. 타이약, 로우 및 한솟(Tyack, Lowe, & Hansot, 1984) 등이 지적한 것처럼 진보주의 교육개념 자체가 매우 모호한 것이었다. 사실, 진보주의 교육이 무엇인가에 대한 명확한 정의는 없다. 크레민(Cremin, 1961)의 말을 빌리면, 진보주의 역사를 통해 진보주의 교육은 사람에 따라서 다른 의미를 지녔고, 이러한 의미의 다름은 미국 교육의 다양성에 기인한 것이었다.

진보주의 교육은 20세기 초 자유방임적 자본주의 체제가 안고 있던 사회적 병폐를 해결하고자 일어났던 새로운 미국 자유주의의 한 분파로 보면 가장 잘 이해할 수 있을 것이다. 그리고 진보주의 교육은 역사적으로 여러 가지 형태를 띠었음을 유념해야 한다. 첫째는 1900~1910년대의 '행정지향적 진보주의(administrative progressivism)' 형태이다. 이는 학교조직을 기업체 모델에 입각한 관료체제로 재조직하고, 종합중등학교와 중학교(junior high school) 그리고 심리검사와 교육과정 계열화(tracking) 등을 도입하였던 진보주의이다. 둘째는 1920년대의 '아동중심 진보주의' 형태이다. 이는 아동의 활동과 참여 및 성장을 중시하며, 이를 위한 교수방법을 도입하고자 하였던 진보주의이다. 셋째는 1930년대의 '사회개혁적 진보주의(사회재건주의)' 형태이다. 이는 경제 공황기동안 새로운 탈자본주의적 사회질서를 건설하는 데 학교교육을 이용하고자 하였던 진보주의이다.

이 세 가지 형태 가운데 행정지향적 진보주의는 미군정의 교육개혁과 더 밀접하게 연관되어 있고, 또 일반적으로 잘 알려져 있지 않기 때문에 이에 대한 설명이 필요하다. 20세기 초 보수적 진보주의자들이 내놓은 '중등학교의 주요 원리(Cardinal Principles of Secondary Education)'에 따라 중등학교의 역할이 재규정되었는데, 그 역할이란 바로 학생들을 새로운 자본주의적 기업질서(corporate order)의 필요에 부응하여 준비시키는 것이었다(Commission on the Reorganization of Secondary Education, 1918). 즉, 학생집단을 분리하여 차등적인 교육을 실시하는 것이었다. 그리하여 고등학교는 일반적으로 부유한 학생에게는 인문계열의 교육과정을, 가난한 학생들에게는 실업교육을 제공하는 차등적인 학교체제가 되었다. 이것이 바로 3년 과정의 종합고등학교 체제였다.

한편, 중학교(Junior High School)는 초등학교의 보편교육(6년 과정)과 고등학교의 차등적 교육과의 매끄러운 연결을 위해 3년 과정으로 만들어졌다(이러한 과정을 통해 미국학제 6-3-3제가 생겨나게 되었다). 즉, 중학교 단계에서 학생의 흥미와 능력, 적성에 따라 진로를 결정하도록 도와주어 고등학교에 진학하면 즉시 결정된 진로에 맞는 교육 프로그램(실업계와 인문계)을 택하도록 한다는 것이다. 중등학교의 주요 원리의 사회효율성의 요소는 듀이가 사회개혁의 지렛대로 생각했던 학교와 개인을 사회에 적응시키는 메커니즘으로 바꾸었다(Ravitch, 1983).

이와 같은 교육개혁의 정치적 · 교육사상적 맥락을 염두에 두고, 갈등론적 관점에서는 구체적으로 미군정의 교육개혁을 어떻게 분석하고 설명하는가를 살펴보자. 미군정의 교육개혁에서 미국 진보주의 교육, 특히 행정지향적 진보주의와 아동중심 진보주의가 어떻게 적용되었는지에 초점이 맞추어져 있다.

2. 새로운 교육이념의 모호성

새교육의 이념은 조선교육심의회 제1분과인 '교육목적분과'에서 연구되어 1946년 1월 4차 전체 심의회에서 토론, 채택되었다. 새로 채택된 교육이념은 '홍익인간', 즉 '자비로운 인간' 또는 '전 인류에게 보편적 유익을 주는 인간'의 양성이었다(Dept. of Education: Press Releases, ltem 3, January 11, 1946). 이 교육이념이 1948년 남한 단독 정부 수립 후에「교육법」1조 1항의 원형이 되었다.

이 홍익인간 이념을 현재 많은 한국의 교육학자(Choe, 1986; Kim, 1984)는 한국식 민주주의의 표현으로 생각하고 있으나, 당시에는 그 용어에 대해 전체 심의회에서 많은 논란이 있었다. 어떤 이들은 그것이 고대 신화에 나오는 신비적이고 비과학적인 것이라고 비판하였다. 그러나 홍익인간의 용어가 '우연하게 떠올라' 맨 처음 제안하였던 백락준은 홍익인간의 '민주적 차원'을 강조하였다. 결국 홍익인간의 이념은 이국적이거나 '제국주의적 사고'가 아니기 때문에 채택되었다(Seki, 1987).

조선교육심의회의 이와 같은 결정은 조선교육심의회가 새로운 교육에 대한 뚜렷한 비전이나 방향을 가지고 있지 않았음을 보여 주고 있다. 사실, 홍익인간이라는 용어는 많은 한국 학자가 주장하는 것과는 달리 '한국 민주주의'와는 아무런 관계도 없는 단순히 인간주의적인 미사여구에 불과하였다. 실제로 이 용어는 새로운 교육

에 이데올로기적·실천적 방향을 제시하는 데 아무런 의미도 없었다.[1]

사실, 당시의 처참하고 불평등한 사회현실 속에서 어떻게 '자비롭도록' 인간을 교육시킬 수 있었을 것인가. 그 용어 자체는 자비로운 인간교육을 어떻게 실시할 것인가에 대한 아무런 실제적 지침을 시사하고 있지 않다. 맥진 등(McGinn et al., 1980)이 지적하고 있듯이, 홍익인간의 이념은 실제 이루어지고 있는 교육의 역할을 은폐하면서 교육의 역할에 대한 어떤 신화를 유지하는 데 기여할 뿐이다.[2]

이 대목에서 '새교육운동'을 이끌었던 조선교육심의회위원들은 왜 새로운 교육을 위한 사회적 비전을 제시하지 않는가, 아니면 할 수 없었는가의 이유를 물어볼 필요가 있다. 사실, 그들은 미국 통제하의 지배질서 이외에 다른 어떤 새로운 사회에 대한 비전을 가지고 있지 못했다. 이는 1930년대의 경제 대공황이라는 새로운 상황에 눈감아 버렸던 보수적인 미국의 진보주의 교육자들과 마찬가지였다.

'홍익인간'이 단순히 새교육을 장식하는 애매한 미사여구에 불과하다는 것에 비추어 볼 때, 그 이념을 실천에 옮기기 위해 세워졌던 어떤 세부적 교육목표도 그 이념과 무관할 수밖에 없었다. 조선교육심의회가 발표한 한국 교육의 다섯 가지 목표는 다음과 같다. ① 민족적 독립, 자존의 기풍과 국제우호, 협조의 정신을 구비한 국민의 품성을 도야함, ② 실천궁행과 근로역작의 정신을 강조하고, 충실한 책임감과 상호애조의 공덕심을 발휘케 함, ③ 고유문화를 순화·앙양하고 과학기술의 독창적 창의로 인류문화에 공헌을 기함, ④ 국민 체위의 향상을 도하며, 견인불발의 기백을 함양케 함, ⑤ 숭고한 미술의 감상 창작성을 고조하여 순후원만한 인격을 양성함이다(오천석, 1975: 25에서 재인용).

이 교육목표를 설정하면서 분과위는 미국과의 국가적 협력 그리고 국가 및 국가의 상징에 대한 존경에 가장 큰 비중을 두었다. 교사 역할의 기본적인 목적은 이 목표의 견지에서 규정되었다. "교사는 우리의 독립된 국가 및 국가의 상징에 대한 존경과 사랑 그리고 우리 국민과 다른 세계의 평화애호 국민들과의 협동적 정신을 북돋울 의무를 가지고 있다." 그 보고서의 또 다른 강조점은 "민주적 국가를 건설해

[1] 홍익인간이 교육이념으로 만들어질 때부터 사람에 따라 생각나는 대로 다양한 의미가 부여되었고, 홍익인간은 이제 매우 공허한 개념으로 떠돌고 있다고 한범숙(1993)은 비판한다.
[2] 비판적 견해에도 불구하고 현재에도 "홍익인간의 이념은 영원히 우리 교육의 기본이념으로 계속되어야 할 것이다."라고 주장하고 있다(교육개혁심의회, 1987).

나가는 데 상호 이해하고 조화해야 할 필요성"에 주어졌다(Dept. of Education: Press Released, Item 3, Jan. 11, 1946).

혹자는 이 목표들이 강한 민족주의 의식을 담고 있다고 주장하기도 한다. 하지만 이승만의 남한 단독정부 수립에서 드러났듯이, 이 '민족주의'는 반제국주의적 의식과 민족자존을 대표했다기보다는 정권 유지를 위한 강력한 국가 이데올로기로 이용되었다(Henderson, 1968).

한편, 똑같은 비중으로 미국과의 '국제적 협력조화' '공동 이해' '국제적 우호' 등이 강조되었다. 굿노우(Goodenow, 1986)가 제2차 세계대전 직후의 아프리카교육을 사례로 들어 주장하고 있듯이, 정치적으로 불안정한 상황 가운데서 교육자들이 그러한 태도를 강조하는 것은 경제공황 시기에 미국 진보주의 교육자들이 사회적 갈등에 대해 취한 관심과 태도를 지리적으로 확대해 놓은 것이다. 미국의 진보주의 교육자들은 사회적 인종적 갈등을 해소하기 위한 방법으로 인종, 민족 간의 관계의 근본적인 성격을 바꾸려고 하는 대신, 상호 간의 '인내' '이해' '의사소통'의 중요성을 강조하였다(Goodenow, 1975).

남한에서도 이와 비슷한 현상을 볼 수 있었다. 한국 교육자들이 교육 목표로서 '공동의 이해'와 '국제적 우애'를 강조한 것은 한국에 대한 미국의 지배를 '국제적 우호'의 차원으로 학생들을 이해시키기 위해서였다. 국제적 우호라는 말 속에는 한국이 미국과의 국제적 우호를 유지하려면 제2차 세계대전 이후의 미국 주도하의 새로운 세계질서에 불가피하게 적응해야 한다는 가정이 담겨 있다는 것은 말할 나위가 없다.

이 외에도 한국 교육자들이 교육목표 가운데 '민족문화'를 강조한 것은 주목할 만하다. 여기서 민족문화 강조의 맥락을 이해하기 위해서는 진보주의 교육과 식민주의의 관계에 대한 굿노우의 논의 가운데 중심 국가와 주변부 국가 간의 관계성에 대한 논평이 도움이 된다. "비록 그들(식민지 경험이 있는 제3세계의 국가들)의 문화적 정당성은 다소 고양되었지만, 그에 상응하는 식민지 국민의 정치적·경제적 권리의 인정은 모호하게 뒤로 미루어졌다."(Goodenow, 1983: 47)

따라서 민족문화는 외국 세력의 정치적 통제 상황하에서는 거의 진전되지 못할 수밖에 없었다. 이후 다시 논의하겠지만, 실제로 한국 문화가 아닌 미국 문화가 한국 교육을 통해서 더 가치롭게 인식되었다.

또한 주목할 만한 것은 이 교육목표에서는 아동중심 교육이론의 근간이라고 할 수 있는 개인에 대한 존중에 대해 전혀 언급이 없이 '개인의 책임성'만 강조했던 점이다. 마지막으로 교육목표에서 '예술의 감상적·창조적 힘'을 강조한 것은 진보주의 교육의 영향으로 볼 수 있을지 모른다. 하지만 이후의 상세한 논의에서 보듯이, 실제 교육과정에서 예술과목의 상대적 비중은 지극히 낮았다.

3. 이원적 학교체제로서의 6-3-3제와 교육기회균등 이데올로기

조선교육심의회 제2분과위원회(교육제도)는 1946년 2월에 조선교육심의회에 보낸 보고서에서 6-3-3제를 제안했다. 이 6-3-3제는 외관상으로는 미국의 교육제도가 그 모델이 되었다(Werth, 1949). 6-3-3제 시안에 따라 초등교육은 일제교육체제와 같이 6년 연한 그대로이기는 하나, 이제는 의무교육으로 규정되었다. 「한국을 위해 마련된 보편 교육(Universal Education Planned for Korea, 1946)」이라는 보고서에서 보듯이, 일제하의 4년제(7~10학년) 중등과정은 6년의 중등교육으로 늘어나게 되었다. 그러나 실업계 학교는 비록 구조적으로는 단선체제 내에 통합되어 있기는 하나, 실질적으로는 인문계 중등학교와 분리되어 있었다.

6-3-3제 시안은 조선교육심의회 위원들과 다른 교육자들 사이에 많은 논란을 불러일으켰다. 그 당시 한국 상황, 즉 시설 및 재정적 여건 등에 맞지 않았기 때문이었다. 그럼에도 조선교육심의회가 미국식 6-3-3제를 채택했기에 어떤 이들은 그것을 수용하도록 미국인들이 압력을 넣지 않았는가 하는 의혹을 갖고 있었다. 그러나 그 당시 학무국 부국장이었던 오천석(1975)은 이를 강력히 부인하고, 6-3-3제는 한국민의 의사를 반영했음을 주장했다.

그러면 여기서 그 한국민은 도대체 누구였는가 하는 의문을 가져 볼 필요가 있다. 그들은 바로 '천연동그룹'의 교육자들이었다(이 그룹에는 김성수, 오천석, 김활란, 유억겸, 백락준 등이 참여했고, 이들이 실제적으로 미군정 학무국의 최초의 자문위원회였던 조선교육위원회 그리고 나중에 조선교육심의회의 핵심 멤버가 되었다). 오천석(Seki, 1987에서 재인용)이 인정하듯이 6-3-3제를 한국교육 속에 도입할 것을 강력히 주장한 사람은 보수적 기업인이요, 교육자인 김성수였다. 그리고 교육학자였던 오천석(1975)이 6-3-3제 도입의 정당성을 교육학적·심리학적 견지에서 뒷받침해 주었다.

이에 대한 많은 비판이 있었음에도 불구하고 김성수 등 그 주위의 교육자들이 6-3-3제를 완고하게 고집한 까닭이 무엇이었을까? 대부분의 한국 교육자는 6-3-3제가 교육의 기회균등을 베풀려는 목적으로 도입되었다고 잘못 믿고 있다. 또한 6-3-3제가 인간발달의 심리학적 원리와 들어맞는다는 오천석의 말을 전부 그대로 믿고 있다.

한기언(1960)은 6-3-3제의 도입은 듀이의 영향을 반영하고 있다고 주장한다. 그러나 6-3-3제는 듀이의 진보주의가 아니라 행정지향적 진보주의의 효율성 이데올로기에 바탕을 두고 있다. 김동구가 "6-3-3제의 도입으로 한국 민주교육은 1945년 11월 중순에 이미 시작되었다."(Kim, 1985: 180)라고 주장하는 것은 너무 단순한 시각이다.

6-3-3제 도입의 숨겨진 이유는 김성수와 같은 보수주의자들의 이익에 합치되었기 때문이다. 우선, 미국의 역사적 맥락에서 볼 때 미국의 6-3-3제는 결코 평등주의적 교육체제가 아님을 지적하고 넘어가야겠다. 6-3-3제 형성의 역사적 과정은 기실 '보통학교(common school)' 이념을 포기해 버린 불평등의 제도화였던 것이다. 미국의 6-3-3제는 20세기 초 학교가 조합국가적 자본주의하의 노동시장의 필요에 맞추어 인력을 공급하기 위해 학생을 지능검사에 따라 분류하여 집단별 특성에 따라 차등적 교육을 실시하기 위한 학제였다(Spring, 1972). 더구나 한국에 도입되어 수정된 6-3-3제는 실업계와 인문계가 분리된 이원적 학교체제로 미국에서 듀이 등을 비롯한 많은 교육자가 완강하게 비판하고 반대했던 바로 그 반민주적 체제였던 것이다(Bowles & Gintis, 1976).

실제에서 이원적 학교체제인 6-3-3제는 일제강점기의 복선체제와 비슷한 기능을 할 수밖에 없었다. 정작 유상교육인 중등학교 교육은 학생들의 출신지역이나 사회계층에 따라 달라지는 차등적인 교육을 의미했다. 변화된 교육체제에서의 중등교육은 학생들을 실업계열과 인문계열로 분류하였고, 특히 실업학교에서는 시골지역의 가난한 학생들이 가정형편상 자신의 적성과는 상관없이 진학할 수밖에 없었다. 인문계 학교와 분리되어 특정한 기술을 습득시켜 사회하층의 기능직종에 배출시키는 실업계 학교는 중등학교 학생 수의 거의 반을 차지했다(Dept. of Education:

Reports, 1947). 실업계 교육에 이렇게 학생 수를 엄청나게 배정한 계획은 매우 의미가 깊다. 그것은 중등학교가 독립된 실업계열을 통해 '2급 교육'을 제공함으로써 사회 계층화의 효과적인 메커니즘이 될 수 있음을 시사한다. 물론 이론상으로는 새로운 6–3–3제에서 인문계열 학교뿐만 아니라 실업계 중등학교 졸업생들에게도 고등교육의 기회가 열려 있기는 하다. 하지만 그 당시 고등교육의 혜택은 중등학교 졸업자의 10%만 누릴 수 있다는 점 그리고 실업계 학교는 대학 입시에 필요한 인문계열 교육과정에 치중하지 않는다는 사실을 전제해 볼 때 실업계 졸업자들이 대학에 들어가는 것은 매우 어려울 수밖에 없었다.

사실, 실업계 중등학교 졸업자들은 인문계 졸업자들과 같은 경력(career)과정을 밟지 않았다(McGinn et al., 1980). 직업교육은 하층계급의 학생들에게는 막다른 골목이 되어 버렸다.

여기에서 흥미로운 사실은 한국인들은 직업교육에서 가르치는 '구체적이고 실용적인' 지식보다는 인문계 교육의 '추상적이고 이론적인' 지식을 일반적으로 선호했다는 점이다. 이 점이 한국 학자들의 비판의 대상이 되기도 했다. 예를 들어, 최원형(1986: 206)은 "한국인들은 1960년대 후반에 이르러서야 자본주의 사회에서의 그 '실용 지식'의 가치와 힘을 이해할 수 있게 되었다."라고 했다.

그러나 사실 한국인들은 사회적 위계 속에서 차지하는 직업교육의 위치를 너무도 잘 이해하고 있었다. 1948년 5월 11일자 학무국의 '직업교육에 대한 논평(Comments on Vocational Education)'에 따르면, 일제강점기에서 직업교육을 받는 학생들에게는 낙인이 따라다녔다(Dept. of Education: Reports). 그들은 자신들이 하위직의 기술자가 되도록 되어 있다는 사실을 잘 알고 있었다.

이제 여기에서, 중등학교 수준에서 실업계열 학교가 인문계열 학교와 분리되는 것이 과연 듀이 철학의 영향인지 의문을 제기해 볼 필요가 있다. 분명히 이원적 분리는 중등교육이 모든 사람에게 동일한 교육을 제공하는 민주적 기관이 되지 않음을 시사한다. 학생들은 각기 서로 다른 계열에 따라 서로 다른 종류의 교육을 받을 수밖에 없다.

듀이에게는 위계적인 노동분업 속에서의 특정한 직업 준비나 직업교육을 위한 계획 같은 것은 민주적 사회 건설을 불가능하게 할 뿐임을 의미했다. 듀이는 그러한 "직업교육은 사회적 예정론이라는 봉건적 도그마를 실현하는 도구이다."라고 비판했다(Dewey, 1916: 318).

듀이가 실업교육을 인문교육과 분리시키는 이원적 학교체제를 거부하는 입장은 자본주의적 산업사회를 전체 복지를 위한 사회로 변혁시키려는 그의 관심과 밀접하게 관련되어 있다. 듀이는 실업교육이 기존의 불평등한 경제체제를 묵인하고 영속화하는 데 이용될 수 있음을 느끼고 있었다. 그는 "직업교육이 사회의 현존 질서를 받아들이는 식으로 이용, 장악될 위험성"에 대해 경고했다(Dewey, 1966: 120). 듀이는 또한 다음과 같이 말하고 있다(Dewey, 1915: 42).

> 내가 관심을 가지고 있는 직업교육의 형태는 노동자를 현재의 산업체제에 '적응'시키려는 것이 아니다. 나는 그 같은 산업체제를 달갑게 여기지 않는다. 시류에 편승하는 교육자가 아닌 모든 이들이 해야 될 일은 이 같은 방향에로의 모든 움직임에 저항하는 것이며, 현존하는 산업체를 먼저 수정하고 궁극적으로 변혁시킬 수 있는 직업교육을 추구하는 것이다.

한국의 보수주의 집단이 기대했던 것은 수정된 6-3-3제를 통해 일제가 남긴 사회체제의 필요성에 맞추어 학생들을 차등적으로 분류하고 필요한 인력을 공급할 수 있다는 사실이다. 6-3-3제에 따른 차등적 학생 분류가 기존의 사회계층화에 대해 가지는 함의는 다음 한 가지 사실에서 포착해 볼 수 있다. 실업계 교육의 가장 큰 부분을 구성하는 농업학교(Dept. of Education: Reports, 1947)의 대부분의 학생은 당시의 억압적인 토지분배와 '반노예적인' 지주-소작관계 속의 소작농 내지 임금노동자가 될 수밖에 없었다.

그럼에도 불구하고 6-3-3제에 수반되었던 교육기회균등 이데올로기는 미군정하에서의 한국의 교육현실을 은폐하는 역할을 했다. 보다 더 중요한 사실은 이 자유주의적 이데올로기가 미군정이 실시되던 즈음 민중들 사이에 팽배해 있던 부와 권력의 균등한 분배로서의 평등이라는 과히 혁명적인 의식을 축출하는 데 큰 몫을 했다는 점이다. 미국에서와 마찬가지로 한국에서의 (자유시장 경쟁논리에 입각한) 기회균등 이데올로기는 기존의 경제적 특권과 사회적 지위에서의 불평등이 불가피한 한편, 그 속에서 각 개인에게 공개적으로 경쟁할 기회를 주는 것이 효율적이고 바람직하다는 전제 위에 기초하고 있다(Bowles & Gintis, 1976). 실제로 많은 한국인은 이 같은 자유주의적 기회균등 이데올로기를 받아들였다. 해방된 나라에서 급격한 사회경제적 개혁에 대한 혁명적 열망을 포기하고, 기존의 사회질서 속에서 교육을 통한 사회적 상층이동에 관심을 기울였다.

사실, 사회개혁의 수단으로 유일하게 제시된 것이 교육기회의 확대정책이었다. 특히 교육을 통한 '융화정책'은 한국에서 성공할 가능성이 높았다. 거의 모든 한국인은 자녀를 위해 교육기회가 보다 확대될 것을 열망했기 때문이다(The Institute of Education, 1949).

이와 같이 미군정은 교육정책 가운데 한국인들에게 교육기회를 확대해 주는 것에 중점을 두었다. 이는 다음과 같은 미군정의 천명에서도 알 수 있다. "한국교육의 궁극적 목표는 교육을 원하는 모든 사람이 자신이 선택한 학교에 다닐 수 있는 민주적 교육체제를 이루는 것이다."(Dept. of Education: Press Releases, Item 5, Feb. 5, 1946)

교육기회 확대정책은 그 정도가 매우 한정되어 있었기 때문에 학교교육을 사회이동의 유일무이한 수단으로 만듦으로써 학교교육의 가치를 증폭시켜 버리는 데 큰 역할을 했다. 이 정책—불평등한 사회 속에서 엄청난 권력과 영향력을 행사하는 집단에게 유리한—은 많은 부모와 학생으로 하여금 교육을 상층이동과 자기이익의 도구로 보도록 만들었다.

그 결과, 교육을 사회 상층이동의 도구로 생각하는 많은 사람 가운데 교육 경쟁이 더 격렬해졌다. 김신일(1985)은 오늘날 한국 사회에서 일고 있는 치열한 입시경쟁의 사회병리 현상이 일제강점기 교육정책의 유산이라고 지적했다. 그러나 정작 이것이 미군정 당국의 교육정책을 통해 어떻게 의도적으로 조장되었는가에 대해서는 언급이 없다. 사실, 이 교육정책의 범위 내에서는 학생들에게 민주적 참여에 필요한 지식을 가르치고 실습시킬 수 있는 듀이의 이른바 '민주적 공공 영역'으로서의 학교가 만들어질 여지가 전혀 없었다.

이 정책은 적어도 두 가지 효과를 가지고 있었다. 첫째, 교육팽창은 사회개혁의 요구에서 파생되는 사회적 긴장을 완화시키는 사회의 안정장치로 작용했다. 교육기회 확대정책은 하위계층의 아동들에게 기존의 사회질서 안에서 상층이동할 수 있는 가능성을 제공했다. 물론, 실제로 경제적 어려움 때문에 이들이 교육받을 수 있는 기회는 훨씬 적게 주어졌다. 둘째, 교육은 기존 사회질서를 정당화하는 수단으로서 확대되었다. 맥진 등(McGinn et al., 1980: 241)의 연구결론은 이 점에 대해서 매우 시사적이다. "한국에서의 교육 확대는 교육기회를 늘려 줄 것을 요구하는 사회적 바람에 따라 이루어졌을 뿐만 아니라…… 새로운 정치, 경제체제를 정당화하는 의도에서 이루어졌다."

특히 많은 한국인은 유교문화 전통과 식민지 경험 때문에 교육의 힘과 가치에 대한 강한 신화를 가지고 있었으므로 교육의 정당화 효과는 한국 사회에서 한층 더 클 수밖에 없었다.

4. 교육과정 개혁과 교육과정 트랙

새로운 중등학교 교육과정을 6-3-3제에 맞추어 '중등분과위원회'에서 마련하였다. 그러나 이 교육과정은 다시 전체심의회에서 '중핵교육과정(core curriculum)'이라는 새로운 아이디어에 입각하여 개정되었다.

미국에서 '중핵교육과정'이라는 용어는 중등학교 교육과정과 관련된 여러 실험 프로젝트가 실행되던 1930년대에 사용되었던 것으로서, 내용중심으로 학과목을 조직하는 것이 아니라 목표중심, 예를 들어 건강, 시민정신, 직업, 여가 등의 목표중심으로 학과목을 조직하는 것이었다(Krug, 1972). '중핵교육과정' 용어는 이 목표 또는 공통의 필수 공부를 의미하고, 이것은 분리되어 있는 과목들의 분열효과를 상쇄시킬 수 있을 것이라고 믿어졌다. 미국에서 개발된 본래의 아이디어에 비추어 볼 때, 조선교육심의회가 한국 중등학교 교육과정에 '중핵교육과정' 용어를 도입한 것은 적절하다고 볼 수 없다. 세키(Seki, 1987)의 말대로, 조선교육심의회의 위원들은 필수과목이 중등학교 교육과정의 핵심(중핵)이라고 생각했던 것 같다.

오히려 새로운 인문계 중등학교 교육과정의 형태를 살펴보면 행정지향적 진보주의의 효율성 이데올로기에 바탕을 두었던 미국 종합고등학교 교육과정의 형태와 매우 유사하다. 한국과 미국 중등학교 교육과정 구성의 기본원리가 똑같이 인문계 중등학교 내에 두 개의 교육과정 트랙(track)을 유지하자는 것이다.

기본적으로 한국에서 중등학교 교육과정은 7학년을 제외하고는 선택과목이 없었다. 그 교육과정에는 중학교 필수과목으로 직업훈련이 들어가 있었으나 고등학교과정에서는 빠져 있었다. 하지만 최종 수정된 교육과정에는 중·고등학교 교육과정 속에 선택과목이 들어갔다. 중학교 교육과정에서 직업훈련의 위치는 필수에서 선택으로 바뀌었다. 거기다가 선택과목인 직업훈련 과목은 9학년에서는 주당 최고 15시간까지 들어 있어 필수과목인 일반 과학이나 수학시간보다 세 배나 더 많았다.

이것은 교육제도분과의 건의, 즉 인문과목과 직업과목의 비율이 중학교에서는 4:6, 고등학교에서는 3:7이 되어야 한다는 것을 반영한 것이다(Hist. Dept. of Education: General. Feb. 25, 1946). 이와 같이 선택과목 안에 직업교육 프로그램을 넣음으로써 교육과정 트랙의 경향은 중학교에서부터 두드러지게 나타나기 시작했다.

중등교육분과에서 제안한 고등학교 교육과정에는 직업과목이 들어 있지 않았다. 그러나 1946년 6월 최종적으로 채택된 고등학교 교육과정은 선택과목(직업과목)을 도입함으로써 중학교에서의 교육과정 계열화(분화)를 더욱 강화시키는 교육과정이 되었다. 직업과목의 최대 시간은 12학년에서 주당 25시간으로 필수과목인 국어시간보다 자그마치 여덟 배가 되었다.

중요한 점은 선택과목 도입에 따른 직업분화 현상이 인문계 학교에서 이루어지고 있는 트래킹의 형태로 연결되었다는 점이다. 직업 프로그램은 가정의 경제적 형편이 어려운 시골지역의 학생 비율이 높을 수밖에 없다. 직업과목이 선택과목으로 되어 있다는 사실에 비추어 상급학교에 진학할 수 없는 학생들이 사회하층의 단순기능직에 필요한 것으로 보이는 직업 코스를 선택할 수밖에 없음을 알 수 있다. 사실, 학무국은 교육이란 여러 지역사회의 특수한 사정과 필요에 맞추어야 함을 강조했다. 예를 들면, 농업 코스는 농촌지역의 학생들에게 특히 적합한 것으로 여겨졌다(Dept. of Education: Reports, 1946). 결과적으로, 기존의 사회계층화 현상에 조응하는 교육과정 트랙은 한국 사회구조 속에 내장된 일제가 남긴 사회경제적 불평등을 유지하는 데 기여할 뿐이었다.

한편, 중등학교 교육과정의 필수과목인 사회, 국어, 영어는 '사회 동질성 유지'라는 차원에서 설정되었다. 이들 과목들의 목표는 공통의 사회적 가치, 규범, 태도를 가르치자는 것이었다. 고등학교 중핵교육과정에서 보면, 다른 필수과목보다 훨씬 높은 비중이 주어졌다. 사회과는 민주사회 건설에서 필수적인 중핵 코스의 새로운 형태로 인식되었다. 그 당시 학무국 차장이었던 오천석(1975)은 사회과는 듀이나 러그(H. Rugg)와 같은 미국 진보주의 교육자들의 사상에 바탕을 두고 있다고 주장했다.

크러그(Krug, 1972)에 따르면, 러그는 중등학교에서 통합된 사회과를 가르치기를 주장했다. 왜냐하면 현대의 삶의 방식과 문제 그리고 그 문제들의 역사적 배경은 역사, 지리, 경제학 등의 독립된 학과목을 통해서보다는 통합된 사회과학 교육과정을 통해 보다 효과적으로 학습될 수 있으리라 믿었기 때문이다. 이리하여 러그는 현대의 사회, 경제, 정치 생활의 지속적인 문제와 이슈들을 다룰 수 있도록 하기 위해 통합된 사회과를 만들었던 것이다.

흥미로운 것은 러그와 같은 미국의 진보주의 교육자들의 영향을 받았다는 한국의 사회과는 현대의 사회, 경제, 정치 생활의 이슈들을 회피했다는 사실이다. 한국의 사회과는 그런 이슈들 대신 '논란이 없는' 이슈들을 선택했다(Choe, 1986). 미국의 한국 지배를 암묵적으로 옹호했던 조선교육심의회의 한국 교육자들이 미국의 군사통제하의 심각한 구조적 · 정치경제적 현실을 회피했다는 사실에 비추어 보면 이것은 당연한 일이다. 그러므로 사회과는 명목상으로는 민주시민을 위한 중핵 코스로 이해되면서 실제상에서는 사회에 대한 '논란의 여지가 없는' 일방적 해석을 강조함으로써 사회 동질성을 위한 교화의 수단으로 이용되었다.

사회과 외에도 영어과, 국어과는 미국의 한국에 대한 군사적 통제하에서 사회동질성의 목표에 기여할 수 있었다. 미군정에 대한 민중의 불만이 시시각각으로 커지고 있을 때 학교에서의 영어과는 어린 학생들에게 미국의 문화와 세계관을 받아들이도록 사회화했고, 이를 통해 한국 아이들이 미국의 존재에 호의를 갖도록 유도했다. 영어과는 형식상으로는 선택과목에 포함되어 있었지만 비공식적으로는 중등학교의 필수과목이었다. 형식적으로나마 영어를 필수과목에서 제외시킨 것은 일제강점기의 일어가 미국의 군사통치하에서 단순히 영어로 바뀐 것뿐이라는 비판을 피하려는 의도가 있었던 듯하다.

마지막으로 지적되어야 할 점은 중등학교의 음악 축제와 '전국예술경연대회'와 같은 과외활동은 급진적이거나 불만이 있는 학생들의 에너지—끊임없이 학원 소요를 일으키는—를 비정치적 활동으로 돌려놓자는 의도에서 실시되었다는 점이다 (Dept. of Education: Reports, April 26, 1947). 특히 예술경연대회의 주된 주제가 '민주주의'였다는 것은 주목할 만하다. 이것은 미군정이 점령지인 남한에서 건설적인 민주주의의 시범을 결코 보여 주지 않았다는 사실에 비추어 보면 기이하기 그지없다.

그럼에도 불구하고 미국인들은 한국인들에게 자기네식의 민주주의에 대한 정의를 내려 주곤 했다.

5. 정치사회화를 위한 교과서 내용 통제

학무국은 1945년 10월 개학과 함께 우선 한글학회 회원들이 펴낸 국어교재를 학교 교과서로 사용토록 하는 한편, 교과서 제작을 위한 2개년 계획을 수립했다. 이 계획에는 영어 및 체육 교과서는 빠져 있었는데, 그것들은 미국인들이 따로 준비하도록 되어 있었다(Dept of Education: Reports, 1946).

이 교과서 제작 계획을 보면, 학무국 편수과의 직원들이 편수과정에 편자로 직접 참여했다. 거기다가 학무국은 교과서의 저자와 편자로 일할 학자들을 직접 뽑았다. 그 심사기준은 첫째는 친일 협력자가 아닐 것, 둘째는 현대적 관점을 가져야 할 것 등이었다(Dept. of Education: Reports, 1946).

적지 않은 조선교육심의회의 위원들이 친일 협력자라는 사실을 생각해 볼 때 첫 번째 심사기준은 거의 명목상 내세운 것뿐이었다. 그러므로 미군정에게 구미가 당기는 가장 중요한 심사기준은 '현대적 관점'이었다. 의심할 것도 없이 이 관점은 미국인의 세계에 대한 관점과 동일했다. 왜냐하면 한국에 있는 미국인은 그들 자신을 현대적이라고 생각했기 때문이다. 결과적으로 미국인의 세계관을 가진 학자들만이 한국 학생들이 사용할 새 교과서를 준비하도록 뽑혔던 것이다. 거기다 중·고등학교 국어와 사회 교과서는 미군정이 직접 관할·제작했고, 다른 과목의 교과서는 검인정제에 따르도록 되어 있었다. 이것은 조선교육심의회 교과서분과위원회의 다음 네 가지 건의를 따른 것이었다. 첫째는 기본교과서만 군정에서 제작할 것, 둘째는 출판사에서 제작한 교과서는 학무국 승인하에 학교 교과서로 사용할 것, 셋째는 학무국 편수과가 승인기준을 정할 것, 넷째는 교재 판매는 지방교육 당국이 승인한 거래상을 통해야 될 것 등이었다(Dept. of Education: Reports, 1946). 여기에서 매우 중요한 사실은 국어, 사회, 영어와 같이 이데올로기적 통제에 필수 불가결한 과목의 교과서는 미군정의 직접적 통제하에 두었다는 것이다.

앤더슨(Paul Anderson)의 「교과서 제작과 분배(Textbook Production and

Distribution)」라는 1947년 1월 4일의 보고서에 따르면, 학무국 편수과의 건의에 따라 교과서 승인 심사위원회가 따로 설치되었다. 그리고 교과서를 평가하기 위한 세가지 기준을 학무국이 설정하였다(Dept. of Education: Textbooks, 1947).

이 세 기준은, 첫째는 한국인이 승인한 것인가, 둘째는 아동의 흥미에 맞는 것인가, 셋째는 점령 목적을 촉진시키는 것인가 등이다. 이 세 가지 기준 가운데 첫째 기준은 거의 무의미하다. 결국 고려될 수 있는 중요한 두 기준은 한국 '진보주의' 교육자들이 강조한 아동의 흥미와 미군정의 점령(정치적) 목적이다. 여기에서의 의문은 '만약 아동의 흥미 기준이 점령목적의 기준과 상반된다면 어떤 기준에 우선순위가 주어질 것인가?' 하는 것이다. 사실, 아동의 흥미는 당연히 비정치적일 것이고, 미군정 점령의 정치적 목적과는 상반되지 않을 것이다. 여기에서 우리는 한국의 '진보주의' 교육자들이 강조한 아동흥미중심이라는 미사여구는 미군정의 정치적 목적을 그럴듯한 교육적 언사로 장식해 주는 식으로 기여하고 있음을 볼 수 있다. 따라서 가장 중요한 교과서 평가기준은 군정의 점령 목적 촉진이었다. 결국, 한국에서 '정당한(legitimate)' 학교지식은 미군정 당국이 승인한 것뿐이었다.

교과서 편수과정에 대한 미국교육의 영향은 다양했다. 사회과는 캘리포니아와 콜로라도주의 학교에서 사용한 실라버스를 참고용으로 사용했다(Seki, 1986). 게다가 미국 교과서가 대부분의 한국 교과서를 편집하는 지침용으로 사용되었다.

어떤 학자들은 한국 교사와 교과서 편집자들이 이용한 미국 교재자료는 학생을 가르치기 위한 최상의 지침이 되었을 것이라고 생각할지 모르지만, 이는 학교지식 분배의 정치학을 도외시한 견해이다. 미국 교과서는 미국의 지배계급의 '문화자본(cultural capital)'을 담고 있고, 따라서 그것은 가장 정당한 지식으로 간주된다(Apple, 1986). 미국의 교육과정사회학자들은 미국 교과서에 담긴 학교지식은 계급, 성, 인종의 불평등과 연관되었다는 증거를 풍부하게 제시하고 있다. 문제는 한국에서 교수 또는 편집을 위한 지침서로서 미국 교과서가 사용됨에 따라 미국의 교재자료가 한국 학교에서 전수할 정당한 문화가 무엇인가를 규정하게 되었다는 점이다.

교과서 제작에서 논란이 된 이슈의 하나는 미군정의 한글전용 정책이었다. 미군정은 "한글을 사용하지 않는 교과서는 승인하지 않을 방침이다."라고 발표했다(Dept. of Education: Reports, 1946). 따라서 모든 교과서는 완전 한글전용으로 인쇄되었다. 이 정책은 학생들이 학교에서 상용한자 1,000자를 배울 수 있도록 나중에 바뀌었다. 이와 같은 한자 허용방침은 한글만 가르치는 것은 학생들을 눈먼 장님으로 만들게 될 것이라는 비판 때문이었다(오천석, 1975). 한국의 전통적인 문자문화가 한자로 축적되었음을 생각해 볼 때 미군정의 한글전용 정책은 아주 급진적이었다. 그것은 미래세대가 한글을 통해 전통문화를 접근할 수 없는 한, 미래세대를 위한 교육은 한국 전통문화와 매우 급격하게 단절될 것을 의미했다.

교과서 편집에 따른 또 하나 민감한 사안은 교과서 내용의 정치적 성격이었다. 이 민감한 이슈를 피하기 위하여 미군정은 '교육의 정치로부터의 분리'를 전략적으로 주장했다. 이렇게 해서, '교육의 정치로부터의 분리'라는 가장 속에서 모든 '논란의 여지가 있는 이슈'를 교과서 내용에서 모조리 빼내 버렸다. 학무국은 대신 미국 교과서의 내용을 번역하기로 결정했다. 말할 나위도 없이 학무국의 이 같은 결정은 한국인의 눈으로 보면 논란의 소지가 큰 것이었다. 특히 이 결정은 미군정의 교과서 한글전용 정책과 맞물려 생각해 볼 때 더 의미가 깊다. 이 정책들 때문에 한국 교육은 전통적 한국 문화 지향적이라기보다는 미국 문화 지향적이 될 수밖에 없었다. 여기에서 콜(Cole, 1975)의 연구는 매우 시사적이다. 그는 1948~1974년의 기간 동안 한국 학교에서 사용된 교과서는 한국인보다는 서구의 영웅을 한국의 어린 학생들의 모범으로 가르쳤음을 보여 주고 있다. 콜은 한국 교과서에서 서구의 영웅이 높은 비율을 차지했던 이유는 1945~1955년에 한국에 와 있던 미국 교육자문위원들의 영향에 있음을 밝히고 있다.

이와 같이 미군정은 교육의 정치로부터의 분리라는 미명하에 한국 교과서에 미국식 사고유형을 담고자 시도했던 것이다. 여기서 한 가지 지적하고 싶은 것은 '비논란적인' 성격이라는 명분으로 한국 교과서 속에 미국 문화를 심으려는 미군정의 암묵적이고 실용적인 전략은 미국의 '교육적 자유주의(educational liberalism)'의 전형적인 특징이라는 것이다(Goodenow, 1983).

결론적으로 진보주의 교육이 명목상으로는 미군정기 동안 '민주적 교육'의 모델로 도입되었지만 그것은 매우 다른 비민주적 결과를 가져왔다는 것이다. 이것은 애초 미군정의 교육개혁 정책이 한국 사회의 민주적 변화를 지향한 것이 아니라 친미적 지배구조를 구축·강화시키기 위한 수단이었음을 생각해 보면 어느 정도 예견될 수 있는 결과였다. 그럼에도 불구하고 진보주의 교육이라는 명칭은 적어도 교육개혁에 있어서 미군정의 지배정책을 미화시키는 데 일조하였다.

  이러한 논의는 미군정의 교육정책에 대한 전통적 해석이 수정되어야 함을 시사한다. 과거 대부분의 학자는 교육개혁을 탈정치적 맥락 속에 정치(定置)시켜 놓고 미국 정부의 공식적 정책 진술에 의거하여 교육정책을 연구했다. 이들 학자들은 교육개혁을 도입했던 미국인들의 '선의'를 의심하지 않았다. 그들은 미국의 반혁명정책의 맥락에서 이루어진 교육개혁의 정치적 성격에 대해 의문을 제기하지 않았다. 그들은 한국에 억압적 경찰국가를 길러 냈던 미국인들에게 경의를 표했던 것이다. 미군정의 억압적 정책이 우발적인 실수나 한국 상황에 대한 무지에서 비롯되었다는 일반적 인식을 생각해 보면, 미군정의 교육개혁이 미군정이 이룬 가장 뛰어난 성과라는 이들 학자들의 주장은 당시 미군정의 반혁명적·비민주적 정책의 실상을 가리는 것이다. 결과적으로, 미군정기동안의 교육개혁에 대한 대부분의 연구들은 교육개혁이 민주적이었던 것으로 그 이미지를 확고하게 굳혔으며, 지금까지도 그 이미지는 달라지지 않고 있다.

토론주제

　　해방 직후 남한의 교육개혁운동은 일제잔재청산을 내세우며 민주적 교육을 모색하였다. 새교육운동이라는 형태로 전개된 이 교육개혁운동은 전체주의를 극복하기 위하여 아동의 주체성을 존중하고, 아동의 생활을 중심으로 하는 아동·생활중심주의 교육을 중심이념으로 하고 있었다. 전체주의를 극복한다는 것은 식민지 교육의 모순을 청산한다는 의미를 갖고 있었고, 교사중심적이고 권위주의적인 교육을 아동중심적으로 바꾼다는 특징을 가지고 있었다. 이러한 교육개혁은 주로 새교육운동을 주도한 초등학교 교사들이 주도하였다. 하지만 5·16쿠데타가 일어난 이후 반공에 대한 개념이 확연히 달라졌다. 먼저 제한적으로나마 아동에 대한 주체성을 인정하던 것 (해방 이후부터 1950년대까지)은 완전히 철폐되고, 아동의 생활은 반공이데올로기를 강화하는 수단으로서만 강조되었다.

– 강일국(2002). 해방이후 초등학교의 교육개혁운동과 반공교육의 전개과정.–

• 초등학교 교사들이 주도했던 새교육운동(아동·생활중심교육운동)은 박정희 시대의 반공주의와 대립되는 것이었는가? 그렇다면 '열린 교육(아동중심교육)'이 1980년대의 폭압적인 군사정권하에서 가능했던 것은 어떻게 설명될 수 있는가 [3]

----

3) 열린교육은 1986년 사립학교인 서울 운현초등학교와 영훈초등학교에서 시작되었다. 그로부터 3년 후인 1989년에 공립학교인 경기도 평택의 안중초등학교가 열린교육을 시행함에 따라 열린교육은 공·사립 초등학교를 망라하여 전국적으로 확산되었다(한국열린교육학회 연혁 참고). 서울 영훈초등학교는 학비가 연 800만 원(급식비·통학비 포함)이나 드는 일류 사립초등학교이다. 삼성 이건희 회장의 손자가 다니는 학교로 학부모들 사이에서 인기가 가장 높다. 일류 사립초등학교를 중심으로 열린 교육이 실시된다는 것은 무엇을 의미하는 것일까? 번스타인(B. Bernstein)의 '문화전수 이론'을 참고(이 책 제8장 제4절)해 보기 바란다.

제11장

신자유주의와 교육개혁

우리가 교사로서 필요로 하는 지혜는 동료교사들의 협동적 커뮤니티 속에서 풍성하게 발견할 수 있다. 우리는 어떻게 하면 고립된, 경쟁적 관계에서 벗어나 교육방법에 대한 지속적인 대화를 창출할 수 있을까? 좋은 교육방법에 대한 좋은 대화야말로 우리가 정말로 필요로 하는 것이다. 이렇게 하면 교직 수행능력을 높이고 좋은 가르침의 원천인 자아의식도 높일 수 있다.

-파커 파머(P. Palmer),
『가르칠 수 있는 용기(The Courage to Teach)』-

이 장에서는 우리나라뿐만 아니라 세계 주요국들이 최근까지 공교육개혁의 이념으로 삼았던 신자유주의에 의해 공교육이 어떻게 개혁되어 왔는지를 살펴본다. 이를 위해 먼저 신자유주의란 무엇이며, 신자유주의의 시장원리가 어떻게 교육에 적용되었는지를 살펴보고자 한다. 신자유주의의 시장원리를 교육의 장(field)에 적용하는 것이 과연 적절한지를 검토해 보고, 한국 입시경쟁의 틀 속에서 한국 교육의 신자유주의화는 어떤 성격과 의미를 가지는 것인지를 파악해 보고자 한다.

1. 신자유주의란 무엇인가

1) 국가개입 철회와 시장 자율

신자유주의가 무엇인가에 대해서는 여러 각도에서 논의할 수 있지만, 여기서는 신자유주의의 핵심인 국가 후퇴/시장 자율이라는 도식에서 국가개입과 시장자율성의 문제에 초점을 두고자 한다. 왜냐하면 신자유주의를 둘러싼 공방이 국가개입과 시장 자율성의 성격을 둘러싸고 일어나고 있기 때문이다.

신자유주의는 하이에크(F. Hayek)의 사상에서 비롯되었으며, 시카고 대학교의 프리드먼(M. Friedman)에 의해 경제학적으로 정당화되었고, 대처(M. H. Thatcher)와 레이건(R. W. Reagan)이 정치적으로 실행했던 일단의 시장지향적 이념이다. 그 이후 '워싱턴 컨센서스'[1]와 '확장된 워싱턴 컨센서스'[2]를 통해 구체적인 정책패키지로 발전하게 되었던 것이다. 신자유주의는 기본적으로 다음 세 가지로 특징지을 수

---

[1] '워싱턴 컨센서스'(Washington Consensus)는 신자유주의 정책패키지로 1980년대 워싱턴에 소재한 국제통화기금과 세계은행, 미국행정부 등이 개발도상국의 발전모델로 미국식 시장경제체제를 처방한 경제발전정책을 지칭하였던 용어이다. 워싱턴 컨센서스에는 재정적 규율, 공공지출 감소, 조세개혁, 금리자유화, 경쟁적 환율, 무역자유화, 외국인 직접투자 촉진, 민영화, 규제혁파, 재산권 보호 등 열 가지의 정책처방이 포함된다(윤상우, 2000).

[2] 확장된 워싱턴 컨센서스는 '워싱턴 컨센서스'의 엄격한 정책조합의 틀에서 벗어나 빈곤 감소와 좋은 거버넌스, 지속가능한 발전, 사회안전망 등의 다소 유연한 개혁정책들을 포함하고 있다(김천기, 2011).

있다. 첫째, 자원배분 기제로서 시장의 효율성에 대한 절대적인 믿음이다. 둘째, 모든 경제관계에서 시장원리의 확대, 즉 자유무역과 자유로운 금융자본의 이동을 가능케 하는 대외개방과 자유화, 탈규제가 요청되며, 공공 영역에서도 시장논리와 경쟁원리가 강조된다. 셋째, 경제정책에서 균형재정을 지향하는 긴축 위주의 재정통화정책, 소득재분배보다는 자본축적을 위한 감세 위주의 조세정책이 강조된다. 현실 세계에서 신자유주의로의 이행은 시대별로, 국가별로 다양하게 나타나고 있기 때문에 대처의 영국이나 레이건의 미국을 표준으로 신자유주의 여부를 정태적으로 판단해서는 안 된다(윤상우, 2009).

신자유주의 지지자들은, 신자유주의 반대자들이 신자유주의를 오해하여 마치 신자유주의가 국가가 개입해야 할 공공의 영역마저 시장기능에 맡김으로써 불평등을 심화했다는 식으로 왜곡하고 있다는 비판을 가한다(나병현, 2003). 신자유주의는 국가의 개입을 완전히 부정하는 것도 아니며, 신자유주의하에서도 사회안전망과 기타 환경문제 등 산업화로 인하여 생기는 새로운 문제들을 국가적 과제로 인식한다는 것이다. 이러한 주장의 근거로는 신자유주의의 원조라 할 수 있는 하이에크(F. Hayek)의 사상이 제시되고 있다. 하이에크의 사상은 통상적인 신자유주의와는 다른 것처럼 보이는 면이 있다. 분명히 하이에크는 그의 저서 『노예의 길(The Road to Serfdom)』(2001)에서 '모든 사람에 대한 일정한 최소 생계수단의 확실성'에 찬성한다고 밝혔다. 즉 그는 건강과 노동능력을 보존하기 위해 충분한 어떤 최소한의 의식주와 질병, 사고, 자연재해에 대한 국가지원 보험에 찬성한다는 것이었다. 이런 주장은 국가가 제공하는 사회복지 기능을 배격한다는 교조적 신자유주의와는 다른 것이다.

그런데 하이에크의 진의를 파악하기 위해서는 당시 전시 영국에서 왜 사회안전망 등을 무시할 수 없었는가를 살펴볼 필요가 있다. 하이에크는 영국의 경제학자 겸 정치가인 윌리엄 베버리지가 1942년 제안했던 사회복지제도가 일반국민의 지지를 강력하게 받고 있던 시대에서 그것에 거슬러 쉽게 자신의 주장을 펼치기가 어려운 측면이 있었다(Hirschman, 2010). 그는 나중에 그의 저서 『자유의 본질(The Constitution of Liberty)』에서 자신의 이전 주장을 수정하며 복지국가에 대해 노골적이고 전면적인 공격을 감행하였다. 복지국가가 자유에 최대의 위협이 될 것이라고 보았기 때문이다(Hirschman, 2010). 하이에크가 이렇듯 후작(後作)에서는 사회복지를 위한 국가의 개입의 철회를 주장하였음에도 이러한 사실은 망각되고 있는 듯하다.

앞서 지적한 바와 같이 신자유주의는 국가철회를 주장하지만, 그것은 어디까지나 특수한 사회부문에 한정된 것이며 오히려 광범위하게 국가가 개입하고 있으며, 단지 개입의 형태만 달라졌을 뿐이다. 서구사회에서 신자유주의가 시장에 대한 국가개입에 반대한다고 했을 때, 그것은 복지국가를 타깃으로 삼은 것이지 기업의 자본의 축적을 위한 국가의 역할을 부정하는 것은 아니었다. 듀메닐과 레비(Dumenil & Levy, 2006)가 지적한 바와 같이 신자유주의 국가는 사회복지, 완전고용과 사회 인프라투자, 산업투자에 대한 조정과 규제로부터 물러났지만 국내적·국제적으로 투자자의 소유권을 보호하고 거래의 자유를 보장하기 위해 법적·제도적 틀을 마련하고 지속적으로 사회에 개입하였다. 그리고 신자유주의 국가는 기업의 국제경쟁력을 높인다는 명목으로 산업혁신정책을 실행하고 노동의 유연성을 시행하는 한편, 사회적 약자에 대해서는 '철퇴'를 휘둘렀던 것이다(Harvey, 2007; Jessop, 2002). 따라서 국가개입은 무조건 신자유주의적이지 않다고 판단하는 것은 오류를 범할 가능성이 높다.

2) 신자유주의의 자율적 통치성

신자유주의에서 국가개입의 억제 또는 후퇴는 개인의 자유와 자율성 신장이라는 측면에서 정당화되는데, 이때 자율성의 성격이 무엇인가를 살펴볼 필요가 있다. 신자유주의자들은 자신의 주장의 설득력을 높이기 위해 이항대립적 구조를 사용하는데, 국가의 규제, 간섭은 부정적인 항인 데 반해, 자유와 자율성은 긍정적인 대립항의 위치에 놓는다. 따라서 만일 우리가 국가의 시장개입을 지지한다면, 그 순간 우리는 개인의 자유와 자율성을 부정하고 하이에크의 이른바 '노예의 길'을 택하는 것이다.

하이에크가 복지국가를 반대하는 것도 결국 개인이 자유를 상실하고 노예의 길로 들어서게 되기 때문이라는 판단 때문이다. 복지국가정책을 시행하기 위해서는 민주적 합의가 이루어져야 하는데, 그가 보기에 민주적 합의는 불가능하며 이로 인해 강제가 필요해진다는 것이다. 하이에크의 이 단순화된 주장은 허시먼(Hirschman, 2010)의 이른바 '위험명제', 즉 '복지국가정책은 자유를 위태롭게 한다.'

라는 명제에 입각해 있다. 그러나 그 위험명제를 그대로 사용하자면, 그는 복지국가 폐지로 인해 발생될 사회양극화의 위험은 간과했다는 비판을 받을 여지가 있다.

시장에서 국가의 개입이 축소되면 개인의 자율성이 신장된다는 하이에크의 주장은 형식논리상 맞는 것처럼 보인다. 특히나 권위주의적 정치체제를 경험한 한국인의 입장에서는 더욱더 설득력 있는 말이다. '국가의 간섭이나 규제를 받지 않고 개인이 자율적으로 판단하고 행동한다.' 얼마나 달콤한 말인가? 칸트가 설파했던 '자율적 인간'을 주창하는 것처럼 들린다. 하지만 신자유주의가 말하는 개인의 자율성은 칸트가 말하는 개인의 자율성과는 그 의미하는 바가 근본적으로 다르다. 신자유주의에서 말하는 개인의 자율성은 푸코(M. Foucault)의 언어로 표현한다면, 국가의 통치성 대신 신자유주의의 통치성(governmentality)에 의거하는 것이다(Foucault, 2008).

푸코가 말하는 신자유주의 통치성은 난해한 개념이기는 하지만, 신자유주의 통치성을 극단적으로 가장 잘 표현해 주는 말이 마이클 무어(M. Moore)의 다큐멘터리 영화 〈볼링 포 콜럼바인(Bowling For Columbine)〉에서 총을 든 시민들이 하는 말이다. "자신과 가족의 안전은 내가 지킨다." 국가와 경찰이 지켜 주는 것이 아니라 내가 총으로 무장하여 외부의 위험으로부터 가족을 지키는 것이 자율적 존재인 나의 책임인 것이다. 개인의 안전도, 의료비도, 교육비도 국가가 책임지지 않고 개인이 자율적으로 해결해야 하는 것이다. 이것이 신자유주의가 말하는 자율성의 의미이다.

신자유주의 통치성이란 삶의 모든 문제해결의 책임은 국가가 아니라 개인에게 있으며, 개인이 자율적으로 해결할 수 있는 자립능력을 키워야 한다는 것이다. 이것은 개인주의적 관념으로 보면 지극히 당연한 주장이라는 생각을 하기 쉬운데, 그 언설의 맥락 속에서 보아야 그 의미가 제대로 파악된다. 신자유주의 통치성은 사회적 삶의 모든 문제와 공공적인 위험을 관리하고 해결해야 할 책임이 바로 자기 자신에게 있다고 생각하는 자율적 개인의 육성에 있다. 모든 사회적 삶의 어려움은 개인적 결정에 따른 것이며, 모든 사회문제는 개인의 사적인 해법으로 환원된다. 바우만(Z. Bauman)의 말은 신자유주의 통치성이 무엇인가를 잘 표현해 주고 있다.

> 개인들로 구성된 사회에서 사람들이 처할 수 있는 곤경은 스스로 자초한 것이며, 또한 누군가 빠질 수 있는 뜨거운 물은 그 속에 빠진 사람의 불행한 실패로 인하여 데워진 것이라고 주장하고 있다. 인생의 좋은 일과 나쁜 일에 대해서 개인은 오직 자신에게 감

사하거나 자신을 비난할 수 있을 뿐이다. 인생사를 이렇게 받아들인다면 이것은 하나의 공리가 될 수 있다. (Giroux, 2009: 280에서 재인용)

신자유주의 통치성은 사회적 리스크를 국가에서 개인으로 이전시킴으로써 문제에 대한 책임을 국가에서 개인의 자율적 능력의 문제로 환원시킨다(Lemke, 2002). 사회양극화, 가난과 질병의 문제, 생태계 파괴, 먹거리 문제, 자연재해도 개인이 해결해야 할 생존의 문제일 뿐이다. 삶의 위험을 관리할 책임이 국가에서 개인에게로 재분배된다. 즉, '위험의 개별화(individualization of risk)'가 일어난다.

신자유주의의 자율적 통치성의 관점에서 보면, 입시경쟁교육의 문제도 국가가 책임져야 할 문제가 아니다. 각 개인 각자가 알아서 해결해야 할 문제이고, 학교가 알아서 관리해야 할 문제이다. 우열반 편성, 방과후 학교 운영, 0교시, 보충수업 문제도 학교나 학부모가 알아서 선택해야 할 문제이고 해결해야 할 문제일 뿐이다. 그것을 국가가 규제할 필요가 없다. 이런 기조에서 나온 것이 이명박 정부의 '4·15 학교자율화' 조치이다. 국가의 규제라 하면 그것이 지닌 부정적인 뉘앙스 때문에 규제를 푼다는 말이 무조건 긍정적인 조치로 인식되기 쉽지만, 규제를 무작정 푸는 것만이 선은 아니다. 특히나 우리나라처럼 과열된 입시교육으로 국민이 고통받는 현실에서 입시교육의 과열과 병폐를 금지하는 규제를 푸는 것이 자율화라고 한다면, 그것은 자율화의 의미를 심각하게 오용하는 것이다. 입시교육 규제완화를 '자율화' 조치라고 명명한 것은 국민들로 하여금 정부 정책에 호의적이도록 만드는 '설득적 정의' 효과를 의도한 것이라고 볼 수밖에 없다.

2. 시장논리, 학교의 장에 적합한가

1) 학교의 장의 성격과 교사의 아비투스

신자유주의는 교육을 아예 시장경제 영역으로 옮겨 놓자는 것이다. 그리하여 교육을 시장의 논리에 따르도록 한다는 것이다. 하지만 시장 영역에서는 시민이 교육의 평등화를 요구하거나, 시민이 자신의 삶에 영향을 끼치는 중대한 교육에 관한 결정에서 평등한 발언권을 가질 수가 없다. 우리 공동체 교육의 목적과 수단에 대한 공적인 논의 자체가 어렵다.

그리고 교육이 시장 영역으로 이동하면, 학교도 시장경쟁 논리에 따라야 하고, 교사는 시장의 상인들처럼 서로 자기 물건을 팔기 위해 경쟁해야 한다. 상인들은 돈을 벌기 위해 시장에서 얼마나 애쓰는가! 그런데 교사들은 무사안일하기 그지없다. 가만히 있어도 고객이 주어지고, 고객이 무엇을 요구하든 상관없이 구태의연하게 자기들 식으로 교육하고 있으니 말이다. 이런 '나태한' 교사들에게 강한 자극을 주기 위해서는 교사들을 '시장판'으로 끌어들여야 한다. 학생들에게 장사를 잘해서 돈을 벌어들이지 못하면 시장에서 '퇴출'시켜야 한다. 이것이 바로 신자유주의 시장경쟁 논리이다. 그러나 과연 교원의 동기를 '당근과 채찍'으로 불러일으킬 수 있을까? 이는 인간의 하위욕구(생존과 안전 욕구)를 중시하는 맥그리거(McGregor)의 X 이론과 비슷하다(Bottery, 1992). 하우(Howe II, 1991)가 지적한 것과 같이 아이들의 인지적·도덕적·사회적 성장에 관한 책임을 맡은 교사들에게 시장경쟁이 교육적 동기를 불러일으키기는 어렵다. 실제 시장경쟁을 통해 '교육의 질'이 향상된다는 실증적 근거도 부족하다(Howe II, 1991; Kerchner & Boyd, 1988). 여기서 교육의 질은 교육과정의 질이 아니라 오로지 학업성취도의 측면에서 규정된 것이다. 물론 사립학교가 SAT성적이 높지만, 그것이 주로 사립학교의 교육효과성에 기인한 것인지, 아니면 학생의 사회경제적 배경의 영향에 기인한 것인지 분명하게 말할 수 없다.

그리고 현실적으로 교사와 학생의 관계를 시장에서의 상품 거래관계로 규정한다는 자체가 학교 장에서의 교사 행위의 특수성을 간과하고 있는 것이다. 이것은 무슨 뜻인가?

우선 학교의 장(field)은 일반 경제의 장과 다르다는 점이 지적되어야 한다.[3] 현대

---

3) 장이란 무엇인가? 이에 대한 상세한 논의는 김천기(2007)의 논문을 참고하기 바란다. 간단하게 설명하자면, 장은 마르크스의 토대/상부구조, 사회구조/상징체계 사이의 관계를 매개하는 매개물의 개념이다. 장은 장 외부의 모든 제약과 영향력이 '굴절' '재구조화' 또는 '재번역'되는 곳이다. 부르디외에 따르면, 장의 매개적 성격, 굴절을 가능하게 해 주는 것은 장이 가진 상대적 자율성이다. 장의 자율성은 "자체적인 법칙, 자신의 고유한 노모스(nomos)를 가진다는 것, 자기의 고유한 기능원리와 규칙이 자기 안에 있다는 것"을 의미한다. 말하자면, 장 외부의 모든 제약과 영향력을 굴절시키고 재해석하는 것은 장 자체의 역사, 고유한 기능과 규칙에 따른 것이다. 학교의 공간이 상대적 자율성과 고유한 법칙을 가지고 있다면 사회적 장이라 볼 수 있으며, 그렇지 못하다면 단순한 기구(apparatus)에 불과하다.

사회의 소세계들은 역사적으로 자율화 과정이 다 다르고, 다른 것으로 환원될 수 없는 근본법칙을 지닌 세계들, 이익/관심의 특수한 형태들의 장소인 세계들을 형성하고 있다(Bourdieu, 2005). 따라서 경제적 장의 이익의 법칙과는 다른 법칙, 또는 이익의 법칙을 부정하거나 거부하는 법칙에 토대를 둔 자율적인 장들(문화의 장, 예술의 장 등)이 존재한다. 학교의 장은 '장사는 장사다.'라는 경제 장의 이익의 법칙이 아니라 교육의 법칙, 즉 '교육은 교육이다.' '교사의 행동은 교육적이어야 한다.'('교사의 행동은 상업적이어야 한다.'라는 법칙은 학교에서 절대 통용될 수 없다.)라고 하는 장의 법칙을 가지고 있다. 학교의 장은 헌신, 봉사, 교육애에 기초를 두고 있다. 교육의 장에서 행위자들인 교원들은 아이를 교육하는 일의 속성상 '이해관계에 얽매이지 않는다.'라는 사실을 전제한다. 말하자면, 교원들은 아이의 '신성한 교육'을 담당하는 스승으로서 타산적인 이익을 밝혀서는 안 되며, 무사무욕적인 태도를 가지고 있어야 한다는 기능논리를 가지고 있다.[4] 그렇다면 '현실적으로 교사들의 행동은 학교의 장의 법칙에 따르는가?' 하는 의문이 들 수 있다. 교사들의 행위는 이해관계를 따르지 않는가? 부르디외가 사용하는 아비투스 개념을 사용한다면 교사들은 자본주의적 아비투스를 가지고 있지 않은가? 그렇다는 주장은 부르디외가 비판하는 환원주의적 입장에 해당된다. 말하자면 모든 것을 다 공리주의적 이해관계로만 설명하려는 입장이다. 이러한 설명이 맞는 것인가? 부르디외는 장에서의 행동을 설명하는 데 아비투스 개념을 사용한다. 부르디외에 따르면, 각 장은 동일한 아비투스를 갖춘 행위자들을 통해 그 성격이 표출된다. 예를 들어, 학문의 장은 정치적 장에 포함되어 있는 정치인들의 아비투스와는 다른 학구적 아비투스를 지닌 행위자들의 삶을 전제한다.

교사들의 행동을 설명하는 데 아비투스 개념이 중요한 이유는 다음 두 가지이다.

---

[4] 학교의 장도 기업의 장처럼 관리자적 담론이 지배적인 것이 사실이다. 예를 들어, 규칙, 절차, 보상, 처벌 등의 논리가 조직관리차원에서 강조된다. 이는 기업조직관리담론에서 차용된 것이다. 하지만 이와는 다른 교육적 담론이 대립되어 있다. 예를 들어, 신뢰, 존경, 상호이해, 대화 등의 관계성을 중시하는 교육적 담론이 있다(Bowers & Flinders, 1990). 특히 부버가 말하는 '나와 너'의 관계성에 입각한 대화는 기업의 장에서는 필요하지 않을지 모르지만, 학교의 장에서는 매우 중요하고 필요 불가결하다. 학교의 장에도 대립되는 담론이 있으며, 중요한 것은 어떤 담론이 헤게모니를 확보할 수 있는 사회적 조건이 되느냐 하는 것이다. 학생과의 관계가 신뢰와 존경, 상호이해, '너와 나의 대화'가 중요하다는 것은 교육의 논리상 누구도 부인하지 못하며, 사실 사회자본으로서 가치를 가지는 측면도 있다.

하나는 행동이 외부 원인들(예를 들어, 사회계급)이 가하는 구속의 기계적인 결과라는 마르크스적 주장의 오류를 벗어나자는 것이고, 다른 하나는 행동이 기회와 이득을 계산해서 나온 산물이며, 자유로운 상태에서 이해를 가지고 행동한다는 공리주의적 관점의 오류에서 벗어나자는 것이다(Bourdieu, 2001). 부르디외는 문화의 장에서의 행동은 단순히 공리주의적 행동 모델로 설명될 수 없다는 것을 역설한다. 장의 아비투스는 행동의 결정요인이 단순히 목적적이고 타산적인 경제적 이익의 추구가 아니라는 사실을 함축하고 있다. "명백한 계산이나 외부의 결정에 따르는 것이 아니라 각자의 아비투스에 기원을 둔 실천에 내재한 합리가 있는 것이다."(Bonnewitz, 2000: 95에서 재인용)

부르디외가 말하는 아비투스는 의식적인 이해타산과는 거리가 멀다. 장에서의 행동은 장의 내재적 구조를 체화한 성향의 무의식적이고 자동적인 표현이다. 이것이 의미하는 것은 무엇인가? 학생과의 관계에서 교사의 행동을 의식적인 이해타산으로만 설명할 수 없다는 것이다.[5] 교육의 장의 내재적 구조를 체화한 성향이 있고, 이것이 교사의 행동을 지시하는 것이다. 물론 교사의 행동에 의식적인 이해관계가 전혀 없다고 할 수는 없을 것이다. 하지만 교사의 행동을 의식적인 이해관계로만 설명할 수 없는 많은 것이 있다는 것 또한 분명하다. 교사들은 의식적인 이해타산에 따라서만 행동하는 것이 아니라, 학교의 장에서 사회화된 아비투스에 따라 무의식적으로 행동하는 면이 많다는 것이다. 교사들의 아비투스는 듀이(Dewey, 1966)가 말하는 '습관'의 의미처럼, 학교의 장에 부합된 지적·정서적 성향을 가지고 있으며, 적절한 상황이 주어지면 그것이 자연스럽게 표출된다고 볼 수 있다. 실제 정치인이나 회사원의 아비투스와는 다른 아비투스를 교사들에게서 발견할 수 있다. 그러나 만일 교사들의 아비투스를 강화하는 적절한 사회적 조건이 주어지지 않는다면, 교사들의 아비투스는 표출되기 어려우며, 오히려 그들의 아비투스는 다르게 변화될 가능성이 있다.

---

5) 여기서 말하는 것은 동료 교사, 학교장 등과의 관계 속에서 보이는 교사의 행동양태가 아니라 학생과의 관계에서 교사가 보이는 교육적 행동이다. 이 점을 혼동하면 안 된다.

2) 교육에 대한 교사들의 이해관계의 특수성

학교의 장에서 교사들이 가르치는 일에서 갖는 이해관계는 경제의 장에서 표출되는 이해관계와는 성격이 매우 다른 것이다. 그것은 공리주의적 이해관계나 계급적 이해관계를 넘어선 교육에 대한 특수한 이해관계이다. 이에 대해서 더 살펴보기로 하자.

여기서 말하는 이해관계(interest)는 공리주의적인 이해(신자유주의적인)나 경제적인 이익을 말하는 것이 아니라, '일뤼지오(illusio)'라는 의미로 말하고 있는 것이다.[6] 즉, "사회적 놀이에 그것이 중요하다고 인정하고, 그 속에서 일어나는 일이, 그것에 참여하고 그것에 소속된 사람들에게 중요하다는 것을 인정하는 현상"(Bourdieu, 2005: 168)이다. 다시 말해서, 학교의 장에 소속되어 있고 교육이란 유희에 참여하는 데서 생기는 이해관계로, 학교의 장에서 이루어지는 교육목적이 지닌 가치에 대한 믿음과 열정을 만들어 낸다. 또한 학교의 장에서 교사들은 타산적 이해관계를 초월한 행동을 함으로써 '이해관계를 초월한 이해관계', 상징적 이익을 획득할 수 있다.

여기서 얻을 수 있는 하나의 시사점은 학교의 장이 그 안에서 이루어지는 유희를 통해 교사들에게 존재감을 제공해 준다는 점이다(물론 유희에 대한 일뤼지오를 가지고 있는 교사들의 경우이다). 신자유주의자들이 주장하듯, 교사들은 단지 임금 보상과 같은 이익만을 얻고자 가르치는 것은 아니다. 파스칼이 말했듯이, 사냥에서는 노획물도 중요하지만 사냥, 그 자체가 사냥꾼에게는 큰 행복을 안겨 준다. 교사들에게는 임금이나 보상의 차원을 넘어서서 교육한다는 행복이 있는 것이다. 부르디외(Bourdieu, 2001)의 표현을 빌리자면, 이렇게 말할 수 있다. 교사의 행복이란, 자신이 사람들의 무관심에서 벗어나서 학생들의 관심을 받으며 가르치는 일에 몰두하고 목적을 향해 전념하고 있다는 사실에 있으며, 또한 객관적으로나 주관적으로 사회

---

6) 일뤼지오는 '환상'이라는 의미를 담고 있다. 비유하자면 우리가 어떤 게임(유희)을 할 때 그 내기물을 가치 있는 것으로 여기는데, 그 내기물이 일뤼지오라고 할 수 있다. 예를 들어, 교육의 장에서 교육이라는 유희를 하면, 그것에서 가치 있다고 여겨지는 내기물이 있다. 물론 다른 장에서는 그 내기물은 전혀 가치도 없고 의미가 없는 것일 수 있다. 그럼에도 불구하고, 사람들은 그 내기물이 인생의 소중한 가치인 것으로 환상을 가지고 산다. 그것은 환상이지만, 그럼에도 불구하고 사람들은 그 환상 없이는 살아갈 수 없다. 우리의 삶에 의미를 부여하는 것은 사회가 부여해 주는 환상이기 때문이다(Bourdieu, 2005).

적 사명을 부여받았다고 느낀다는 사실에 있다. 그것은 다른 사람들, 학생들에게 자신이 소용이 있으며 그들에게 본질적으로 중요하다는 감정을 가장 지속적이고 구체적으로 느끼는 것이고, 학생들의 인정과 호의의 표시 속에서 존재의 지속적인 정당화 같은 것이 발견되는 것이다.[7]

그리고 또 하나의 시사점은 많은 교사는 학생과 학부모, 동료교사와의 관계에서 타산적 이해에 집착하는 모습으로 비추어지기를 원치 않으며, 매사에 공평하고 무사무욕적인 존재로 인정받기를 원한다는 사실이다. 교사들은 사실 타산적 이해관계를 초월한 행동을 함으로써 '이해관계를 초월한 이해관계', 즉 상징적 이익을 획득할 수 있다. 단순히 타산적 이해관계만 존재하는 것이 아니라 오히려 타산적 이해관계를 초월할 때 결과적으로 생기는 이해관계가 존재한다는 사실이다. 교사들에게는 이것이 매우 중요하다.

예를 들어, 전국교직원노동조합(이하 전교조) 초창기 투쟁의 과정에서 전교조 교사들은 해직을 당하기도 하였는데, 이것은 공리주의적 이해관계로 설명하기 어렵다. 물론 이러한 해석에 대해서 여러 이견이 나올 수 있겠지만, 이들 전교조 교사들이 해직의 불이익을 감수할 수 있었던 것은 단순히 공리주의적 이해타산이 아니었음을 부정하기는 어렵다. 당시 모든 교사가 다 그런 것은 아니었다 할지라도, 교육민주화의 순수한 정열을 가졌던 교사들은 타산적인 이해관계를 초월할 수도 있음을 행동으로 보여 주었다. 여기서 지적하고 싶은 것은 그 교사들이 타산적 이해관계를 초월한 행동을 함으로써, 부르디외가 말하는 이른바 '이해관계를 초월한 이해관계', 즉 상징적 이익을 획득할 수 있었다는 것이다. 그러면 어떤 상징적 이익을 얻는 것일까?

이들 전교조 교사에게 상징적 이익은 해직교사가 됨으로써 학교라는 장에서 스스로를 어떤 '바른' 기준(참교육, 참스승)이 되는 위치의 보유자가 될 수 있다는 것이

---

7) 사람에게 '존재하는 이유'라는 상징적 자본이 얼마나 중요하며, 그것이 어떻게 불평등하게 분배되어 있는가에 대해서는 부르디외(2001)의 『파스칼적 명상』을 참고하기 바란다. 『파스칼적 명상』은 사회 속에서 존재하는 이유, 소명감은 신이 부여하는 것이 아니라 사회가 부여하고 있음을 비판적으로 성찰하도록 해 준다. 이에 대해서 '경제적 환원주의'는 언제나 이렇게 조롱할 뿐이다. "소명감은 무슨 소명감, 네가 교사하는 것은 생계를 위해 그렇게 할 뿐이야." 물론 생계를 위한다는 것은 하나의 객관적 진실이다. 하지만 이 객관적 진실 하나만 전부인 양 그 하나의 진실에로만 교사의 모든 교육적 행위를 환원, 축소하는 것은 교사들을 '제로' 등급으로 분류시키기 위한 분류투쟁의 일환이다(Bourdieu, 2004).

다. 이러한 위치를 하나의 기준으로 해서 다른 교사들의 서 있는 지점을 위치시키고 그 위치의 정의를 내릴 수 있는 위치의 보유자로서 인정을 받는 것이다. 이는 당시의 해직된 전교조 교사에게만 해당되는 것은 아니며, 최근에는 혁신학교 교사에게서도 나타나는 현상이다.

> 혁신학교의 핵심교사는 혁신학교 장이 요구하는 교사상에 위치하며 실천을 통한 자기혁신을 통해 혁신학교의 문화를 창조하며 혁신담론을 육화한 존재가 됨으로써 혁신학교에 최적화된 위치를 점하게 된다. 이로 인해 핵심교사는 혁신학교에서 학교관리자의 지배적 권력에 대한 전복을 가져올 수 있는 위치에 점할 수 있게 된다. 바다초등학교의 사례는 혁신학교를 만드는데 있어 학교관리자보다도 핵심교사의 역할이 중요함을 보여주고 있다. 혁신학교를 지속적으로 유지해 나가는 데 있어 학교혁신에 대한 신념과 실천적 경험을 가진 핵심교사가 학교관리자보다 중요한 위치를 차지하고 있다. (나종민, 김천기, 2011: 95)

신자유주의 경쟁논리가 공론장의 소통에서 유일하게 확립되고 보장된 지배담론이 되면서부터는 이런 교사들의 행복, 사회적 실존으로서 가지는 의미와 중요감, 상징적 이익은 아예 존재하지 않는 것처럼 무시되고 있다. 신자유주의가 끼친 부정적 영향 가운데 가장 큰 것은 학교의 장에서 갖는 교사들의 존재의 의미를 통째로 허물어뜨리고 있다는 사실이다. 물론 그 이전에도 학교의 장의 유희에 대한 일뤼지오(이해관심)가 아예 없었거나 상실된 경우의 교사들을 제외하고는 말이다. 신자유주의 개혁의 주 대상이라 할 수 있는 이 '해이한' 교사들을 경쟁구조 속에 몰아넣는다고 해서 교육에 대한 열정이 살아날까?

그리고 무엇보다 중요한 것은 생존과 경쟁의 가치를 중시하는 신자유주의 개혁으로 교사들이 가지고 있던 교육적 아비투스마저 더욱 변모되는 현상이 나타나고 있다는 것이다. 학교의 장에서 성공하기 위해서 이해관계에 대한 '사심'이 없는 놀이가 아니라 그와는 반대로 사심이 있는 놀이를 해야 하는 현실이라면, 교사들의 교육적 아비투스는 모순, 분열 상태를 겪을 것이다. 신자유주의의 개혁이 추구하는 것처럼 학교의 장이 경제의 장처럼 변화되어 교육적 아비투스를 인정하지 않으면, 교사들의 아비투스는 현실적 상황과 모순되어 변모될 가능성이 높아진다. 신자유의 개혁의 와중에서 학교의 장의 아비투스는 교육적이라는 집단적(사회적) 지지가 점점 와해되어 가고 있고, 자신의 존재이유를 상징적 이익(교사라는 명예, 소명감)에서 찾을 수 없기에 교육적 아비투스보다 자본주의적 아비투스를 구축해 가는 교사들이 점차 늘어 가고 있다.

또한 학교의 장은 신자유주의의 사회적 변동 속에서 어떻게 변화되고 있는지, 그에 따라 학교 장의 일뤼지오는 어떻게 달라지고 있는지를 생각해 보는 것이 매우 중요하다. 과연 현재 신자유주의 개혁의 와중에 있는 학교의 장은 교사들의 사심 없는 교육적 아비투스를 구조화하는 사회적 공간인가? 교사들에게 사심 없는 순수한 교육적 아비투스가 가능하다면, 그것은 어떻게, 어떤 조건하에서 가능한가? 이에 대한 문제의식 없이 교육적 아비투스를 교사의 개인적인 교직적성의 문제로 환원시키고, 교사들에게 윤리강령으로 무조건 강요하는 것은 비현실적일뿐더러 학교 장/아비투스 형성의 사회적 조건을 완전히 도외시하는 것이다.

3. 한국 교육의 신자유주의화의 성격과 의미

한국 교육의 신자유주의화의 성격과 의미가 무엇인지를 파악하기 위해서는 무엇보다 한국 교육의 고유한 맥락, 즉 입시경쟁교육의 맥락을 놓치지 않고 살펴볼 필요가 있다. 특히 신자유주의정책이 문제 삼고 있는 것이 공교육이면서도 정작 문제로 인식하지 못하는 것이 입시경쟁교육이기 때문이다.

한국의 입시경쟁의 맥락 속에 무한경쟁을 절대적 가치로 강요하는 신자유주의는 어떻게 작용했던 것일까? 대체적으로 말하자면, 지난 20여 년 동안 신자유주의는 입시경쟁교육의 패러다임을 바꾸지 않았고, 오히려 그것을 일층 강화하고 그것을 통해 스스로를 구현했다고 할 수 있다. 신자유주의의 무한경쟁 '코드'는 입시경쟁교육에 새로운 시대적 정신과 그럴듯한 외형적 모습을 불어넣었다. "시장경쟁의 현실성, 인위적 보호장치를 제거한 자연적 경쟁의 추구, 상대적 우위에 의해 승자의 우월성이 부각되는 문화", 이러한 요소들이 입시경쟁교육에 새로운 정신을 부여해 준 신자유주의적 문화코드라 할 수 있다(이윤미, 2005). 이러한 신자유주의적 문화코드는 과거 낡은 국가주의적 입시경쟁교육을 새로운 시장주의적 형태로 '메이크업'하는 효과가 있었다. 말하자면, 신자유주의는 낡은 국가주의적 입시경쟁교육에서 새로운 시장주의적 모습으로 입시경쟁교육을 탈바꿈하는 데 기여했다고 볼 수 있다.

입시경쟁교육이 시장주의적 모습을 띠고 있다는 것은 무엇을 뜻하는 것인가? 입시경쟁이 시장경쟁으로 의미화되었다는 것이다. 시장경쟁은 대중들이 일상적인 생존 속에서 경험하는 것이며, 시장경쟁이라는 문화적 코드가 그들의 생존의 욕망 및 위기와 연합하면서 그들의 삶 안에서 의미 있게 포섭된다(이윤미, 2005). 그래서 시장경쟁이 일터에서 자신들이 경험하는 것이라면, 입시경쟁은 학부모로서 자신과 자녀들이 학교에서 경험하는 일종의 시장경쟁인 것이다. 입시경쟁, 시험경쟁이 벌어지는 학교는 냉정한 시장경쟁터나 다를 바 없으며, 더욱이 학교가 시장화되었다면 교육의 장(field)에서 이루어지는 입시경쟁은 시장경쟁일 수밖에 없다.

학교가 '시장화'되었다는 것은 교육이 상품화되고 고객중심으로 학교가 운영된다는 것을 의미한다. 즉, 공급자 중심이 아닌 수요자의 필요를 반영해서 교육을 한다는 것이다. 그렇지 않으면, 공급자는 경쟁에서 이길 수 없기 때문이다. 그래서 '수요자중심교육'[8]만 제대로 한다면 모든 교육문제가 해결될 수 있다는 주장도 나올 수 있다. 하지만 학교에서 지금까지 수요자중심교육을 안 한 것이 아니다. 학부모

---

8) 신자유주의 교육개혁의 모태가 된 김영삼 정부의 5·31 개혁안은 여러 제도적 개혁을 담고 있었지만, 개혁안의 핵심은 무엇보다 '수요자중심교육' 이념에 있었다. 당시 수요자중심교육은 생소한 것이었고, 일부 교육학자나 교원들에 의해 '학생중심교육'으로 해석되고 재의미화되곤 하였다. 하지만 그것은 본래의 의미를 변용시킨 것일 뿐, 수요자중심교육에서 중시되는 것은 '공급자'가 아니라 '수요자'라는 것이며, 수요자중심에서 강조되는 '교육'은 상품화된 것이다. 이에 반해 학생(또는 아동)중심교육에서는 교육이 상품화되는 어떤 맥락이 존재하지 않는다. 5·31 개혁안에서 나온 수요자중심교육이념이 오늘에 이르기까지 교육민주화의 종착점으로 표상되고 있다. 이종각(2008: 90)은 '수요자중심교육'을 "교육민주화의 궁극적 종착점"이라고 간주하고, 적극적인 도입을 주문하였다. 수요자중심교육을 통해서 "국민의 교육만족도 증진, 교육의 세계적 경쟁력 향상"도 가능하다는 신념을 표현하였다. 물론 고객중심주의가 소비자를 무시하지 않고 소비자의 요구에 귀를 기울이도록 하는 긍정적인 효과가 없는 것은 아니지만, 그것은 어디까지나 공급자인 상인의 이익을 극대화하기 위한 마케팅 수사법에 지나지 않는 것임에도, 어떻게 교육민주화의 궁극적 종착점이 될 수 있는지 이해하기 어렵다. 이종각(2008)의 주장은 수요자중심교육이념이 여전히 해방적 메시지로 받아들여지고 있는 교육계의 현실을 반영한다. 수요자중심교육의 논리의 바탕이 되는 신자유주의 교육개혁에 의해 미국이나 영국 그 어떤 나라에서 교육민주화가 이루어졌는지 저자로서는 알지 못한다. 오히려 미국 부시 정부의 신자유주의 교육정책은 공립학교를 더욱 황폐화시켰다는 비판을 받고 있다(Giroux, 2009; Ravitch, 2011). 공급자중심교육과 수요자중심교육의 이항대립적 분리와 대립이 아니라 오히려 그것의 극복을 통해 합리적 소통과 협력의 교육체제를 구축하는 것이 학부모와 학생의 교육만족도를 높이고 세계적 교육경쟁력을 갖추는 길이 될 수 있다.

의 요구를 무시하고 교육을 할 수 없다. 관건은 학교가 '어떤' 수요자를 중심으로 교육하느냐 하는 것이다. 그것을 결정하는 데는 시장법칙(입시경쟁법칙)이 작용한다. 학교 간 입시경쟁체제에서 학교의 생존(이익)에 누가 기여하느냐가 중요한 것이다. 학교에서 'VIP소비자'를 특별 대우하는 것은 지극히 당연한 일이 된다. 말하자면, 20:80의 집중현상이 나타난다. '상위 20%의 제품'(즉, 우수학생의 20%)이 '전체 매출의 80%'(즉, 학교 전체 성과의 80%)를 차지하는 파레토법칙이 작용하는 것이다. 따라서 "하위권 학생에 대하여 가르치기를 포기하는 일은 '교육적 죄'가 되지 않는 것이다. 그 대신 선택과 집중의 원칙에 따라 성적 하위권 학생을 포기하고 경쟁에서 이긴 성적 우수학생에게 인적, 물적 지원을 집중하는 일은 '교육적으로 잘한 일'이 된다"(목영해, 2011: 113).

학교가 시장화되었다는 것을 나타내는 또 하나의 지표는 학교가 기업처럼 스스로 자신의 운명에 대해 책임을 져야 한다는 것이다. 스스로 닥친 문제와 위기를 해결할 수 있는 자기관리, 자기경영 능력을 갖추어야 한다는 것이다. 말하자면 교육의 제반 문제를 관리하고 해결할 책임은 단위학교에 있다는 전제하에 그 책임이 국가에서 단위학교로 전가되는 것이다. 이러한 점에서 학교자율성과 학교성과에 대한 책무성 강조는 시장화의 지표가 된다.

학교가 시장화되었다는 것을 보여 주는 보다 더 중요한 지표를 들자면, 그것은 공교육의 '평가절하' 현상이다. 이는 공교육이 사교육과 동일한 잣대로 비교·평가되고 있음을 보여 주는 현상이다. 이것이 신자유주의가 도입·확산되기 이전과 이후의 달라진 모습이다. 과거에는 사회공론의 장에서 공교육이 사교육과 공개적으로 비교·평가되는 일은 거의 없었다. 공교육의 역할이나 기능이 단지 입시의 성과로 평가되어서는 안 된다는 사회적 동의가 있었던 것이다. 하지만 지금은 그러한 사회적 동의, 합의가 거의 파기되어 버린 수준에 이르렀다. 승자독식사회에서의 치열한 생존경쟁, 입사경쟁, 입시경쟁이 격화되면서, 생존을 보존할 수 있는 수단으로 인식된 '명문대학'에 대한 중상류층 학부모의 욕망과 집착이 더욱 강렬해졌기 때문이다. 이에 따라 공교육이 입시경쟁의 서바이벌 게임 속에 완벽하게 흡수되고, 입시경쟁교육의 중심축이 공교육에서 사교육으로 이동한 것이다.

공교육의 평가절하는 상대적으로 사교육의 평가절상과 맞물려 있다(김천기, 2012). 입시교육에 관한한 사교육이 권위를 가지며, 사교육은 공교육의 모델링 대상으로 공교육이 따라가지 않으면 안 될 대상이 되었다. 유명 학원강사들이 고등학교에 초청되어 입시설명회를 갖고, 학부모와 학생의 진로상담도 학교가 아닌 학원에 의뢰하는 것은 이제 익숙한 풍경이 되었다. 어떻게 보면, 입시교육은 입시학원에서 받고, 평가는 학교에서 받는 식이 되었다. 말하자면, 학원은 입시교육기관, 학교는 시험을 통해 실력을 인증해 주는 공적 평가기관이 된 셈이다. 이런 이유로 학생들은 학원수업을 중시하고, 학교수업은 등한시하게 된 것인지 모른다.

공교육이 사교육에 비해 저평가되는 데는 여러 가지 이유가 있겠지만, 무엇보다 공교육이 효율성이 떨어진다는 인식은 사교육에 작동되는 시장합리성이 결여되어 있기 때문이라는 대중적 믿음에 기인한다.[9] 학원강사들의 높은 질적 수준, 학생들의 선택에 따른 성과급적 성격의 높은 연봉, 입시성과에 학원의 존폐가 달린 것으로 인한 학원 간의 치열한 생존 경쟁, 입시제도의 변화에 따른 민감하고 적절한 대응, 오로지 입시와 시험에 대비한 철저한 교육, 학원의 '공신력' 있는 입시모의고사 문제 출제 능력, 입시일변도 교육에 대한 탈관료적 규제, 이것이 사교육시장의 합리성을 구성하는 요소라는 믿음이다. 입시, 시험의 성과를 최대화하는 것을 목적으로 한 목적합리성이 사교육시장에서 가장 잘 구현되는 것이라는 믿음이 작용하고 있는 것이다.

이런 사교육에 비해 공교육은 목적합리성, 즉 입시성과의 최대화의 목적을 달성하기 위한 수단을 강구하는 합리성이 떨어진다는 인식이다. 즉, 목적합리성을 높이기 위한 수단이라는 측면에서 공교육은 비효율적이라는 것이다. 일부 언론과 학부모의 편견에 찬 인식에 의하면, 교사들의 낮은 질적 수준, 잘 가르치나 못 가르치나 똑같은 호봉에 따른 봉급, 성적과 입시성과에 학교의 존폐가 좌우되지 않음으로 인한 학교 간의 치열한 생존 경쟁의 결여, 입시제도의 변화에 대한 둔감한 반응, 입시와 시험에 대비하지 않는 겉치레의 인성교육, 입시일변도 교육에 대한 관료적 규제, 이런 것들이 시장합리성을 떨어뜨리는 요소가 된다.

그리하여 입시경쟁교육을 위한 시장합리성을 높이는 방향으로 교육개혁을 이루어 나가도록 하는 것이 바로 한국 신자유주의 교육정책의 핵심이고 특징이다. 논리

---

9) 또 한편으로는 소득불평등이 심화되면서 중상류층 학부모의 '질 높은' 사적 서비스에 대한 선호도가 높아졌기 때문이다. 그리고 전반적으로 정부의 신자유주의 개혁의 기조 속에서 공공선, 공공서비스가 평가절하되는 것과 관련되어 있다. 예를 들어, 공기업의 민영화 정책에서 단골로 등장하는 것이 공기업이 제공하는 공공서비스에 대한 평가절하이다.

상으로 신자유주의야말로 시장합리성을 극대화하는 개혁의 원리를 제공해 주는 것이다. 입시교육에 대한 여러 가지 규제의 완화, 즉 학원과 같이 아무런 제약을 받지 않고 입시교육을 할 수 있도록 허용하는 규제완화(4·15 학교자율화 조치), 시험경쟁 유도, 국가수준학업성취도 평가결과에 따른 학교평가와 공개, 학부모와 학생의 선택권, 교사의 실적에 따른 성과급제 시행과 교원평가 등이 도입된다. 이런 요소들이 새롭고 매우 혁신적이며, 교육을 바꿔 놓을 수 있는 선진국의 교육개혁이라고 일부 논자들에 의해서 간주되고 있지만, 사실 따져 보면 한국의 사교육 운영방식을 공교육에 옮겨 놓은 것이다.

한국의 사교육시장의 합리성은 영미권의 신자유주의 교육정책이 추구하는 시장합리성과 잘 어울린다. 영미권의 신자유주의 교육정책이라고 해서 거창한 것 같지만, 사실 한국의 사교육시장이 가장 모델적인 케이스라고 할 수 있다. 신자유주의 교육이 추구하는 경쟁과 선택, 도태의 원리가 가장 잘 작동되는 것이 한국의 사교육시장이라고 해도 결코 틀린 말이 아니다.

요컨대 입시경쟁교육을 위한 시장합리성을 제고하는 것이 한국 교육의 신자유주의화의 가장 큰 특징이며, 그것은 바로 학교의 '입시학원화'를 의미하는 것이라 할 수 있다. 이런 측면에서 보면 한국 교육의 신자유주의화는 바로 학교의 입시학원화를 향한 '여정'이었다고 말할 수 있다(김천기, 2012).

4. 신자유주의적 교육정책의 예

1) 자율형 사립고등학교

'자율형 사립고등학교(구 자립형 사립고)'는 자율과 경쟁의 원칙에 따라 운영되도록 한다는 신자유주의적 발상의 예라 할 수 있다.[10] 자율형 사립고에 대해서는 찬반

---

10) 자율형 사립고등학교 정책이 신자유주의적 정책인가에 대해서 이견이 존재한다. 자율형 사립학교는 민영화 사례가 아니라는 반론이 그것이다. 일리가 있는 주장이다(나병현, 2003). "평준화 이후 사립학교로서의 정체성을 가지지 못한 사립학교들을 본래의 자리로 돌려놓으려는 것"이라는 것이다. 그러나 이러한 반론은 우리나라 사립학교가 그 특성상 준공립학교라는 것을 간과하고 있고, '사립학교의 본래의 자리'가

양론이 첨예하게 대립되어 있다. 교육인적자원정책위원회(2002)에서는 사학정책이 국가지원과 그에 따른 통제 위주로 되어 있어 사학의 자생력이 약화되었다고 주장한다. 사학은 정부의 재정보조에 안주하여 창의적 교육을 실시하기 위한 학교 간 경쟁이 없는 수동적인 '온상조직'으로 전락했다. 따라서 학교운영의 독자성과 정체성을 살리고 창의적 교육을 실천할 수 있도록 자율형 사립고를 확대 실시해야 한다는 것이다. 자율형 사립고가 건학 이념에 따라 자율적으로 학생을 선발한다면, 교육의 다양화와 특성화를 추구하게 되어 건학이념을 실현할 수 있다고 본다.

'자사고'(자율형 사립고의 약칭) 설치를 반대하는 관점에서는 그러한 주장은 현실을 도외시한 것이라 비판한다(김천기, 2002). 사립학교 쪽에서는 자사고의 설립 명분으로 사학의 건학이념 구현을 주장하지만, 사실 별다른 실체가 없는 추상적인 건학이념이다. 물론 종교계 사립학교는 종교적 건학이념을 주장할 수 있다. 하지만 종교계 사립학교가 종교적 건학이념을 구현하기 위해서 자사고로 전환하기를 원한다면, 철저하게 종교적 건학이념에 따라 학생을 선발하고, 학생을 종교적 건학이념으로 교육해야 한다. 말하자면, 성적에 따라 학생을 선발해서도 안 되고 입시중심의 교육을 해서도 안 된다. 만일 이렇게 철저하게 사학의 이념에 따라 학교를 운영하겠다면, 그것은 분명 명분이 서는 일이다.

하지만 자사고로 전환한다고 해서 종교계 사립학교가 종교적 건학이념을 구현할 수 있는 것은 아니다. 자사고라고 해도 국가교육과정의 틀 안에서 교육해야 하는 것이 엄연한 현실이라고 보면 어떻게 건학이념에 기초한 교육의 다양화와 특성화가 가능하겠는가? 말하자면, 건학이념 구현의 핵심은 자율적 경영과 학생선발에 있는 것이 아니라 교육과정에 있는 것임에도 국가교육과정 틀 속에서는 종교적 건학이념을 실현할 수 없다는 주장은 별로 제기된 적이 없다. 이것은 무엇을 뜻하는가?

요컨대 자사고 설치의 명분으로 건학이념과 교육의 다양화와 특성화를 들고 있

무엇인가를 구체적으로 밝히지는 않고 있다. 그는 본래의 자리라는 것이 당위적으로 주어진 것이라고 전제하고 있지만, 그 자리를 적절하게 제시해 주는 것이 신자유주의라는 점은 잊은 듯하다(정책이념에 따라서는 사립학교를 자사고가 아니라 공립학교로 전환할 수도 있다. 우리나라 사립중학교 중 공립중학교로 전환된 경우도 있다). 미국의 신자유주의 교육개혁에서 이상적인 학교모델은 일류 사립학교이며, 개혁의 목표 역시 일반공립학교를 사립학교처럼 만들어 시장경쟁체제 속에서 자율적 경영과 책임이 이루어지도록 하는 데 있다.

지만, 국가교육과정과 현 입시경쟁구조에서 다양화와 특성화는 사실상 허울 좋은 명분에 불과하다. 과학고와 외국어고와 같은 특목고가 설립 취지와는 달리 대학입시 준비 학교로 변질되었듯이 자사고도 마찬가지이다. 더구나 자사고는 특목고가 아니라 대학입시를 준비하는 일반계 고등학교이다. 자사고가 다양화와 특성화를 추구한다고 해도 그것은 어디까지나 일류대학 진학률을 높이기 위한 것일 수밖에 없다. 학벌주의 사회에서 자사고가 명문대 진학률에서 성공적이지 못하면 살아남기 어려운 것이 현실이다.

그리고 자사고는 단순히 선발의 자율성이나 선택권의 차원에서 이야기될 수 있는 성격이 아니다. 자사고 문제야말로 개인주의와 능력주의의 근간을 허무는 일일 뿐만 아니라 계급의 세습과 연관된 중요한 사회적 문제이기 때문이다. 흔히 자사고를 말할 때 미국의 사립학교와 비교하는데, 미국 사회 속에서 사립학교가 가지고 있는 심각한 병폐를 고려해야 할 것이다. 미국의 사립학교는 대체로 미국형 '귀족가문'의 아이들이 다니는 명문 사립고등학교이다. 이들 사립학교라는 매개체를 통해 부의 세습과 사회적인 계급이 세습되고 있다(심미혜, 2001). 이는 귀족주의적인 잔재로 전근대적인 교육제도임은 말할 것도 없다. 미국이 심각한 사회경제적 불평등에서 벗어나지 못하는 원인 중의 하나가 중상류층 부모들이 교육을 매개로 자녀에게 자신의 계급을 세습시켜 왔다는 점도 부인하지 못한다.

한국에서 자사고에 대한 욕구는 중상류층에서 강하게 나타난다(김경근, 2001). 자신들의 사회경제적 수준에 맞는 학교를 만들어 달라는 것이다. 자사고에 찬성하는 쪽의 주장은 이렇다. 모든 사람에게 똑같은 공 · 사립학교에서 교육을 받도록 하는 것은 획일적 평등주의이다. 우리 사회는 계급적 분화가 급속히 일어나고 있고, 계급에 따라 사회경제적 삶이 다르다. 따라서 "학부모가 자녀교육에 자신의 경제적 능력에 상응하는 지원을 하는 것을 부정적으로 볼 필요가 없다."라는 것이다. "차별화된 양질의 학교교육을 받게 하고 싶어 하는 중산층 학부모의 욕구를 좌절시키려는 것은 시대착오적 발상"이라고 비판을 한다(김경근, 2002).

흔히 드는 예로, '서민형 아파트에 사는 가난한 사람도 있고, 50평 혹은 100평 형에 사는 부유한 사람들이 있는 것이 현실이지 않으냐, 모든 사람에게 똑같은 평수의 집에서 살라고 하는 것은 자본주의 사회에 맞지 않는 것이다. 마찬가지로 모든 아이를 똑같은 여건의 학교에서 공부하도록 하는 것은 좋지 않다. 부잣집 아이는 더 좋은 사립학교에서 공부하도록 하는 것이 좋다. 그게 귀족형 학교면 어떤가? 부모가 개인적으로 학비가 얼마든지 다 부담하겠다는데, 내 돈 내가 써서 자식을 좋은 학교에 보내겠다는데, 왜 그걸 막느냐? 소비자의 선택의 자유를 막는 것이다. 이런 것은 사회주의에서나 할 수 있다.' 등의 주장이 있다. 그러나 이러한 주장은 빈부격차에 따른 교육불평등을 당연시하는 것이며, 기본적으로 교육을 공적 목적이 아니라 사적 영역의 상품으로 취급하는 것이다.

그리고 여타의 학교는 평준화의 틀로 묶어 놓고 자사고에만 선발권을 부여하여 우수학생(그것도 부유한 가정의 우수한 학생)을 독점할 수 있게 하는 것 자체가 특혜라는 비판을 면하기 어렵다. 그뿐만 아니라 자사고는 평준화 제도의 보완책이라 하지만 과거 비평준화 제도하의 '입시명문 공립학교'보다 후진적이다. 공립학교는 그 성격상 자사고처럼 '계급 차별적인' 학교는 아니었기 때문이다.

자사고가 도입된 결과는 어떻게 나왔는가? 자사고 운영 실태를 분석한 성기선 (2005)의 연구에 따르면, 우선 학생 선발에서 국・영・수 중심의 성적에 기초하는 경우가 많고, 입학전형에서 소외계층을 위한 배려가 없으며, 계층 간 위화감을 완화하기 위한 최소한의 노력도 기울이지 않는 것으로 나타났다. 교육과정 특성화 부분에서도 대학 입시라는 부담을 넘어서지 못하고 오히려 입시 위주 교육을 보다 강화하는 것으로 나타났다. 이러한 결과는 자사고를 도입하면, 다양화와 특성화가 이루어져 이른바 '평준화의 획일화'를 탈피할 수 있을 것이라는 주장과는 크게 다른 것이다. 또한 자사고의 장점으로 내세웠던 사교육 경감은 보이지 않았으며 오히려 경쟁이 격화되면서 학부모의 사교육비 부담이 더욱 커지는 것으로 나타났다(성기선, 2005).[11]

그럼에도 이명박 정부하에서는 '고교다양화 300 프로젝트'의 일환으로 자사고가 대폭 증설되었는데, 특히 상대적으로 자사고 지정이 용이한 서울시에서 무리하게 자사고 대거 지정이 이루어졌다. 이로 인해 서울시의 경우 특히 일반고 황폐화가 심화되었다는 비판이 제기되었다(심재휘, 김경근, 2017). 고교다양화 프로젝트는 특목

---

11) 자율형 사립고에 자식을 보내는 학부모가 학교에 많게는 한 해에 1,600여 만 원씩, 고교 3년 동안 내야 할 순수 학비만 5천여 만 원을 준비해야 하는 것으로 나타났다. 평균 국민 주택규모인 충북 충주나 청주 지역 24평 아파트 한 채 전셋값과 맞먹는 액수이다(오마이뉴스, 2005).

고-자사고-일반고로 이어지는 수직적 고교 서열체계를 만들어 내었으며, 이는 고
교평준화를 실질적으로 와해시킨 결과를 가져왔다. 그렇다고 자사고가 학부모들이
생각하는 것처럼 특별히 학교효과성이 높은 것도 아니다. 자사고 지정 확대에 따른
학업성취 격차 변화를 분석한 연구(심재휘, 김경근, 2017)는 고교유형에 따른 학업성
취 격차가 분명히 존재하지만, 학업성취 격차가 대부분 특목고와 자사고가 우수한
학생들을 선점하는 선발효과에 기인한 것임을 밝히고 있다. 그러면서 이 연구는 다
음과 같이 결론을 내리고 있다.

> 따라서 특목고/자사고의 학교효과에 대한 환상에서 깨어나는 한편, 중등교육단계에
> 서의 계층 간 분리교육이 갖는 문제점에 대해 배전의 관심을 가질 필요가 있다. 주지하
> 듯이 우리 사회에서 특목고-자사고-일반고로 이어지는 수직적 고교 서열체계는 이들
> 학교에 재학하고 있는 학생들의 계층 배경과 밀접하게 연관되어 있다. 그리고 학생 개인
> 의 배경특성에 따른 분리교육은 계층 간 교육격차를 확대하고 민주적 시민의식의 함양
> 에도 커다란 장애요인으로 작용할 것으로 예상된다. (심재휘, 김경근, 2017: 74)

여기서 근본적으로 우리가 깊이 생각해 보아야 할 것은 학교교육이 어떤 사회적
기능을 할 것이냐 하는 것이다. 현실사회의 계급분화에 맞는 학교유형을 만들어 교
육하는 것이 좋은가? 말하자면, 가난한 계급의 아이들은 일반 공립학교에 다니고,
부유한 계급의 아이들은 귀족적인 자사고에 다니는 것에 대해 어떻게 생각할 것인
가 하는 것이다. 교육이 계급분화에 부응하는 보수적인 기능을 하도록 할 것인가,
아니면 계급분화와 갈등(그리고 불평등)을 해소하고 공동체의 사회통합기능을 수행
할 것인가? 출신 계급의 경계를 넘어서 아이들이 상호교류하고 다양한 사회적 경험
을 나누고 공유하지 못한다면, 공동체로서 우리사회가 발전하기를 기대하기 어렵
다. 자기 집단만의 이익만을 추구하고 다른 집단의 상대적 위화감에 관심을 두지 않
을 뿐만 아니라, 상호 이해와 교류가 이루어지지 않는다면 한 사회가 공동체로서 지
향하는 보편적인 사회이념과 가치를 공유하기는 어려울 것이다(Dewey, 1966).
자유주의 평등에서는 개인이 성공할 기회가 사회적 배경에 의존하지 않도록 학
교가 교육기회에 대한 사회경제적 영향을 극복하라고 요구한다(Strike, 1989). 물론
사회경제적 불평등의 정도가 너무 크고 학교 힘은 약하여 사회경제적 영향을 극복

하기는 쉽지 않다. 하지만 이를 극복하기는 어렵다 하더라도, 부모의 경제력에 힘입어 다닐 수 있게 만드는 사립학교를 만드는 것은 재고되어야 한다. 미국 하버드 대학교 코넌트(J. Conant) 총장은 1950년대에 이미 사립학교의 귀족화를 우려하였고, 공립화를 주장한 바 있다. "정부의 지원을 받지 않는 사립학교에 입학하는 우리 청소년의 비율이 커지면 커질수록 우리의 민주적 통합에 대한 위협이 커져 간다." (Karabel, 2011: 379에서 재인용)

부모의 경제적 지위에 따른 교육기회는 전근대적 귀속주의에 해당하는 것으로 개인주의와 능력주의라는 근대주의 사회의 기본이념에 배치되는 것이다. 롤스(Rawls, 2003: 120)의 사회정의에 따르면, "문화적인 지식이나 기능을 획득하는 기회가 우리의 계급적 지위에 따라 결정되어서는 안 되며, 따라서 공립이든 사립이든 학교제도는 계급의 장벽을 철폐시키도록 기획되어야 할 것이다." 자사고는 바로 이러한 롤스의 민주적 평등주의에 정면으로 위배되는 것이라 할 수 있다.

2) 교원평가

신자유주의의 부상과 함께 평가가 문제해결의 효율적 수단으로 광범위하게 사용되고 있다. '평가적 국가(evaluative state)'라는 용어가 시사하고 있듯이, 국가는 단위학교 경영의 자율성을 강조하면서도 평가라는 기제를 통해 교육을 통제하는 경향이 점증되어 왔다(Whitty et al., 2000). 학생도 평가, 교사도 평가, 교육청도 평가, 모든 게 평가에서 시작하여 평가로 끝날 정도로 평가가 난무한다. 국가수준학업성취도를 통해 학생을 평가하게 되면 학력이 향상되고, 교사도 평가하게 되면 수업능력이 향상될 것이라는 평가 만능적인 '관리담론(management discourse)'이 지배적이다. 평가는 교사와 학생, 학교의 수행(performance)능력을 모니터링하는 합리적 수단으로 목적 합리적 관리담론에 의해 정당화되고 있다(Apple, 2001; Maxcy, 2004). 하지만 순위를 매기는 평가를 하지 않아도 학생들 학력이 높고, 교원평가를 하지 않아도 교사들의 질적인 수준이 높은 핀란드는 어떻게 생각해야 할까?(한국교육연구네트워크 총서기획팀, 2010; 福田誠治, 2009) 교원평가가 과연 수업개선의 취지와 목적을 달성할 수 있을까?

우리 교육현실에서 교원평가가 학부모와 일반시민에게 호응을 받는 이유는 충분히 이해될 수 있다. 비록 일부 교사들이기는 하지만 교사로의 자질이 부족하고 수업에 태만한 교사들이 있다는 것을 부정하기는 어렵다. 그러한 교사들에 대해 학생들이나 학부모들이 별다른 문제제기를 할 수 없는 상황은 마땅히 개선되어야 한다. 다만, 교원평가가 효율적이고 합리적인 개선책인가에 대해서는 의문이 제기된다. 주류언론에서는 교원평가가 실행되면 교사들의 수업의 질이 높아지고 '공교육의 부실'이 해결될 수 있는 것처럼 교원평가담론을 생산해 내고 있지만, 그것은 단견에 지나지 않는다(김혜영, 2009).

교원평가가 책무성을 위한 것이든 전문적 능력의 향상을 위한 것이든, 교원평가는 두 가지 아킬레스건을 해결해야 한다.

첫째는 교원평가의 타당성이다. 교원평가가 타당하다는 주장은 '명제적 진리'(평가자가 주장하는 것이 진리, 즉 객관적 사실과 부합된다), '효율성'(교원평가는 교원능력개발의 목표 달성에 효과적이다), '규범적 정당성'(교원을 평가하는 것은 규범적으로 올바르고 정당하다), '주관적 진실성'(평가자가 평가에 있어 진지하고 진실하다)에 대한 타당성 주장을 내포한다. 그리고 교원평가가 타당하다는 주장이 합리성을 가지려면, 근거 제시 가능성과 비판 가능성이 있어야 한다.

둘째는 평가에 대한 '수용 가능성'이다. 어떻게 하면 피평가자가 평가자의 주장을 수용함으로써 스스로의 행위(수업개선)에 구속력을 갖도록 하는가 하는 것이다. 평가가 피평가자의 행위(수업개선)에 구속력을 가지려면 어떤 조건이 필요한가? 의사소통행위이론을 제시한 하버마스(Habermas, 2006: 440)에 의하면, "(화행의) 수용 가능성은 객관주의적 의미에서 관찰자의 시각으로부터 규정되는 것이 아니라 의사소통 참여자의 참여적 태도로부터 규정된다." 말하자면, 평가에 대한 수용 가능성은 평가자의 판단과 평가가 피평가자에게 일방적으로 전달되어서는 생겨날 수 없으며, 피평가자가 평가자와 합리적 의사소통에 참여할 수 있을 때 생겨나는 것이다.

교육부의 교원평가제는 평가자(또는 수요자)의 의견에만 관심을 두고, 평가자의 의견과 주장에 대한 평가자와 피평가자 간의 협의와 상호주관적 인정의 역학, 즉 합의 형성을 간과하고 있다. 말하자면, 교육부의 교원평가제에는 "상호 이해를 도모하는 의사소통참여자들 사이의 상호주관적 관계를 위한 자리"가 없으며, 이는 교원평가모형의 '존재론적 개념'의 한계를 드러내는 것이다(Habermas, 2006: 474).

교원평가가 교사의 행위(수업개선)에 구속력을 가지려면 다음 네 가지 조건이 필요하다. 첫째, 피평가자가 되는 교사는 관찰과 평가의 대상이 아니라, 상호 이해를 위한 의사소통의 참여자가 되어야 한다. 둘째, 평가(판단과 주장)에 대해 평가자와 피평가자 간의 상호 주관적 이해와 인정이 필요하다. 셋째, 의사소통을 통해 도달된 '동의'가 필요하다. 여기서 동의는 규범적 정당성, 명제적 지식의 일치(공유), 정직함에 대한 상호적 신뢰의 세 차원을 포함한다(Habermas, 2006a: 452). 피평가자가 동의하지 않는 것은 이 세 가지 중 최소 하나는 부정한다는 것을 뜻한다. 넷째, 필요할 때 평가자는 피평가자의 비판을 견딜 수 있는 설득력있는 근거를 제시하겠다는 '보증'을 떠맡아야 한다. 동의가 평가자와 피평가자 간 후속 상호작용에 대한 구속력 또는 책무를 갖게 하는 데는 이러한 보증이행이 필요하다.

교육부의 교원평가제는 이 두 가지 핵심적 과제, 즉 교원평가의 타당성과 수용 가능성을 해결하지 못하고 있다. 예를 들면, 교원에 대한 학생·학부모의 만족도 조사가 교원평가에 반영되는 것에 대해서 대부분 교사들이 거부감을 보이는 것은 무엇보다 학생·학부모가 교사를 평가하는 것이 규범적으로 정당한 것인가에 대해 의문을 갖고 있기 때문이다. 교육부의 교원평가제는 교원평가의 타당성 문제와 수용 가능성 문제를 해결하기 어려울 뿐만 아니라 보다 근본적으로 타당성 문제와 수용 가능성 문제에 대해 성찰할 수 있는 이론적 틀(framework)을 가지고 있지 못하다.

단지 책무성 제고를 위한 교원평가가 아니라 능력 개발을 위한 평가라 한다면, 교육부의 교원평가 프레임을 학생과 교사, 교원 간의 상호이해 지향적인 프레임으로 전환하는 평가모형의 개선이 절대적으로 요청된다(김천기, 2010).[12] 학생과 교사, 동료교원 간 합리적 의사소통행위가 이루어진다면, 그것은 비단 수업개선의 효과에 그치는 것만이 아니라, 매우 중요한 부가적인 효과들을 가져올 수 있다. 예를 들어, 상호이해를 통해 수업 개선을 하게 된다면, 관찰자로서 수업을 평가하는 학생과 평가를 받는 교사 간의 관계가 기본적으로 달라질 수 있다. 수요자중심교육에서의 학생(수요자)과 교사(공급자) 간의 이항 대립적이고, 이분화된 관계가 해체되고, 역동적인 간주관적 상호작용이 일어날 수 있다. 학생과 교원 모두 합리적 의사소통의 주체가 됨으로써 교원평가의 문제점으로 제기된 타당성 결여나 보증이행의 문제도

---

12) 교원평가 문항이 교사의 수업기술을 평가하는 문항이 아니라 학습자의 학습 경험을 평가하는 문항으로 전환되고, 서술형으로 진술하도록 하는 교원평가모형 개발이 필요하다.

자연스럽게 해소될 수 있다. 그뿐만 아니라 상호 의사소통과 합의의 과정을 통해 학생과 교사, 동료교원 간의 연대감이 형성되고, 학교공동체의 통합이 촉진될 수 있다. 말하자면, 학교 구성원 간에 '협력의 프레임'이 만들어질 수 있다. 그리고 학교 구성원들은 의사소통행위의 합리성을 통해서 교육력을 높이는 학습공동체를 만들어 나갈 수 있을 것이다.

토론주제

- 공공 영역의 공동체, 보살핌의 윤리, 연대와 결속의 가치가 약화되고, 그 대신 사적 영역의 소비문화, 무한 경쟁, 사적 이익, 상업적 가치 등이 더욱 팽배해짐에 따라 초래된 사회적 비용은 무엇인가? 청소년에게 미친 영향을 중심으로 생각해 보라.

- 교원평가제는 교사들이 다양한 네트워크적 연대를 통해 신뢰와 유대를 강화하고 그것을 토대로 필요한 자원을 교환하고 공유할 수 있는 사회자본 형성에 기여한다고 보는가, 저해한다고 보는가? '학교공동체' 구축을 위해 사회자본을 형성할 수 있는 방법은 무엇이라고 생각하는가?

제12장

공교육의 대안적 접근

오늘날 사람들이 희망과 즐거움, 가능성을 상상할 수 있는 공간은 공적인 공간이 아니라 사적인 공간뿐이다. 사적인 공간에서는 시민이 아니라 오로지 소비자로서 선택하고, 풍요롭게 소비하며, 자신의 안전을 지키는 것에 관심을 가질 뿐이다. 이것은 민주주의의 위기이다. 세계에 대한 비전과 의미가 상실되고 있으며, 교육과 정치적 행동이 무의미해지고 있다. 새로운 지적, 윤리적, 정치적 비전을 제시할 수 있는 새로운 언어가 필요하다.

–헨리 지루(H. Giroux),

『공공 영역과 사적인 삶(Public Spaces & Private Lives)』–

우리는 앞에서 학교교육의 현실을 다양한 이론적 관점에서 살펴보았다. 이제 남은 과제는 '그렇다면 학교교육은 어떻게 변화되어야 하는가?' 하는 것이다. 그 현실적 대안은 무엇인가? 그 대안은 어디에서 찾을 수 있을까? 해답이 바로 이것이라고 명료하게 제시하는 것은 극히 어려운 일일 뿐만 아니라 그리 바람직스럽지도 않다. 공적인 토론과 민주적 의사소통을 통해 그 대안을 탐색하고 합의하는 것이 필요하다.

이 장에서는 공교육의 대안을 공교육 비판이론들이 제시하는 대안을 중심으로 검토해 보고자 한다. 이러한 작업은 한국 공교육의 위기극복을 위한 큰 틀을 설정하는 데 도움이 될 것이다. 이 장에서는 낭만주의이론(탈학교론), 신마르크스이론, 포스트모더니즘, 생태주의이론을 중심으로 살펴보고자 한다(김양자, 2003; 김천기, 김양자, 2003).

1. 낭만주의: 대안학교와 학습조직망

낭만주의는 '내적 성장'이라는 교육의 본질적인 목적을 중시하며 스스로 배울 수 있다는 학습자의 자율성을 존중한다. 낭만주의는 자연성, 학습의 자율성, 아동의 흥미를 중시한다.

낭만주의의 주된 비판은 제도화된 학교교육이 어린이를 미성숙자 혹은 어른의 축소판으로 생각하고, 자율성보다는 강요, 현재의 삶보다는 미래를 위한 준비교육에 치중함으로써 아동의 잠재능력 계발이라는 교육의 본질적인 기능을 실현하지 못한다는 점에 맞추어져 있다. 학교교육이 취업과 대학입시의 직접적인 수단이라는 굿맨(Goodman, 1966)의 지적, 공립학교는 보호 감옥이라는 코졸(Kozol, 1969)의 지적 그리고 학교교육의 신화에 대한 일리치(Illich, 1971)의 비판이나 학교의 사회통제 기능에 대한 라이머(Reimer, 1971)의 비판은 한국 교육의 현실을 비판하는 데 적절하다.

한국의 학교교육은 표면상 '인격함양' '시민의식' '전인교육'을 목표로 하고 있지만, 상급 학교 진학과 취업을 위한 수단으로 전락했다. 이는 초·중등학교의 입시

위주 교육과 대학의 교육에서 여실히 드러난다. 입시 위주 교육은 다양한 관심과 적성을 가진 학생들을 획일화된 주입식 수업으로 몰아넣어 학습에 관심이 없는 학생들에게는 쓸모없는 지식을 전달하고, 사회인으로서 준비도 제대로 시키지 못할 뿐만 아니라, 대다수 탈락자를 차별화하고 무시하며 열등감을 갖게 하였다. 낭만주의의 공교육 비판은 한국 공교육의 근현대사를 통해 드러나는 교육의 내재적 가치의 상실과 학교교육이 진학과 취업을 위한 수단으로 전락했다는 문제점을 잘 지적해 준다.

낭만주의는 의무교육제도를 비판하면서 학교체제 내에서의 변화를 위해 소규모 학교, 개방교실, 자유학교 그리고 탈학교(이)론에서 나온 '학습을 위한 조직망' 구성을 대안으로 제시한다. 그 대안은 학생들의 자연성, 흥미 그리고 자율성을 보장하기 위한 것이다. 낭만주의의 논의는 일차적으로 교육받는 학생들을 교육의 중심에 두고, 사회는 아동의 잠재능력을 자유롭게 신장할 수 있는 교육의 장을 마련해야 한다는 데 있다.

굿맨(Goodman, 1966)은 당시 공립학교를 구제불능으로 보고 교육적인 환경, 전문화된 훈련이나 지식의 요구를 만족시켜 줄 수 있는 소규모 학교나 도제교육이 만들어져야 한다고 제안하였다. 콜(Kohl, 1969)은 학교의 권위적 통제양식을 비판하면서 대안으로 개방교실을 제안한다. 개방교실의 목적은 본래 선한 존재인 인간을 자유롭게 하여 선을 실천하게 하는 데 있다. 개방교실에서는 교사의 권위도, 획일적으로 규정된 교육과정도, 학생의 행동을 규율하는 규정도 없으며, 어린이의 흥미가 학습을 결정하도록 하는 환경만 마련해 주면 된다. 하지만 굿맨은 콜의 개방교실이 지나치게 개인주의적이라고 비판하면서 자유학교를 대안으로 제시한다. 그는 가난한 학생들이 사회 속에서 생존하고 성공하기 위해서는 다른 학생들과 똑같은 교육과정과 자격이 필요하며, 단지 학습방법에서 차이를 두어야 한다고 강조하였다.

굿맨, 콜, 코졸의 주장이 학교체제의 변화를 주장하는 소극적인 대안이라면 일리치와 라이머의 대안은 보다 적극적이고 구체적이다. 공교육에 대한 일리치의 대안은 '학습을 위한 조직망'의 구성이다. 학습을 위한 조직망은 사회공동체 속에 있는 거대한 하나의 조직망으로, 학습자의 선호나 흥미에 따라 배우고자 하는 내용물, 동료, 교육자를 연결시켜 주는 역할을 한다. 이 대안의 근거는 학습자의 배움에 대한 의지나 내용, 시간을 그들의 자율에 맡길 수 있고, 모든 교육내용을 교사를 통해 주입하는 대신 학습자 스스로 학습을 둘러싸고 있는 세계와의 새로운 결합을 가능하게 할 수 있다는 데 있다(Kneller, 1984). 라이머도 누구나 중요한 교육자원에 접근할 수 있는 기회를 가져야 하므로 학교를 교육자원을 통한 '학습조직망'으로 대체해야 한다고 주장한다. 그것은 교육자원과 교육인력의 재조직을 통해 그리고 '평생교육자금제도'라는 교육재정의 정의로운 배분을 통해 개인을 존중하고 학생을 위주로 하는 교육이념을 구현하도록 하는 '조직망'이다.

낭만주의 교육철학은 한국 교육의 위기를 극복하는 데 새로운 대안이 될 수 있는가? 낭만주의 교육철학에서 주장하는 소규모 학교, 개방교실, 자유학교는 학교체제의 변화를 요구하고, 일리치와 라이머의 '학습을 위한 조직망' 구성은 학교체제의 폐지를 요구한다. 한국의 교육 현실에서 학교가 자유학교나 개방교실 또는 '학습조직망'으로 대체되어야 한다는 주장은 현실성이 부족하기는 하지만 공교육의 본질을 회복해야 한다는 점을 일깨워 준다는 점에서 의의가 크다. 입시 위주의 획일화된 교육 속에서 만연된 학교교육의 위기를 풀 수 있는 해법 중의 하나는 학생들이 획일적 교육에서 벗어나 자신들의 재능과 개성을 충분히 인정받는 행복한 학교를 만드는 것이다. 오늘날 혁신학교가 각광을 받는 것도 이런 이유에서이다.

2. 신마르크스주의: 경제와 교육의 민주화 실현

신마르크스주의자들은 학교교육의 계급 재생산 기능을 가장 큰 문제로 지적하고, 이를 혁파하기 위해 경제적 민주주의 실현과 교육의 민주화를 대안으로 제시하고 있다. 재생산론자인 보울즈와 긴티스(Bowles & Gintis, 1976)는 자유자본주의 사회에서는 인간해방을 위한 교육개혁안들(자유학교나 탈학교론)이 실효를 거둘 수 없다고 보았다. 학교교육이 순응적인 노동자를 양성하고, 계급관계를 재생산하는 중심적인 축이라면, 경제생활의 변혁 없이 학교를 없애는 것은 사회적 혼돈 상황을 가져오는 것밖에는 없다고 지적한다. 평등하고 인간을 해방시킬 수 있는 교육제도는 경제생활을 변혁하고자 하는 광범위한 운동을 통해서만 가능하다고 믿는다.

그들은 노동자가 직접적으로 참여하여 자신의 노동생활을 구조화할 수 있는 경제적 민주주의를 옹호한다. 그렇게 되면 작업장의 민주화를 가져올 수 있고, 작업장의 민주화는 대응원리에 따라 교육의 사회적 관계도 민주화하기 때문에 교육제도의 해방을 가져올 수 있다는 것이다. 여기서 교육의 해방을 위한 투쟁과 경제적 삶의 민주화를 위한 투쟁은 밀접하게 관련됨을 알 수 있다. 이처럼 보울즈와 긴티스는 초기 저술에서 자본주의 경제의 변혁을 통해 교육의 계급 재생산 기능을 극복할 수 있고 사회평등화를 실현할 수 있다고 주장하였다.

그들은 경제적 민주주의 실현은 변증법적인 관계를 통해서 가능하다고 생각한다. 노동 투쟁을 정치화해야 하고 노동자들의 동원과 투쟁을 가능하게 할 민주의식의 교육이 중요한 역할을 한다. 경제변혁은 평등주의적이고 해방적인 교육제도를 가져오지만 경제변혁을 위해 교육이 해야 할 일 또한 중요하다. 학교혁신을 추구하는 교육자들은 학교 구성원들과 협력관계를 구축하고, 학교의 민주화를 추진해야 한다. 그것뿐만이 아니다. 아이의 자발성을 인정하는 교육적 대안에 만족해서는 안 되며, 생산의 사회적 관계와 교육의 사회적 관계 간의 대응관계를 깨야 한다. 노동분업구조 속에서 노동자의 지성을 강화하는 평등주의적 교육실천을 위해 투쟁해야 한다(Bowles & Gintis, 1976).

최근에 보울즈(Bowles, 1991)는 토대-상부구조의 모델이 학교와 사회와의 관련성을 해명하는 데 한계가 있음을 인식하고 자본주의와 민주주의라는 체제 속에서 교육은 왜 모순적인 역할을 하게 되는가를 밝혀냈다. 보울즈에 따르면, 자본주의는 재산권에 바탕을 둔 경제적 특권의 우위성을 중시하고, 민주주의는 인권의 행사를 바탕으로 하는 민주적 책무성과 자유의 우위성을 중시한다. 그런데 재산권과 인권의 원리가 첨예하게 부딪히며 갈등을 일으키는 영역이 바로 국가이며, 교육은 국가 영역에 속하기 때문에 교육 역시 모순적인 입장에 처하게 된다(제3장 참고). 말하자면, 교육은 재산권과 인권 간의 모순과 갈등이 내재되어 있는 사회적 실천이 되는 것이다. 여기에서 보울즈는 경제체제의 개혁보다는 '인권 원리'의 확장이라는 실천적 교육투쟁에 더 역점을 둔다.

보울즈가 말하는 교육투쟁은 교육민주화를 목표로 한다. 교육의 민주화를 위한 실천은 교육의 과정을 교사와 학부모가 통제하는 것이고, 교사는 노동자로서 경제생활의 민주화 운동에 참여하는 것이며, 학부모는 지역사회의 일원으로서 의사결정권을 확대하는 데 참여하는 것이다. 그 다음으로 학교교육에는 학생들의 인격을 발달시키기 위한 교육철학이 요청된다. 학생들에게 시민으로서, 가족의 구성원으로서, 노동자로서 그리고 지역사회의 일원으로서 자신의 삶을 통제할 수 있도록 하는 데는 교육철학이 필요하다. 마지막으로 진보적인 교육자들은 재산권과 인권 간의 모순과 갈등을 드러낼 수 있는 교육과정을 개발해야 한다(이건만, 1996).

한편, 저항이론가인 지루(Giroux, 1998)는 교육을 사적인 시장 영역이 아니라 공공 영역 속에 위치시키고 학교제도 안팎에서 교육의 문제해결을 위해 노력해야 함을 주장한다. 즉, 교육자는 일상생활 속의 억압에 대한 비판적 이해를 허용하고 억압에 대항하고 투쟁하는 데 필요한 기초지식과 사회관계를 제공해 주도록 노력해야 한다(Gibson, 1986). 애플(Apple, 1982)도 학부모나 교사들의 집단적인 활동계획 수립, 교육과정과 수업모형 개발, 정치교육과 다른 단체와의 연대, 교육내용 차원에서 노동자들의 투쟁과 전망을 담아내어 투쟁적으로 나가야 한다는 실천 지향적인 대안을 제시하고 있다.

이와 같이 신마르크스주의의 교육적 대안은 경제적 민주주의 실현이라는 사회구조의 개혁과 함께 학교 안팎에서의 억압에 대한 이해, 연대의식 그리고 투쟁에 필요한 지식과 기술 제공 등 교육민주화를 위한 의식교육이다. 교사와 학생·학부모는 어느 정도 상대적 자율성을 가지고 있으므로 교사들은 노조활동 등을 통해 교육민주화 운동을 이끌고, 학부모들은 시민단체를 결성하여 교육문제에 참여하고, 학생들은 인권의 보장을 위해 연대해야 교육의 민주화, 경제적 민주주의, 정의로운 민주사회를 만들 수 있다.

한국 교육에서 신마르크스적인 대안이 무엇인가를 제시하는 것은 쉽지 않다. 엘리트주의와 인적 자본론이 지배적인 교육현실에서 자칫 비현실적인 논의로 도외시되기 쉽기 때문이다. 그러나 적극적으로 대안을 찾아본다면 다음 몇 가지가 나올 수 있다. 첫째, 노동계급과 여성 등 사회적 약자의 정치적·경제적 정의 실현을 위한 교육과정과 수업모형을 개발한다. 둘째, 학생들에게 정치적·경제적 역사 속에서 그들의 위치를 분명하게 이해시키고, 노동계급의 투쟁과 전망에 대해서 가르친다. 그러나 계급의식 교육은 그 자체가 또한 계급적인 편향성을 띠고 있기 때문에 보편적 대안으로서 충분한 공감을 얻기 어렵다.

한국의 현실 속에서 대안은 사회경제적 불평등의 재생산 고리를 어떻게 끊을 수 있는가에 모아진다. 물론 경제적 불평등을 줄임으로써 계급 간의 교육기회의 불평등을 해소하는 것이 신마르크스적 대안이지만, 그것은 사회적 대안이지 계급 간의 교육불평등을 타파하는 교육적 대안은 아니다. 교육불평등을 점진적으로 해소할 수 있는 정책 방안이 나와야 하고, 그와 아울러 계급 재생산의 통로 구실을 하는 잠재적 교육과정과 명시적 교육과정을 개혁함으로써 교육과정의 계급편향성을 시정할 수 있는 방향으로 나아가야 한다. 교육과정 내용에는 노동계급의 억압적 위치에 대한 의식교육, 서로 단결할 수 있는 연대감 형성, 민주화 실현을 위한 투쟁에 필요한 기초지식과 기술 함양이 들어갈 수 있다. 현재 교육의 수월성, 교육의 질적 향상이라는 교육개혁의 목표에는 이러한 대안들은 담겨 있지 않다.

3. 신자유주의 교육개혁의 타파

신자유주의자들은 공립학교의 교육자원과 공적 서비스의 비효율성의 근본원인이 학교교육체제 내의 관료적 통제에 있으며, 이것은 경쟁 부재, 자율성과 책무성의 부재, 획일적 교육서비스 제공을 가져왔다고 주장한다. 그들은 선택과 경쟁이라는 시장경쟁 논리의 도입을 제안한다. 이를 통해 단위학교의 자율성과 책무성을 강화할 수 있고, 학교 간의 경쟁유도를 통해 교육의 질을 향상시킬 수 있으며, 학부모 및 학생에게 학교선택권을 부여하여 교육수요자의 요구에 부합되는 교육을 받을 수 있게 한다는 것이다(Chubb & Moe, 1990).

공립학교의 관료적 통제에 대한 신자유주의의 비판은 한국 교육문제의 가장 핵심적인 부분이기도 하다. 신자유주의에 따르면, 관료적 통제는 비효율성, 무기력, 타성, 질적 하락, 책무성의 부재를 낳는다. 이러한 관료적 통제하에서는 학교들이 학생유치를 위해 경쟁해야 할 필요도 없고 자신의 교육적 실패에 대해 책임질 필요도 없는 무사안일적 풍토가 만연하기 마련이다. 교육의 관료적 통제에 대한 신자유주의적 비판은 한국 교육 운영의 실제를 반성하도록 한다.

신자유주의의 핵심의제는 공교육에 국가역할을 재설정하는 것이라 할 수 있다. "새로운 학교형태를 도입하여 학교 간의 경쟁을 강화시키고, 학생을 더 많이 모집하는 학교에 재정적 인센티브를 부여하는 것 그리고 학교선택 및 학교관리와 관련하여 학부모의 권력을 증대시키는 것"(김용일, 1999)이다. 즉, 관료적 통제에서 탈피하여 '시장지향적인' 교육정책을 도입하자는 것이다.

서구의 신자유주의 교육개혁의 진행과정을 보면, 영국에서는 「1988년 교육법」과

「1993년 교육법」을 통해 학교에서 선택과 다양성이 강조되기 시작했다. 특히 「1993년 교육법」은 공교육에 대한 지방교육청(LEAs)의 독점적인 권한을 억제하고 국가교육 과정(National Curriculum)과 전국적인 평가체제를 통해 교육 내용에 대한 중앙정부의 통제를 강화시키는 계기가 되었다. 이 조치들은 학부모의 선택권과 학교의 다양성 확보라는 취지에서 추진되었다. 의사시장(quasimarket)속에서 이루어진 학교체제의 변화로는 학교선택의 자유(학군 개방제, open enrollment), 학교의 지역관리(Local Management of School: LMS), 국고보조학교(Grant-Maintained School: GM School), 도시기술전문학교(City Technology College: CTC) 등을 들 수 있다. 이러한 체제변화는 단위학교에 자율성과 책무성을 이양하고 학부모에게 학교선택권을 부여하여 공립학교 간의 학생유치 경쟁을 유도하기 위한 것이다.

미국에서도 1980년대 이후 시장경쟁 원리에 따라 공교육체제를 개혁하려는 노력이 이루어져 왔다. 레이건 대통령은 학교선택권과 지방교육자치단체의 자율성을 강화하였고, 부시 대통령은 건전한 시장원리에 따라 공교육체제를 재조직하려 노력하였다. 특히 학부모의 선택권 강화, 자율적인 협약학교(charter school), 영국의 CTCs와 같은 취지의 '새로운 미국 학교 프로그램(New American School Program)'을 도입하였다. 여기에서는 단위학교 책임경영이 학부모 및 지역사회의 참여와 함께 강조되었다. 이와 같이 미국의 신자유주의 교육개혁도 학부모의 선택권을 강화하고 단위학교에로의 권한 이양을 통해 교육의 질적 수월성을 추구하려는 노력이었다. 이 외에도 바우처스쿨(voucher school), 마그넷스쿨(magnet school), 협약학교 등은 공교육에 경쟁을 유도하고 새로운 형태의 학교를 도입하여 공교육의 변화를 유도하려는 제도이다.

미국의 경우 신자유주의에 의거한 공교육개혁의 방향은 다음과 같다(Ravitch, 2010).

• 학생들의 학업성취도(읽기 · 쓰기)를 평가하고 그 결과에 대해 학교와 교사가 책임지게 하라.

어떤 방식으로 책임을 지도록 할 것인가? 처벌적 책무성을 강화하는 것이다. 학업성취도수준이 낮은 학교는 폐쇄조치하고, 교사는 해고하는 것이다. 그러면 교사들은 해고의 두려움에 떨며 열심히 학생들을 가르치려고 노력할 것이다. 반면, 우수한 학교와 교사에 대해서는 성과급으로 보너스를 지급한다.

- 학생과 학부모에게 학교 선택을 할 수 있는 자유를 허용해 주라.

그러면 더 좋은 학교를 선택할 수 있게 되고, 공립학교로서는 경쟁에서 도태되지 않기 위해 더 열심히 학교를 개선하려고 노력할 것이다. 선택할 수 있는 학교유형으로 바우처스쿨, 협약학교, 민영화학교가 만들어진다. 이 학교들의 교육성과는 일반 공립학교에 비해 높을 것이다.

- 슈퍼스타 교사로 학교를 채우라.

고소득계층과 저소득계층 간, 소수민족과 백인집단 간 학업성취도 격차는 슈퍼스타 교사들이 충분히 매울 수 있다. 사회경제적 여건의 불리함을 슈퍼스타 교사들이 극복할 수 있게 해 준다. 상위 20% 교사들은 하위 20% 교사들에 비해 학업성취도를 2배 높일 수 있다. 효과적인 교사는 어떤 학생들이든 잘 가르칠 수 있다.

- 문제학생은 학교에서 쫓아내라.

문제학생에 대해서는 엄격하게 무관용정책을 펴라. 다른 학생들에게 피해를 주는 학생들이니 거리로 쫓아내 버려야 한다. 학교 입장에서는 이들 문제학생이 학교 평균을 깎아 먹으니 없는 것이 차라리 낫다. 이들에 대한 상담이나 정신건강서비스는 필요 없고, 그 서비스에 들어가는 예산은 성적 올리는 데 쓰라.

앞에서 말한 방안들은 그야말로 간단명료하고, 장밋빛 미래를 약속해 주는 것처럼 보인다. 하지만 신자유주의 개혁의 결과 미국에서는 과연 이상적이고 바람직한 공교육이 재탄생되었는가? 한때 열렬한 신자유주의 교육개혁의 전도사였던 교육사학자 래비치(Ravitch, 2010: 17-18)는 이렇게 반성적으로 회고하고 있다.

> 나 역시 다른 사람들과 마찬가지로 최근에 등장한 만병통치약과 기적의 묘책에 속아 어려운 문제를 바로 잡을 수 있다고 약속하는 묘약에 흠뻑 취해 책무성 부과와 인센티브, 시장의 힘을 숭상하는 축제의 행렬에 동참했다는 것이다. 눈이 멀고 마음을 빼앗긴 것으로 치자면 나 역시 예외가 아니었다……. 시간이 지나면서, 최근의 개혁 정책이 그

약속을 실현해 주지 못한다는 증거만 늘어 가자, 나는 결국 설복될 수밖에 없었다. 더 많은 증거가 등장할수록 내 신념도 서서히 사그라졌다.

한마디로 미국의 신자유주의적 공교육 개혁의 결과는 공교육의 파탄을 가져왔다는 비판을 피하기 어렵게 되었다. 선택제를 보장하기 위해 도입된 협약학교, 바우처 스쿨 등은 그 자체의 효과도 의심스러울 뿐만 아니라 무엇보다 공립학교를 황폐화시켰으며, 교육당국은 시험이 갖는 한계를 무시하고 오로지 시험 점수의 결과로 교사를 해고하고, 공립학교를 폐쇄시킴으로써 공립학교를 와해시키는 지경에 이르렀다. 학교 간 경쟁이 치열해질수록 공립학교는 전혀 개선되지 않고 오히려 더욱 몰락하는 결과를 보이고 있다(Ravitch, 2010). 이러한 신자유주의 개혁의 결과에 직면하면서 래비치(Ravitch, 2010)는 공교육의 희망이 이제 신자유주의 교육개혁을 타파하는 데 있음을 역설한다. 그는 다음과 같이 개혁방향을 제시하고 있다.

• 본질적인 교육목표를 무시하고 교육의 구조와 관리체계만 계속 바꾼다면 학교는 개선되지 못한다. 미국공교육의 문제는 교육적 비전의 결여에서 발생한 것이다. 우리가 개탄해야 할 대상은 학교의 구조가 아니라 건전한 교육적 가치의 부재이다.
• 정부관료들이 교육학적 영역에 개입하면서 전문교육자가 적절히 내려야 할 결정을 대신 내린다면 학교는 발전하지 못한다.
• 좋은 교육의 본질을 이루는 여타 과목을 등한시하고 계속 읽기와 수학에만 치중한다면 학교는 발전할 수 없다.
• 시험이 측정하는 대상에만 가치를 두어서는 학교가 개선될 수 없다. 시험은 학업향상도에 대해서는 유용한 정보를 제공할지 몰라도 정작 교육에서 가장 중요한 것은 측정하지 못한다.
• 오로지 시험에 의존해서 학생, 교사, 학교장, 학교의 운명을 결정한다면 학교는 발전할 수 없다.
• 개혁이라는 이름으로 계속 지역 학교의 문을 닫는다면 학교는 개선되지 못한다.
• 시장의 마법에 학교를 맡긴다면 학교는 결코 발전할 수 없다. 협약학교가 가난한 지역의 일반 공립학교에서 학습동기가 가장 높은 학생과 그 가족을 빼내 간

다면 학교는 성장하지 못한다.
- 학교가 이익을 추구하는 민간기업처럼 작동하기를 기대해도 학교는 발전할 수 없다. 학교는 성공과 실패에 대한 정보를 즉각 공유하면서 서로에게서 배움을 얻어야지, 생존을 위한 싸움에서 라이벌이 되어서는 안 된다.
- 시험성적 데이터만 맹신해서는 학교는 절대 발전할 수 없다. 데이터는 숫자로 된 측정결과일 뿐이며, 어디까지나 보조역할을 수행하는 데 그쳐야 한다.
- 학교교육에서 돈이 중요하지 않다고 말하는 사람들의 손으로는 학교가 개선될 수 없다. 풍부한 자원이 성공을 보장하지는 않지만, 풍부한 자원이 없이 학교가 성공하기는 무척 어렵다. 진정으로 학업성취도 격차를 줄이고자 한다면 가장 가난한 아이들이, 제대로 교육받은 교사와 소규모 학급, 멋진 시설, 풍부한 예술 및 과학 교육과정이 마련된 학교에 다닐 수 있도록 해야 한다.
- 빈곤한 가정환경처럼 사회적으로 불리한 여건을 무시해서는 학교가 발전할 수 없다.
- 좋지 못한 경제 상황이나 가난, 가족의 붕괴, 시민의식 저해 등을 학교교육 탓으로 돌리며 학교를 우리 사회의 다목적 샌드백으로 사용하는 한 학교는 개선될 수 없다. 학교는 여타 제도나 기구와 더불어 운영되어야 할 기관이지, 이들 기구를 대체할 수 있는 기관이 아니다.

요컨대 신자유주의 교육개혁의 핵심적 논리, 즉 ① 공립학교를 민간기업처럼 경영하고, ② 학교들이 생존경쟁을 하도록 해야 학교를 개선할 수 있다는 환상을 버려야 한다는 것이다. 나아가 교육의 진정한 목적과 비전을 확고하게 하고, 신자유주의 교육개혁에서 도외시하는 빈곤한 가정환경, 열악하고 위험한 지역환경, 불평등한 교육환경 등을 개선할 때에 학교교육이 비로소 개선될 수 있다.

4. 포스트모더니즘: 교육의 다양화와 특수성

포스트모던 교육학자들은 근대의 합리성과 보편성에 기초를 둔 공교육의 해체를 주장한다. 그들은 공교육의 이념 자체가 보편성을 띤 거대담론이고, 교육이 학교라는 단일체제 속에서 이루어지며 학교에서 가르쳐지는 지식에 권력이 내포되어 있기 때문에 제도화된 공교육은 파편화되고 해체되어야 한다고 주장한다. 이들은 현재의 획일적 공교육체제를 다양성과 차이가 인정되는 다양한 교육체제로 재구성할 것을 제안한다(Giroux, 1991).

포스트모더니즘은 후기 자본주의의 병리 현상적 상황을 규정짓는 데 사용되기도 하고, 모더니즘에 대한 비판적 사유체제로서 근대사회가 이룩해 놓은 사유체제의 한계를 밝히고 이를 극복하기 위한 담론으로 이해하기도 한다. 후자는 주로 철학이나 학문 영역에서 모더니즘의 이성, 자유, 진보, 해방, 보편성을 지배계급의 폭력 수단으로 규정하고 해체를 주장한다. 데리다(Derrida)와 푸코(Foucault)는 특히 이러한 모더니즘적 대서사의 해체를 주장하는 해체주의자이다(Giroux, 1992). 해체주의를 추종하는 포스트모던 교육학자들은 '모더니즘 교육학'의 논리에 문제를 제기하면서 총체화되고 획일화된 공교육의 해체를 주장한다. 사럽(Sarup, 1991)은 모든 정치체제와 사회제도를 유지하고 있는 논리를 해체하기 위해서는 교육체제도 해체되어야 한다고 주장하는데, 문화 속에 권력이 은폐되어 있다고 보기 때문에 권력관계를 해체하기 위해서는 문화관계를 동시에 해체해야 한다는 것이다. 러스트(Rust, 1991)도 포스트모던한 정보사회에서 모더니티의 표현물인 공장모형과 같은 학교양식은 사라져야 한다고 주장한다.

포스트모더니즘에서 해체의 핵심은 근대 이후 인간의 사고를 지배해 온 이성 중심의 이원적인 개념 틀을 붕괴시키는 것이다. 모더니즘은 이성/욕망, 이성/감성, 합리성/비합리성, 과학적/비과학적 등 대립적인 개념들 간의 위계를 설정하여 전자가 후자에 비해 우월하고 가치 있다는 규범적 판단을 가능하게 했다. 이것은 무슨 뜻일까? 예를 들어, 모더니즘적 이원적인 틀 속에서 '남성=이성적' '여성=비이성적, 감성적'이라는 이항대립적 도식, 또한 '합리성'을 중시하는 교육/'아이의 흥미와 욕구'를 중시하는 교육이라는 이항대립적 도식, '성인=이성적' '청소년=비이성적이고 욕망에 좌우되는' 존재라는 이항대립적 도식이 작동한다. 이 이항대립적 도식에서는 전자(이성)가 후자(비이성)에 대해 억압적이라고 해서 하등의 문제가 될 것이 없다. 이성 우위의 규범적 판단은 착취, 억압, 지배와 순종, 복종이라는 사회적 관계를 생겨나게 한다.

포스트모더니즘은 합리성을 띤 관료적 통제에 따른 획일주의와 권위주의에 대해 비판적이다. 예를 들어, 경직된 관료적 학교운영, 절대시되는 교과내용, 주입식 입시 위주 교육, 획일화된 평가 그리고 교육행정가의 권위주의는 교육구성원들의 교육적 관계를 수직적 관계로 만들어 바람직한 의사소통을 불가능하게 한다는 것이다.

포스트모더니즘 관점에서 보면, 오랫동안 학교교육은 동일한 교육과정과 동일한 평가체제를 통해 인간을 능력별로 구분해 왔고, 일방적이고 권위적인 주입식교육은 인간의 자연스러운 성장보다는 순응적인 인간으로 길들였다. 포스트모더니즘의 공교육에 대한 비판은 한국 교육을 통제해 온 관료주의의 획일성과 권위주의의 문제점을 지적하는 데 적절하다.

포스트모더니즘적 대안에서 보면, 획일적이고 권위주의적인 공교육은 파편화되고 해체되어야 마땅하다. 해체주의는 보편적인 교육목적의 거부, 거대서사로 정전화된 교과서의 거부, 일방 주입식 교육방법의 해체, 교사와 학생들의 권위적인 수직관계의 해체, 제도화된 학교교육중심의 교육해체를 주장한다. 이러한 해체는 개인이나 맥락에 따른 다양한 교육목적, 다양한 소서사를 인정하는 교육내용, 차이 (difference)를 인정하는 교육방법, 타자성을 인정하는 교육적 관계 그리고 열린 학습체제로의 변화를 요청한다.

지루(Giroux, 1991), 스탠디시(Standish, 1992), 로티(Rorty, 1989) 등은 근대 교육의 부정적인 부분을 버리고 긍정적인 부분의 재구성을 주장한다. 지루는 모더니즘 교육사조를 전면적으로 거부하지 않고, 비판적으로 수용하는 '포스트모던 교육학'을 제창하고 있다. 그에 따르면, 모더니티는 최선과 최악이 있기 때문에 버려야 할 것과 계승해야 할 것이 있다. 따라서 모더니즘의 비판적 교육학을 수용하면서도 비판적 교육학의 경직화를 방지하고, 그 내용을 더욱 풍부히 하는 방향으로 위상을 정립해야 할 것이라고 보았다. 그는 저항이론에 기초하여 비판적 교육학을 제창한 교육학자였지만 실천적 난점을 가진 '저항의 교육학'에서 '가능성의 교육학'을 기약하는 포스트모던 교육학으로 넘어서야 한다고 보았다.

스탠디시(Standish, 1992)는 포스트모더니즘이 미완성된 모더니즘의 '전인(whole person)' 교육이념을 완성할 수 있다고 본다. 포스트모더니즘과 모더니즘을 통합하는 입장을 취하는 스탠디시는, 포스트모더니즘의 타자성의 논리가 다양한 형태의 학교를 허용한다는 의미이지 국가교육과정의 폐기를 선언하는 것이 아니라고 주장한다.

로티(Rorty, 1989)는 모더니즘의 정초주의[1]의 해체를 주장하지만 인간의 사고와 행위 시 선택의 기준은 실용성에 있음을 강조한다. 또한 타인과의 대화를 통해 '우리'라는 의식의 공동체적 연대성을 갖는 것으로 생각한다. 로티는 정초주의에 입각한 교육의 개념, 진리의 개념 대신 '자기표현 능력의 개발' '좀 더 새롭고, 좋으며, 흥미 있고, 보다 생산적인 화법의 개발'을 교육목표로 삼아야 한다고 주장한다. 로티의 주장은 무정부적인 상대주의가 아니라 대화를 교육과정에 도입하여 서로 다름을 인정하면서 연대감을 형성할 수 있는 실용주의적 입장을 취한다.

포스트모더니즘은 다문화적인 디지털 정보화사회에서 전통적인 획일적 교육방식, 교사의 권위와 교과지식의 권위가 심각한 도전을 받고 있는 상황에서 나름대로 발전적 대안을 제시해 주고 있다. 근대적인 획일주의적 교육관에서 벗어나지 않고서는 신세대의 엄청난 변화를 수용할 수 없다는 것은 명백하다. 학교가 사회의 문화적 변화를 따라가지 못하기 때문에 교사와 학생의 세대 차가 심각한 갈등 수준에 이르고 있다. 교사는 학생을 이해할 수 없는 존재로 치부해 버리고, 학생은 학생대로 "어른들은 (우리를) 몰라요."라며 반항하고 있다.

포스트모더니즘적 관점에서는 신세대의 다양한 개성이 중시되고, 청소년 개인의 발언권이 인정되고 강화될 수 있다. 또한 청소년들의 대중문화를 교육내용에 수용할 수 있는 여지를 허용함으로써 교과지식의 초월적 절대화를 허물어뜨릴 수 있다. 사실 정보화 사회에서 청소년들은 굳이 학교에 가지 않거나 수업을 받지 않아도 대부분의 지식을 다양한 매체를 통해 습득할 수 있기 때문에 학교의 지식 독점권이 유지되기 어려워졌다. 포스트모더니즘은 급속한 사회적 변화에 대응하여 공교육이 어떻게 변화되어야 하는가를 제시해 주고 있다. 관료적인 경직된 공교육을 해체하여 다양성, 특수성, 타자성의 논리가 인정되는 열린 공교육으로 재구성하여 교육내용, 방법, 교육체제의 다양성을 인정해 줄 수 있는 것이 필요하다.

---

1) 정초주의(foundationalism)는 영원하고 초역사적이며 본질적인 어떤 기반이나 구조틀을 의미한다. 예를 들어, 선의 이데아는 우리가 선하다고 생각하는 모든 것들의 보편적이고 본질적인 정초(토대)가 되는 것이다.

5. 생태주의: 상생의 교육

앞에서 살펴본 대안적 관점은 서구적 이론이기 때문에, 한국의 역사적 삶의 기반에 기초한 교육적 대안으로는 잘 맞지 않다는 비판이 대두된다. 한국인의 삶의 토대인 동양사상적 사유방식과 세계관 그리고 윤리관에 내재한 교육적 대안을 만들어 내는 것이 필요하다는 것이다. 그러한 교육적 대안의 하나가 생태주의적 교육론이다(노상우, 2000). 생태주의는 인간이 각자 서로 동떨어진 원자적 존재가 아니라 상호의존적인 관계이며, 인간과 자연의 관계 또한 상호의존적이라는 가정에 토대를 두고 있다. 즉, 인간과 자연의 관계는 착취하고 억압하고 이용하는 도구적 관계가 되어서는 안 된다는 것이다.

생태주의가 무엇인가를 안다면, 생태주의 교육이 무엇인지 대략 짐작해 볼 수 있다. 생태주의적 교육이란 인간과 자연이 상호작용하는 장(場)에서 인간과 자연이 상생하는 정신을 길러 내는 교육이다. 따라서 생태주의적 교육 관점에서 볼 때 학교는 교사와 학생의 공동체적 협동이념에 토대를 두고, 이기적 경쟁의 방법보다는 조화로운 관계를 증진하고, 타인과의 갈등보다는 상호 간의 공존을 실현하는 일을 하는 곳이어야 한다. 또한 학교는 학생(수요자) 중심 교육이나 또는 교사(공급자) 중심 교육의 이분법을 넘어서서 교사와 학생의 상생의 관계를 중심으로 자기갱신과 자기초월을 경험하는 곳이 되어야 한다.

교사와 교사 간의 협동적인 관계의 생태학적 모델을 제시한 것으로는 홀리스틱(holistic) 교육자로 널리 알려진 파커 파머(P. Palmer)의 『가르칠 수 있는 용기(The Courage to Teach)』를 들 수 있다. 그는 관계의 연결망 속에서 협력하며 진리를 탐구하는 '진리의 공동체 모델'을 제시한다. "우리가 교사로서 필요로 하는 재원은 동료 교사들의 공동체 속에서 풍성하게 발견할 수 있다."(Palmer, 2000: 244)라는 그의 주장은 많은 것을 시사하고 있다. 이명박 정부가 강력하게 추진했던 교원평가제는 '고객(학생, 학부모)'를 위한 마케팅 모델에 입각해 있으며, 협동적인 진리 탐구의 공동체 모델과는 거리가 먼 것이다.

생태주의적 교육학자들은 신자유주의 교육은 상생의 정신을 훼손하는 쪽으로 나아가고 있다고 진단한다(노상우, 2000). 생태주의적 교육의 관점에서 볼 때, 수요자

중심이라는 담론을 만들어 낸 신자유주의 교육은 경쟁력과 수월성 확보라는 명분을 내세우며 협력적 관계성을 훼손하고 무한경쟁을 조장한다는 점에서 용납되기 어렵다. 신자유주의 교육은 무엇보다도 학생 간의 경쟁과 학교 간의 경쟁을 심화시켜 교육을 황폐화시킨다.

지식기반사회 구축을 위한 교육개혁 역시 경제적 가치 창출의 극대화를 지향하고 있다는 점에서 문제가 있다. 인간의 경제적 가치 창출 중시는 학생을 오로지 인적 자본의 시장적 가치로만 평가하도록 만들며, 이는 교육을 비윤리적인 목표 추구를 권장하고 제도화하는 결과를 가져온다(노상우, 2000). 경제적 효용성의 본질은 그 사회를 사는 인간의 가치관과 사회적 관계에 의해 결정되며, 경제적 가치가 인간 생명의 가치를 결정하는 것은 아니다. 그럼에도 경제우선주의는 상생보다는 경쟁과 효율에 치중하게 하고, 통합적이고 조화적이기보다는 자기중심적이게 하며, 그 결과 교육의 민주성과 생명 존중의 도덕을 파괴하는 반생명적인 분열적 행태를 야기한다.

이런 점에서 신자유주의적이고 개인주의적 교육관에서 발생되는 반생태적 요인들을 인식하고, 반생태적인 요인들을 협동적이고 창의적으로 해결할 수 있는 상생의 정신을 도야하는 데 교육의 초점을 두어야 한다. 하지만 생태주의적 교육으로만 반생태적 문화를 해결할 수 없다. 인간과 자연의 원초적 상호 연관성을 인정하며, 상생의 정신으로 새로운 생태적 민주주의를 실현하는 것이 필요하다(노상우, 2000). 이는 21세기 교육이 떠맡아야 할 가장 중대한 과업이라 할 수 있다.

여기에서 논의된 생태주의적 교육론은 다분히 이상주의적이라는 비판을 받기도 한다. 학교교육이 경쟁중심의 지식교육에서 생태주의적 교육으로 바뀌어야 한다는 생태주의적 주장이 현실적 대안이 되기 위해서는 지적 능력만을 중시하는 현재의 능력주의 체제가 해체되어야 한다(Broadfoot, 1996). 하지만 현대사회의 주류는 업적주의적·능력주의적 교육체제를 고수하고자 하고 있고, 그것을 가능하게 해 주는 것이 평가체제이다. 그렇다고 한다면, 생태주의적 교육이 실현되려면 어떻게 해야 하는가? 인지적 측면만을 중시하고 정의적인 측면을 무시하는 능력주의 담론을 어떻게 해체할 것이며, 인지적 측면만을 평가해 온 평가체제는 어떻게 할 것인가? 이런 문제는 모더니즘적 교육의 근간을 이루는 것으로 이를 해체하기 위해서는 더욱 구체적인 현실적 대안들이 논의될 필요가 있다.

🎓 **토론주제**

교육학적 상상력과 새로운 희망 만들어 가기

지루(H. Giroux)는 유토피아에 대한 꿈이 헛된 것이라고 말하는 비관주의와 냉소적인 패배주의, 그리고 이러한 비관과 냉소를 조장하는 신자유주의에 대한 저항으로 새로운 유토피아를 이야기한다. 희망을 조롱하는 가장 굴욕적인 방법이 냉소이다. 신자유주의는 사적인 욕망과 선택의 자유를 위해 공적 영역을 희생하고, 급박한 사회문제에 대한 무관심과 비관주의를 조장한다. 또한 인간의 고통, 불평등은 인간의 본성에 내재하는 것이며 본질적으로 개선 불가능하다는 냉소주의와 연결된다. 그리고 이것은 단순히 희망만을 이야기하는 관념적 유토피아주의보다 훨씬 더 나쁜 것이다.

지루는 이러한 신자유주의의 냉소적 패배주의에 저항하기 위해 다시 유토피아를 제안한다. 지루가 제시하는 유토피아는 공공의 영역을 살려 내는 것이고, 이는 공공선, 상호연대, 차이에 대한 존중, 사회적 책임 등 민주주의(민주적 사회)에 대한 희망이며 그러한 희망에 대한 실천이다. 희망과 희망의 방식을 말하는 진정한 유토피아는 파괴적이고 비인간적인 신자유주의 관행에 맞서는 윤리적이고 비판적인 대응이며, 냉소주의에 대한 연대이다.

−지루(Giroux, 2003).
『공공 영역과 사적인 삶(Public Spaces & Private Lives)』−

• 지루의 교육학적 희망에 대해서 어떻게 생각하는가?

• 사람들은 우리 사회에 어떤 교육학적 상상력을 표현하고 현실로 만들어가고 있는가? (대안학교, 배움 공동체 만들기, '행복한 학교 만들기', 혁신학교 등)

참고문헌

강상철, 임선희, 성용구, 한상훈(1992). **교육사회**. 서울: 동문사.

강영혜, 김미숙, 이영, 남기곤, 김동춘(2005). 양극화 해소를 위한 교육 분야 대책수립 연구. 한국교육개발원. 수탁연구 CR 2005-27.

강일국(2002). 해방이후 초등학교의 교육개혁운동과 반공교육의 전개과정. **교육사회 학연구**, 12(2), 1-18.

강준만(1996). **서울대의 나라**. 서울: 개마고원.

강충서, 윤민종(2018). 대학은 성적순? 대학 입학에 있어 언더매칭 현상과 부모의 사회경제적 지위와의 관계 탐색. **교육사회학연구**, 28(4), 1-29.

경향신문(2005. 12. 6.). 10대들의 사회인식.

경향신문(2007. 7. 10.). [비정규직법 파행] 노동자 56% 생존권 위협… 양극화 가속.

경향신문(2010. 9. 24.). 사교육비 월 50만원 쓰면 내신 3등급 이상 확률 2배.

경향신문(2014. 7. 9.). 공교육에 절망을 안겨주는 서울대 입시.

계봉오, 황선재(2016). 한국의 세대간 사회이동: 출생 코호트 및 성별 비교. **한국인구학**, 39(3), 1-28.

고형일, 이혜영, 김지현(2005). 교육격차 해소 방안에 관한 연구. 한국교육개발원. 수탁연구 CR 2005-56.

공병호(1996). **시장경제란 무엇인가**. 서울: 한국경제연구원.

곽수란(2006). 인문계 학생의 학업성취 결정요인. **교육사회학연구**, 16(2), 1-29.

곽윤숙(1997). 학교 지식에 대한 페미니스트적 논의. **교육사회학연구**, 7(2), 54-67.

교수신문(2006. 2. 16.). 경제 교과서 논쟁, 본격 시작될 듯.

교육개혁심의회(1987). 10대 교육개혁.

교육개혁위원회(1995). 세계화·정보화 시대를 주도하는 신교육체제 수립을 위한 교육개혁 방안(제2차 대통령 보고서).

구수경(2007). 근대성의 구현체로서 학교: 시간 공간 지식의 구조화. 한국교원대학교 대학원 박사학위논문.

국민일보(2005. 5. 8.). 소득분배 불평등 IMF이후 악화일로.

국민일보(2012. 2. 20.). 소득 상위 20% 교육비 하위 20% 지출의 6.3배… 계층간 지출 양극화 심화.

김경근(2000). 가족 내 사회적 자본과 아동의 학업성취. 교육사회학연구, 10(1), 21-40.

김경근(2001). 자립형 사립고등학교 진학수요 결정 요인 분석: 사회계층의 영향을 중심으로. 교육사회학연구, 11(3), 21-38.

김경근(2002). 학교선택제와 교육평등. 교육사회학연구, 12(3), 1-23.

김경근(2005). 한국사회 교육격차의 실태 및 결정요인. 교육사회학연구, 15(3), 1-27.

김경근, 변수용(2007). 한국사회에서의 학업성취에 대한 문화자본의 영향. 교육사회학연구, 17(1), 23-51.

김경년(2011). 가정환경 결손의 보상 측면에서 학습부진아 구제 프로그램 효과 연구. 교육사회학연구, 21(2), 1-31.

김경년(2017). 가족구조 변화가 부모의 교육열 투사행위로서 교육비 지출에 미치는 영향. 교육학연구, 55(4), 1-30.

김경년, 김안나(2015). 사교육, 교육만의 문제인가?: 복지국가의 위험 분담과 사교육 선택의 대응 원리. 교육사회학연구, 25(1), 29-50.

김경식, 이현철(2007). 청소년의 교육에 대한 사적 가치의 변화. 교육의 공적 가치와 사적 자유, 247-262. 한국교육사회학회 · 한국교육사학회 공동학술대회. 부산대학교.

김광억, 김대일, 서이종, 이창용(2004). 입시제도의 변화: 누가 서울대에 들어가는가? 서울: 서울대학교 사회과학연구원.

김기석(1991). 문화재생산이론. 서울: 교육과학사.

김기수(1994). 자녀교육을 위한 철학: 자유주의 교육론. 서울: 지식산업사.

김민성, 김민희(2010). 고등학교 내신성적에 대한 사교육비 지출의 효과. 국제경제연구, 16(2), 139-158.

김병성, 정영애, 이인효, 한대동, 김경숙(1981). 교육격차의 관련요인. 서울: 한국교육개발원.

김병성, 나정, 이혜영(1983). 도농학교의 사회적 체제 비교분석. 서울: 한국교육개발원.

김상준(2004). 부르디외, 콜만, 퍼트남의 사회적 자본 개념 비판. 한국사회학, 38(6), 63-95.

김세직(2014). 경제성장과 교육의 공정경쟁. 경제론집, 53(1), 3-17.

김수정, 이명진, 최샛별(2015). 문화예술교육 경험이 개인의 문화자본에 미치는 영향에 관한 연구. 문화정책논총, 29(2), 4-24.

김수혜, 김경근(2010). 세대 간 지위이동 결정요인의 구조적 관계: 사교육 및 어학연수의 효과를 중심으로. 교육사회학연구, 20(3), 1-26.

김승현 외(1994). 현대의 사회과학. 서울: 박영사.

김신일(1993). 교육사회학(개정증보판). 서울: 교육과학사.

김신일(1995). 시민교육학. 서울: 한길사.

김양자(2003). 한국 공교육의 재구성을 위한 대안적 접근. 전북대학교 대학원 박사학위 논문.

김영찬, 이영덕, 김신일, 김기석(1990). 중등학교의 교직현실과 교원의식에 관한 연구. 서울대학교 교육연구소.

김영화(1993). 한국의 교육불평등. 서울: 교육과학사.

김영화(2020). 피에르 부르디외와 교육. 서울: 교육과학사.

김용일(1999). 신자유주의 개혁의 성과와 한계. 교육학연구, 37(3), 433-457.

김정우(2005). 노동소득분배율의 변동 추이와 의미. 노동리뷰, (5), 55-65.

김종영(2008). 글로벌 문화자본의 추구. 한국사회학, 42(6), 68-105.

김주현, 김현철(2019). 드워킨의 운평등주의에 대한 비판적 고찰. 법학논집, 23(4), 151-173.

김진영, 유백산(2015). 부모의 사회경제적 지위가 자녀의 직업포부에 미치는 영향: 매개과정과 상호작용효과. 교육사회학연구, 25(2), 23-46.

김천기(1992). 진보주의 교육이 한국 교육정책에 미친 영향에 관한 수정주의적 분석: 미군정기를 중심으로. 교육학연구, 30(2), 45-69.

김천기(1993). 보울즈와 긴티스의 포스트 마르크스주의로의 전환과 신교육이론: 새로운 패러다임적 전환. 교육학연구, 31(5), 195-220.

김천기(1994). 국가경쟁력 강화 정책과 교육불평등의 심화. 교육사회학연구, 4(1), 61-83.

김천기(1995). 고등학교 평준화 정책 수정의 논리와 문제점. 교육학연구, 33(3), 309-324.

김천기(1997). 세계화를 위한 시장논리적 교육개혁에 관한 비판적 고찰. 교육사회학연구, 7(3), 219-223.

김천기(1999). 전북지역 고등학교 평준화 해제의 과정과 그 결과. 교육학연구, 37(2), 303-322.

김천기(2001). 한국사회적 맥락에서 본 수준별 교육과정: 불평등재생산기제. 교육사회학 연구, 11(3), 39-56.

김천기(2002). 평준화의 왜곡과 자립형 사립고의 문제에 대한 비판적 고찰. 교육사회학연구, 12(3), 55-76.

김천기(2004). 중등학생의 중퇴방지를 위한 사회자본론적 접근에 대한 연구. 교육사회학 연구, 14(3), 21-39.

김천기(2005). 평준화제도의 불평등성 논쟁에 대한 비판적 고찰: 거주지 중심 학교 배정을 중심으로. 교육사회학연구, 15(1), 65-88.

김천기(2007). 부르디외의 장·아비투스 이론의 적용 가능성과 난점: 학교와 교사의 성향을 중심으로. 교육사회학연구, 17(3), 79-99.

김천기(2009). 이명박 정부의 공교육정책 지배담론에 대한 비판적 고찰: 공교육부실담 론을 중심으로. 교육사회학연구, 19(1), 81-102.

김천기(2010). 교원평가에 대한 하버마스의 의사소통행위이론의 적용 가능성 탐색. 교육사회학연구, 20(2), 77-100.

김천기(2011). 신자유주의 교육정책의 과거, 현재, 미래. 한국교육사회학회 학술대회 발표 자료. 1-50.

김천기(2012). 한국교육의 신자유주의화 과정과 그 성격: 학교의 입시학원화와 '자율적 통치성' 강화. 교육종합연구, 10(1), 119-149.

김천기(2014). 교육인류학적 수업개선모델의 이론적・방법론적 난점과 수업개선 효과의 불확실성. 교육종합연구, 12(4), 71-104.

김천기(2015). 사회적 불평등 맥락에서 본 대학입학 기회배분의 주류적 공정성 모델 한계와 대안적 공정성 모델 탐색. 교육사회학연구, 25(4), 1-24.

김천기(2017). 뒤르켐의 사회적 연대와 사회화 다시 읽기: 교육학적 해석과 수용의 문제. 교육종합연구, 15(4), 121-144.

김천기(2020). 세상의 모든 아이를 위한 민주주의와 교육. 서울: 학지사.

김천기, 김양자(2003). 공교육의 문제와 대안에 대한 서구교육 이론의 한국적 타당성 고찰. 교육사회학연구, 13(1), 77-107.

김천기, 노상우(1996). 한국교육개혁의 대안적 패러다임 탐색. 전북대학교 교육대학원 교육논총, 16, 51-68.

김태선(2007). 학교공동체를 위한 사회자본 측정도구개발 및 적용. 전북대학교 대학원 박사학위논문.

김태수(2008). 뒤르케임과 민주주의. 사회이론, 가을/겨울호, 289-312.

김혜영(2009). 영상미디어의 교원평가 담론에 대한 비판적 분석. 전북대학교 대학원 박사학위논문.

김한나, 장덕호(2017). 메타분석을 통한 교육복지우선지원사업의 효과 검증 연구. 학교사회복지, 38, 173-199.

김현숙(2009). 전문계 고등학생의 실용적 아비투스에 따른 학교생활 방식. 전북대학교 대학원 박사학위논문.

김훈호, 이호준(2018). 교육복지우선지원 사업의 교육적 효과 분석: 서울시교육청 교육복지특별지원 사업을 중심으로. 교육행정학연구, 36(5), 355-383.

김희삼(2015). 사회이동성 복원을 위한 교육정책의 방향. KDI Focus. 통권 제54호.

나병현(1994). 교육의 상대적 자율성론 비판. 현대사회와 교육의 이해. 강영혜 외(편), 83-531. 서울: 교육과학사.

나병현(2003). 교육개혁의 신자유주의적 성격. 아시아교육연구, 29(2), 293-310.

나종민, 김천기(2015). 부르디외의 장 이론 관점에서 본 혁신학교 교원들의 권력관계 특성. 교육사회학연구, 25(1), 79-103.

노상우(2000). 생태학적 담론과 21세기 한국교육. 한국교육학회 2000년도 춘계학술대회 논문집, 157-176.

대구MBC(2022. 2. 3.). 2020년 근로소득 분배지표, 10년 만에 악화.

대통령정책기획위원회(2006). 양극화 현상의 원인 진단과 극복 방안. 2006 정책기획 과제.

동아일보(2007. 12. 4.). 우리나라 고교생 학력수준은….

동아일보(2022. 11. 10.). 교과서에 다시 '자유'민주주의 들어간다.

류방란(2006). 교육격차 해소와 교육안전망. 한국교육개발원. 교육안전망지원센터 개소식 기념 세미나. 9월 4일.

류방란, 김성식(2006). 교육격차: 가정배경과 학교교육의 영향력 분석. 서울: 한국교육개발원.

목영해(2011). 이명박 정부 교육정책에 대한 지젝의 '세(three) 계론'에 의거한 분석. **교육철학**, 43, 105-129.

박동섭(2013). 'Ethnomethodology'의 원류와 의미에 대한 탐구. **교육인류학연구**, 16(1), 1-24.

박삼철, 최성곤, 전종무, 강대식(2021). 학교운영 발전 및 서울교육 혁신을 위한 학교운영위원회의 민주적 재구조화 방안. 서울특별시교육청교육연구정보원 위탁연구보고서.

박선웅(2002). 학생다운 몸의 규율과 학교 위기. **교육사회학연구**, 12(3), 75-99.

박영신(2007). 지배지식, 그 너머의 지식: '지식행위'에 대한 자기성찰. 현상과 인식, 가을호, 13-33.

박이문(2007). **현상학과 분석철학**. 서울: 지와 사랑.

박현준, 정인관(2021). 20년간의 세대 간 사회이동의 변화: 30~49세 두 남성 코호트 비교 분석. **한국사회학**, 55(3), 159-191.

박현진, 김영화(2010). 가정의 문화자본과 사회자본이 영어 학업성취에 미치는 영향에 대한 잠재성장모형 분석. **교육사회학연구**, 20(4), 55-82.

백병부, 김경근(2007). 학업성취와 경제자본, 사회자본, 문화자본의 구조적 관계. **교육사회학연구**, 17(3), 101-129.

변수용, 김경근(2004). 평준화제도에 대한 학부모의 태도 결정요인 분석: 서울시 강남과 강북의 차이점을 중심으로. **교육사회학연구**, 14(2), 81-100.

복지타임스(2022. 3. 11.), 월 소득 800만 이상 사교육비 59.3만원… 저소득층 5.1배.

서근원(2012). **해석주의 교육사회학탐구(I)**. 서울: 강현출판사.

서덕희(2006). '교실붕괴' 이후 신자유주의 교육담론의 형성과 그 저항-홈스쿨링에 관한 담론분석을 중심으로. **교육사회학연구**, 16(1), 77-105.

서울신문(2017. 10. 29.). 사교육비 상, 하위 20% 가구 11배 격차.

서울신문(2022. 5. 4.). "교육과정에 국악 교육 빠져" 뿔난 국악계.

성기선(2003). 서울시 고등학교 학군효과 분석 연구. **교육사회학연구**, 13(3), 151-166.

성기선(2005). 자립형 사립고등학교 시범운영 결과에 대한 비판적 검토. **교육사회학연구**, 15(3), 179-204.

세계일보(2021. 5. 19.). 강남구 '107' vs 도봉구 '2'…부자동네 서울대 싹쓸이.

손우정(2007). 대학가면 인생역전? 잘 살아야 좋은 대학간다. 오마이뉴스.

손준종(2004). 교육공간으로서 강남읽기. **교육사회학연구**, 14(3), 109-131.

스카이데일리(2013). 일반고 출신 서울대 최다합격 '강남 싹쓸이'.

신상수 외(1993). 능력별 수업이동의 효과에 관한 연구: 중학교 영어, 수학을 중심으로. 교육부지정 연구학교 연구보고서. 서울대학교 사범대학 부속중학교.

신은희, 장수명(2016). 역사 교과서 국정화 과정에 대한 신제도주의 분석. **교육정치학연구**, 23(4), 135-164.

신현석(2010). 교육거버넌스 갈등의 쟁점과 과제. **교육행정학연구**, 28(4), 351-380.

신현석(2011). 지방교육의 협력적 거버넌스 구축을 위한 쟁점 분석과 설계 방향 탐색. 교육행 정학연구, 29(4), 99-124.

심미혜(2001). 미국교육과 아메리칸 커피. 서울: 솔출판사.

심성보(1995). 전환시대의 교육사상. 서울: 학지사.

심재휘, 김경근(2017). 자율형 사립고등학교 지정 확대가 고교유형 간 학업성취 격차에 끼친 영향. 교육사회학연구, 27(4), 49-80.

안관수(2001). 기능주의적 관점에서 본 학업성취에 대한 비판적 고찰. 한국교육학회, 11월호.

안치민(1992). 한국사회의 계급구조화 연구. 한국사회학, 26(여름호), 59-81.

양정호(2005). 학업성취에 대한 수준별 수업의 효과: 한국교육종단연구의 위계적 선형모형분석. 한국교육종단연구. 서울: 한국교육개발원.

양정호(2006). 한국의 사교육비 격차에 관한 연구. 제7회 한국노동패널학술대회자료집.

양정호, 김경근(2003). 학업성취에 대한 학교조직의 효과: TIMSS−R의 위계적 선형 모형 연구. 교육사회학연구, 13(2), 165-184.

여성신문(2006. 4. 21.). '학교운영위' 시행 10년… 여전히 교장 '들러리'.

연합뉴스(2017. 3. 8.). 저소득층-고소득층 월 평균 교육비 지출 10배 차이.

연합뉴스(2021. 12. 2.). 저소득층 교육비, 고소득층 36분의 1…가계경제 9년째 '적자 늪'.

연합뉴스(2023. 1. 4.). "민주주의 역사 퇴색"…개정 교육과정 5 · 18 삭제에 반발 '확산'.

염철현(2016). 미국의 적극적 차별 수정 정책(Affirmative Action)의 전개과정과 시사점 − 역대 행정부를 중심으로. 비교교육연구, 16(4), 113-132.

오마이뉴스(2005. 9. 1.). 학비만 5천만원… 자립형 사립고는 '귀족학교'?

오욱환(2008). 교육격차의 원인에 대한 직시: 학교를 넘어 가족과 사회로. 교육사회학연구, 18(3), 111-133.

오유진, 손준종(2016). 만들어진 학교와 만들어진 학생: 고백 실천으로서의 학교프로파일 연구. 교육사회학연구, 26(4), 31-67.

오찬호(2009. 1. 10.). 공공의 적 〈순대국〉! 네가 싫지만…. 오마이뉴스.

오천석(1975a). 민주교육을 지향하여(오천석 교육사상 문집 1). 서울: 광명출판사.

오천석(1975b). 한국 신교육(하)(오천석 교육사상 문집 4). 서울: 광명출판사.

오현석, 배진현, 김은지, 김상우(2010). 교육의 마태복음효과에 대한 논의. 교육문제연구, 37, 43-65.

우정길(2011). 대화교육학의 주체철학적 이해에 대하여. 교육의 이론과 실천, 16(2), 1-8.

유혜령(2005). 아동교육 연구의 현상학적 접근: 역사와 과제. 교육인류학연구, 8(1), 57-90.

윤구병 편(1988). 교과서와 이데올로기. 서울: 천지.

윤봉준(1997). 교육위기 타개는 공교육의 민영화로. 제2차 자유주의 워크숍.

윤상우(2009). 외환위기이후 한국의 발전주의적 신자유주의화. 경제와 사회, 83, 40-68.

윤성준(1997). 부르디외(P. Bourdieu)의 상징 권력과 사회구조. 서울대학교 대학원 석사학위 논문.

윤정일, 송기창, 조동섭, 김병주(1983). 한국 교육정책의 탐구. 서울: 교육과학사.

윤철경(1993). 교육재정 정책의 사회학적 고찰. 교육사회학연구, 3(2), 77-96.

은재호, 오수길 편(2009). 한국의 협력적 거버넌스. 서울: 대영문화사.

이건만(1996). 마르크스주의 교육사회학. 서울: 교육과학사.

이규호(1974). 사람됨의 뜻. 서울: 제일출판사.

이근호(2007). 질적 연구방법론으로서의 현상학: 독특성과 보편성 사이의 변증법적 탐구양식. 교육인류학연구, 10(2), 41-64.

이기범(1994). 참여민주주의와 공교육의 의미. 현대사회와 교육의 이해. 강영혜 외(편), 61-408. 서울: 교육과학사.

이기종, 곽수란(2016). 직업포부와 교육포부가 교육성취에 미치는 영향. 고용직업능력개발연구, 19(1), 25-48.

이돈희(1992). 교육정의론. 서울: 고려원.

이동성(2012). 질적 연구와 자문화기술지. 서울: 아카데미프레스.

이두휴(1993). 입시경쟁의 지역간 분화의 구조 분석. 교육사회학 연구, 3(1), 35-56.

이미나(1989). 사회선발, 사회이동과 교육. 한국교육의 현 단계. 김신일 외, 155-182. 서울: 교육과학사.

이범(2007. 11. 4.). 사교육 시장 배불릴 자사고 증설. 한겨레신문.

이영호(2002). 입시경쟁체제에서의 청소년 학습문화. 교육사회학연구, 12(1), 135-172.

이왕원, 김문조, 최율(2016). 한국인의 상향이동에 대한 의식. 한국사회학회 사회학대회 논문집, 6, 103-124.

이윤미(2005). 교육담론으로서의 경쟁: 문화정치적 분석을 위하여. 교육비평, 19, 146-177.

이윤미(2007). 교육에서의 공적 가치와 사적 자유: 〈공적 가면〉의 형성과 해체. 교육의 공적 가치와 사적 자유, 239-240. 한국교육사회학회 · 한국교육사학회 공동학술대회. 부산대학교 대강당.

이인규(1998). 교육개혁의 성공조건. 한국교육개발원 주최 교육개혁 세미나 2차 자료집. 1998. 6. 15.

이인효(1990). 인문계 고등학교 교직문화 연구. 서울대학교 대학원 박사학위논문.

이종각(1995). 교육사회학신강. 서울: 동문사.

이종각(2008). 중등교육정책의 진단과 보완 방향. 한국교육학회 춘계학술대회 논문집, 89-101.

이종훈(2017). 후설현상학으로 돌아가기. 서울: 한길사.

이지원(2020). 특수목적고 졸업생의 문화자본, 사회자본 그리고 계층재생산에 관한 연구. 이화여자대학교 대학원 석사학위논문.

이투데이(2016. 8. 22.). 정부 소득 양극화 완화됐다지만 수치는 딴판.

이필남, 김경년(2012). 대학생 학자금 대출이 초기 노동시장 성과에 미치는 영향. 교육재정 경제연구, 21(1), 87-115.

이해성(1994). 잠재적 교육과정과 민주적 태도 그리고 개방적 수업방식. 교육사회학연구, 4(1), 201-226.

이해성(1995). 학교운영위원회: 그 한계와 가능성. 한국교육사회학연차대회 발표논문.

이혜영(2007). 학교교육이 사회계층 이동에 미치는 영향분석. 한국교육개발원.

이혜영, 김미란, 한준(2006). 학교교육이 사회계층이동에 미치는 영향분석. 한국교육개발원. RR 2006-06.

이화진, 허경철, 조덕주, 소경희, 부재율, 김성기(2000). 제7차 교육과정의 성공적인 정착을 위한 후속지원연구. 교육정책연구.

임혁백(1994). 시장 · 국가 · 민주주의. 서울: 나남.

장상수(2008). 가족배경, 문화자본, 성적. 한국사회학, 42(3), 63-85.

장원섭(1997). 교육과 일의 사회학. 서울: 학지사.

장하준(2006). 국가의 역할. 서울: 부키.

장하준(2007). 나쁜 사마리아인들. 서울: 부키.

전라북도교육청(2022). 2022년 학교운영위원회 업무 편람.

전북교육자치시민연대(1996). 교육연대창립대회 자료집.

전하람, 김경근(2006). 고등학생의 교육포부 결정요인 분석-의미 있는 타인의 영향을 중심으로. 교육사회학연구, 16(4), 185-206.

전혜진(2013). 교육 불평등에 관한 부르디외 이론의 실증 연구. 이화여자대학교 대학원 석사 학위논문.

전혜진, 김수정, 최샛별(2013). 서울지역 초등학교 교사의 문화자본에 관한 연구. 조사연구, 14(3), 157-190.

정규영(2014). 미셸 푸코의 파놉티시즘과 근대 교육. 교육사학연구, 24(2), 117-153.

정범모(1989). 미래의 선택. 서울: 나남.

정범모(1991). 교육난국의 해부: 한국교육의 진단과 전망. 서울: 나남.

정범모(1993). 입시와 교육개혁. 서울: 나남.

정유성(1997). 대안교육이란 무엇인가. 서울: 내일을 여는 책.

정유성(1998). 새로운 교육문화 사회운동론. 서울: 한울아카데미.

정창수(1996). 사회과학방법론. 서울: 대영문화사.

조상식(2002). 현상학적 교육 연구 방법으로서 '범례적 이해'(Beispielverstehen): 아동의 지각 과 행동 이해에 적합한 연구 방법론 탐색. 아시아교육연구, 3(2), 25-46.

조영석(2003). 갈등 조정기제로서의 협력적 지역거버넌스에 관한 연구. 춘계학술대회 발표논 문집, 서울행정학회, 355-381.

조옥라, 임현지, 김한결(2018). 대학생은 어떻게 '을' 의식을 갖게 되었는가? 문화와 사회, 26(1), 245-295.

조혜정(1996). 학교를 거부하는 아이, 아이를 거부하는 사회: 입시문화의 정치경제학. 서울: 또 하 나의 문화.

조화태(2000). 로티의 신실용주의 철학과 교육론연구. 교육철학, 23, 101-130.

중앙일보(2018. 4. 11.). [대입개편안 D-1] '공정성' 놓고 결론은 왜 제각각일까?

차종천(1992). 사회계층의 구조와 과정. 한국사회의 불평등과 형평. 황일청(편), 71–140. 서울: 나남.

천세영(1998). 신자유주의정책과 교육의 공공성 문제. 한국교육연구소 교육정책세미나 발표 논문. 1998. 7. 30.

최미향(2001). 여성학 교육내용의 교육과정 도입에 대한 고찰. 전북대학교 대학원 석사학위 논문.

최샛별(2002). 한국사회에서의 문화자본의 체화 과정에 관한 연구: 서양고전음악사례를 중심으로. 가족과 문화, 14(3), 97–129.

최샛별, 최유정(2011). 문화자본론의 관점에서 본 영어의 한국적 의미와 구조. 문화와 사회, 10, 207–252.

최송식, 김효정, 송영지, 배은석(2007). 한국 교육복지정책의 지역적 접근에 관한 사례연구. 한국사회복지교육, 3(2), 125–153.

최연희(2012). '파놉티콘'에서 본 학교의 모습 비판. 초등교육학연구, 19(2), 203–228.

최미향(2007). 한국교육시민운동의 이념 분석. 전북대학교 대학원 박사학위논문.

최윤진(2016). 중학교 수준별 수업의 현실과 의미에 대한 비판적 성찰. 교육사회학연구. 26(2). 145–182.

최장집(2005). 민주화 이후의 민주주의. 서울: 후마니타스.

최형재(2007). 사교육의 대학진학에 대한 효과. 한국노동연구원. 제8회 한국노동패널 학술 대회.

하홍규(2014). 실재의 사회적 구성과 해방의 가능성: 피터 버거의 인간주의적 사회학. 사회사상과 문화, 30, 121–151.

한겨레신문(1997. 5. 28.). 이기적 자녀교육관.

한겨레신문(2004. 1. 25.). 강남 8학군 입시제도 바뀌어도 합격률 여전.

한겨레신문(2006. 3. 15.). 학교운영위원회, 아직도 교장이 쥐락펴락.

한겨레신문(2006. 12. 14.). 100대 학부대학 25% SAT 점수제출 폐지 "부잣집 아이 과외 고득점 빈곤층 입학문턱 높아져".

한겨레신문(2006. 12. 26.). [교육불평등] 기획–"개천에서 용 안 난다" ② 배경 따라 '출발선' 달라진다.

한겨레신문(2016. 3. 17.). [불평등 입시 보고서] "학생부의 배신".

한겨레신문(2016. 3. 20.). 학생부 전형, 현실은 '학생배경 전형'.

한겨레신문(2016. 4. 15.). 금수저 입시 벗어나려면…3포가 필요하다.

한겨레신문(2022. 11. 10.). 개정 한국사에 '자유민주주의' 명기…연구진, 철회 요구.

한국교육개발원(1993). 한국의 교육지표. 서울: 한국교육개발원.

한국교육개발원(2006). 교육통계. http://std.kedi.re.kr.

한국교육연구네트워크 총서기획팀(2010). 핀란드 교육혁명. 서울: 살림터.

한국교직원노동조합 교과위원회(1990). 참교육실현을 위한 교과서 백서. 서울: 푸른나무.

한국일보(2016. 2. 26.). 자사고 · 특목고는 다양한 비교과 활동이 강점… 내신은 일반고가 유리해.

한기언(1960). 교육의 역사철학적 기초. 서울: 교육출판사.

한기철(2008). 하버마스와 교육. 서울: 학지사.

한누리(2015). 유년기 자녀에 대한 학부모의 교육적 태도 및 실천: 계층과 문화자본을 통해 본 유년기 교육 불평등 분석. 이화여자대학교 대학원 석사학위논문.

한대동, 김대현, 김정섭, 안경식, 유순화, 주철안, 손우정, 전현곤(2009). 배움과 돌봄의 학교공동체. 서울: 학지사.

한만길(1989). 1950년대 민주주의 교육의 이데올로기적 성격. 한국교육문제연구(2집). 한국교육문제연구회. 서울: 푸른나무.

한만길(1993). 대학 정원의 확대와 교육기회 분배구조의 변화에 관한 연구. 교육학연구, 31(1), 1-21.

한범숙(1993). 인지혁명과 교육혁명. 교육학연구, 31(3), 93-118.

한범숙(1996). 교육심리학. 서울: 교육과학사.

한상진, 오생근(1995). 미셸푸코론. 서울: 한울.

한세리, 김안나(2018). 사회자본과 학업성취도 향상: 가정과 학교의 상호작용효과. 교육사회학연구, 28(2), 157-182.

한정신(1980). 한국청소년의 교육격차연구. 숙명여자대학교 대학원 박사학위논문.

한준상, 고형일(1996). 신교육사회학. 서울: 학지사.

한준상(1992). 한국교육의 민주화. 서울: 연세대학교 출판부.

허병기(1989). 자유주의적 평등론에 의한 한국교육정책의 공정성 평가. 서울대학교 박사학위논문.

허철행(1999). 신자유주의 이데올로기의 한국적 적실성. 지방과 행정연구, 11(1), 63-80. 부산대학교 행정대학원 지방행정연구소.

홍두승, 구해근(1993). 사회계층 · 계급론. 서울: 다산출판사.

홍후조(1986). 사회과 교과서의 사회갈등 내용 분석. 교육현실과 교사. 교육출판 기획실(편). 서울: 청사.

황수연, 이동직(2000). 중등학교 평준화 정책과 과열 과외. 경성대 논문집, 21(2), 213-228.

天野郁夫(1992). 교육과 선발. (석태종, 차갑부 역). 서울: 양서원.

福田誠治(2009). 핀란드 교실혁명. (박재원, 윤지은 역). 서울: 비아북.

Akers, R. (2000). 범죄학이론[Criminological theories]. (민수홍, 박기석, 박강우, 기광도, 전영실 역). 서울: 지산. (원전은 1999년 출판)

Alexander, J., & Colomy, P. (Eds.) (1990). *Differentiation theory and social change: Comparative and historical perspectives*. N.Y.: Columbia University Press.

Althusser, L. (1971). Ideology and ideological state apparatuses. In L. Althusser (Ed.), *Lenin and philosophy and other essays* (pp. 172-186). N.Y.: Monthly Review Press.

Anderson, C., & Barr, R. (1990). Modifying values and behaviors about tracking: A case study. In R. Page, & L. Valli (Eds.), *Curriculum differentiation: Interpretative Studies in U.S. secondary schools* (pp. 183-206). Albany: State University Press.

Anderson, J. (1993). Power, privilege, and public education. *Educational Theory, 43*(1), 1-10.

Anyon, J. (1979). Ideology and U.S. history textbooks. *Harvard Educational Review, 49.*

Anyon, J. (1980). Social class and the hidden curriculum of work. *Journal of Education, 162*(Winter), 67-92.

Apple, M. (1986). *Teachers & texts: A political economy of class & gender relations in education.* London: Routledge.

Apple, M. (1988). Facing the complexity of power: For a parallelist position in critical education studies. In M. Cole (Ed.), *Bowles and Gintis revisited: Correspondence and contradiction in educational theory* (pp. 112-129). N.Y.: Falmer Press.

Apple, M. (2001). *Educating the "right way": Markets, standards, god, and inequality.* N.Y.: Routledge Falmer.

Apple, W. (1979). *Ideology and curriculum.* Boston: Routledge & Kegan Paul.

Apple, W. (1996). *Cultural politics & education.* N.Y.: Teachers College Press.

Apple, W. (Ed.) (1982). *Cultural and economic reproduction in education: Essays on class, ideology and the state.* Boston: Routledge and Kegan Paul.

Aronowitz, S., & Giroux, H. (1985). *Education under siege: The conservative, liberal, and radical debate over schooling.* South hardley, Mass.: Bergin & Garvey.

Aseltine, R. (1995). A reconsideration of parental & peer influences on adolescent deviance. *Journal of Health & Social Behavior, 3*(6), 103-121.

Averitt, R. (1968). *The dual economy: The dynamics of American industry structure.* N.Y.: Horton.

Ball, S. T. (1994). *Education reform: a critical and post-structural approach.* Buckingham Philadelphia. Open University Press.

Banfield, E. (1970). *The unheavenly city: The nature and future of our urban crisis.* Boston: Little, Brown & Co.

Baudrillard, J. (1996). 소비와 사회[*La Societe de consummation*]. (이상률 역). 서울: 문예출판사. (원전은 1970년 출판)

Berger, P., & Luckman, T. (1982). 지식형성의 사회학[*The social construction of reality*]. (박충선 역). 서울: 홍성사. (원전은 1966년 출판)

Bernbaum, G. (1992). 신교육사회학 비판[*Knowledge and ideology in the sociology of* education]. (김경수 외 역). 서울: 박영사. (원전은 1977년 출판)

Bernstein, B. (1975). *Class, codes and control (Vol. 3): Towards a theory of educational transmissions.* London: Routledge & Kegan Paul.

Bernstein, B. (1986). 계급과 언어. 언어사회학서설: 이데올로기와 언어. 이병혁(편), 214-238. 서울: 까치.

Bills, D. (2007). 교육과 일: 사회학적 접근[*The sociology of education and work*]. (장원섭, 장시준, 김영실 역). 서울: 원미사. (원전은 2004년 출판)

Blackledge, D. A., & Hunt, D. (1993). 교육의 사회학적 이해[*Sociological interpretation of education*]. (최정웅 역). 서울: 교육과학사. (원전은 1985년 출판)

Blau, P., & Duncan, O. (1967). *The American occupational structure.* N.Y.: John Wiley.

Bonnewitz, P. (2000). 부르디외 사회학 입문[*Prèmieres leçons sur La Sociolgie de P. Bourdieu*]. (문경자 역). 서울: 동문선. (원전은 1997년 출판)

Bottery, M. (1992). *The ethics of educational management: Personal, social and political perspectives on school organization.* London: Cassel Educational Limited.

Bourdieu, P. (2004). 사회학의 문제들[*Questions de sociologie*]. (신미경 역). 서울: 동문선. (원전은 1984년 출판)

Bourdieu, P. (1974). *The School as a conservative force: Scholastic and Cultural inequalities.* London: Routledge & Kegan Paul.

Bourdieu, P. (1995). 구별짓기: 문화와 취향의 사회학[*La distinction*]. (최종철 역). 서울: 새물결. (원전은 1979년 출판)

Bourdieu, P. (2001). 파스칼적 명상[*Meditations pascaliennes*]. (김용권 역). 서울: 동문선. (원전은 1997년 출판)

Bourdieu, P. (2005). 실천이성[*Raisons pratiques*]. (김용권 역). 서울: 동문선. (원전은 1994년 출판)

Bourdieu, P., & Passeron, J. C. (2000). 재생산: 교육체계이론을 위한 요소들[*Reproduction in education, society, and culture*]. (이상호 역). 서울: 동문사. (불어판 원전은 1964년 출판)

Bourdieu, P., & Wacquant, L. (1992). *An Invitation to Reflexive Sociology.* Chicago: University of Chicago Press.

Bowe, R., Ball, S., & Gold, A. (1992). *Reforming education & changing schools.* London: Routledge.

Bowers, C., & Flinders, D. (1990). *Responsive teaching: An ecological approach to classroom patterns of language, culture, and thought.* N.Y.: Teachers College Press.

Bowles, S. (1991). 교육개혁의 정치경제학. 교육의 정치경제학[*Making the future: Politics and educational reform*]. (김천기 역). 서울: 씨알출판사. (원전은 1988년 출판)

Bowles, S., & Gintis, H. (1976). *Schooling in capitalist America: Educational reform and the contradictions of economic life.* New York: Basic Books.

Bowles, S., & Gintis, H. (1986). *Democracy and capitalism: Property, community, and the contradiction of modern thought.* N. Y.: Basic Books.

Braddock, J. (1990). Tracking the middle grades: National patterns of grouping for instruction. *Phi Delta Kappan, 71,* 445-449.

Bredo, E. (1988). Choice, constraint, and community. In W. Boyd & C. Kerchner (Eds.), *The politics of excellence and choice in education* (pp. 67-78). New York: The Falmer Press.

Brewer, D., Rees, D., & Argys, L. (1995). Detracking America's schools: The reform without cost? *Phi Delta Kappan, 77*(3), 210-212.

Broadfoot, P. (1996). *Education, assessment & society.* Buckingham: Open Univ. Press.

Brosio, R. (1991). Between capitalism and democracy (review article). *Educational Theory, 41*(4), 431-438.

Brown, P., Lauder, H., && Ashton, D. (2013). 더 많이 공부하면 더 많이 벌게 될까[*The global auction: The broken promises of education, jobs, and incomes*]. (이혜진, 정유진 역). 서울: 개마고원. (원전은 2011년 출판)

Bruner, J. (1960). *The process of education.* Cambridge, MA: Harvard University Press.

Buchanan, J. (1975). *The limits of liberty.* Chicago: University of Chicago Press.

Burgess, R. (1986). *Sociology, education & schools.* London: B. T. Batsford LTD.

Burgess, R., & Akers, R. (1966). A differential association-reinforcement theory of criminal behavior. *Social Problems, 14,* 128-147.

Callahan, R. (1962). *Education and the cult of efficiency.* Chicago: University of Chicago Press.

Carnoy, M. (1989). Education, state, and culture in American society. In H. Giroux & P. Mclaren (Eds.), *Critical pedagogy, the state, and the cultural struggle* (pp. 3-23). N.Y.: State University of New York Press.

Carnoy, M., & Levin, H. (1985). *Schooling and work in the democratic state.* Stanford: Stanford University Press.

Chan, Tak Wing, & Boliver, V. (2013). The grandparents effect in social mobility: evidence from British birth cohort studies. *American sociological review, 78*(4), 662-678.

Choe, Won Hyung(1986). *Curricular reform in Korea during the American Military Government, 1945-1948.* Unpublished doctoral dissertation, University of Wisconsin, Madison.

Chubb, J. E., & Moe, T. M. (1990). *Politics, markets, and American schools.* Washington, D.C.: The Brookings Institution.

Church, R. (1976). *Education in the United States.* N.Y.: The Free Press.

Cicourel, A. (1973). The acquisition of social structure: Towards a developmental sociology of language and meaning. In A. Cicourel (Ed.), *Cognitive sociology* (pp. 75-91). Harmondsworth: Penguin Education.

Cohen, F. (1994). Prom pictures: A principal looks at detracking. *Educational Leadership, 52*(4), 85.

Cole, R. (1975). *The Koreanization of elementary citizenship education in South Korea, 1948-1974.* Unpublished doctoral dissertation, Arizona State University.

Coleman, J. (1968). The Concept of equality of educational opportunity. Harvard *Educational Review, 38*(1), 7-22.

Coleman, J., & Hoffer, T. (1987). *Public and private high school: The impact of communities.* New York: Basic Books.

Coleman, J., Campbell, E., Hobson, C., McPartland, J., Mood, M., Weinfeld, F., & York, R. (1966). *Equality of Educational Opportunity.* Washington, D.C.: U. S. Government Printing Office.

Collins, J. (2009). Social reproduction in classrooms and schools. *Annual review of anthropology, 38,* 33-48.

Collins, R. (1977). Functional and conflict theories of educational stratification. In J. Karabel & A. Halsey (Eds.), *Power and Ideology in Education* (pp. 118-136). London: Oxford University Press.

Commission on the Reorganization of Secondary Education (1918). *Cardinal principles of secondary education.* Washington, D.C.: Government Printing Office.

Cooper, B. S., Fusarelli, L. D., & Randall, E. V. (2004). *Better policies, better schools: Theories and applications.* Boston, MS: Pearson.

Coulson, M., & Riddell, D. (1993). 사회학에의 접근: 비판적 사회인식[*Approaching sociology: A critical introduction*]. (박영신 역). 서울: 민영사. (원전은 1970년 출판)

Cremin, L. (1961). *The transformation of the school: Progressivism in American education, 1876-1957.* New York: Knof.

Davis, K., & Moore, W. (1945). Some principles of stratification. *American Sociological Review, 10*(April), 242-249.

Deem, R. (1994). School governing bodies: Public concerns and private interests. In David Scott (Ed.), *Accountability and control in educational settings* (pp. 58-72). London: Cassell.

Department of Education: Press release. (1945-48). Record Group 332. Box No. 35. Suitland, Md.: National Archives.

Department of Education: Reports & administrative records. Record. (1945-48). Group 332. Box No. 335 Suitland, Md.: National Archives.

Department of Education: Textbooks. (1945-48). Record Group 332. Box No. 35 Suitland,

Md.: National Archives.

Dewey, J. (1915). *Education vs. trade training*. New Republic, 3, 42-43.

Dewey, J. (1966). *Democracy and Education*. N.Y.: The Free Press.

Doeringer, P., & Piore, M. (1971). *Internal labor markets and manpower analysis*. Lexington: Lexington.

Dougherty, K. (1996). Opportunity-to-learn standards: A sociological critique. *Sociology of Education, 69*, 40-65.

Dreeben, R. (1968). *On what is learned in school*. Mass.: Addison-Wesley.

Dumenil, G., & Levy, D. (2006). 자본의 반격: 신자유주의 혁명의 기원[*Crise et sortie de crise*]. (이강국, 장시복 역). 서울: 필맥. (원전은 2000년에 출판)

Durkheim, E. (1977). *The evolution of educational thought*. London: Routledge & Kegan Paul.

Durkheim, E. (1985). Definition of education. In J. Ballantine (Ed.), *Schools & society: A reader in education and sociology* (pp. 19-22). CA: Mayfield.

Durkheim, E. (2013). *The division of labour in society* [Trans. G. Simpson]. A digireads. com Book.

Dusek, J., & Joseph, G. (1983). The bases of teacher expectancies: A meta-analysis. *Journal of Educational Psychology, 75*, 347-376.

Elmore, R. (1988). Choice in public education. In W. Boyd & C. T. Kerchner (Eds.), *The politics of excellence and choice in education* (pp. 79-98). New York: falmer.

Farkas, G., Grobe, R., Sheehan, D., & Shuan, Y. (1990). Cultural resources and school success: Gender, ethnicity, and poverty groups within an urban school district. *American Sociological Review, 55*(1), 127-142.

Feinberg, W. (1983). *Understanding education: Toward a reconstruction of educational inquiry*. N.Y.: Cambridge Press.

Feinberg, W., & Soltis, J. (1985). *School and society*. N. Y.: Teachers College, Columbia University.

Fenstermacher, G., & Soltis, J. (1994). 가르치는 일이란 무엇인가?[*Approaches to teaching*]. (이지헌 역). 서울: 교육과학사. (원전은 1992년 출판)

Foucault, M. (1980). *The history of sexuality*. N.Y.: Vintage.

Foucault, M. (2008). *The birth of biopolitics*. London: Plagrave Macmillan.

Foucault, M. (2016). 감시와 처벌: 감옥의 탄생[*Discipline and punish: The birth of prison*]. (오생근 역). 서울: 나남. (원전은 1995년 출판)

Freeman-Moir, J., Scott, A., & Lauder, H. (1988). Reformism or revolution: Liberalism and the metaphysics of democracy. In M. Cole (Ed.), *Bowles and Gintis revisited: Correspondence and contradiction in educational theory* (pp. 209-224). N.Y.: Falmer

Press.

Friedman, M. (1990). 자본주의와 자유[Capitalism and liberalism]. (최정표 역). 서울: 형설출판사. (원전은 1962년 출판)

Friedman, M., & Friedman, R. (1986). 자유 선택의 경제원리[Free to choose]. (최병모, 신현주 역). 서울: 교육과학사. (원전은 1980년 출판)

Fromm, E. (1978). 소유냐 삶이냐[To have or to be]. (김진홍 역). 서울: 홍성사. (원전은 1976년 출판)

Garfinkel, H. (1967). Studies in ethnomethodology. Englewood Cliffs, N.J.: Prentice Hall.

Gibson, R. (1986). Critical theory and education. London: Hodder and Stoughton.

Giddens, A. (1977). Studies in social and political theory. N. Y.: Basic Books.

Giddens, A. (2003). 현대사회학[Sociology]. (김미숙 외 역). 서울: 을유문화사. (원전은 2001년 출판)

Gipps, C., & Murphy, P. (1994). A fair test?: Assessment, achievement and equity. Buckingham: Open University Press.

Giroux, H. (1981). Ideology, culture & the process of schooling. Philadelphia: Temple University Press.

Giroux, H. (1983). Theory and resistance in education: A pedagogy for the opposition. Amherst, MA.: Bergin & Garvey.

Giroux, H. (1988). Schooling and the struggle for public life: Critical pedagogy in the modern age. Minneapolis: University of Minnesota Press.

Giroux, H. (1991). Postmodern education. Minneapolis: University of Minnesota Press.

Giroux, H. (1992). Border crossings: Cultural workers and the politics of education. N.Y.: Routledge.

Giroux, H. (2001). 교사는 지성인이다[Teachers as intellectuals]. (이경숙 역). 서울: 아침이슬. (원전은 1988년 출판)

Giroux, H. (2003). Public spaces & private lives. N.Y.: Rowman & Littlefield.

Giroux, H. (2009). 신자유주의의 테러리즘[Against the terror of neoliberalism]. (변종헌 역). 경기: 인간사랑. (원전은 2008년 출판)

Glass, D. (1954). Social mobility in Britain. London: & Kegan Paul.

Glass, S. (1997). Markets & Myths: Autonomy in public and private schools. http:// olam. ed.asu.edu/epaa/abs5.html.

Goldthorpe, J., Llewellyn, C., & Payne, C. (1980). Social mobility and class structure in modern Britain. Oxford: Clarendon Press.

Goleman, D. (1996). 감성지능[Emotional intelligence]. (황태호 역). 서울: 비전코리아. (원전은 1995년 출판)

Goodenow, R. (1975). The Progressive educator, race, and ethnicity in the depression years: An overview. *History of Education Quarterly, 15*, 365-394.

Goodenow, R. (1983). To build a new world: Toward two case studies on transfer in the twentieth century. *Compare, 13*(1), 43-59.

Goodenow, R. (1986). The American school of education and the Third World in the twentieth century: Teachers College and Africa, 1920-1950. *History of Education, 15*(4), 271-289.

Goodman, P. (1966). *Compulsory mis-education and the community of scholars.* New York: Vintage.

Grabb, E. (1994). 사회불평등: 이론과 전망[*Theories of social inequality*]. (양춘 역). 서울: 나남출판사. (원전은 1990년 출판)

Greene, M. (1978). *Landscapes of learning.* New York: Teachers College Press.

Gumbert, E. (1988). Introduction. In E. Gumbert (Ed.), *Making the future: Politics and educational reforms in the United States, England, the Soviet Union, China, and Cuba* (3-8). Atlanta, GA: Center for Cross-cultural Education, Georgia State University.

Gumbert, E., & Spring, J. (1974). *The superschool and the superstate: American education in the twentieth century, 1918-1970.* N.Y.: John Wiley & Sons.

Habermas, J. (2006). 의사소통행위이론 1권: 행위합리성과 사회합리화[*Theories des kommunikativen Handelns*]. (장춘익 역). 서울: 나남. (원전은 1987년 출판)

Hallinan, M. (1994). Tracking: From theory to practice. *Sociology of Education, 67*(2), 79-84.

Hammersley, M., & Turner, G. (1980). Conformist pupils? In P. Woods (Ed.), *Pupil strategies: Explorations in the sociology of the school* (pp. 58-72). London: Croom Helm.

Hargreaves, D. (1972). *Interpersonal relations and education.* London: Routledge.

Hargreaves, D., Hester, S., & Mellor, F. (1975). *Deviance in classrooms.* London: Routledge & Kegan Paul.

Harker, R. (1990). Bourdieu: Education & reproduction. In R. Harker, C. Mahar, & C. Wikes (Eds.), *An introduction to the work of Pierre Bourdieu* (pp. 86-108). N.Y.: St. Martin's Press.

Hartocollis, A. (2019. 8. 27.). SAT 'Adversity score' is abandoned in wake of criticism https://www.nytimes.com/2019/08/27/us/sat-adversity-score-college-board.html

Harvey, D. (2007). 신자유주의: 간략한 역사[*A brief history of neoliberalism*]. (최병두 역). 경기: 한울. (원전은 2007년 출판)

Haskell, M. & Yablonski, L. (1982). *Juvenile delinquency.* New York: Houghton Mifflin Co.

Hayek, F. (1948). *Individualism and economic order.* Chicago: University of Chicago

Press.

Hayek, F. (2001). *The road to serfdom*. London: Institute of Economic Studies.

Hekman, S. (1993). 해석학과 지식사회학[*Hermeneutics and the sociology of knowledge*]. (윤병희 역). 서울: 교육과학사. (원전은 1986년 출판)

Held, D. (1996). 정치이론과 현대국가[*Political theory and the modern sate*]. (안외순 역). 서울: 학문과 사상사. (원전은 1989년 출판)

Henderson, G. (1968). *Korea: The politics of the vortex*. Cambridge: Harvard University Press.

Hernstein, R., & Murray, C. (1994). *The bell curve*. N. Y.: Free Press.

Hirschman, A. (2010). 보수는 어떻게 지배하는가[*The rhetoric of reaction*]. (이근영 역). 서울: 웅진지식하우스. (원전은 1991년 출판)

History of Department of Education. Administrative and Structural Notes (1945-1948). Record Group 332. Box No. 36. Suitland, Md.: National Archives.

Hogan, D. (1979). Capitalism, liberalism and schooling. *Theory and Society, 8*, 387-411.

Hopper, E. (1977). A typology for the classification of educational systems. In J. Karabel & A. Halsey (Eds.), *Power and ideology in education* (pp. 153-166). London: Oxford University Press.

Horio, T. (1988). *Educational thought and ideology in modern Japan*. Tokyo: University of Tokyo Press.

Howe II, H. (1991). Thoughts on choice. *Teachers College Record, 93*(1), 167-173.

Illich, I. (1971). *Deschooling society*. New York: Harper & Low.

Jackson, P. (1968). *Life in classrooms*. N. Y.: Holt, Rinehart and Winston.

Jencks, C. et al. (1972). *Inequality: A reassessment of the effect of family and schooling in America*. New York: Basic Books

Jensen, A. (1969). How much can we boost IQ and scholastic achievement?. *Harvard Educational Review, 39*, 1-123.

Jessop, B. (2002). Critical Realism and the strategic-relational approach. *New Formations, 56*, 40-53.

Kahlenberg, R. (2001). *All together now: Creating middle-class schools through public school choice*. Washington, DC: Brookings Institution Press.

Kamin, L. (1974). *The science and politics of I. Q.* N.Y.: John Wiley & Sons.

Karabel, J., & Halsey, A. (1977). Educational research: A review and an interpretation. In J. Karabel & A. Halsey (Eds.), *Power and ideology in education* (pp. 1-86). N. Y.: Oxford University Press.

Karabel, J. (2011). 누가 선발되는가?: 하버드, 예일, 프린스턴의 입학사정관제[*The hidden history of admission and exclusion at Harvard, Yale, and Princeton*]. (이종삼 역). 서울: 한울.

(원전은 2005년 출판)

Karier, C. (1976). The odd couple: Radical economics and liberal history. *Educational Studies, 7,* 185-193.

Karier, C., Violas, P., & Spring, J. (1975). *Roots of crisis: American education in the twentieth century.* Chicago: Rand McNally & Company.

Keddie, N. (1991). 교실지식. **교육과 사회.** 이인효 외(편역), 120-154. 서울: 교육과학사.

Kerchner, C., & Boyd, W. (1988). What doesn't work: An analysis of market and bureaucratic failure in schooling. In W. Boyd & C. Kerchner (Eds.), *The politics of excellence and choice in education* (pp. 99-116). New York: The Falmer Press.

Kim, Dong Koo (1984). American influence on Korean educational thought during the U. S. Military Government 1945-1948. Unpublished doctoral dissertation, University of Connecticut.

Kneller, G. F. (1984). *Movements of though in modern education.* New York: John Wiley & Sons.

Kohl, H. (1969). *The open classroom: A practical guide to a new way of teaching.* New York: New York Review.

Koo, H., & Hong, D. (1980). Class and income inequality in Korea. *American Sociological Review, 45,* 610-626.

Kooiman, J. (Ed.) (1993). *Modern Governance.* London: Sage.

Kooiman, J. (2003). *Governing as Governance.* London: Sage.

Kozol, J. (1991). *Savage inequalities: Children in America's schools.* New York: Crown.

Krug, E. (1972). *The shaping of the American high school* (Vol. 2). Madison, Wisconsin: University of Wisconsin Press.

Lareau, A. (1987). *Home advantage: Social class and parental intervention in elementary education.* London: Falmer Press.

Lemert, E. (1951). *Social pathology.* New York: McGraw-Hill.

Lemke, T. (2002). Foucault, governmentality, and critique. *Rethinking Marxism, 14*(3), 49-64.

Liston, D. (1988). *Capitalist schools.* N.Y.: Routledge, Chapman, & Hall, Inc.

Marks, R. (1980). Legitimating industrial capitalism: Philanthropy and individual differences. In R. Arnove (Ed.), *Philanthropy and cultural imperialism.* Boston: G.K. Hall & Co.

Marsh, R., & Raywid, M. (1994). How to make detracking work. *Phi Delta Kappan, 6*(4), 314-317.

Maxcy, B. (2004). Emerging democracy in an urban elementany school. Ph.D. dissertation. The university of Texas at Austin.

McCune, G. (1950). *Korea today*. Cambridge: Harvard University Press.

McDermott, R. (1982). Achieving school failure: An anthropological approach to illiteracy and social stratification. In G. Spindler (Ed.), *Education & cultural process* (pp. 110-135). N. Y.: Halt, Rinehart and Winston.

McGinn, N., Snodgrass, D., Kim, Y. B., Kim, S. B., & Kim, Q. Y. (1980). *Education and development in Korea: Studies in the modernization of the Republic of Korea: 1945-1975*. Cambridge, Mass.: Harvard University Press.

McNamee, S., & Miller Jr., R. (2015). 능력주의는 허구다[*The meritocracy myth*]. (김현정 역). 서울: 사이. (원전은 2004년 출판)

McNeil, L. (1991). 방어적 수업과 학급통제. 교육과 사회. 이인효, 이혜영, 김정원, 류방란, 오성철(편역), 206-242. 서울: 교육과학사.

McRobbie, A. (1978). Working class girls and the culture of femininity. Center for Contemporary Cultural Studies (Ed.), *Women take issue* (pp. 96-108). Boston and London: Routledge & Kegan Paul.

McRobbie, A. (1980). Settling accounts with subcultures. *Screen Education, 3*, 4.

Mead, G. (1934). *Mind, self and society*. Chicago: University of Chicago.

Mehan, H. (1973). Assessing children's school performance. *Recent Sociology, 5*, 240-264.

Mehan, H., & Woods, H. (1975). *The reality of ethnomethodology*. N.Y.: John wiley & Sons.

Merelman, R. (1980). Democratic politics and the culture of American education. *American Political Science Review, 74*(2), 319-336.

Merton, R. (1957). *Social theory & social structure*. Glencoe, Ill.: Free Press.

Morrow, R., & Torres, C. (1995). *Social theory and education: A critique of theories of social and cultural reproduction*. New York: State University of New York Press.

Oakes, J. (1985). *Keeping track: How schools structure inequality*. New Haven: Yale University Press.

Oakes, J. (1994). More than misapplied technology: A normative and political response to Hallinan on tracking. *Sociology of Education, 67*(2), 84-89.

Orfield, G., Bachmeier, M., & Eitle, T. (1997). *Deepening segregation in American schools*. Cambridge, MA: Harvard Project on school desegregation.

Page, R. (1990). A relevant lesson: Defining the lower-track student. In R. Page & L. Valli (Eds.), *Curriculum differentiation* (pp. 17-24). New York: State University of New York.

Palmer, P. (2000). 가르칠 수 있는 용기[*The courage to teach*]. (이종인 역). 서울: 한문화. (원전은 1998년 출판)

Parelius, A., & Parelius, R. (1978). *The Sociology of Education*. New Jersey: Prentice-Hall,

Inc.

Paris, D. (1995). *Ideology and educational reform*. Boulder: Westview Press.

Parkin, F. (1979). *Marxism and class theory: A Bourgeois critique*. N.Y.: Columbia University Press.

Parsons, T. (1959). The school class as a social system: Some of its functions in American society. *Harvard Education Review, 29*(Fall), 297-318.

Persell, C. (1977). *Education and inequality: A theoretical and empirical synthesis*. N.Y.: Free Press.

Perry, A. (2019. 5. 17.). Students need more than an SAT adversity score, they need a boost in wealth. *Brookings*. https://www.brookings.edu/blog/

Piketty, T. (2014). 21세기 자본[*Capital in the twenty-first century*]. (장경덕 역). 서울: 글항아리. (원전은 2014년 출판)

Popper, K. (1963). *The open society and its enemies (Vol. 1): The Spell of Plato*. Princeton, N.J.: Princeton University Press.

Porter, J. (1976). Socialization and mobility in educational and early occupational attainment. *Sociology of Education, 49*, 23-33.

Ravitch, D. (1983). *The troubled crusade: American education, 1945-1980*. New York: Basic Books.

Ravitch, D. (2010). 미국의 공교육 개혁, 그 빛과 그림자[*The death and life of the great American school system*]. (윤재원 역). 서울: 지식의 날개. (원전은 2010년 출판)

Rawls, J. (2003). 정의론[*A theory of justice*]. (황경숙 역). 서울: 이학사. (원전은 1999년 출판)

Reimer, E. (1971). 학교는 죽었다[*School is dead*]. (김석원 역). 서울: 한마당. (원전은 1971년 출판)

Rhoades, G. (1990). Political competition and differentiation in higher education. In J. Alexander & P. Colomy (Eds.), *Differentiation theory and social change* (pp. 197-221). N. Y.: Columbia University Press.

Rist, R. (1973). *The urban school: Factory for failure*. MA.: The MIT Press.

Rist, R. C. (1977). On understanding the process of schooling: Contributions of labeling theory. In J. Karabel & A. H. Halsey (Eds.), *Power and ideology in education* (pp. 292-305). New York: Oxford University Press.

Ritzer, G. (1988). *Sociological Theory*. N.Y.: Alfred A. Knope, Inc.

Rorty, R. (1989). *Contingency, irony, and solidarity*. Cambridge: Cambridge University Press.

Rosen, H. (1974). *Language and class*. In D. Holly (Ed.), Education or domination? (pp. 58-87). London: Arrow Books.

Rosenthal, R., & Jacobson, L. (1968). *Pygmalion in the classroom*. N.Y.: Holt, Reinhart and winston.

Rutz, F. (1994). 교육에 있어서 정치권력의 연구방법의 개념화. **교육정치학론**. 한국교육 정치 학회(편), 79-119. 서울: 학지사.

Sandel, M. (2010). **정의란 무엇인가**[*Justice*]. (이창신 역). 서울: 김영사. (원전은 2009년 출판)

Sandel, M. (2020). **공정하다는 착각**[*Tyranny of merit: What's become of the common good*]. (함규진 역). 서울: 와이즈베리. (원전은 2020년 출판)

Schultz, R. (1983). Sociopsychological climates and teacher-bias expectancy: A possible mediating mechanism. *Journal of Educational Psychology, 75*, 167-173.

Secada, W. (1989). Educational equity versus equality of education: An alternative conception. In W. Secada (Ed.), *Equity in education* (pp. 46-59). London: The Falmer Press.

Seki, H. (1987). 미군정하에 있어서 한국인의 교육재건 노력.해방후 한국의 교육개혁: 미군 정기를 중심으로. 아베 히로시(편), 52-118. 서울: 한국 연구원.

Sen, A. (1999). **불평등의 재검토**[*Inequality reexamined*]. (이상호, 이덕재 역). 서울: 한울아카 데미. (원전은 1992년 출판)

Sen, A. (2009). *The Idea of Justice*. Cambridge, Mass: Harvard University Press.

Sewell, H., & Hauser, R. (1975). *Education, occupation, and earnings: Achievement in the early career*. N.Y.: Academic.

Shapiro, S. (1988). Beyond the sociology of education: Culture, politics, and the promise of educational change. *Educational Theory, 38*(4), 415-421.

Shapiro, S. (1990). *Between capitalism and democracy: Educational policy and the crisis of the welfare*. N.Y.: Bergin & Garvey.

Sharp, R. (1980). *Knowledge, ideology, and the politics of schooling*. London: Routledge & Kegan Paul.

Silberman, C. (1970). *Crisis in the classroom*. N. Y.: Random House.

Sieber, R. (1982). The politics of middle-class success in an inner city school. *Journal of Education, 164*(1), 451-465.

Simpson, C., & Rosenholtz, S. (1986). Classroom structure and the social construction of ability. In J. Richardson (Ed.), *Handbook of theory and research for the sociology of education* (pp. 113-138). Connecticut: Greenwood Press.

Singh, E. (1989). The second years: mathematics and science. In M. Cole (Ed.), *Education for equality* (pp. 198-218). London: Routledge & Kegan Paul.

Smelser, N. (1990). The contest between family and schooling in nineteenth-century Britain. In J. Alexander & P. Colomy (Eds.) *Differentiation theory and social change: Comparative and historical perspectives* (pp. 165-186). New York: Columbia University Press.

Spring, J. (1972). *Education and the rise of the corporate state*. Boston: Beacon Press.

Spring, J. (1988). *Conflict of interests: The politics of American education*. N.Y.: Longman.

Standish, P. (1992). Postmodernism and the education of the whole person. Paper presented at National Conference of the Philosophy of Education Society of Great Britain, Oct. 21.

Stanley, W. B. (1992). *Curriculum for utopia: Social reconstructionism and critical pedagogy in the postmodern era*. New York: State University of N. Y. press.

Stanton-Salazar, R., & Dornbusch, S. (1995). Social capital and the reproduction of inequality: Information networks among Mexican-origin high school students. *Sociology of Education, 68*(2), 117-135.

Sternberg, R. (1997). 성공지능[*Successful intelligence*]. (이종인 역). 서울: 영림카디널. (원전은 1997년 출판)

Stiglitz, J. (2013). 불평등의 대가[*The price of inequality*]. (이순희 역). 서울: 열린책들. (원전은 2013년 출판)

Stolzenberg, R. (1978). Bringing the boss back in: Employer size, employee schooling, and socio-economic achievement. *American Sociological Review, 43*, 813-828.

Strike, K. (1989). *Liberal justice and the Marxist critique of education: A study of conflicting research program*. N.Y.: Routledge.

Sullivan, A. (2001). Cultural capital and educational attainment. *Sociology, 35*, 893-912

Sullivan, A. (2007). Cultural capital, cultural knowledge and ability. *Sociological Research Online, 12*(6). http://www.socresonline.org.uk/12/6/1.html

The Institute of Education (1949). Korea: The South. In the *Yearbook of Education*, University of London, 627-633.

Tyack, D. (1974). *The one best system*. Cambridge, Mass.: Harvard University Press.

Tyack, D., Lowe, R., & Hansot, E. (1985). *Public school in hard times: The great depression and recent years*. Cambridge and London: Harvard University Press.

Viteritti, J. P. (1999). *Choosing equality: School choice, the constitution, and civil society*. Washington, DC: Brookings institution Press.

Wakeford, J. (1969). *The cloistered elite: A sociological analysis of the English boarding school*. London: Macmillan.

Walford, G. (1994). Educational choice, control and inequity. In D. Scott (Ed.), *Accountability and control in educational settings* (pp. 78-89). N.Y.: Cassell.

Watkins, D., & Kemp, S. (1996). Self-esteem and academic streaming in Hong Kong. *The Journal of Social Psychology, 136*(5), 651.

Weber, M. (1947). *The theory of social and economic organization*. N. Y.: Free Press.

Well, A., & Oakes, J. (1996). Potential pitfalls of systemic reform: Early lessons from research on detracking. *Sociology of Education, 69*, 135–143.

Werth, R. (1949). Educational developments under the South Korea Interim Government. *School and Society, 69*, 305–309.

Wexler, P. (1976). *The sociology of education: Beyond equality.* Indianapolis: The Bobbs-Merill.

Wexler, P. (1983). *Critical social psychology.* Boston: Routledge & Kegan Paul.

Whitty, G. (1985). *Sociology and school knowledge: Curriculum theory, research and politics.* London: Methuen.

Whitty, G. et al. (2000). 학교, 국가 그리고 시장[*Devolution and choice*]. (이병곤 역). 서울: 내일을 여는 책. (원전은 1998년 출판)

Willis, P. (1981). *Learning to labor: How working class kids get working class jobs.* N.Y.: Columbia University Press.

Woods, P. (1979). *The divided school.* London: Routledge & Kegan Paul.

Woods, P. (1998). 학교사회학[*Sociology and the school: An interactionist viewpoint*]. (손직수 역). 서울: 원미사. (원전은 1983년 출판)

Yamamoto, Y., & Brinton, M.(2010). Cultural capital in East Asian educational systems: The Case of Japan. *Sociology of Education, 83*(1) 67–83.

Young, M. (1991). 사회적으로 조직된 지식으로서의 교육과정. **교육과 사회.** 이인효, 이혜영, 김정원, 류방란, 오성철(편역), 85–119. 서울: 교육과학사.

찾아보기

인명

ㄱ

강영혜 81, 108, 161
강충서 110
고형일 106
구해근 136
김경근 81, 105, 141, 294
김광억 122
김기석 54, 206
김기수 220, 244
김동진 131
김미란 112, 140, 149, 151
김민성 159
김민희 159
김병관 137
김세직 109
김수정 210
김수혜 153
김승현 232
김신일 247, 255, 265
김안나 81
김양자 305
김영찬 173
김영화 84, 209, 210, 215
김용일 310
김정우 155
김천기 16, 80, 169, 215, 287

김한나 161
김훈호 161
김희삼 111

ㄴ

노상우 318

ㄹ

류방란 105, 161

ㅁ

목영해 290

ㅂ

박동섭 170
박선웅 187
박이문 168
백병부 82
변수용 83

ㅅ

서근원 224
서덕희 249, 250
성기선 123
신은희 219
신현석 239

심미혜 294
심재휘 296

ㅇ

양정호 226
오찬호 170
오천석 261, 271
오현석 109
은재호 239
이광희 239
이근호 168
이돈희 244
이동성 224
이동직 122
이영호 177
이윤미 289
이인효 173, 181
이종각 289
이혜영 140
이호준 161
이화진 226

ㅈ

장덕호 161
장수명 219
장원섭 148

전하람 141
전혜진 210
정규영 187
정범모 117 235
조상식 168
조혜정 179

ㅊ
차종천 139
최미향 248
최샛별 209
최윤진 224
최형재 158

ㅎ
한누리 161
한세리 81
한준 140
한준상 235
홍두승 136
황수연 122

A
Alexander, J. 38
Althusser, L. 43, 236
Anderson, C. 223
Anyon, J. 200, 217
Apple, M. 60, 184, 216, 246, 309
Argys, L. 223
Aronowitz, S. 18, 54

B
Bacon, F. 197
Banfield 104
Barr 223
Bauman, Z. 280
Berger, P. 198
Bernstein, B. 75, 205

Blackledge, D. A. 174
Blau, P. 137
Bonnewitz, P. 284
Bourdieu, P. 79, 145, 207, 221, 283
Bowles, S. 15, 47, 199, 262, 307
Braddock, J. 223
Brewer, D. 223
Brinton, M. 213
Broadfoot, P. 319
Brown, R. 25
Buber, M. 19
Burgess, R. 136

C
Carnoy, M. 55, 231, 237
Chubb, J. E. 310
Church, R. 102
Cohen, F. 223
Coleman, J. 80, 101, 115
Collins, J. 16
Collins, R. 133
Colomy, P. 38
Cooper, B. S. 238
Coulson, M. 26, 33

D
Dahl, R. 232
Dahrendorf, R. 15
Deem, R. 240
Dewey, J. 16, 31, 264, 284
Doeringer, P. 143
Dornbusch, S. 141, 147
Dougherty, K. 73
Dreeben, R. 196, 199
Dumenil, G. 279
Duncan, O. 137
Durkheim, E. 15, 30, 175
Dusek, J. 74

Dworkin, D. 100

F
Farkas, G. 211
Feinberg, W. 14, 44, 45, 104
Fenstermacher, G. 71
Foucault, M. 57, 187, 280
Friedman, M. 277

G
Giddens, A. 38
Gintis, H. 15, 67, 199, 262, 307
Gipps, C. 71, 72
Giroux, H. 14, 54, 203, 281, 309
Glass, D. 136
Goddard, H. 66
Goleman, D. 67
Goodenow, R. 260
Goodman, P. 305
Grabb, E. 129, 135
Greene, M. 18
Gumbert, E. 13, 66

H
Habermas, J. 298
Hallinan, M. 223, 226
Halsey, A. 77, 102, 134, 139
Hammersley, M. 176
Hansot, E. 257
Hargreaves, D. 171
Harvey, D. 279
Hayek, F. 277
Hekman, S. 197, 198
Held, D. 233
Hirschman, A. 278
Hoare, Q. 196
Hoffer, T. 80
Hogan, D. 17, 46

Hopper, E. 35
Horio, T. 220, 246
Hunt, D. 174
Husserl, E. 167

I

Illich, I. 305

J

Jacobson, L. 69
Jencks, C. 138
Jensen, A. 49, 103
Jessop, B. 279
Joseph, G. 74

K

Karabel, J. 77, 102, 134
Karier, C. 17, 46, 237
Keddie, N. 184
Kohl, H. 306
Kooiman, J. 238, 240
Kozol, J. 305
Krug, E. 266, 268

L

Lareau, A. 79, 80
Lemke, T. 281
Levin, H. 55, 231
Levy, D. 279
Lindblom, C. 232
Lowe, R. 257
Luckmann, T. 198

M

Malinowski, B. 25
Mannheim, K. 198
Marsh, R. 223
Marx, K. 197

McDermott, R. 201
McGinn, N. 259, 263
McNamee, S. 111
McNeil, L. 180
McRobbie, A. 203
Mead, G. 29
Mehan, H. 68
Merton, R. 27, 175
Miliband, R. 233
Miller Jr., R. 111
Moe, T. M. 310
Murphy, P. 71, 72

O

Oakes, J. 223, 225

P

Page, R. 223
Palmer, P. 318
Parkin, F. 131
Parsons, T. 15, 25, 32
Persell, C. 74
Piketty, T. 130
Piore, M. 143
Porter, J. 141

R

Ravitch, D. 258, 311
Rawls, J. 95, 112, 121, 248
Raywid, M. 223
Reagan, R. W. 277
Rees, D. 223
Reimer, E. 305
Rhoades, G. 39
Riddell 26, 33
Rist, R. 102, 182
Ritzer, G. 15
Rorty, R. 317

Rosen, H. 77
Rosenholtz, S. 70
Rosenthal, R. 69
Rutz, F. 236

S

Sandel, M. 18, 37, 100
Schutz, A. 169
Sharp, R. 199
Sieber, R. 214
Silberman, C. 53
Simpson, C. 70
Soltis, J. 44, 71, 104
Spring, J. 66, 234, 262
Stanton-Salazar, R. 141, 147
Sternberg, R. 67, 69
Stiglitz, J. 120
Stolzenberg, R. 143
Strike, K. 97
Sullivan, A. 213

T

Thatcher, M. H. 277
Thorndike, E. 66
Turner, G. 176
Tyack, D. 237 257

V

Violas, P. 237

W

Whitty, G. 297
Willis, P. 202
Woods, P. 176, 179

Y

Yamamoto, Y. 213
Young, M. 197

내용

6-3-3제 261
IQ 67
IQ검사 69
IQ의 불평등 49

ㄱ

가능성의 교육학 316
가정 내 사회자본 80
가족 내 사회자본 81
갈등론적 관점 43, 255
갈등이론 15
강압적 통제의 원리 173
개인차 개념 66
객관화된 문화자본 207, 213
경쟁이동 36
경제자본 146
경제적 민주주의 308
경제적 자본 82
계급세습의 메커니즘 153
계급적 관점 232
계열화 222
계층분류 130
고교다양화 300 프로젝트 295
고교평준화 119
고급문화활동 82
고등학교 진학 기회 106
공공 영역 309
공교육 310
공교육의 평가절하 290
공교육의 해체 314
공리주의적 이해관계 283
공정한 기회균등 96
교내 비교과활동 89
교사기대 74
교사의 도덕적 권위 202
교사의 생존전략 180

교사의 아비투스 215
교사의 차별적 기대 183
교수 접근방식 71
교원평가 298
교원평가제 299
교육 영역에서의 정치적 행위자 235
교육거버넌스 238, 239
교육과정사회학 196, 222
교육기회균등 이데올로기 264
교육민주화 286, 308
교육복지사업 161
교육부 219
교육비 지출액 156
교육사회학 13
교육선택권 250
교육연대 247
교육열 111
교육위원회 237
교육의 수월성 116
교육적 아비투스 215, 287, 288
교육적 자유주의 271
교육정치학 235
교육통제 234
교육투자 수익률 144
교육포부 140
구조기능주의 25
구조주의적 관점 233
국가의 자율성 237
국가주의 교육체제 243, 244
국정교과서 219, 245
권력과 위세의 불평등한 관계 132
규범적 기능주의 25
규율의 공간 187
기능론적 관점 129
기능주의 25, 38, 39
기초학습부진 학생 224

기회균등 95

ㄴ

낙수효과론적 관점 120
낙인 182
낭만주의 교육철학 307
낭만주의이론 305
내부 행위자의 시각 167
노동계급 204
노동시장 분단론자 143
능력별 반편성 185
능력별 집단구성 222
능력주의 151
능력주의 65
능력주의 원리 44
능력주의 이데올로기 48
능력형성 이론 70

ㄷ

다원적 이익집단 234
다원주의적 관점 231
다차원적 학급 70
대안교육운동 249
대안적 공정성 모델 113
대응원리 51, 53
대통령정책기획위원회 154
대학입학전형 87
대학진학률 107
동의창출의 원리 173
듀이의 교육이론 47
듀이의 진보적 자유주의 17

ㅁ

마그넷스쿨 311
마르크스적 관점 45
모더니즘 교육학 315

무관용정책 312
문화결핍 이론 78, 104
문화자본 78, 207, 212
문화재생산 210
문화적 실천 83
문화적 행동 56
문화적 헤게모니 216
문화전수 205
문화체계 33
미군정의 교육개혁 257
민속방법론 169

ㅂ

바우처스쿨 311
반학교적 하위문화 176
방과후 학교 161
방어적 수업전략 181
보상교육 102
보수적 자유주의 담론 18
보수주의적 자유주의 46
보이는 교수법 206
보이지 않는 교수법 206
복지국가 61
분배적 행동 56
분할통제의 원리 173
분화이론적 관점 39
불평등한 계급관계 48
비교과활동 87
비능력주의 선발모델 85
빅 스리 대학 입학기회 86

ㅅ

사교육 290
사교육비 157, 158
사교육시장 292
사교육의 효과 159
사회 31
사회 영역들 간의 상호작용 57

사회(관계)자본 146
사회불평등 129
사회안전망 278
사회언어적 연구 75
사회이동 35, 135, 145
사회이동의 열망과 냉각 36
사회이동의 주요 통로 133
사회자본 80, 147
사회적 갈등 217
사회적 네트워크 이론 148
사회적 선발 34
사회적 폐쇄의 과정 131
사회적 행동의 전이 58
사회적인 자아 29
사회체계 33
사회화 28
사회화 연구 195
사회화된 인간 29
새교육운동 259
생산적 행동 56
생존을 위한 숨은 교수법 179
생태주의 318
선발기능 27, 35
선행학습 111
성공지능 69
세대 간 이동 135
세습자본주의 131
소비자중심교육운동 246
수요자중심교육 289
수월성 교육 118
수정주의적 교육역사학자 237
수준별 교육과정 222, 226
수준별 수업 189, 224, 225
수직이동 135
수직적 고교 서열체계 296
수학과 과학 217
순응적인 식민화 176
시민교육운동 245, 248

시장경쟁 282, 311
시험 189, 190
식민화 유형 178
신교육사회학 196
신마르크스적 대안 309
신자유주의 277, 288, 310
신자유주의 교육개혁 313
신자유주의 통치성 280
신자유주의자 19, 285
실증주의적 합리성 14
심미적・학구적 아비투스 84

ㅇ

아비투스 83, 208, 284
언더매칭 현상 110
엘리트 집단의 메리트 86
여성문화 205
역할기대 172
역할사회화 32
열린교육 207
완충지역의 명제 136
용의・복장 규율 188
워싱턴 컨센서스 277
월반제 도입 논리 117
위계적인 분업구조 51
위스콘신 모형 141, 142
의미 있는 타인 75, 140
의사소통행위의 합리성 300
이론 평가 53
인간존중의 원리 97
인권과 재산권 55
인성체계 33
인적 자본 82
임금소득 불평등 154
입학사정관전형 88

자녀의 양육방식 53

자본주의 교육 47
자성예언 68, 182
자연적 자유체제 95, 112
자유주의 교육 17
자유주의적 사상 244
자유학교 운동 53
자율형 사립고등학교 292
잠재적 교육과정 199, 205
재산권과 인권의 갈등 60
재생산 이론 54
저항의 교육학 316
저항적인 하위문화 203
적응적 행동유형론 175
전국교직원노동조합 245, 286
전근대적 귀속주의 297
전인교육 17
전체 가구의 근로소득 155
정교한 어법 77, 214
정초주의 317
정치적 행동 56
제한적 어법 76
조선교육심의회 258, 269
주체적인 자아 29
중국교육체계 77
중등학교의 주요 원리 257
중상류계급의 문화 79
중학교육과정 266
지능 65
지능검사 65
지능결핍 이론 104
지배계급 문화자본의 특성 210
지식사회학 197
지위획득 모형 137

직업교육 264
진보주의 교육 255, 271
진보주의의 역사 46
진보주의자 237
진보주의적 자유주의 46

ㅊ
차등의 원칙 99, 119
차등적 교과지식 전수 184
차별수정조치 86 114, 115
차별적 사회화 52
참여적 거버넌스 239
책무성 298
체화된 문화자본 207, 213
최대이익의 원리 97, 119
친기업·반노동 시각 219

ㅋ
콜먼의 교육평등관 101

ㅌ
타인의 기대와 후원 141
특정 지위문화 134

ㅍ
페미니즘의 시각 217
평가적 국가 297
평준화 정책 117
평준화 해제론 121
평준화의 불평등성 논란 122
폐쇄의 명제 136
포스트모더니즘 315
포스트모던 교육학 316

ㅎ
학교공동체의 통합 300
학교교육의 기능 45
학교생활기록부 190
학교운영위원회 240
학교지식 221
학교효과 123
학급의 사회심리적 분위기 74
학력자본 146, 207
학력주의적 편견 37
학생들의 저항현상 203
학생들의 적응형태 177
학생부종합전형 88
학생집단 구성의 다양화 114
학습부진아 223
학업성취 72
학업성취도 65
학업성취도 연구 195
학업성취의 동기 73
학업의욕 상실증 178
합의이론 15
행운평등주의 100
행정지향적 진보주의 257
헤게모니 44
혁신학교 교사 287
현상학적 관점 169
현상학적 지식사회학 198
협력적 거버넌스 239
홈스쿨링 249
홍익인간 259
확장된 워싱턴 컨센서스 277
후원이동 36

저자 소개

김천기(Kim Cheon Gie)

전북대학교 대학원 교육학과 석사
미국 Georgia State University 박사
전 캐나다 University of Toronto 객원교수
　　한국교육사회학회장
　　한국교육사회학회 편집위원장
　　국가고시위원(행정고시, 5급 · 7급 승진시험 출제위원)
　　전북대학교 사범대학 교육학과 교수
현 전북대학교 사범대학 교육학과 명예교수

교육의 사회학적 이해(6판)
Sociological Understanding of Education (6th ed.)

1998년 8월 31일 1판 1쇄 발행
2002년 9월 5일 1판 6쇄 발행
2003년 3월 1일 2판 1쇄 발행
2007년 9월 20일 2판 8쇄 발행
2008년 3월 15일 3판 1쇄 발행
2013년 3월 15일 3판 9쇄 발행
2013년 8월 30일 4판 1쇄 발행
2017년 4월 20일 4판 8쇄 발행
2018년 9월 20일 5판 1쇄 발행
2022년 8월 10일 5판 6쇄 발행
2023년 3월 10일 6판 1쇄 발행

지은이 • 김천기
펴낸이 • 김진환
펴낸곳 • ㈜ 학지사

04031 서울특별시 마포구 양화로 15길 20 마인드월드빌딩
대표전화 • 02-330-5114   팩스 • 02-324-2345
등록번호 • 제313-2006-000265호

홈페이지 • http://www.hakjisa.co.kr
페이스북 • https://www.facebook.com/hakjisabook

ISBN 978-89-997-2861-7 93370

정가 21,000원

출판미디어기업 학지사

간호보건의학출판 **학지사메디컬** www.hakjisamd.co.kr
심리검사연구소 **인싸이트** www.inpsyt.co.kr
학술논문서비스 **뉴논문** www.newnonmun.com
교육연수원 **카운피아** www.counpia.com